कथा-शेष

(अमृतलाल नागर के संस्मरण)

कथा-शेष

(अमृतलाल नागर के संस्मरण)

ज्ञानचंद जैन

राजकमल प्रकाशन

ISBN : 978-81-7178-807-1

मूल्य : ₹995

पहला संस्करण : 1999
पहली आवृत्ति : 2024

प्रकाशक : राजकमल प्रकाशन प्रा.लि.
1-बी, नेताजी सुभाष मार्ग, दरियागंज
नई दिल्ली-110 002

शाखाएँ : अशोक राजपथ, साइंस कॉलेज के सामने, पटना-800 006
पहली मंजिल, दरबारी बिल्डिंग, महात्मा गांधी मार्ग, प्रयागराज-211 001
1, अनमोल सोराबजी संतुक लेन, धोबी तलाव, मरीन लाइंस, मुम्बई-400 002
वेबसाइट : www.rajkamalprakashan.com
ई-मेल : info@rajkamalprakashan.com

मुद्रक : राजकमल प्रकाशन प्रा. लि.
नई दिल्ली-110 002

KATHA SHESH
(Memoires About Amrit Lal Nagar)
by Gyanchand Jain

अनुक्रम

परिचय

स्कूली जीवन 7

पारिवारिक परिवेश 18

आरम्भिक साहित्यिक जीवन

नवोदित कहानी लेखक 29

मुसीबतों से लड़ाई 44

चकल्लस का प्रकाशन 59

निराला द्वारा सम्मान 80

फिल्मी जीवन के सात वर्ष

बंबइया फिल्मी दुनिया में 92

कोल्हापुर की यादें 108

फिल्मों में सफलता और हृदय मंथन 121

परिवर्तन का सूत्रपात 134

विशुद्ध साहित्यिक जीवन बिताने का विचार 146

मद्रास प्रवास 157

बालू पर लेखन समाप्त करने का संकल्प 173

साहित्य-साधना के चार दशक

फिर अँधेरे में छलाँग 184

बूँद और समुद्र 203

अमृत और विष तथा एकदा नैमिषारण्ये 221

मानस का हंस और नाच्यौ बहुत गोपाल 249

करवट और पीढ़ियाँ 268

परिचय

स्कूली जीवन

जब मैं स्मृतियों का एलबम खोलकर बैठता हूँ तो चारों तरफ अमृतलाल नागर की तसवीरें-ही-तसवीरें आँखों के सामने तैरने लगती हैं जिनको क्रम से लगाना मुश्किल हो जाता है। अमृतलाल मेरे पैंसठ बरस के मित्र थे। इनसे मेरी मैत्री का सूत्रपात उस समय हुआ जब हम दोनों चौक, लखनऊ के कालीचरण स्कूल में पाँचवें दर्जे में पढ़ते थे। अमृतलाल स्कूल में मुझसे एक साल पहले चौथे दर्जे में भर्ती हुए थे। मेरे पिता की बदली सहारनपुर से लखनऊ हो जाने पर मैंने लखनऊ में पाँचवें दर्जे से स्कूली शिक्षा आरंभ की। लखनऊ में मेरे सबसे पहले मित्र बैजू पुरी (बड़े होने पर अंतर्राष्ट्रीय ख्यातिप्राप्त कुषाणकालीन प्राचीन भारतीय इतिहास के पंडित डॉ. बैजनाथ पुरी) बने जो कालियन टोले में मेरे मकान के सामने रहते थे। इसके बाद स्कूल में प्रवेश लेने के दिन से मेरे दूसरे मित्र गुलाबचंद जैन बने जो स्कूल के सबसे तेज विद्यार्थियों में थे। स्कूल में हेडमास्टर साहब के कमरे के दरवाजे के ऊपर एक ऑनर्स बोर्ड टँगा था। उस पर प्रतिवर्ष हाई स्कूल परीक्षा में स्कूल से सर्वप्रथम आने वाले छात्र का नाम स्वर्णाक्षर में अंकित किया जाता था। गुलाबचंद जैन को भी उस बोर्ड पर अपना नाम अंकित कराने का गौरव प्राप्त हुआ था। अंग्रेजी वर्णक्रम के आधार पर हम दोनों अपना नाम कॉपियों पर जी.सी. जैन लिखते थे। इससे पहले दिन से हम दोनों एक-दूसरे की ओर आकर्षित हुए। तीसरे मित्र अमृतलाल बने। गुलाबचंद जैन की भाँति इनका मकान भी मेरे स्कूल जाने के रास्ते पर पड़ता था। उन दिनों वह भैंसोंवाली गली में रहते थे। कालियन टोले को चूड़ीवाली गली से जोड़ने वाली गली में एक चौड़ी जगह में भैंसें बँधती थीं, इसलिए वह भैंसोंवाली गली कहलाती थी। प्रायः स्कूल जाते समय मेरा और उनका साथ हो जाता था।

हम लोगों के बचपन में लखनऊ का चौक क्षेत्र नवाबी जमाने की लखनवी तहजीब, लखनवी बोलचाल, लखनवी अदा और वजा-कता, लखनवी तकल्लुफ और अदब-कायदा, कबूतरबाजी, बटेरबाजी, कनकौवेबाजी आदि अनेकानेक ख्यात-कुख्यात बाजियों का चलता-फिरता, जीता-जागता आईना था। दुपलिया टोपी, चपकन, अचकन, अंगरखा, मलमल का कलफ लगा सफेद बुर्राक चुन्नटदार बाँहोंवाला कुरता,

अधेड़ और जवान ही नहीं, सफेद बाल और मूँछोंवाले भी छैल-चिकनिया बने आँखों में सुरमा तथा दाँतों में मिस्सी लगाए, गालों में पान की गिलौरियाँ दबाए गलियों में दिखाई पड़ते थे। भले घरों की औरतें चादर ओढ़े, घूँघट काढ़े, बड़ी-बूढ़ियों या महरियों के साथ घर से बाहर निकलती थीं या फिर डोलियों पर आती-जाती थीं। लखनवी बातचीत का एक विशेष लटका-झटका था, जिसमें लफ्जों के दामानी निकालकर छूटते ही चोट करने में बड़े-बूढ़े ही नहीं, स्कूली लड़के भी माहिर हो जाते थे। गली-गली में जबान पर इश्क और हुस्न के किस्से, एक-से-एक बढ़कर लनतरानियाँ, शीरीं जबान, बातचीत में शेरो-शायरी के लच्छे, छोटी उम्र से रसिकता, सब्जियाँ बेचनेवाले भी गलियों में गा-गाकर लैला की उँगलियों जैसी ककड़ियों और शहद के कुप्पे जैसे लखनौवा खरबूजों की आवाज लगाया करते थे।

इस जमाने में तवायफें और रंडियाँ चौक लखनऊ के परिदृश्य का अभिन्न अंग थीं। धनी खत्रियों, बनियों और बाम्हनों में रंडी नौकर रख लेना रईसी की निशानी समझी जाती थी। धार्मिक उत्सवों तथा मुंडन, कनछेदन, ब्याह तथा होली आदि के उत्सवों पर रंडियों का नाच और गाना होता था। धनी घरों के दिलफेंक लड़के अपने बड़ों का अनुसरण करते हुए जवानी की दहलीज पर पैर रखते ही आँखें सेंकने और इश्क लड़ाने के लिए कोठों की सैर के शौकीन हो जाते थे। उस जमाने में लखनऊ एक और 'बाजी' के लिए बदनाम था जिसको पतनशील नवाबी जमाने की देन माना जाता था। इस बाजी (लौंडेबाजी) को नई राष्ट्रीय भावनाओं से ओत-प्रोत शिक्षित प्रबुद्ध वर्ग के लोग बड़ी घृणा की दृष्टि से देखते थे, किंतु आज के उत्तर-आधुनिक युग में यूरोप तथा अमेरिका में समलिंगी प्रेम की स्वतंत्रता के रूप में इस 'बाजी' को कानूनी मान्यता प्रदान की जाने लगी है।

मुझे याद है, सातवें दर्जे तक अमृतलाल अपने घर के पुराने बूढ़े नौकर मातादीन के साथ स्कूल आते-जाते थे। उस जमाने में घरों के पुराने बूढ़े नौकरों की बड़ी इज्जत की जाती थी, वे एक प्रकार से अभिभावक का रोल अदा करते थे। घरों में लड़कों अथवा बहुओं-बेटियों को कोई बेकायदा काम करते देखते तो डाँट देते थे। नौकर या खिदमतगार का साथ में पीछे-पीछे चलना आबरूदार बड़े घराने का लड़का होने की निशानी समझी जाती थी। मेरे मानसपटल पर अपने गोरे-चिट्टे, कचकरे का बबुआ जैसा लगनेवाले सहपाठी का धुँधला-सा चित्र अंकित है जिसे लड़के अकसर मोटूमल-कचौरीमल कहकर चिढ़ाते थे और उसका बस्ता लेकर पीछे-पीछे चलनेवाला रौबीले चेहरे और कसरती बदनवाला बूढ़ा नौकर मातादीन उनको डाँट देता था। स्कूल के पिछवाड़े का दरवाजा सराय माली खाँ की गलियों से होकर था। उस दरवाजे पर छुट्टा गायों को स्कूल के अहाते में घुसकर सरस्वती मंदिर के सामने लगी सुंदर फुलवारी को नष्ट-भ्रष्ट कर देने से रोकने के लिए लकड़ी का चार खानों का चक्का लगा था। छोटे दर्जों के लड़कों को इस चक्के पर खड़े होकर चकफेरी लगाने में बड़ा मजा आता था। मैंने अपने उस

सहपाठी को पाँचवें दर्जे में पढ़ते समय उस चक्के पर खड़े होकर चकफेरी लगाते कई बार देखा था।

उस जमाने में स्कूल में कक्षाएँ लगने से पहले सब लड़के हेडमास्टर साहब के कमरे के सामने के आयताकार मैदान में प्रार्थना सभा के लिए एकत्र होते थे। अपनी-अपनी कक्षाओं के अनुसार छोटे लड़के आगे खड़े होते थे, बड़े लड़के पीछे। अकसर प्रार्थना सभा की लाइन में अमृतलाल मुझे अपने आगे या पीछे खड़े दिखाई पड़ते थे। इसलिए उनसे जान-पहचान गाढ़ी होती गई। कक्षा में वह प्रायः पीछे की सीट पर बैठते थे, विशेषरूप से गणित के पीरियड में। वह गणित में कमजोर थे, अकसर उन्हें गणित के अध्यापक बाबा भोलानाथ के हाथों मार खानी पड़ती थी, अथवा बेंच पर खड़े होना पड़ता था। कभी-कभी बाबा भोलानाथ उनके गोरे गालों पर इतने कस-कसकर तमाचे लगाते थे कि वे सेब की तरह सुर्ख हो जाते थे, फिर भी कभी मुँह से 'उफ' नहीं निकालते थे।

छठे-सातवें दर्जे तक पहुँचते-पहुँचते अमृतलाल से मेरी मित्रता गाढ़ी होने लगी। हिंदी के पीरियड में हम दोनों प्रायः एक ही बेंच पर बैठते थे। हिंदी वेणीमाधव मिश्र पढ़ाते थे जो 'माधव' उपनाम से पुराने ढंग की कविता भी करते थे। हिंदी के प्रति चाव उन्होंने ही हम दोनों के मन में उत्पन्न किया। वह पाठ में आए पौराणिक आख्यानों के संदर्भ बड़े रोचक ढंग से समझाते थे। हर एक विद्यार्थी से बारी-बारी से शुद्ध उच्चारण के साथ पाठ पढ़वाते थे, कठिन शब्दों के अर्थ समझाते थे। इससे हमारे हिंदी-शब्द-भंडार में वृद्धि होती गई। हमारी हिंदी रीडर में श्रद्धाराम फुल्लौरी लिखित 'ईश प्रार्थना' भी सम्मिलित थी। हम दोनों को वह कंठस्थ हो गई थी। अमृतलाल बड़े भावमग्न होकर उसका सस्वर पाठ करते थे।

इतिहास के पीरियड में भी हम दोनों प्रायः एक ही बेंच पर बैठते थे। हम दोनों में ही इतिहास प्रेम का बीज वपन हमारे इतिहास के अध्यापक लाल साहब (केसरी नारायण लाल) ने किया। वह बड़े पढ़ाकू थे। भारतीय इतिहास के विविध कालों से हमारा परिचय कराने के लिए अपने साथ बड़े-बड़े वाल मैप लाते थे और दीवाल पर टाँग देते थे। इसके बाद समझाते थे कि अमुक काल में भारत का राजनीतिक मानचित्र क्या था। होमवर्क के रूप में हमें विविध ऐतिहासिक कालों का मानचित्र घर से बनाकर लाने का काम देते थे। इन मानचित्रों पर कभी अमृतलाल को 'गुड' मिलता था और मुझे फेयर और कभी मुझे 'गुड' मिलता था और उनको 'फेयर'। इसलिए हम दोनों में होड़ रहती थी कि कौन 'गुड' प्राप्त करता है। इस होड़ से हमारे हृदयपटल पर छात्रावस्था में ही भारत के पाँच हजार साल लंबे इतिहास के विविध कालों का मानचित्र अंकित हो गया और इतिहास की पुस्तकों को पढ़ने में हमें रस मिलने लगा।

स्कूल में अमृतलाल आठवें दर्जे तक मेरे कक्षा सहपाठी रहे। सातवें दर्जे में पढ़ते समय इनके जीवन में एक महत्त्वपूर्ण घटना घटी। हम दोनों का छात्र जीवन

उस काल में बीता जब देश में राष्ट्रीय जागृति तेजी से फैल रही थी और राष्ट्रीय भावनाएँ हर भारतीय के हृदय में हिलोरें ले रही थीं। असहयोग आंदोलन का उफान शांत हो जाने पर साइमन कमीशन की घोषणा के समय राष्ट्रीय आक्रोश फिर चरम सीमा पर पहुँच गया। साइमन कमीशन जहाँ-जहाँ गया, 'साइमन गो बैक' के नारों से विरोध प्रदर्शन किया गया। जब वह लखनऊ आया तो विरोध प्रदर्शन के लिए जवाहरलाल नेहरू और गोविंदवल्लभ पंत के नेतृत्व में जैसा विशाल जुलूस निकला वैसा नगर में पहले कभी नहीं निकला था। प्रदर्शनकारियों पर पुलिस ने बड़ी निर्दयता से लाठी प्रहार किया। उसी लाठी प्रहार में नेहरूजी को बचाने में पंतजी के ऊपर जो लाठियाँ बरसीं उसके फलस्वरूप उनके सिर और हाथों में कंपन रोग उत्पन्न हो गया, तेरह वर्षीय अमृतलाल नागर भी उस जलूस में सम्मिलित थे। उस निर्मम लाठी प्रहार की उनके किशोर मन पर जो प्रतिक्रिया हुई, वह सवैया छंद में निबद्ध एक तुकबंदी के रूप में फूट पड़ी। उस समय चौक लखनऊ में *आनंद* नामक एक समाचार पत्र निकलता था। उसके संपादक उनके पिता के घनिष्ठ मित्र थे। वह अपनी बाल-रचना उन्हें दे आए और कुछ संशोधन के साथ उनकी वह रचना तीसरे दिन *आनंद* में छप गई। उन्होंने पहली बार अपना नाम छापे के हरूफों में देखा और तभी से उनके अंतर्मन में लेखक बनने का सपना गुपचुप पलने लगा। अपनी उस पहली रचना को वह सुरक्षित नहीं रख सके। उन्हें उसकी केवल एक पंक्ति स्मरण रह गई थी, "कब लौं कहौ लाठी खाया करें, कब लौं कहौ जेल भरा करिए।" अंतिम पंक्ति थी—"अमरित पे ईश दया करिए।"

कक्षा पाँच से कक्षा आठ तक कक्षा सहपाठी रह चुके अपने बालमित्र के धुँधले स्मृतिचित्रों पर जब नजर दौड़ाता हूँ तो उसमें ऐसी कोई विशेषता नहीं याद पड़ती जिसके आधार पर कहा जा सके कि वह एक दिन हिंदी का एक अंतर्राष्ट्रीय ख्याति का कथाकार बननेवाला है। पढ़ने-लिखने में वह तेज नहीं था, प्रायः प्रमोटेड होकर पास होता था। पहली बार वह आठवें दर्जे में फेल हुआ, दूसरी बार दसवें दर्जे में। हाँ, उसकी कल्पनाशीलता चमत्कृत करनेवाली थी। इसकी एक घटना मुझे याद है। हम दोनों उस समय शायद छठे दर्जे में पढ़ते थे। हमारी इंगलिश रीडर में अलादीन के चिराग की कहानी थी। अलादीन द्वारा चिराग घिसने पर जिन्न प्रकट हो जाने और हुक्म देते ही मनचाही चीजें लाकर प्रस्तुत कर देने की कहानी हमारी बाल-बुद्धि को चमत्कृत करती थी। एक दिन अमृतलाल ने तीन-चार कक्षा सहपाठियों की उपस्थिति में दावा किया कि अलादीन के चिरागवाला जिन्न अब भी वर्तमान है और वह उसे बुलाने की तरकीब जानते हैं। वह हमारे सामने अपनी इस क्षमता का प्रदर्शन करने के लिए भी तैयार हो गए। दूसरे दिन इंटरवल की घंटी बजने पर वह हमें स्कूल के अहाते में हॉस्टल के पीछे खलार की जमीन पर ले गए, जहाँ पेड़ों का घना, झुरमुट होने से दिन में भी शाम जैसा झुटपुटा रहता था। वहाँ पीपल का एक बड़ा पेड़ था। वह उसके सामने खड़े होकर बुदबुदाने

लगे और अपनी जेब से एक पुड़िया निकालकर उसमें से कोई चीज निकाल-निकालकर पेड़ की तरफ फेंकने लगे। उनके कई बार ऐसा करने पर भी जिन्न प्रकट नहीं हुआ तो तनिक भी निराश नहीं हुए, बोले तुम लोग डरना नहीं, जिन्न अभी प्रकट होगा। संयोग से उसी समय इंटरवल समाप्त होने की घंटी बज गई जिससे उन्हें अपना प्रयोग बंद कर देना पड़ा। तेज कदमों से अपनी कक्षा की ओर वापस लौटते हुए उन्होंने हम लोगों को विश्वास दिलाया कि वह जिन्न को कई बार बुला चुके हैं। आज उसका आह्वान करने की विधि में कोई चूक हो गई। और किसी दिन वह उसे बुलाकर हम सब लोगों को दिखा देंगे।

एक दूसरी घटना भी याद पड़ती है। उस समय तक वह भैंसोंवाली गली का मकान छोड़कर कटारी टोले में फटकिया से बाहर एक टीले के पास के मकान में रहने लगे थे। मकान तिखंडा था। नीचे के खंड में आँगन नहीं था। आगे गली से लगा बैठका था, उसके पीछे एक और कमरा था। बैठके से लगा ऊपर जाने का जीना था। मैंने उस बैठके में सुबह के समय कई बार उनके पिता को होम्योपैथिक दवाओं का बक्सा लिये बैठे और गरीब मरीजों को मुफ्त दवा बाँटते देखा था। मुझे देखते ही बता देते थे कि अमृत ऊपर कमरे में हैं, चले जाओ। ऊपर जाने का जीना एक दालान में निकलता था। दालान से लगा एक बड़ा कमरा था, जिसके दरवाजे गली की तरफ खुलते थे। दालान के आगे आँगन था। आँगन के सामने दूसरा बड़ा कमरा तथा दाहिने बाजू में रसोईघर था। बाएँ बाजू ऊपर के तीसरे खंड पर जाने का जीना था। अमृतलाल का कमरा तीसरे खंड पर था, कमरे के आगे एक बड़ी खुली छत थी जिस पर बहुत से गमले रखे हुए थे। एक दिन जब मैं उनके यहाँ गया तो उन्होंने मुझे कागज पर छपी एक पतली-सी इंद्रजाल की किताब दिखाई, जिसे उन्होंने किसी जालीवाले महाराज से आठ आने में ख़रीदा था। उस किताब में बहुत से जादू-टोने वर्णित थे। जिनको सिद्ध कर लेने से अनेक अलौकिक शक्तियों की प्राप्ति होती थी। वह कहने लगे कि मैंने इस पुस्तक में वर्णित कई मंत्र सिद्ध कर लिये हैं, जिससे मुझे कई अलौकिक शक्तियाँ प्राप्त हो गई हैं। वह मुझे छत पर ले गए। गमले के पेड़ों के साथ अलग-अलग रंग की कई पर्चियाँ बँधी थीं। उन पर्चियों पर मंत्र लिखे थे। एक गमले के सामने मुझे ले जाकर कहा आजकल मैं इस पर्ची पर लिखा मंत्र सिद्ध कर रहा हूँ। उस मंत्र को सिद्ध करने के लिए मुझे आगामी अमावस्या को श्मशान घाट जाना पड़ेगा। यह घटना संभवतः उस समय की है जब हम दोनों सातवें दर्जे में पढ़ते थे।

आठवें दर्जे के बाद अमृतलाल यद्यपि मेरे कक्षा सहपाठी नहीं रहे, तथापि 'समान शील व्यसनेपु मैत्री' इस लोकोक्ति के अनुसार उनसे मेरी मैत्री उत्तरोत्तर बढ़ती गई। जिस समय मैं दसवें दर्जे में पढ़ता था, उनके कटारीटोले वाले मकान के ठीक सामने फटकिया के अंदर के एक मकान में रहने लगा। इससे हम दोनों का एक-दूसरे के मकान में रात-दिन का आना-जाना हो गया। उस समय तक

हम दोनों को स्कूली पाठ्यपुस्तकों की 'सनाप' पढ़ाई की अपेक्षा विविध विषयों की पाठ्येतर पुस्तकों, विशेष रूप में उपन्यासों की 'अनाप' पढ़ाई का चस्का लग चुका था जिसे अमृतलाल के पिता 'निकम्मी' पढ़ाई कहते थे। हम दोनों ने अपने मोहल्ले के श्री जैन श्वेतांबर सार्वजनिक पुस्तकालय की लगभग डेढ़-दो हजार पुस्तकें चाट डाली थीं। मुझे याद है, जिस समय मैं हाई स्कूल परीक्षा दे रहा था, उस समय देवकीनंदन खत्री की *चंद्रकाता संतति* ने मुझे अपने जादू में ऐसा बाँध लिया था कि प्रश्नपत्रों के बीच जब लंबे गैप पड़ते थे तो मैं *संतति* पढ़ा करता था।

2

अमृतलाल से मेरी आत्मीयता बढ़ने का एक बड़ा कारण यह हुआ कि कहानियाँ और उपन्यास पढ़ते-पढ़ते हम दोनों में कहानियाँ लिखने का शौक लगभग साथ-साथ विकसित हुआ। आमतौर से किशोरावस्था से तरुणाई की दहलीज में पैर रखने पर मनुष्य के अंदर सृजनात्मक शक्तियों का जागरण होता है तथा अभिव्यक्ति एवं संप्रेषण की इच्छा बलवती हो जाती है। उसी ने हम दोनों को कहानी लेखक बनने के लिए प्रेरित किया। अमृतलाल की कहानी अप्रैल, 1933 में दिल्ली से निकलनेवाली साप्ताहिक *रंगभूमि* में उस समय छपी जब उनकी नौवें दर्जे की वार्षिक परीक्षा समाप्त हो चुकी थी। वह कहानियाँ लिखकर पत्रों में भेजते रहते थे, किंतु न तो वे छपती थीं और न लौटकर वापस आती थीं। एक दिन अमीनाबाद में रॉयल सिनेमा के बुकस्टाल पर पत्र-पत्रिकाएँ पलट रहे थे तो रंगभूमि में छपी अपनी कहानी पर नजर पड़ी। उसका शीर्षक था *अपशकुन लेखक*—अमृतलाल नागर। *आनंद* में छपी तुकबंदी के बाद छापे के हरूफों में अपना नाम दूसरी बार देखकर बड़े उत्साहित हुए और पत्रिका का वह अंक खरीदकर घर में सबको कहानी पढ़वाई। मैं जब उनके यहाँ गया तो मुझे भी दिखाई और कहानी पढ़कर सुनाई। उस समय उनके मुख पर आत्मतृप्ति का जो भाव था उसकी धुँधली याद आज भी मुझे है। वह कहानी उन्होंने एक सच्ची घटना के आधार पर लिखी थी। आठवें दर्जे में एक सहपाठी उनका मित्र बन गया था। उसके माँ और बाप नहीं थे, अपने बड़े भाई और भावज के संरक्षण में रहकर पढ़ रहा था। भावज का अपना परिवार था, देवर को खिलाना-पिलाना अखरता था। उसे हमेशा जली-कटी सुनाया करती थीं। इससे अमृतलाल ही नहीं, उनकी माँ और दादी को भी उससे बड़ी सहानुभूति उत्पन्न हो गई थी। उसका नाम था शांतिशंकर गौतम। वह बड़ा ही हँसमुख और मिलनसार था। अमृतलाल के यहाँ दूसरे-तीसरे दिन आता रहता था। अमृतलाल उसे खिलाए-पिलाए बिना अपने यहाँ से जाने नहीं देते थे। शाम को दोनों साथ-साथ जैन श्वेतांबर पुस्तकालय या कंपनी बाग चले जाते। एक दिन वह सुबह ही उनके घर आ गया। शायद स्कूल की छुट्टी का दिन था। दिन भर उनके साथ रहा। शाम

को दोनों साथ-साथ खा-पीकर पुस्तकालय गए। उसने बताया नहीं कि वह भावज के दुर्व्यवहार से दुखी होकर घर छोड़ने का संकल्प करके उनके यहाँ चला आया था, सदा की भाँति पुस्तकालय से निकलने पर उसने अपनी साइकिल उठाई और चलने लगा। तभी एक काली बिल्ली रास्ता काट गई। इस अपशकुन पर अमृतलाल ने उसका हाथ पकड़ लिया और बोले—"ठहर जा यार, अपशकुन हुआ है।" वह हाथ छुड़ाकर बोला, "अरे मेरा तो जन्म ही किसी अपशकुन में हुआ था" और वह साइकिल पर सवार होकर चला गया। दूसरे दिन जब उसके बड़े भाई उसे पूछते हुए उनके घर आए तो उन्हें पता चला कि वह तो घर छोड़कर चला गया है। इस घटना से उनके हृदय पर जो भावात्मक धक्का लगा उसी की प्रतिक्रिया में उन्होंने रात में बैठकर कहानी लिखी और शीर्षक रखा—*अपशकुन*।

यह कहानी छपी जरूर सबसे पहले, परंतु अमृतलाल इसे अपनी पहली कहानी नहीं कहते थे। उनकी पहली कहानी का शीर्षक था—*प्रायश्चित्त* जो जुलाई, 1934 में छपी। यह भी एक सच्ची घटना पर आधारित थी। एक नवयुवक ने एक नवयुवती को अपने प्रेम जाल में फँसा लिया और वह गर्भवती हो गई। बिरादरी में एक खुर्राट किस्म के चौधरी को, जो दिल के बड़े ही काले थे जब पता चला कि बिरादरी के अमुक गरीब व्यक्ति की कुँवारी कन्या गर्भवती हो गई है तो उनकी कमीनी नीयत ने जोर मारा। उन्होंने शायद सोचा कि उसे घर से निकलवाकर निराश्रित बना दिया जाए। इसके बाद उसे चंगुल में फँसाना आसान होगा। उन्होंने बिरादरी की पंचायत बुला डाली और उस कन्या के गरीब बाप की खूब थुक्का-फजीहत की। उसे धमकी दी कि वह यदि कन्या को घर से बाहर नहीं निकाल देगा तो उसे बिरादरी से बाहर निकाल दिया जाएगा। इसी घटना को आधार बनाकर और उसमें अपनी कल्पना का मेल करके उन्होंने एक कहानी लिख डाली। उसमें उन्होंने दिखाया था कि जिस नवयुवक ने उस कन्या को भ्रष्ट किया था वही पंचायत में आगे बढ़कर आता है, पंचों को खूब खरी-खोटी सुनाता है और निर्दोष कन्या से कहता है—अपराधी तो मैं हूँ। इसकी सजा तो मुझे मिलनी चाहिए। मैं तुमसे विवाह कर अपने पाप का प्रायश्चित्त करूँगा। इसी आधार पर उन्होंने कहानी का शीर्षक *प्रायश्चित्त* रखा था।

अमृतलाल की कहानी जिस समय *रंगभूमि* में प्रकाशित हुई, उसी के आसपास गर्मियों की छुट्टी में जी.पी. श्रीवास्तव की *लंबी दाढ़ी, मिस्टर लतखोरी लाल* आदि रचनाओं से अनुप्राणित होकर मैंने एक लंबी कहानी लिखी। उसका शीर्षक रखा *बगदादी ऊँट*। इस कहानी को मैं पूरी नहीं कर पाया। अधूरी कहानी जब मैंने अमृतलाल को सुनाई तो उन्होंने उसकी बड़ी प्रशंसा की और प्रतिदिन उसे शीघ्रता से पूरा कर डालने के लिए तकादा करने लगे। उस समय मैं इंटर फर्स्ट-ईयर पास कर चुका था। मद्रास से निकलनेवाली *माई मैगजीन* जैसी अंग्रेजी की साप्ताहिक पत्रिकाओं में छपनेवाली हास्य रस की कहानियों से प्रेरित होकर मैंने अंग्रेजी में

भी हास्य रस की दो-तीन कहानियाँ लिखी थीं। *बगदादी ऊँट* जब कई सप्ताह तक मेरे बस्ते में अधूरी पड़ी रही तो एक दिन अमृतलाल बोले—'तुम इस कहानी को पूरी नहीं कर रहे तो लाओ मैं इसे पूरा कर डालूँ। मेरे नाम का लाल और तुम्हारे नाम का चंद मिलाकर उसे लालचंद के संयुक्त नाम से छपवा दिया जाएगा।' यह कहकर वह कहानी ले गए, किंतु वह भी उसे पूरा नहीं कर पाए और फिर कागजों के जंगल में कहीं खो गई।

कहानी लेखन का शौक पैदा हो जाने के बाद गर्मियों की लंबी छुट्टी में प्रतिदिन हमारी शाम की बैठक मोहल्ले के जैन श्वेतांबर पुस्तकालय में जमती थी। साहित्यिक चर्चा होती थी। हमारी मित्र-मंडली में केवल हम ही दो साहित्य प्रेमी व्यक्ति थे, इसलिए जब मैं कोई कहानी लिखता तो अमृतलाल को सुनाने के लिए उनके घर दौड़ा चला जाता और जब वह कोई कहानी लिखते तो मेरे घर दौड़े चले आते। मैंने 1933-34 के दौरान एक दर्जन से अधिक कहानियाँ लिखीं जो मेरे कागजों में आज भी सुरक्षित हैं। उनमें से कई कहानियों पर अमृतलाल की सम्मति भी अंकित है।

3

हम दोनों की तरुणाई के दिन राष्ट्रीय हलचलों से भरे दिन थे। आजादी हमारा जन्मसिद्ध अधिकार है, यह भावना हर तरुण के हृदय में प्रतिध्वनित हो रही थी। सारे राष्ट्र के मानस में क्रांतिकारी परिवर्तन हो रहा था। अमृतलाल जब पंद्रह-सोलह साल के थे, गांधीजी से मिले थे, गांधीजी लखनऊ से कानपुर जा रहे थे। उनसे पूछा हम तरुण लोग क्या करें ? उन्होंने उत्तर दिया—मनुष्य की सेवा कीजिए। जब पूछा कि सेवा किस रीति से की जाए तो बोले—विचार कीजिए। अर्थ भी मिलेगा। सत्याग्रह आंदोलन के दिनों में जब घर-घर चरखा चलाने की धूम मची तो अमृतलाल भी अपनी माँ के साथ चरखा कातते थे। गर्मियों में माँ-बेटे को पसीने से लथपथ चरखा चलाते देखकर उनके पिता ने नक्खास से पुराने पंखे के पर लाकर चरखे में फिट कर दिए। जब चरखे का पहिया घूमता था तो पंखे का पर भी घूमता था। वह चरखा उनके घर में प्रदर्शन की वस्तु बन गया था। मैंने भी वह चरखा देखा था। उन दिनों मैं भी तकली पर महीन सूत कातना सीख गया था। मोतीलाल नेहरू का जब कालाकांकर हाउस में देहांत हो गया और उनका शव इलाहाबाद ले जाया गया तो हम दोनों उनकी शवयात्रा के पीछे-पीछे नंगे पैर और नंगे सिर बड़ी दूर तक गए थे।

नवयुवाओं में जागृति की जो लहरें हिलोरें ले रही थीं, उनसे हमारा चौक क्षेत्र अछूता नहीं था। नवयुवकों की रचनात्मक शक्ति युवा क्लबों तथा पुस्तकालयों एवं वाचनालयों की स्थापना के रूप में फूट रही थी। हम लोगों ने कालीचरन स्कूल

के पड़ोस में सराय माली खाँ में एक युवा क्लब की स्थापना की थी। वहाँ एक टीले पर बने मकानों के सामने खाली जमीन थी। हम लोगों ने उस जमीन को समतल करवाकर टट्टरों से घिरवा दिया और प्रतिदिन शाम को वॉलीबाल खेला करते थे। इसी आधार पर हमारा वह क्लब टट्टरवाला क्लब के नाम से मशहूर हो गया था। अमृतलाल आउटडोर अथवा इनडोर गेमों में कोई रुचि नहीं लेते थे, किंतु जब क्लब की ओर से एक पुस्तकालय एवं वाचनालय खोला गया तो उन्होंने बड़े उत्साह से पुस्तकालयाध्यक्ष बनना स्वीकार कर लिया। वह प्रतिदिन सायंकाल दो घंटा बैठकर पुस्तकालय तथा वाचनालय खोलते थे। क्लब से एक हस्तलिखित पत्रिका निकालने की भी योजना बनी, किंतु क्रियान्वित नहीं हो सकी।

अमृतलाल ने उसी क्लब से प्रेरित होकर गोलदरवाजे के पास चौक बाजार में भोलानाथ धर्मशाला के सामने सर्राफे की दूकानों की लंबी छत से लगे एक मकान के तीसरे खंड पर एक नया क्लब खोला। टट्टरवाले क्लब का नाम लखनऊ यंगमेंस एसोसिएशन था। उसी के जोड़ पर उसका नाम लखनऊ यूथ्स यूनियन रखा गया। अमृतलाल उस क्लब के मंत्री तथा मैं उपमंत्री था। सर्राफे की दूकानों के पड़ोस में एक क्यूरो डीलर की दुकान थी। उनकी कृपा से हम लोगों को क्लबघर का स्थान मिला था, इसलिए उन्हें क्लब का अध्यक्ष बनाया गया। क्लबघर के लिए जो कमरा तथा उसके आगे खुली छत मिली थी, वह बहुत दिनों से बंद पड़ी थी। वहाँ बहुत सा कूड़ा इकट्ठा था। क्लब के सदस्यों ने अपने हाथ से झाड़ू लगाकर उस स्थान की सफाई ही नहीं की, पुताई भी की। क्लब के पुस्तकालय के लिए सदस्यों ने अपने-अपने घरों से लाकर पुस्तकें दीं। इसमें सबसे अधिक योगदान अमृतलाल का था। क्लब के अध्यक्ष जो दैनिक समाचार पत्र खरीदते थे, शाम को वाचनालय में आ जाता था। क्लब के अधिकांश सदस्य हम लोगों के स्कूली सहपाठी थे। उसकी कार्यकारिणी में मंत्री व उपमंत्री तथा अध्यक्ष के अतिरिक्त पन्नालाल कपूर, श्रीनाथ टंडन, अमृतलाल जैन, भगवती प्रसाद धवन, रहसबिहारी टंडन, कन्हैयालाल बहल, कन्हैयालाल सेठ तथा त्रिलोकीनाथ दवे थे। लखनऊ में अमृतलाल के निकटस्थ रिश्तेदार त्रिलोकीनाथ दवे का परिवार था। उनके पिता अमृतलाल की दादी के सगे भतीजे थे।

अमृतलाल ने क्लब की ओर से एक द्विमासिक पत्रिका निकालने का प्रस्ताव किया और उसके लिए सबसे अधिक आर्थिक सहयोग भी दिया। हम लोगों ने भी पाँच-पाँच रुपया चंदा दिया। पत्रिका का नाम रखा गया—*सुनीति*। उसके लिए चार सदस्यीय संपादक मंडल गठित किया गया। पत्रिका द्विभाषी थी। उसके अंग्रेजी खंड का प्रधान संपादक कालीचरन स्कूल के अंग्रेजी के अध्यापक हरीराम पकरासी तथा हिंदी खंड का प्रधान संपादक स्कूल के हिंदी अध्यापक वेणीमाधव मिश्र 'माधव' को बनाया गया। पत्रिका के सहायक संपादक के रूप में अमृतलाल नागर और ज्ञानचंद जैन का नाम छपा। पत्रिका का जो पहला और अंतिम अंक (वर्ष 1, संख्या

1, जुलाई 1, सन् 1934) निकला उसके हिंदी तथा अंग्रेजी खंड में क्रमशः 20-20 पृष्ठ थे। वार्षिक मूल्य एक रुपया तथा प्रति अंक का दो आना। पत्रिका का संपादन हम दोनों ने मिलकर किया था। पत्रिका के अंग्रेजी खंड में पत्रिका का गौरव बढ़ानेवाला तत्कालीन युवक हृदय-सम्राट् जवाहरलाल नेहरू का विशेष रूप से पत्रिका के लिए लिखित संदेश छपा था। इस संदेश को प्राप्त करने का श्रेय अमृतलाल को था। उनके आग्रह पर नेहरूजी ने उनके सामने ही मेज पर बैठकर और अपनी बास्कट से पेन निकालकर देश के नवयुवकों के नाम लगभग 250 शब्दों का एक संदेश एक पैड पर लिखकर दे दिया था। पत्रिका के लिए अधिकांश लेख अमृतलाल ने संग्रहित किए थे। पत्रिका के मुखपृष्ठ पर देविका रानी का चित्र छापा गया था जो एक लब्धप्रतिष्ठित परिवार से फिल्म अभिनय के क्षेत्र में आनेवाली प्रथम महिला थीं। लखनऊ कला विद्यालय से कला का प्रशिक्षण प्राप्त करनेवाले तथा कालीचरन स्कूल के कला प्रशिक्षक नारायण दत्त जोशी का बनाया कला-चित्र पत्रिका के हिंदी खंड के मुखपृष्ठ के सामने इमीटेशन आर्ट पेपर पर छापा गया था। उसमें एक भिखारिणी को दिखाया गया था जो भाग्यचक्र के फेर से अपने बालक के साथ अपनी बहन के द्वार पर भिक्षा माँगने के लिए पहुँचती है। उसके नीचे का परिचयात्मक दोहा अमृतलाल का लिखा हुआ था—

भीख देते सकुचै यहू, वहू लेत सकुचाय।
दोउ भगिनि सोचत खरी, विधि सो कहाँ बसाय।

मुखपृष्ठ पर कविरत्न रूपनारायण पांडेय की दो समस्या-पूर्तियाँ छपी थीं—(1) घास है न दाना है तथा (2) गैया लिये घूमत कन्हैया वृन्दावन में। हिंदी खंड का पहला विद्वत्तापूर्ण मौलिक लेख भी रूपनारायण पांडेय लिखित था—*गुप्तवंश के राजाओं का शिलालेख*। उसमें महाराजाधिराज श्री समुद्रगुप्त के प्रसिद्ध ऐतिहासिक महत्त्व के प्रयाग शिलालेख का विवरण था। पत्रिका में हिंदी के पुराने सुलेखक तथा *नागरी-प्रचारक* के प्रकाशक गोपाललाल मेहरोत्रा का हास्य-व्यंग्यपूर्ण यात्रा-वर्णन *प्रत्यक्ष, अनिष्टकर गण* भी छपा था। उस काल के नवयुवक कहानी लेखकों में विनोदशंकर व्यास अपनी भावपूर्ण कहानियों के लिए प्रसिद्ध थे। उनकी एक भावपूर्ण कहानी *घृणा का देवता* उनके नवप्रकाशित कहानी संग्रह से उद्धृत की गई थी। अमृतलाल नागर लिखित कहानी 'प्रायश्चित्त' भी इसी पत्रिका से पहली बार प्रकाश में आई थी। उसमें मेरी एक कहानी *सुख की खोज* भी *रसिक* के छद्मनाम से छपी थी क्योंकि उसके अंग्रेजी खंड में भी मेरी हास्य रस की एक कहानी मेरे नाम से गई थी। हिंदी खंड में सामयिक कविताओं के अतिरिक्त एक सामयिक व्यंग्यचित्र भी था। बिहार में अत्यंत भयंकर महाविनाशकारी भूकंप कुछ महीने पहले आया था। व्यंग्यचित्र में दिखाया गया था कि एक सेठजी अपनी बाईजी के साथ अनुहार भरी मुद्रा में खड़े हैं। एक समाजसेवी जब भूकंप-पीड़ितों के लिए चंदा माँगने पहुँचता

है तो कहते हैं—मुझे अपनी बाईजी के लिए नेकलेस बनवानी है। लो एक पैसा देता हूँ। उससे भुने चने बँटवा देना। पत्रिका के अंग्रेजी खंड में प्रेमप्रकाश श्रीवास्तव लिखित एक लंबा विचारोत्तेजक लेख छपा था जो सर्व धर्म समन्वय के प्रचारक थे। हरीदास पकरासी का एक लेख भी छपा था जिसमें भारत का प्राचीन सांस्कृतिक गौरव फिर से स्थापित करने के लिए नवयुवकों का आह्वान किया गया था।

सुनीति के बाद हम दोनों ने एक और पाक्षिक पत्र के संपादन में सहयोग किया। उसका नाम 'सिनेमा समाचार' था। ज़हाँ तक मेरा खयाल है, वह हिंदी में लखनऊ से प्रकाशित होनेवाला पहला सिनेमा पाक्षिक था। सितंबर-अक्टूबर 1935 में हम दोनों ने उसके तीन-चार अंकों का संयुक्त रूप से संपादन किया। उसके बाद वह पत्र संभवतः बंद हो गया। उसके अवैतनिक संपादकों में हम दोनों के अतिरिक्त त्रिलोकीनाथ दवे का भी नाम जाता था।

सुनीति के संपादन तथा प्रकाशन से हम दोनों को एक पत्र के संपादन, सामग्री संचयन, प्रूफ संशोधन, मुद्रण तथा प्रकाशन का पहला व्यावहारिक प्रशिक्षण प्राप्त हुआ। काम की चपरास बाँध लेने पर अमृतलाल कितने कर्मठ हो जाते थे और खाना-पीना तक भूल जाते थे, इसका प्रथम परिचय मुझे *सुनीति* के संपादन तथा प्रकाशन काल में मिला। पत्र लाटूश रोड पर नए-नए खुले एक छोटे से प्रेस में छपता था, जिसमें सिलेंडर मशीन तक नहीं थी। हाथ से चलाई जानेवाली ट्रेडिल मशीन पर दो-दो पेज एक साथ छपते थे। कभी-कभी हम लोग ट्रेडिल मशीन अपने हाथ से चलाते थे और प्रेस के मालिक कागज लगाते थे। *सुनीति* के संपादन तथा प्रकाशन काल में हम दोनों का लगभग दो महीने तक चौबीसों घंटे का साथ रहा, जिसने हम दोनों को अभिन्न हृदय मित्र बना दिया। *सुनीति* की एक प्रशंसात्मक समालोचना इलाहाबाद से निकलनेवाले दैनिक *भारत* में छपी थी।

पारिवारिक परिवेश

अमृतलाल के संपूर्ण लेखक जीवन का चित्र मेरी आँखों के सामने है। उनका जन्म अपनी ननिहाल आगरा में हुआ। मैंने गोकुलपुरा में उनकी ननिहाल की वह सौरियाई कोठरी देखी है जहाँ उनका जन्म हुआ था। अपनी माँ की गोद में जब तीन महीने के थे, लखनऊ आए। डेढ़ साल की उम्र से दादी की गोद में पले और दादा-दादी दोनों की आँखों का तारा बन गए। मैंने उनके दादा-दादी को देखा है।

अमृतलाल ने खोज करके अपने पूर्वजों की बारह पीढ़ियों की नामावली एकत्र की थी। वे गुजरात के बिसनगर (बीसलनगर) से उत्तर प्रदेश के सहारनपुर जिले में आकर बसे। इसी आधार पर उनका कुल विसनगरा कहलाता था। यह संयोग की बात है कि लखनऊ आने से पहले मेरा बचपन सहारनपुर में बीता जहाँ उनके पुरखे गुजरात से आने पर बसे। वहाँ से वे खतौली, खतौली से आगरा और आगरा से इलाहाबाद पहुँचे। अमृतलाल के दादाजी का कुनबा इलाहाबाद का निवासी था। संयोग से मेरा पैतृक निवास भी इलाहाबाद रहा। जब मैं इलाहाबाद में दैनिक *भारत* में था, उनके एक कुटंबी जो दूर के रिश्ते से उनके चाचा लगते थे, लीडर प्रेस के जॉब विभाग में कार्य करते थे। मेरे मकान के पास ही हाटकेश्वर मंदिर था, उसके चबूतरे पर लाल अंगौछा पहने बैठे रहते थे।

अमृतलाल के कुल का अल्ल याज्ञिक था जो गुजराती बोलचाल में संभवतः याज्ञिक से याजनिक और फिर 'य' और 'क' का लोप होने से जानी बन गया था। उनके अल्ल याज्ञिक से सूचित होता है कि उनका कुल गुजरात से आए यज्ञकर्ता, त्रिपुंड-कुमकुम चर्चित भाल, रुद्राक्ष, केसर-रंजित यज्ञोपवीत, विविध वर्णी पीतांबरधारी, आचारनिष्ठ विसनगरे नागर ब्राह्मणों का कुल था। अमृतलाल ने अपनी दादी से सुना था कि उनके दादाजी जब इलाहाबाद में रहते थे तो पंडित मदनमोहन मालवीय के साथ रुद्रिपाठ कराने जाते थे और दक्षिणा में एक पैसा मिलता था। उस जमाने में एक पैसे का मूल्य एक रुपए से अधिक था। एक पैसे में दो अधेले, चार छदाम और आठ दमड़ी होती थीं। एक रुपए में पाँच सौ बारह दमड़ी होती थीं। मेरे बचपन में इलाहाबाद में लोकनाथ पर शाक-सब्जी खरीदने में कौड़ियाँ चलती थीं।

अमृतलाल के दादाजी अपने कुल के अंग्रेजी पढ़े-लिखे पहले व्यक्तियों में

थे। वे और उनके भाई जब तक स्कूल में रहते थे तो पानी तक नहीं पीते थे। स्कूल से लौटने के बाद घर के बैठकखाने में कपड़े टाँग देते थे, फिर अंगौछा पहनकर नंगे बदन घर के अंदर जाते थे, हाथ-पैर और जनेऊ धोकर जल ग्रहण करते थे।

उनकी दादी बड़े गरीब घर की थीं। दादी के पिता सर्दी के दिन भी मलमल के कुरते में काट देते थे, बस ऊपर से एक मोटी सूती चादर ओढ़ लेते थे। दादी को बचपन में सुने-सुनाए गदर के बहुत से किस्से याद थे। उनके दादा गदर के दिनों में अपनी पत्नी से लड़कर घर से चले गए थे। उनके पिता गदर के दिनों में उन्हें ढूँढ़ने के लिए निकले थे। दादी पाँच वरस तक गूँगी रहीं, उनकी वाचा नहीं फूटी। माँ ने उन्हें घर का सारा काम-काज करना छोटी उम्र से सिखा दिया, जिससे कामकाजी लड़की के लिए वर खोजना आसान हो।

उनकी दादी जब ब्याहकर आईं तो सात बरस की थीं। बात यह हुई कि अमृतलाल की परदादी का देहांत हो गया जिससे घर में चौका-चूल्हा सँभालनेवाला कोई न रहा। इसलिए परदादा ने उनके दादाजी का विवाह छोटी उम्र में कर दिया। दादी ने ब्याहकर ससुराल आते ही घर का चौका-चूल्हा और सारा काम-काज सँभाल लिया। वह सुबह चार-पाँच बजे तक उठकर नहा लेती थीं और आठ बजे तक रसोई तैयार कर देती थीं।

उनके दादाजी ने अंग्रेजी पढ़कर सबसे पहले नौकरी पेशा अपनाया। पहले 25 रुपए महीने पर रेलवे में नौकरी की। उस समय अवध-रूहेलखंड रेलवे नई खुली थी और उसका दफ्तर झाँसी में था। झाँसी जाने के लिए दादाजी के साथ उनकी दादी ने पहली बार रेलगाड़ी में सफर किया और पहली बार ऊँटगाड़ी देखी।

उनके दादाजी के हाथ की अंग्रेजी लिखावट मैंने देखी है। उनके अक्षर बड़े सुंदर होते थे, जिससे उनकी कलात्मक-वृत्ति का परिचय मिलता है। वह सितार अच्छा बजाते थे, कंठ मधुर था, गाते भी थे। संगीत के रसिया थे। अपना नाम लिखते थे—शिवराम जानी। अमृतलाल के पिता ने नाम के साथ नागर लगाना शुरू किया।

अमृतलाल के दादाजी के एक मिलनेवाले थे—बाबू मदनमोहन। उन्होंने ही उन्हें इलाहाबाद बैंक में 30 रुपए महीने पर नौकरी दिलवाई। 1895 में लखनऊ आए और तब से मृत्युपर्यंत लखनऊवासी रहे। इस शताब्दी के आरंभ में जब इलाहाबाद बैंक की शाखाएँ फैलीं तब 1902 में चौक ब्रांच खोलने के लिए सब-एजेंट बनाकर भेजे गए। इस समय धनी लोग बैंक में पैसा रखने से डरते थे। कहीं सरकार रुपया जब्त न कर ले अथवा डाकू बैंक लूट न लें। इसलिए जब बैंक की चौक शाखा खोलने के लिए गोलदरवाजे के पास सड़क पर स्थित कोठी किराए पर ली गई, तब बैंक का मुख्य द्वार पीछे गली की ओर रखा गया। बैंक की कोठी के ऊपर के खंड में उनका निवास था।

उनके दादा-दादी की चौदह संतानें हुईं, किंतु जीवित केवल दो बचीं—एक पुत्र और एक पुत्री। अमृतलालजी की बुआजी उनके बाबूजी से बड़ी थीं। उन्होंने

ही उनका नामकरण अमृतलाल किया था। सात बरस की उम्र में ही ब्याह जाने के बाद अपने घर-द्वार की हो गई थीं। उनके बाबूजी माता-पिता के इकलौते लाल होने के कारण दादा-दादी की माया-ममता के केंद्र बिंदु थे। उन्हें एक क्षण के लिए अपनी आँखों से ओट नहीं होने देते थे। उनके बाबूजी भी अपने माता-पिता को अपना उपास्य मानते थे। पिता का आदेश उनके लिए वेदवाक्य था। माँ को वह पूजा की वस्तु समझते थे। हाई स्कूल पास करने के बाद उनके बाबूजी की इच्छा डॉक्टरी पढ़ने की थी। परंतु उस समय तक लखनऊ मेडिकल कॉलेज खुला नहीं था, डॉक्टरी की पढ़ाई कलकत्ता में होती थी। पिता ने उन्हें कलकत्ता जाने की अनुमति नहीं दी। उनको अपने पुत्र की कमाई की तनिक भी चाह नहीं थी। पहली लड़ाई के जमाने में बैंक से लगभग 200 रुपए महीना वेतन मिलता था। इसके अतिरिक्त उन्होंने अपनी बचत का रुपया ब्याज-बट्टे में फैला रखा था। इस प्रकार सब मिलाकर 500 रुपए महीने की आमदनी हो जाती थी। वह चाहते थे कि उनका पुत्र आँखों के सामने बना रहे, अतएव उनके पिताजी को लखनऊ के पोस्ट मास्टर जनरल (पी.एम.जी.) ऑफिस में क्लर्की करनी पड़ी। इससे वह कुंठाग्रस्त रहते थे। दफ्तर की नौकरी को डेढ़ लाख के जेलखाने में छह घंटे की कैद मानते थे। वह अपनी महत्त्वाकांक्षाएँ अपने ज्येष्ठ पुत्र अमृतलाल से पूरी करवाना चाहते थे। चाहते थे कि वह खूब पढ़े, विलायत से डिग्री लाए और डॉक्टर-इंजीनियर बने। अमृतलाल के दादाजी चाहते थे उनका पोता जज बने।

अमृतलाल के दादाजी की भाँति उनके पिता ने भी कलात्मक अभिरुचि पाई थी। चौक क्षेत्र के शौकिया रंगमंच पर खेले जानेवाले नाटकों में प्रधान भूमिकाएँ अभिनीत करते थे। ड्राइंग उम्दा बनाते थे। अच्छे तबला वादक थे। वह एक कुशल मैकेनिक थे। नक्खास के गुदड़ी बाजार से एक पुराना बिजली का पंप लाकर उसे दुरुस्त कर लिया। एक पुरानी अलार्म क्लॉक लाकर उसे काम लायक बना लिया था। मैंने उसे अमृतलाल के पढ़ने की मेज पर देखा है। स्वदेशी आंदोलन में वह स्वदेशी वस्त्रधारी बन गए थे। 1916 की लखनऊ कांग्रेस में जब तिलक महाराज पधारे थे तो नवयुवकों ने उनकी फिटन का घोड़ा खोलकर अपने हाथ से उनकी गाड़ी खींची थी। उन नवयुवकों में वह भी सम्मिलित थे। बड़े ही विनोदप्रिय और मिलनसार थे। पान खाने का शौक था। दिन-भर में एक ढोली पान खा जाते थे। मैं जब अमृतलाल के घर जाता था तो उनकी माँ को प्रायः पान लगाते पाता था।

अमृतलाल के घर में मेड इन यू.पी. गुजराती बोली जाती थी। अमृतलाल की माँ उन्हें 'म्होटा' (बड़े) पुकारती थी। दोनों भाई उन्हें म्होटा भाई पुकारते थे। पिता अमरित पुकारते थे। अमृतलाल अपनी दादी को अम्माजी, माँ को भाभी और पिता को बाबूजी पुकारते थे। बाद में मदन ने माँ को माते पुकारना आरंभ किया, फिर दोनों भाई—अमृत और रतन—भी इसी नाम से पुकारने लगे।

उनके घर में आचार-नेम का कट्टरता से पालन होता था। उनके दादाजी

तो हर एक के हाथ से छुई मिठाई तक नहीं खाते थे। रेलयात्रा के लिए दूध में सने आटे की पूड़ी उतारी जाती थी, पानी में सने आटे की पूड़ी भी अशुद्ध मानी जाती थी। सब लोग स्नान के बाद पीतांबर पहनकर नंगे बदन चौके में खाना खाते थे। मैंने कितनी ही बार अमृतलाल की माँ को स्नान करने के बाद पीतांबर पहनकर एकवस्त्र चौके में खाना बनाते देखा है। अमृतलाल भी किशोरावस्था में चौके में ही पीतांबर पहनकर खाना खाते थे।

इलाहाबाद बैंक की जिस कोठरी में अमृतलाल की शैशवावस्था और बाल्यावस्था बीती उसका एक-एक कोना मेरा देखा हुआ है। वह पाँच बरस की अवस्था तक घर में अकेले रहे। उनका छोटा भाई रतन उनसे पाँच बरस तीन महीने और तेरह दिन छोटा था। बीच में एक और भाई हुआ, किंतु वह डेढ़ बरस का होकर जाता रहा। इसलिए बचपन में वह अकेले ऊपर के कमरे के जिस छज्जे से लगकर बाहर की सड़क की चहल-पहल, सड़क के पार दूर तक फैला कंपनी बाग, कंपनी बाग के आगे क्षितिज पर गोटे जैसी चमकती गोमती की क्षीणधारा, दाहिनी ओर इमामबाड़े का विशाल रूमी दरवाजा, दाहिनी ओर छोटे इमामबाड़े के पास बने घंटाघर को देखकर मन बहलाया करते थे, उस परिदृश्य को मैंने भी उसी छज्जे से कितनी बार देखा है। उसी अकेलेपन ने उनको बचपन से अतिशय कल्पनाशील बना दिया। वह अपने मन से बातें कर अथवा सुनी-सुनाई बातों को अपने मन में दुहराकर अपना मन रमाते थे। जब सात बरस के हुए तो छापे के अक्षर उनके पहले जिगरी दोस्त बने। उनका विद्यारंभ कोनेश्वर महादेव के पास स्थित एक निजी पाठशाला में हुआ। इलाहाबाद बैंक की कोठी के बगल में रहनेवाले प्रतापकृष्ण धवन उनके पहले सहपाठी बने। बाद में प्रताप मेरे भी सहपाठी रहे।

अमृतलाल जब आठ बरस के थे, उनके दादाजी रिटायर हुए। बैंक का मुख्यद्वार शंकरी टोले की गली में था। शंकरी टोले से लगा बहोरन टोला था। यह अर्द्धचंद्राकार बसा था और दो फटकियों में बँटा था। इसके दोनों सिरे चूड़ीवाली गली से मिले थे। चौक गोलदरवाजे से छोटी कालीजी तथा बड़ी कालीजी तक जानेवाली गली में चूड़ीवालों की कई दुकानें थीं, इसलिए चूड़ीवाली गली कहलाती थी। अमृतलाल के दादाजी बैंक से रिटायर होने पर बहोरन टोले में पहली फटकिया के अंदर एक मकान में रहने लगे। इसी मकान में रहते समय अमृतलाल कालीचरन स्कूल में चौथे दर्जे में भर्ती हुए और रहसबिहारी टंडन उनके पहले मित्र बने। रहसबिहारी मेरे भी सहपाठी रहे। अमृतलाल बहोरन टोले के जिस मकान में रहे, उसे मैंने अंदर से देखा था। कालियन टोला का मकान छोड़ने पर मेरे पिता ने कई खाली मकान देखे थे, उनमें वह भी था। फिर उन्होंने बहोरन टोले की दूसरी फटकिया में श्वेतांबर जैन मंदिर के निकट बने एक नए मकान को किराए पर लिया था। एक बार जब मैं छठे दर्जे में पढ़ता था और अमृतलाल मेरे उस मकान में आए थे तो हम दोनों कंपनी बाग की ओर जाते हुए पहली फटकिया के अंदर

उस मकान के सामने से गुजरे थे। तब उन्होंने बताया था कि गलियों में आने पर मैं सबसे पहले इस मकान में रहा था।

बहोरन टोला छोड़ने के बाद वह भैंसोंवाली गली के जिस मकान में रहने लगे, उसमें मैं कई बार गया हूँ। एक फटकिया से अंदर एक-दूसरे से मिले कई मकान थे। उनका मकान फटकिया के ठीक सामने था। मकान ऊँची कुर्सी पर था। दहलीज तक पहुँचने के लिए आगे की तीन-चार सीढ़ियाँ चढ़नी पड़ती थीं। दहलीज से लगा दालान था। दालान से ऊपर के खंड में जाने का जीना था। ऊपर के खंड में आँगन के ऊपर चारों ओर छज्जा था, जिस पर पर्दे के लिए चारों ओर तख्तेबंदी कर दी गई थी। इससे नीचे के खंड से ऊपर के खंड का कोई हिस्सा दिखाई नहीं पड़ता था। नीचे के खंड का इस्तेमाल मर्दाने भाग के रूप में किया जाता था। मैंने अमृतलाल के दादाजी का प्रथम दर्शन उसी मर्दाने खंड की दालान में किया था। वह एक पलँग पर लेटे थे। उनके शालीनतापूर्ण व्यक्तित्व की धुँधली याद है। चेहरे पर एक सहज कोमलता और बोली में मिठास थी। अमृतलाल की भाँति उनकी आँखें भी बोलती थीं।

उस मकान के संबंध में प्रवाद था कि उसमें साँप का पुराना जोड़ा रहता है। उस जमाने में इस प्रकार के प्रवाद कई पुराने मकानों के संबंध में प्रचलित थे और उनमें कभी-कभी साँप निकल भी आते थे। मेरे कालियन टोलेवाले मकान के सामने बैजू पुरी के मकान के पीछे के हिस्से में जब हम दोनों खेल रहे थे, एक साँप निकल आया। भैंसोंवाली गली में रहते समय अमृतलाल और उनके छोटे भाई रतन का यज्ञोपवीत संस्कार साथ-साथ हुआ था। उस समय तक उनकी सगाई हो चुकी थी, यह मुझे बाद में मालूम हुआ। यज्ञोपवीत संस्कार में उनके दादाजी के बड़े भाई भी इलाहाबाद से आए थे। जिस दिन जनेऊ हुआ, उसी दिन उनकी दादी को शिरोपीड़ा हुई और उनकी आँखों की ज्योति जाती रही। इसके बाद उन्होंने वह मकान छोड़ दिया और कटारी टोला का मकान ले लिया।

कटारी टोलेवाले मकान में पहुँचने के 7-8 महीने के बाद ही उनके दादाजी का देहांत हो गया। अपने दादाजी की बीमारी में वह रोज सुबह उठकर छाछूँ कुएँ के महावीरजी की पहली आरती की प्रसादी लेने जाते थे। उनकी बीमारी में घर में मिट्टी के तेल से चलनेवाला पंखा आया।

उसी मकान में रहते समय उन्होंने पहली बार पंद्रह वर्ष की अवस्था में अकेले कलकत्ता की यात्रा की और शरत्‌चंद्र चट्टोपाध्याय से मिले। अम्माजी की इच्छा के विरुद्ध उनके बाबूजी ने उन्हें अकेले यात्रा करने की अनुमति इसलिए दे दी क्योंकि उनका विश्वास था कि पर्यटन करने से मनुष्य की बुद्धि का विकास होता है और उसमें स्वावलंबन की भावना आती है। शरत् बाबू उस जमाने में हावड़ा में एक किराए के मकान में रहते थे। अमृतलाल ने जब उनसे कहा मैं भी लेखक बनना चाहता हूँ तो उन्होंने कहा कि स्कूल-कॉलेज में पढ़ते समय बहुत से लड़के

कविता-कहानी लिखने लगते हैं, लेकिन बाद में उनका यह अभ्यास छूट जाता है। इससे कोई लाभ नहीं, पहले यह निश्चय करो कि तुम आजन्म लेखक ही बने रहोगे।

अमृतलाल के मन में लेखक बनने का सपना तो *आनन्द* में पहली तुकबंदी छपने के बाद पलने लगा था, कल्पनाशील वह बचपन से थे, उनकी वर्णन शक्ति का विकास करने में उनकी दादी का नेत्रहीन हो जाना सहायक कारण बना। आँखों की रोशनी चले जाने के बाद वह छू-छूकर और टटोल-टटोलकर अपना सारा काम अपने हाथ से कर लेती थीं। बाहर की दुनिया के लिए अमृतलाल उनके आँख और कान बन गए थे। स्कूल में, मोहल्ले में, जाति-बिरादरी में, मेले-ठेले में जो भी देखते-सुनते, बाहर से लौटकर घर में आने पर फिल्म के सिनेरियो की शैली में 'ए' से 'जेड' तक सारी रिपोर्ट अम्माजी को देते थे। उनके पास नित्यप्रति घंटों दरबार लगता था, जिसमें अमृतलाल मुख्य वक्ता होते थे और उनके दोनों छोटे भाई श्रोता होते थे। बीच-बीच में माते भी टिप्पणी करती जाती थीं। मैं उस दरबार में कितनी ही बार सम्मिलित हुआ हूँ।

छुटपन में अमृतलाल अपने दादाजी के साथ साए की तरह लगे रहते थे। वह जहाँ जाते थे, उनको अपने साथ ले जाते थे। चार आदमियों के बीच किस तरह उठना-बैठना चाहिए, किस तरह बोलना चाहिए, बड़ों को किस तरह सलाम करना चाहिए, सारा अदब-कायदा उनसे सीखा था। एक विशेषता मैंने उनके परिवार के सभी सदस्यों में देखी, उनकी पर-दुख कातरता। उनके बाबूजी, माते, उनके दोनों छोटे भाई—सभी बड़े कोमल हृदय के थे। किसी की दुखगाथा सुनते ही उनका हृदय मोम की तरह पिघल जाता था। 'वैष्णव जन तो तेने कहिए जे पीर पराई जाणे रे' नरसी मेहता का यह भजन प्रतिदिन उनकी दादी अम्माजी सवेरे उठने पर प्रभाती में गाया करती थीं। उनके दादाजी भी सच्चे वैष्णव जन थे। उन्होंने अमृतलाल को संस्कृत के बहुत से श्लोक और सूक्तियाँ कंठस्थ करा दी थीं। वैष्णव संस्कार अमृतलाल के मन पर पत्थर की लकीर की भाँति अंकित था। मैंने उनके मुँह से शिवस्त्रोत और गंगालहरी का सस्वर पाठ कई बार सुना है। अपने दादाजी का याद कराया एक श्लोक—'नात्वहं कामये राज्यं न स्वर्गं न पुनर्भवं, कामये दुःख तप्तानां प्राणिनमार्ति नाशनम्' का पाठ जब वह भाव-विभोर होकर करते थे तो ऐसा भासित होता था जैसे स्वर उनके हृदय की अतल गहराई से फूट रहा हो।

उनके दादाजी उन्हें जब किसी ज्योनार में ले जाते तो लौटकर पूछते—अच्छा बताओ, पत्तल में कौन-कौन-सी चीजें परोसी गई थीं, कितने किस्म की मिठाइयाँ थीं, कितने किस्म की पूरियाँ और तरकारियाँ थीं, कौन-कौन चटनी, अचार और मुरब्बे थे ? मुहर्रम के दिनों में जब घर के सामने से ताजिये निकलते तो पूछते थे—अच्छा बताओ, तुमने क्या-क्या देखा ? कितने ऊँट थे, कितने घोड़े थे, उन घोड़ों पर क्या साज था, कितने किस्म के बाजे थे, कितनी झंडियाँ थीं, कितनी लाल, कितनी हरी और कितनी पीली थीं ? इस तरह बचपन से उनकी निरीक्षण

शक्ति तेज हो गई थी। उनकी घनी भौंहों के भीतर झाँकनेवाली उनकी भौंरे जैसी काली चंचल आँखों में कैमरे के लैंस जैसी बिंबग्रहिणी शक्ति थी। उनके लंबे कान, जिनकी लवें गर्दन तक लटकती थीं, किसी माइक्रोफोन की भाँति ध्वनियों को पकड़ लेने में संवेदनशील थे। उनकी आँखें जो कुछ देखतीं, उनके कानों में जो ध्वनियाँ पड़ती थीं वे सब उनके हृदयपटल पर अंकित हो जाती थीं। उनकी स्मृतिशक्ति बड़ी तेज थी। उन्हें अपने बचपन की पाँच बरस की आयु तक की घटनाएँ याद थीं। बचपन में अकेले रहने के कारण उनमें दूसरों की नकल उतारने की अच्छी शक्ति विकसित हो गई थी। वे दूसरे के हाव-भाव, बोली-बानी, चाल-ढाल का अभिनय बड़े उम्दा ढंग से करते थे। वह कहा करते थे कि अगर मैं लेखक न बनता तो शायद अभिनेता बनता।

2

पुस्तक पठन और कहानी लेखन के समान व्यसन के अतिरिक्त अमृतलाल के साथ मेरी घनिष्ठता बढ़ाने में एक और कारण सहायक हुआ—हम दोनों का छोटी उम्र में विवाह हो जाना। इससे हम दोनों अपने को बालिग अनुभव करने लगे और दूसरे लोग भी हमारे साथ उसी प्रकार का व्यवहार करने लगे। हमारे बचपन के दिनों में सोलह बरस का लड़का जवान समझा जाने लगता था। ज्यादातर लड़के हाई स्कूल करने के बाद नौकरी में लगकर अथवा किसी काम में लगकर घर-गिरस्तीवाले बन जाते थे। हम दोनों की शादी कुछ आगे-पीछे पंद्रह बरस की अवस्था में हुई। अमृतलाल की शादी जिस समय हुई वह आठवें दर्जे में पढ़ते थे। मेरी शादी हाई स्कूल की परीक्षा देने के बाद उस समय हुई, जब मैं अमृतलाल के कटारी टोलावाले मकान के ठीक सामने रहता था। वह मकान विशेष रूप से मेरी शादी के लिए किराए पर लिया गया था। मुझे अपनी शादी हो जाने के बाद मालूम हुआ कि अमृतलाल की शादी मुझसे डेढ़ साल पहले हो चुकी है।

एक दिन जब मैं उनके घर गया तो उन्हें बहुत प्रफुल्लित पाया। बोले मेरी बहू आई है। 'बहू' शब्द सुनकर मैं चौंका। तब उनकी जबानी मालूम हुआ कि उनकी सगाई सात बरस की अवस्था में हो गई थी। उस समय उनकी गुड़िया जैसी बहू की अवस्था पाँच बरस की थी। वह अपनी मौसी के ब्याह में आगरा गए थे। वहाँ एक छोटी सी गुड़िया के गोरे-गोरे हाथों में दरवाजों पर ताजा पुता तारकोल लग गया था जिससे वह काले हो गए थे। इसीलिए वह रो रही थी। अमृतलाल भी इस समय कचकरे के बबुआ जैसे लगते थे। वह साबुन और पानी लेकर उस गुड़िया का हाथ धुलाने लगे। उसे पुचकारकर समझाते जाते थे—रो मत अभी साफ हो जाएगा। यह दृश्य उस गुड़िया की दादी और माँ तथा उनकी माँ, नानी आदि देख रही थीं। दोनों की जोड़ी सबको इतनी पसंद आई कि उसी समय

रिश्ता पक्का हो गया।

उस गुड़िया का घर अमृतलाल की ननिहाल से सौ कदम के फासले पर था। गुड़िया अपनी दादी और माँ की इकलौती लाड़ली बेटी थी। उसका जन्म अपने पिता की मृत्यु के 19 दिन बाद हुआ था। दादी और माँ, दोनों विधवा थीं। दादी बिरादरी में बड़ी दबंग औरत के रूप में विख्यात थीं। काफी जमीन-जायदाद थी। गुड़िया अपनी दादी और माँ की सारी जायदाद की अकेली वारिस थी। बिरादरी में अमृतलाल का परिवार भी जानीजी के परिवार के नाम से 'बड़ा न्होटा मानस' का परिवार माना जाता था। सगाई के बाद गुड़िया की दादी विवाह के लिए जल्दी करने लगीं। वह चाहती थीं कि मेरी आँख मुँदने से पहले मेरे सामने पोती का विवाह हो जाए। अमृतलाल के पिता चाहते थे कि लड़का कम-से-कम दसवाँ दर्जा पास कर ले, तब विवाह करूँ। परंतु जब अम्माजी ने जोर देना शुरू किया तो उन्हें झुकना पड़ा।

अमृतलाल का विवाह मेरे कटारी टोले में उनका पड़ोसी बनने से पहले हो चुका था। उनके मुँह से उनकी विवाह कथा सुनने के बाद जब मैं नीचे आया तो वे भी मेरे साथ-साथ आए। बीच के खंड में माते दालान में बैठी पान लगा रही थीं। वह मुझे देखते ही उठ खड़ी हुईं और मेरा हाथ पकड़कर बोलीं—अमृतलाल की बहू को देखोगे ? वह मुझे भीतर कमरे में ले गईं जहाँ अम्माजी का दरबार लगा था। उस दिन मैंने अमृतलाल की नवपरिणीता वधू की पहली झलक देखी जिसने बाद में उनकी प्रतिभा के विकास में उनकी सच्ची सहधर्मिणी बनकर ससुराल में रखा गया अपना प्रतिभा नाम सार्थक किया। उनका घर का पुकारने का नाम बिट्टो था, वैसे नाम सावित्री देवी था। उसने अपने वैवाहिक जीवन में पौराणिक आख्यानों में पतिव्रता स्त्रियों के आदर्श के रूप में बखानी गई सावित्री नाम को सर्वथा सार्थक किया। उन दिनों फिल्मी दुनिया की रूपवती अभिनेत्रियों में सविता देवी की बड़ी चर्चा थी। गुजराती परिवारों में विवाह के बाद नववधू का नया नामकरण करने की प्रथा थी। अमृतलाल भी कई वर्षों तक अपनी रूपवती अर्द्धांगिनी को सविता संबोधित करते रहे। उनकी पत्नी का नाम प्रतिभा उनकी बुआजी ने रखा था। साहित्यकार बनने के बाद अमृतलाल की ज़बान पर भी यही नाम चढ़ गया।

उस दिन मैंने अम्माजी के मुख-मंडल पर आह्लाद का जो भाव देखा, उसकी स्मृति आज भी मेरे मन पर अंकित है। उनकी गुड़िया जैसी पौत्रवधू एक कीमती बनारसी साड़ी में लिपटी हुई, घूँघट काढ़े हुए उनके बगल में बैठी थी। दोनों देवर अपनी मुन्नी भाभी के दाएँ-बाएँ बैठे थे। अमृतलाल भी जाकर रतन की बगल में बैठ गए। मैं भी कुछ दूर पर जाकर बैठ गया। माते ने बड़े आग्रह के साथ अमृतलाल की ससुराल से आई मिठाई मुझे खिलाई। उस दिन अमृतलाल का सारा परिवार अत्यंत पुलकायमान था और नववधू के स्वागत-सत्कार में लगा था। अमृतलाल के बाबूजी भी बड़े प्रसन्न दिखाई पड़ रहे थे।

अमृतलाल का और मेरा गौना कुछ महीनों के अंतर से आगे-पीछे हुआ। गौने के समय वह कटारी टोले का मकान छोड़कर चूड़ीवाली गली में जैन मंदिर के फाटक के सामने के मकान में रहने लगे थे। जहाँ तक याद पड़ता है कि वह हाई स्कूल की परीक्षा दे चुके थे। कटारी टोले का मकान छोटा था, पर अब उससे काफी बड़ा था। अमृतलाल का कमरा तीसरे खंड पर था। कमरे के आगे दालान थी, दालान के आगे नीचे के आँगन के ऊपर बना पक्का छज्जा। कमरे के ठीक सामने दूसरा कमरा और उससे आगे दालान था। यह दूसरा कमरा रतन और मदन का था।

उस समय तक हम दोनों का मन साहित्य के रंग में पूरी तरह रँग चुका था। हम लोगों का मिलना-जुलना प्रायः प्रतिदिन होता था और हमारा समय साहित्य-चर्चा में बीतता था। उपन्यास, कहानी, नाटक, यात्रा-वृत्तान्त, जीवनी—साहित्य के सभी अंगों की पुस्तकों का अध्ययन हमारा विषय था। अध्ययन के बाद हम दोनों उन पुस्तकों की आलोचना-प्रत्यालोचना करते, उनके गुण-दोष की परख करते। उन पर अपना मंतव्य प्रकट करते। मैंने एक उपन्यास लिखना प्रारंभ किया था। अमृतलाल के अनुरोध पर मैं प्रति रविवार को प्रातःकाल उन्हें अपने उपन्यास का अंश सुनाने के लिए उनके यहाँ पहुँच जाता था। अमृतलाल रात में दो-दो बजे तक जागकर साहित्य का अध्ययन करते रहते थे, इसलिए प्रातःकाल देर तक सोए रहते थे। मैं जब प्रातःकाल उनके यहाँ जाता तो उनके कमरे में जाकर उन्हें जगाता था। उस दिन जब मैं जीना चढ़ रहा था तब रतन, मदन ने पुकारकर मुझे अपने कमरे में बुला लिया। थोड़ी देर बाद अमृतलाल अलसाते, देह तोड़ते, जंभाई लेते आए और मेरा हाथ पकड़कर अपने कमरे में ले गए।

तब मुझे मालूम हुआ कि उनका गौना हुआ है। गौने के बाद उनके कमरे की जो कायापलट हो गई थी, उसकी धुँधली याद मुझे है। कमरे में सभी दरवाजों पर मोटे रंगीन पर्दे पड़े थे, जिन पर हाथ की उम्दा कसीदाकारी थी। पलँग पर मोटे गद्दे के ऊपर हाथ की कढ़ाईवाली रेशमी चादर बिछीं थी। तकियों पर चादर के रंग से मेल खाते कढ़ाईदार गिलाफ चढ़े थे जिनके कोने पर हाथ की कसीदाकारी से शुभरात्रि कढ़ा हुआ था। कमरे की एक-एक चीज करीने से सजी थी। छोटी-छोटी टेबल पर पीतल के चमकते खिलौने और फूलदान थे। फूलदानों में हाथ से बनाए गए कभी न मुरझानेवाले फूलों के गुलदस्ते थे। कमरे में इधर-उधर बिखरी रहनेवाली अमृतलाल की सब पुस्तकें करीने से अलमारी में लगा दी गई थीं।

अमृतलाल को अपने उपन्यास का अंश सुनाने के बाद जब मैं नीचे आया तो अमृतलाल भी मेरे साथ नीचे आ गए। ऊपर के खंड की भाँति बीच के खंड में भी आमने-सामने दो बड़े कमरे थे। दाहिनी ओर का, अमृतलाल के कमरे के ठीक नीचेवाला कमरा परिवार के सब लोगों के उठने-बैठने के काम में आता था। उसमें एक चटाई पर अम्माजी बैठी थीं तथा उनके पास ही उनकी गौने में आई पौत्रवधू बैठी थी। इस बार उसने लंबा घूँघट नहीं काढ़ रखा था, केवल माथा ढका

था। अमृतलाल के बाबूजी को पर्दा प्रथा पसंद नहीं थी। उन्होंने अमृतलाल को अपनी पत्नी को साथ में बिना पर्दा कराए सिनेमा ले जाने की अनुमति दे दी थी। सिर्फ इतनी बंदिश थी कि चौक क्षेत्र में चादर ओढ़ना आवश्यक था, उसके बाद चादर को तहाकर हाथ में लेकर चला जा सकता था।

गौने के पहले प्रतिभा जब ससुराल आई थीं तो उनके दोनों देवरों ने उनका नाम मुन्नी भाभी रख दिया था। इस बार रतन ने एक दिन उनका नामकरण हकीम साहब कर दिया, तब से यही नाम प्रचलित हो गया। बात यह हुई कि रतन को जुकाम हो गया था, मुन्नी भाभी ने उसे जुकाम ठीक करने का हकीमी नुस्खा बता दिया। इस तरह की रोजमर्रा की बीमारियों के घरेलू हकीमी नुस्खे उन दिनों की गृहिणियों की जबान पर रहते थे। अमृतलाल की भाँति उनके दोनों भाई रतन और मदन भी लोगों की अलग-अलग विशेषताओं के आधार पर उनका नामकरण कर देने की कला में पटु थे। रतन ने उसी दिन से अपनी मुन्नी भाभी को हकीमजी पुकारना शुरू कर दिया और अमृतलाल भी उन्हें हकीम पुकारने लगे। मदन जब अपनी भाभी के किस्सों का बयान करने लगता तो कभी-कभी शब्द चुक जाने पर कह उठता था—हकीम साहब का जवाब नहीं।

गौने के बाद अमृतलाल ने एक कहानी लिखी—*तुलना*। *अपशकुन* और *प्रायश्चित* के बाद छपनेवाली यह उनकी तीसरी कहानी और हिंदी की किसी प्रतिष्ठित साहित्यिक मासिक पत्रिका में छपने वाली पहली कहानी थी। वह माधुरी, वर्ष 13, खंड 1, संख्या 6 में 'प्रवाह' शीर्षक स्तंभ के अंतर्गत छपी थी। मेरे कागजों में उसकी लेखन तिथि सुरक्षित है—1 नवंबर, 1934।

अमृतलाल की आरंभिक कहानियाँ गद्य-काव्य जैसी होती थीं। वे किसी एक घटना या बात को लेकर उसका कथानक गढ़ते थे। कल्पना का रंग गाढ़ा होता था। वे अधिकांशतया भावनात्मक होती थीं। *तुलना* भी इसी प्रकार की कहानी थी। उसमें थोड़ा सा आत्मकथ्य का पुट भी था। उस कहानी की नायिका का नाम उन्होंने वही रख दिया था जो उनकी पत्नी का नाम था। कथानायक दो युगों की नारी की तुलना करता है। एक पौराणिक युग की सावित्री जो सुख और वैभव की गोद में पली हुई राजकुमारी होकर भी ससुर के यहाँ दासी की तरह गुरुजनों की सेवा कर उनका आशीर्वाद पाती है। दूसरी आधुनिक युग की सावित्री जिसका विवाह अत्यंत समारोह के साथ होता है। वृद्धजन टिप्पणी करते हैं—बारात अपने ढंग की एक ही, सुंदर, मनमोहक और निराली थी (अमृतलाल के विवाह की बारात भी बड़ी शानदार निकली थी)। सावित्री ससुराल आती है तो सास बलैया लेती है, देवर छेड़खानी करते हैं, पति अपना प्रेम न्योछावर कर देता है। पति उसे उपदेश देता है—सास-ससुर की सेवा करना पुत्रवधू का धर्म है, छोटों से प्रेम करना तुम्हारा कर्तव्य है। वह उत्तर देती है—मुझसे किसी की गुलामी नहीं हो सकती। एक दिन पत्नी उसे कविता दिखाती है, जिसका आशय था कि पति को पत्नी से प्रेम करना चाहिए, चाहे वह कैसी भी हो। पति सूखी

हँसी हँसकर उत्तर देता है—भारतीय स्त्री का भी कर्तव्य है, पति से प्रेम करे, उसकी आज्ञा का पालन करे। मेरे गुरुजनों की सेवा करो, मेरे बंधुओं मे प्रेम रखो। इसी में मेरी प्रसन्नता है, यही मेरी सेवा है।

नवागता वधू के आगमन के थोड़े ही दिनों के उपरांत एक सुखी परिवार दुखी हो जाता है। सास-ससुर खिन्न हो उठते हैं, किंतु उन्हें संतोष था कि पत्नी का पति उससे अतीव प्रेम करता है। पति की आशा की हरी-भरी वाटिका पर तुषारपात हो जाता है। भविष्य की घोर चिंता उसे रोग शय्या पर पटक देती है। पत्नी मायके चली जाती है। वहाँ से पत्र लिखकर पति के स्वास्थ्य पर अपनी चिंता व्यक्त करती है। पति पत्र पढ़कर कुपित और क्षुब्ध होता है। डॉक्टर उसके रोग का निदान उसकी मानसिक चिंता बताते हैं। घरवाले समझाते हैं—चिंता दूर करो। मित्र समझाते हैं—हँसमुख मित्र, एक बार फिर हँसमुख बनो। साहित्यिक कहते—नवयुवक ! साहित्य को तुमसे बहुत कुछ आशा थी। परतंत्रता की बेड़ी से जकड़ी दुखिया भारतमाता प्रश्न करती है—मुझे बंधनमुक्त न कर अब तुम क्या कर रहे हो, वत्स ? वह उत्तर देता है—तुम्हारी दो पुत्रियों की तुलना।

आरंभिक साहित्यिक जीवन

नवोदित कहानी लेखक

दसवें दर्जे में पढ़ते समय ही अमृतलाल नागर ने अपना जीवनपथ निश्चित कर लिया था—वह लेखक बनेंगे। कॉमर्स तथा टाइपराइटिंग लेकर हाई स्कूल परीक्षा पास करने पर पिता ने एक दिन ठंडे-ठंडे पूछा था—अमरित बाबू, तुम क्या बनना चाहते हो। उन्होंने छूटते ही उत्तर दिया था, मैं लेखक बनूँगा। पिता ने समझाया था—अमरित बाबू, साहित्य को जीविका का साधन नहीं बनाया जा सकता। उसे अपनी साइड लाइन बनाओ और पहले अपनी उच्च शिक्षा पूरी करने पर ध्यान लगाओ। साहित्यकार अमृतलाल नागर को अब डिग्रीवाली पढ़ाई में कोई रुचि नहीं रह गई थी। साहित्यकार अपना विकास स्वाध्याय से करता है, डिग्रीवाली पढ़ाई से नहीं। फिर भी पिता के कहने पर क्रिश्चियन कालेज के इंटर फर्स्ट ईयर में नाम लिखा लिया। परंतु कॉलेज जाते मुश्किल से छह महीने बीते थे कि उनके जीवन में जब वसंत ऋतु बीसवीं बार आई थी, तब उस अल्हड़ नौजवानी की अवस्था में उनके ऊपर पहला वज्राघात हुआ। जिस शाख पर अपना आशियाना बनाकर अभावों की दुनिया से बेखबर लेखक बनने का सुखद सपना सँजोए सुरक्षित जीवन बिता रहे थे, वह शाख ही टूट गई। उनके पैरों के नीचे से धरती खिसक गई।

रात में दो-दो, तीन-तीन बजे तक जागकर स्वाध्याय में रत रहने से उन्हें अनिद्रा रोग हो गया था। जनवरी के महीने में नाना उनका इलाज वैद्य से कराने के लिए उन्हें आगरा ले गए। आगरा में थे, तभी वसंत पंचमी के दूसरे दिन पिता का 38-39 वर्ष की भरी जवानी की अवस्था में अचानक स्वर्गवास हो जाने का समाचार मिला। लौटकर लखनऊ आए तो घर में कोहराम मचा था। माँ और दादी पिता के शव पर पछाड़ खा रही थीं। दोनों छोटे भाई रतन और मदन जिनकी अवस्था अभी क्रमशः 14 तथा 12 वर्ष की थी, अनाथ होकर माँ और दादी के साथ शव से लिपटे थे। नागरों में जातिवालों को छोड़कर और कोई अन्य जातिवाला शव नहीं छूता था। इसलिए आँगन में सिर्फ बिरादरी के लोग जमा थे। बाहर ठट्ट-की-ठट्ट भीड़ थी। जो मोहल्लेवाला, जान-पहचानवाला सुनता था—राजाराम नागर नहीं रहे, सहानुभूति जताने के लिए दौड़ा चला आ रहा था। सबकी ज़बान पर उनकी शराफत, उनकी मिलनसारी उनके हरदिल अजीज होने के किस्से थे।

अमृतलाल ने यंत्रवत् पिता के सारे उत्तरकर्म संपादित किए।

पिता के देहावसान के बाद उनकी कॉलेज की पढ़ाई सदा के लिए छूट गई और वह शुद्ध साहित्यकार बन गए। उन्होंने अपने पिता के जीवन काल में ही अपनी आरंभिक कहानियों में से 14 पुष्प चुनकर अपनी वाटिका सजाई थी। उस जमाने में बड़े दिन पर साहबों को डाली भेंट करने का चलन था। उन्होंने अपने जीवन के बीसवें वसंत में अपनी यह *डाली* अपनी तुच्छ भेंटस्वरूप अपनी हिंदी माता को अर्पित करने के लिए सजाई थी। अपने स्वर्गीय पिता की तेरहवीं सम्पन्न करने के बाद उन्होंने जो पहला कार्य किया, वह था अपने कहानी संग्रह के लिए 24.2.35 को *अपनी बात* लिखना। उन्होंने अपने कहानी संग्रह का नाम *वाटिका* रखा था। उसकी पांडुलिपि पर *माधुरी* संपादक रूपनारायण पांडेय से आश्विन कृष्ण 30, सोमवार, 1931 विक्रमी को दो शब्द लिखवा लिये थे। उस समय *सुधा* संपादक दुलारेलाल भार्गव का प्रेस गंगा फाइन आर्ट प्रेस लखनऊ में हिंदी का सबसे नामी प्रेस था। उसी प्रेस में अपना कहानी संग्रह छपवाया था। एक नवोदित कहानी लेखक का कहानी संग्रह छापने के लिए भला कौन प्रकाशक तैयार होता। इसलिए अपनी माँ विद्यावती नागर के नाम से विद्या मंदिर, चौक लखनऊ की स्थापना कर, उसकी ओर से पं. राजाराम नागर स्मृति माला के प्रथम पुष्प के रूप में *वाटिका* की 1000 प्रतियाँ छपवाई थीं। कहानी संग्रह डबल क्राउन 16 पेजी साइज में लगभग पाँच फर्मे (80 पृष्ठ) का था। उसे अपने स्वर्गीय पिता को समर्पण किया था। *समर्पण* में लिखा था—

'...आज बाबूजी नहीं हैं जिनके कर-कमलों में अपनी यह तुच्छ कृति सौंपकर उनसे शुभाशीष पाता।...परंतु अब मैं इसे उन्हीं की स्वर्गस्थ आत्मा के पाद पद्मों पर सादर-प्रेम समर्पित कर यही आशीर्वाद लेना चाहता हूँ कि मैं जन्म-जन्मांतर उन्हीं का आज्ञाकारी पुत्र हो उनकी सेवा करने का सुअवसर पाऊँ—मेरे वर्तमान जीवन की यही एक तीव्र लालसा है।'

माधुरी संपादक रूपनारायण पांडेय ने अपने 'दो शब्द' में लिखा था—कहानी लिखना सहज नहीं है। जैसे किसी छोटे छंद में संपूर्ण भाव को व्यक्त करना कठिन होता है, वैसे ही छोटी कहानी में किसी का चरित्र-चित्रण करना भी कठिन है। यह काम केवल कुशल लेखक ही कर सकते हैं। किसी चित्र को केवल कुछ रेखाओं के द्वारा व्यक्त कर देना ही कहानी की विशेषता है। उसमें अधिक रंग भरने की गुंजाइश नहीं होती। इन कहानियों के लेखक पंडित अमृतलाल नागर में यह वैशिष्ट्य विद्यमान है। आप एक उदीयमान लेखक हैं। मैंने ये सब कहानियाँ पढ़ीं और मुझे तो यह पसंद आईं। आशा है, हिंदी भाषी जनता भी इन्हें पसंद करेगी।

हिंदी की अमर कहानी *उसने कहा था* के लेखक चंद्रधर शर्मा 'गुलेरी' के भाई राजगुरु रमाशंकर गुलेरी 'चक्र' एक्टिंग चेयरमैन, लखनऊ म्यूनिसिपल बोर्ड, सोंधी टोला में रहते थे। अपने धार्मिक भावों के कारण उन्हें *वाटिका* की कहानियों

में सामाजिक आक्षेप खटके थे। फिर भी उसके प्रकाशन के लिए (स्व.) भैया राजारामजी नागर को विशेष बधाई का पात्र माना था, क्योंकि हिंदी के इतने बड़े विद्वान् होते हुए भी उन्होंने आलस्यवश हिंदी की संतोषजनक सेवा न की। अतः मातृभाषा का जो ऋण वे आज तक चढ़ाए हुए थे उसे उन्हीं के सुपुत्र द्वारा इतनी छोटी अवस्था में चुकाते देखकर अपार हर्ष प्रकट किया था।

जगदंबा प्रसाद मिश्र 'हितैषी' ने सम्मति दी थी—जितना भी किसी उदीयमान लेखक की कहानियों में अर्थवाद होता है, इनकी कहानियों में उससे कहीं अधिक है। अमृतलाल ने *वाटिका* की पांडुलिपि सम्मति के लिए अन्नपूर्णानंद को भी दी थी। उन्होंने लिखा था—पुस्तक बड़ी अच्छी थी—उसे छपा हुआ देखकर मुझे बड़ी प्रसन्नता होगी। दो स्थानीय कवियों, उमाशंकर वाजपेयी 'उमेश' तथा श्यामनाथ शुक्ल 'द्विजश्याम' ने भी सम्मति भेजी थी। 'उमेश' ने लिखा था—मैं हिंदी के उदीयमान कहानी लेखकों में इन्हें विशेष प्रतिभा-संपन्न देखता हूँ। इनकी भाव-व्यंजना और मनोरहस्यों में इन्हें विशेष प्रतिभा-संपन्न देखता हूँ। इनकी भाव-व्यंजना और मनोरहस्यों की गहराई में उतर जाना सचमुच प्रशंसनीय है। 'द्विजश्याम' का मत था—आपका भावों को प्रकट करने का ढंग बहुत सुंदर है, आपका भविष्य होनहार और उज्ज्वल प्रतीत होता है।

जून 1936 की सुधा मे किन्हीं सुधींद्र वर्मा (एम.ए., एल-एल.बी.) ने *वाटिका* की समीक्षा की थी। उन्होंने लिखा था—यह छोटी-छोटी 14 कहानियों या कहिए एक-से-एक चित्रों का संग्रह अपने ढंग का एक ही है। श्री विनोदशंकर व्यास की दोटप्पी शैली में लेखक ने अच्छा प्रयास किया है। बहुत थोड़े शब्दों में ही एक आदर्श, एक विचार या एक ही घटना को पाठकों के हृदय पर पहुँचा देने में वह समर्थ हुए हैं। वर्णन शैली तथा शब्द-विन्यास या कथोपकथन की अपरिपक्वता लेखक की छोटी सी आयु देखते हुए क्षम्य है। यदि नागरजी का प्रयत्न जारी रहा तो शीघ्र ही एक अच्छे तथा भावुक कहानी लेखक हो सकेंगे, प्रतिभा की उनमें कमी नहीं। सांसारिक अनुभव की वृद्धि के साथ-ही-साथ कथावस्तु की जो उनमें कमी है, वह भी पूरी हो जाएगी। *वाटिका* की दो कहानियाँ वास्तव में हमें बहुत ही कलापूर्ण मालूम हुई हैं—*प्रायश्चित्त* और *फाँसी*। एक में क्राइसिस तथा दूसरी में फिनिश की बड़ी सुंदर तथा कलात्मक बहार मिलती है।

वाटिका पर सबसे बेबाक सम्मति प्रेमचंद ने दी थी। उन्होंने 12.5.35 को सरस्वती प्रेस, बनारस सिटी से लिखा था—यह तो गद्य-काव्य की-सी चीजें हैं। मैं रियलिस्टिक कहानियाँ चाहता हूँ जिनका आधार जीवन पर हो, जिनसे जीवन पर कुछ प्रकाश पड़ सके। मैंने *वाटिका* के दो-चार फूल सूँघे। अच्छी खुशबू है।

2

हम दोनों को अपने साहित्यिक जीवन के आरंभ में साहित्यकारों के अंतरंग जीवन की पहली झाँकी काशी के विनोदशंकर व्यास के माध्यम से मिली थी। उस समय बनारस और प्रयाग दो प्रमुख साहित्यिक तीर्थस्थल थे। बनारस भारतेंदु हरिश्चंद्र की नगरी थी और प्रेमचंद, प्रसाद, रामचंद्र शुक्ल, रायकृष्ण दास आदि दिग्गज साहित्यकारों का निवास स्थल था। विनोदशंकर व्यास के पूर्वज लगभग डेढ़ सौ वर्ष पहले गुजरात से आकर बनारस में बसे थे। उनके प्रपितामह ने उनके परिवार की समृद्धि की नींव डाली और मान-मंदिर के निकट गंगातट पर व्यास भवन का निर्माण कराया। उनके पितामह रामशंकर व्यास भारतेंदु हरिश्चंद्र के सखा थे। उन्हीं की अपील पर हिंदी पत्रों ने हिंदी को नई चाल में ढालनेवाले उस युग-प्रवर्तक साहित्यकार के नाम के साथ भारतेंदु की उपाधि लगाने की परिपाटी चलाई। भारतेंदु होली पर स्वयं डफ लेकर मित्र मंडली के साथ होली खेलने व्यास भवन आते थे और सारी गली रंग और गुलाल से रँग जाती थी। विनोदशंकर व्यास, जयशंकर प्रसाद को अपना गुरु मानते थे। पांडेय बेचन शर्मा 'उग्र' उनके बचपन के सखा और युवाकाल के साथी थे। शिवपूजन सहाय के संपादकत्व में उन्होंने अंग्रेजी के टाइम्स पत्र के लिटरेरी सप्लीमेंट की याद दिलानेवाला जो साहित्यिक पाक्षिक पत्र निकाला, उसका नाम *जागरण* प्रसाद ने रखा था। विनोदशंकर व्यास ने मुख्य रूप से प्रसाद और अपनी पुस्तकों के प्रकाशन के लिए पुस्तक मंदिर नाम से एक प्रकाशन संस्था की स्थापना की थी। उसी के अनुकरण पर अमृतलाल ने विद्या मंदिर की स्थापना की थी। उन्होंने हिंदी की सर्वश्रेष्ठ कहानियों का पहला प्रतिनिधि संकलन *मधुकरी* नाम से किया था जिसकी अध्ययनपूर्ण भूमिका में हिंदी कहानियों के विकास की रूपरेखा प्रस्तुत करते हुए हिंदी कहानियों का वर्गीकरण 'प्रसाद स्कूल', 'प्रेमचंद स्कूल' और 'उग्र स्कूल' में किया था। उग्र की संगत में निराला जब कलकत्ता में सोनागाछी की सैर करके वहाँ की प्रसादी लेकर बनारस आए थे और प्रसाद के यहाँ ठहरे थे तो विनोदशंकर व्यास बड़े आग्रह के साथ उन्हें व्यास भवन लिवा ले गए थे और बड़ी लगन के साथ उनकी सेवा-सुश्रूषा की थी।

अमृतलाल के ससुराली रिश्तेदार बनारस की कचौरी गली की तरफ कहीं पर रहते थे। *अपशकुन* छपने के बाद कहानी लेखक बन जाने पर जब वह 1934 के आसपास पहली बार बनारस गए थे तो वह विनोदशंकर व्यास से मिले थे। वह व्यासजी के अल्हड़पन और मस्त मनमौजी स्वभाव से बहुत आकर्षित हुए थे। उस काल के अमृतलाल की जब मैं याद करता हूँ तो उनके स्वभाव में भी अल्हड़पन, अलमस्ती और फक्कड़पन की रेखाएँ सबसे ऊपर उभरकर सामने आती हैं। व्यासजी के स्वभाव में यदि बनारसी अक्खड़पन था तो अमृतलाल के हरदिल अजीज लखनौवा तकल्लुफ और अदब-कायदे से बँधे स्वभाव में भी नाना-कुल से प्राप्त अक्खड़पन

की एक अप्रकट रेखा भी थी। उनके नाना-कुल के लोग गोकुलपुरा, आगरा के चौराहे के निकट रहने के कारण चौराहेवाले कहलाते थे और सरनाम लट्ठबाज थे।

अमृतलाल जब पहली बार विनोदशंकर व्यास से मिले तो वह अपने गुरु जयशंकर प्रसाद से उखड़े हुए थे। प्रसाद का *तितली* उपन्यास पहले-पहल *जागरण* में धारावाहिक रूप में छपा था, किंतु उन्होंने उसे प्रकाशन के लिए पुस्तक मंदिर को न देकर रायकृष्ण दास के 'भारती भंडार' को दे दिया था। रायकृष्ण दास की प्रकाशन संस्था का नामकरण भारती भंडार प्रसाद ने किया था। प्रेमचंद के *हंस* का नामकरण भी उन्होंने किया था। इससे विनोदशंकर व्यास उनसे बहुत रुष्ट थे। उनके विरुद्ध उग्र वाली भाषा का प्रयोग किया करते थे। प्रसाद का स्वभाव था कि वह अपनी समरसता सदैव बनाए रखते थे और किसी के आक्षेप का उत्तर न देकर मौन रहते थे। विनोदशंकर व्यास पर उनका सहज स्नेहभाव था, उनके शुभाकांक्षी थे इसलिए उनके उच्छृंखल व्यवहार से दुखी रहते थे। रायकृष्णदास उनके अनन्य सखा थे। दोनों के साहित्यिक जीवन का साथ-साथ आरंभ हुआ था। उनके रामघाट स्थित गंगातटवर्ती निवास स्थान पर नित्यप्रति का आना-जाना था। मैथिलीशरण गुप्त जब मुंशी अजमेरी के साथ बनारस आते थे तो उनके यहाँ दस-पंद्रह दिन ठहरते थे। वे साहित्य-मर्मज्ञ ही नहीं, कला-मर्मज्ञ भी थे। कलात्मक चित्रों, मूर्तियों, प्राचीन वस्त्रों, कारीगरी की वस्तुओं, हस्तलिखित चित्रित पांडुलिपियों आदि के संग्रह का शौक था, जिसने बाद में कला भवन का रूप धारण कर लिया। उस काल की अधिकांश साहित्यिक पत्रिकाएँ अल्पजीवी होती थीं। उन्हें उनके पहले अंक का संग्रह करने का शौक था। मैंने उन्हें अपने पास की बहुत सी पत्रिकाएँ उनके संग्रह में प्रदान कर दी थीं। वह बड़े ही व्यवहारपटु थे। विनोदशंकर व्यास को समझाने के लिए अपने निवास स्थान पर भोजन के वास्ते आमंत्रित किया। संयोग से उन्हीं दिनों अमृतलाल नागर भी बनारस गए हुए थे। व्यासजी को बहाना मिल गया कि हमारे यहाँ लखनऊ से मेहमान आए हुए हैं। राय साहब ने तुरंत आदमी भेजकर दुबारा कहलाया—आपके मेहमान को भी बुलाया है। अमृतलाल जब पहली बार विनोदशंकर व्यास के साथ राय साहब के निवास स्थान पर गए तो उनके व्यक्तित्व की शालीनता, शिष्टता, सुसंस्कृत, अभिजात वर्गीय आचार-व्यवहार और वाग्मिता से बहुत प्रभावित हुए। वाचाल विनोदशंकर व्यास उनके सामने कुछ बोल नहीं पाए और प्रसादजी का प्रसंग आने पर सिर्फ तमककर रह गए। लौटते समय रास्ते में अमृतलाल से कहने लगे—'बड़ा घाघ है। हमें बोले नहीं दिहिस।' अमृतलाल ने लौटकर बनारस यात्रा का सारा वृत्तांत मुझे सुनाया।

मैं विनोदशंकर व्यास से पहली बार बी.ए. प्रथम वर्ष की परीक्षा समाप्त होने के बाद मिला। मैंने 1934-35 के दौरान अपनी लिखी कहानियों में से 16 एक नोट बुक पर उतार लीं और संग्रह का नाम *षोड़शी* रख दिया था। मैं अपनी नोट बुक साथ ले गया था। मेरी कहानियाँ पढ़ने पर वह बोले—तुममें कहानी लिखने

की क्षमता है। एक कहानी में थोड़े संशोधन करके उसके नीचे अपने हस्ताक्षर कर दिए और तारीख 26.4.35 डाल दी। फिर बोले इसे *माधुरी* में छपने दे देना। उस समय तक प्रसादजी के साथ उनका सौहार्द्रपूर्ण संबंध फिर से स्थापित हो गया था। उनसे मिलाने के लिए वह मुझे उनके गोवर्धन सराय स्थित निवास स्थान पर ले गए। प्रसादजी ने अमृतलाल के पितृविहीन हो जाने पर दुख प्रकट किया। वे भी ग्यारह वर्ष की अवस्था में पितृविहीन हो गए थे। उसके बाद 17 वर्ष की अवस्था में पितातुल्य बड़े भाई का निधन हो जाने पर अमृतलाल की भाँति घर-गिरस्ती का सारा भार उनके कंधों पर आ पड़ा था।

बनारस से लौटकर मैंने अपनी कहानियाँ *हंस, माधुरी और चाँद* में भेज दीं। प्रेमचंद संपादित *हंस* के 1935 के अगस्त-सितंबर के संयुक्तांक में मेरी पहली कहानी जब छपी तो उसकी प्रथम सूचना अमृतलाल ने मेरे घर पर आकर मुझे दी। अक्तूबर में *चाँद* में अपनी कहानी के छपने की सूचना भी उन्हीं से मिली। उसी महीने *माधुरी* में मेरी और उनकी कहानियाँ साथ-साथ छपीं। इन कहानियों के छपने के बाद मुझमें भी साहित्यकारों से मिलने का उत्साह उत्पन्न हुआ। अमृतलाल मुझसे पहले निराला, प्रेमचंद और मिश्र बंधुओं से मिल चुके थे। मैं निराला से उनके 58 नंबर नारियलवाली गली के निवास स्थान पर पहली बार तब मिला जब बी.ए. द्वितीय वर्ष में था। उस समय रामविलास शर्मा अंग्रेजी में एम.ए. करने के बाद शोधकार्य कर रहे थे और निराला के साथ रहते थे। युनिवर्सिटी में टैगोर लाइब्रेरी जाते समय या वहाँ से निकलते समय अकसर मिल जाते थे और हम दोनों के हाथ परस्पर अभिवादन में उठ जाते थे। उस समय तक मुझे मोपासाँ, चेखव, विक्टर ह्यूगो, तुर्गनेव, दोस्तोवस्की, जोला, डयूमा आदि की रचनाओं को पढ़ने का चस्का लग चुका था और मैं प्रायः क्लास में भी पीछे की सीट पर बैठकर गोद में उपन्यास या कहानी-संग्रह रखकर पढ़ा करता था। भगवतीचरण वर्मा और जगदंबाप्रसाद मिश्र 'हितैषी' से मेरी पहली भेंट *माधुरी* कार्यालय में हुई। अंचल, गंगाप्रसाद मिश्र, रामरतन भटनागर 'हसरत', कुँवर चंद्रप्रकाश सिंह आदि नवयुवक लेखकों और कवियों से भी परिचय हो चुका था। जैनेंद्र कुमार जब एक बार लखनऊ आए तो मेरे निवास स्थान पर भी आए। अमृतलाल से भी मिले। फिर हम दोनों उनसे मिलने दिल्ली में उनके निवास स्थान पर गए; तभी नरोत्तम नागर से प्रथम साक्षात्कार *चित्रपट* कार्यालय में हुआ। उनसे हम दोनों का पत्र-व्यवहार तभी से था जब वह *रंगभूमि* और फिर *चित्रपट* में रहे। ऋषभचरण जैन, यशपाल जैन, अक्षयकुमार जैन, मोहनसिंह सेंगर आदि से भी परिचय हुआ।

दशहरे की छुट्टियों में जब मैं दूसरी बार बनारस गया तो प्रेमचंद तथा रायकृष्ण दास से मिला। विनोदशंकर व्यास ने पुस्तक मंदिर से फिर प्रकाशन आरंभ करने की एक पंद्रह वर्षीय योजना बनाई थी जो मुश्किल से दो साल चली। उन्होंने तीन उपन्यासों का सेट निकाला। एक मेरा अनुवाद किया हुआ था। वह मोपासाँ के

उपन्यास *पिएर एट ज्यां* का छायानुवाद था। दूसरे का भावानुवाद अमृतलाल ने किया था। वह गुस्ताव फ्लावेर के विश्व प्रसिद्ध उपन्यास *मादाम बोवरी* का संक्षिप्त रूपांतर था। विनोदशंकर व्यास ने हिंदी में दोनों का नामकरण क्रमशः *यौवन की भूल* तथा *प्रेम की प्यास* कर दिया। उन्होंने जो तीसरा उपन्यास निकाला उसका गुजराती से अनुवाद हम दोनों के परिचित मित्र पुरुषोत्तमलाल दवे 'ऋषि' ने किया था। वह प्रसिद्ध गुजराती उपन्यासकार रमणलाल बसंतलाल देसाई के *पूर्णिमा* नामक उपन्यास का रूपांतर था।

दशहरे की छुट्टियों में हम दोनों साथ-साथ बनारस गए और व्यास भवन में ठहरे। प्रसाद से मिलने भी साथ-साथ प्रसाद मंदिर गए। पितृ वियोग होने के बाद यह उनकी (अमृतलाल की) पहली बनारस यात्रा थी। पिता के स्वर्गवास के चार महीने के बाद वह एक पुत्र के पिता भी बन गए थे। इस प्रकार उनके कंधों पर अब विधवा माँ, नेत्रहीना दादी और दो छोटे भाइयों के भरण-पोषण का ही भार नहीं था, पिता का उत्तरदायित्व भी आ गया था। प्रसादजी ने एक बुजुर्ग की हैसियत से उनके साथ केवल मौखिक सहानुभूति ही नहीं प्रकट की, उन्हें दुनियादारी की बातों की कुछ व्यावहारिक शिक्षाएँ भी दीं। उन्होंने समझाया कि गृहस्थी के खर्च का हिसाब-किताब हमेशा साफ रखना और घर के बड़े-बूढ़ों तथा दोनों भाइयों को बताते रहना। परिवार के सब लोगों की सुख-सुविधा में ही अपनी सुख-सुविधा मानना। तभी घर के बड़े होने का आदर तुम्हें सबसे मिलेगा और पारिवारिक जीवन सुखी रहेगा। उन्होंने उन्हें एक ऐतिहासिक उपन्यास लिखने के लिए प्लाट भी दिया। अपने अध्ययनकक्ष की आलमारी से *कलियुगराज वृत्तांत* नामक एक संस्कृत ग्रंथ निकालकर उसके कुछ श्लोक लिखवा दिए। उन श्लोकों में चंद्रगुप्त प्रथम का कुमारदेवी तथा नेपालाधीश की सुता के साथ विवाह होने का राजनीतिक इतिहास अंकित था।

हम दोनों प्रेमचंद से भी मिले जो उन दिनों *गोदान* पूरा करने में व्यस्त थे। बनारस से लौटते हुए हम दोनों इलाहाबाद उतरे और इंडियन प्रेस जाकर *सरस्वती* संपादक देवीदत्त शुक्ल और ठाकुर श्रीनाथ से मिले।

हम दोनों जिस समय बनारस में थे हमारे अनुवादित उपन्यास *यौवन की भूल* और *प्रेम की प्यास* छप चुके थे। केवल कवर बनना शेष था। मई 1936 तक दोनों उपन्यास पुस्तक मंदिर से प्रकाशित होकर बाजार में आ गए। अमृतलाल ने चेखव की सात कहानियों का भी भावानुवाद किया जो मार्च 1937 में *काला पुरोहित* के नाम से पुस्तक मंदिर से प्रकाशित हुआ।

1936 में जब *माधुरी* का कहानी अंक निकला तो उसमें हम दोनों की गणना हिंदी के नवोदित कहानी लेखकों में की गई।

3

पिता का तबादला आगरा हो जाने से मैंने लखनऊ विश्वविद्यालय से बी.ए. करने के बाद दो साल आगरा रहकर आगरा कॉलेज से लॉ किया। वहाँ प्रभाकर माचवे मेरे पहले मित्र और सहपाठी बने। वह दर्शनशास्त्र में एम.ए. (फाइनल) के साथ-साथ लॉ (प्रीवियस) भी कर रहे थे। उनकी *जैनेंद्र के विचार* पुस्तक की रचना मेरे सामने हुई। जैनेंद्र कुमार के साहित्यिक विचारों को समझने के लिए मैं इसे सर्वोत्तम पुस्तक मानता हूँ। इसमें जैनेंद्र के लेखों का संकलन है। सच्चिदानंद हीरानंद वात्स्यायन 'अज्ञेय' से मेरा प्रथम साक्षात्कार भी आगरा प्रवास में हुआ। जेल से छूटने के बाद वह कुछ महीने तक श्रीकृष्णदत्त पालीवाल के साप्ताहिक *सैनिक* में रहे। वह राजामंडी स्टेशन के निकट रहते थे। मैं प्रतिदिन सायंकाल कसेरट बाजार में स्थित *सैनिक* कार्यालय पहुँच जाता था और वहाँ से उनके साथ गपशप करते हुए पैदल उनके निवास स्थान तक आता था। राजा की मंडी स्टेशन उनके निवास स्थान के निकट था। मेरे लौटते समय वह प्रायः राजा मंडी स्टेशन तक मेरे साथ आते। वह अच्छे बागवान, अच्छे चित्रकार, अच्छे बढ़ई और अच्छे दोस्त थे। वह कविताएँ प्रायः अंग्रेजी में लिखकर उनका रूपांतर हिंदी में करते थे। इस तरह की उनकी कई कविताएँ मैंने उनके मुँह से सुनीं। उनका *शेखर : एक जीवनी* तब तक छपा नहीं था। मैंने उसे पांडुलिपि के रूप में पढ़ा।

आगरा प्रवास में जी.पी. श्रीवास्तव से भी मेरा प्रथम साक्षात्कार हुआ। वह अपनी लड़की का रिश्ता जिस लड़के से तय करने आए थे, वह मेरा पड़ोसी और मित्र था। उसने उनके ठहरने की व्यवस्था मेरे घर पर कर दी थी। उन्होंने मुझे बताया था कि वह अपने उपन्यासों को लिखने में बोलचाल की भाषा का प्रयोग करने में विश्वास रखते थे, शब्दों और मुहावरों का चयन ठीक उसी प्रकार करते थे जिस प्रकार एक जड़िया सुंदर आभूषण बनाने मे नगीनों का चयन करता है। उनके उपन्यास और नाटक बिकते बहुत थे, किंतु उनसे उन्हें बहुत थोड़ी अर्थ प्राप्ति हुई थी। जैनेंद्र कुमार की भाँति उन्होंने भी मेरी कहानियाँ पढ़कर प्रशंसात्मक सम्मति लिखकर दी थी। वे बहुत दिनों तक मेरे कागजों में सुरक्षित रही, फिर न जाने कहाँ खो गई।

आगरा प्रवास में मैं बाबू गुलाबराय तथा आगरा के प्रसिद्ध राष्ट्रकर्मी, समाजसेवी, साहित्यसेवी, पत्रकार *आगरा पंच* के प्रकाशक व संपादक तथा साहित्य रत्न भंडार के स्वामी महेंद्रजी के निकट संपर्क में आया। महेंद्रजी ने *साहित्य संदेश* नाम से एक आलोचना प्रधान मासिक पत्र गुलाबराय के संपादन में निकाला उसमें हिंदी के नए-नए उपन्यासों और कहानी संग्रहों की समालोचना नियमित रूप से मैं करता था। सियारामशरण गुप्त ने एक उपन्यास *नारी* लिखा था। उसकी जो समालोचना मैंने *साहित्य संदेश* में लिखी वह उन्हें बहुत पसंद आई। प्रसादजी का

देहावसान होने पर *साहित्य संदेश* का प्रसाद अंक मुख्य रूप से मेरे उद्योग से निकला। उसके लेख बाद में *प्रसादजी की कला* नाम से पुस्तकाकार में भी छपे। आगरा में रहते हुए मेरा परिचय नगेंद्र, सत्येंद्र, विद्याभूषण अग्रवाल, उनके छोटे भाई भारतभूषण अग्रवाल, नेमिचंद्र जैन, पद्मसिंह शर्मा 'कमलेश' आदि नवयुवक लेखकों से हुआ।

मैं आगरा में साल भर उसी गोकुलपुरा मोहल्ले में रहा जहाँ अमृतलाल की ननिहाल तथा ससुराल थी। अमृतलाल के ज्येष्ठ पुत्र बब्बनलाल (कुमुद) को मैंने आगरा प्रवास में पहली बार तब देखा जब वह अपने नौकर की गोद में अपने पिताश्री की चिट्ठी देने के लिए मेरे घर आए थे और साल-सवा साल के थे। वह अपनी माताश्री के साथ नानी के यहाँ आए हुए थे। अमृतलाल अकसर मेरे नाम लिखे पत्र अपनी सास अथवा श्रीमतीजी को भेजे गए लिफाफे में अथवा उनके नाम लिखे पत्र मुझे भेजे गए लिफाफे में रख देते थे। बब्बन का नाम आरंभ में उन्होंने अपने नाम के आधार पर सुधाकर रखा था और उनके वैयक्तिक नाम के साथ कुलनाम नागर न लगाकर अपने दादा के द्वारा प्रयुक्त किया जानेवाला कुलनाम याज्ञिक लगाने का विचार किया था। अमृतलाल अपने पत्रों में अकसर अपने परमेश्वर परम, वैष्णव युवराज भट्टारक श्री श्री सुधाकरजी याज्ञिक के समाचार पूछा करते थे। आगरा प्रवास में मेरी घनिष्टता अमृतलाल के तीनों मामाओं—कुक्कन मामाजी, बबुआ मामाजी और श्रीचंद मामाजी से हो गई। मैं सुबह-शाम अखबार पढ़ने आगरा नागरी प्रचारिणी सभा में जाया करता था और उनका मकान मेरे रास्ते में पड़ता था। मैं प्रायः उनके यहाँ पहुँच जाता था।

1936 में सितंबर मास में लखनऊ में घनघोर वर्षा हुई। उस वर्षा में अमृतलाल का चूड़ीवाली गली का वह मकान ढह गया, जिसमें रहते हुए उन्होंने मेरे साथ संयुक्त रूप से पत्रकारिता के क्षेत्र में प्रथम प्रयोग के रूप में *सुनीति* का संपादन किया, *माधुरी* में पहली कहानी *तुलना* छपने के बाद उनके लिए साहित्य का 'समसम' द्वार खुला, पिता का असामयिक निधन होने से जवानी शुरू होते ही वह बुजुर्ग बन गए और अपने प्रथम कहानी संग्रह *वाटिका* का स्वयं प्रकाशन करके उन्होंने अपने साहित्यिक जीवन का श्रीगणेश किया। उस मकान के ढह जाने पर वह पड़ोस में गौरीनाथ काका के मकान में रहने लगे, जिसमें केवल एक बड़ा कमरा था और उसी में सारा परिवार रहता था।

दशहरे की छुट्टियों में जब मैं लखनऊ गया तो वह उसी मकान में रहते थे। अमृतलाल की आदत थी कि बाहर से जब कोई प्रसिद्ध साहित्यकार या कलाकार लखनऊ आता था तो उसे अपने घर पर आमंत्रित करके उसका स्वागत-सत्कार करते थे। उन दिनों कलकत्ते की न्यू थियेटर्स और न्यू थियेटर्स की फिल्मों में अंध गायक के.सी. डे का बड़ा नाम था। वह लखनऊ आए हुए थे और मॉडल हाउस के नाम से लाटूश रोड पर बसी नई बस्ती में ठहरे हुए थे। हम दोनों उनसे मिलने

उनके निवास पर गए। अमृतलाल ने उन्हें अपने घर पर भोजन के लिए आमंत्रित किया। के.सी. डे बड़े सरल स्वभाव के थे और प्रेमभाव के भूखे थे। उन्होंने बड़ी प्रसन्नता से निमंत्रण स्वीकार कर लिया। अमृतलाल की माते और सास, दोनों पाक-कला में बड़ी निपुण थीं। उस दिन माते ने जो कचौड़ियाँ बनाई थीं, बड़ी स्वादिष्ट थीं। श्रीखंड भी सचमुच अमृतोपम था। परिवार के सदस्यों ने के.सी. डे को जिस प्रेम भाव से भोजन कराया उससे वह गद्‌गदायमान हो गए। बोले—मुझे अपनी माँ की याद आ गई। बचपन में मुझे अपनी माँ के हाथ परोसे व्यंजनों को खाकर जो तृप्ति होती थी, वही तृप्ति आज मुझे यहाँ प्राप्त हुई।

दिसंबर में लखनऊ में कंपनी बाग में बहुत बड़ी प्रदर्शनी लगी जो जनवरी तक चली। 1910 में इलाहाबाद में लगनेवाली नुमाइश की जो धूम मची थी, वही धूम इस नुमाइश की भी हुई। उसे देखने के लिए बनारस से जयशंकर प्रसाद और विनोदशंकर व्यास आए थे, इलाहाबाद से निराला आए थे। जहाँ तक मुझे याद है, प्रदर्शनी से कुछ पहले ही अमृतलाल ने इलाहाबाद बैंकवाली कोठी का वह भाग, जहाँ उनकी शैशवावस्था और बाल्यावस्था बीती, किराए पर ले लिया था। अमृतलाल के पिता के न रहने पर उनकी सास जब शोक प्रकट करने लखनऊ आई थीं तभी अम्माजी ने उन्हें सलाह दी थी कि तुम्हारी एक ही लड़की है, वही तुम्हारा सहारा है। आगरा में तुम्हारा कौन है ? तुम भी लखनऊ आकर रहो। उस समय वह कई महीने हुसैनगंज में भाई के पास रही थीं, फिर वापस चली गई थीं। अब चौक में मकान मिल जाने से वह आकर उसी इलाहाबाद बैंकवाली कोठी में रहने लगी थीं।

नुमाइश के अवसर पर जब मैं लखनऊ आया तो अमृतलाल ने मेरा हाथ पकड़कर उस मकान का एक-एक हिस्सा दिखाया जिसके साथ उनके बचपन की अनेकानेक स्मृतियाँ जुड़ी थीं और जिसने उनके अंदर के लेखक के विकास में महत्त्वपूर्ण रोल अदा किया था। उन्होंने मकान के तीसरे खंड के छज्जे के निकट ले जाकर वहाँ से कंपनी बाग, बड़े इमामबाड़े के रूमी दरवाजे, घंटाघर और गोमती का जादू भरा दृश्य दिखाया जिसके कारण बचपन से इतिहास उनका पड़ोसी बन गया था। फिर मकान के चौथे खंड पर ले जाकर वहाँ से दिखाई पड़नेवाला लखनऊ के चौक क्षेत्र का विहंगम दृश्य दिखाया जो वाटर कलर से बनाए गए किसी मनोरम लैंडस्केप की भाँति प्रतीत होता था। दूसरे खंड का वह कमरा दिखाया, जो अब अमृतलाल का बैठका था और जहाँ किसी जमाने में उनके दादाजी इलाहाबाद बैंक के सब-एजेंट की हैसियत से बैठते थे। बचपन से उनकी एक ही महत्त्वाकांक्षा रही—वह भी अपने दादाजी की भाँति बड़े आदमी बनें। 12-13 वर्ष की अवस्था में छापे के हरूफ में अपना नाम देखकर यह महत्त्वाकांक्षा लेखक बनने के सपने के साथ जुड़ गई।

मेरे लखनऊ पहुँचने से तीन-चार दिन पहले विनोदशंकर व्यास 10-15 दिन अमृतलाल के मेहमान रहने और नित्यप्रति शाम को भांग छानकर नुमाइश की सैर

करने के बाद बनारस वापस जा चुके थे। इलाहाबाद की 1910 की नुमाइश में प्रयाग निवासियों ने पहली बार हवाई जहाज को उड़ते देखा था। जवाहरलाल नेहरू ने भी अपने पिता मोतीलाल नेहरू के साथ हवाई जहाज में बैठकर इलाहाबाद का चक्कर लगाया था। लखनऊ की नुमाइश में उड़नेवाला हवाई जहाज तो नहीं आया था, एक फोटोग्राफर ने अपनी दुकान पर हवाई जहाज अवश्य रखा था। उस पर बैठकर विनोदशंकर व्यास और अमृतलाल नागर ने साथ-साथ फोटो खिंचवाई थी। उस फोटो को दिखाने के बाद अमृतलाल ने नुमाइश में फोटोग्राफर की वह दूकान भी दिखाई थी जहाँ हवाई जहाज के कॉकपिट में बैठे हुए दोनों का फोटो खिंचा था। नुमाइश में गीता प्रेस, गोरखपुर ने एक चित्रशाला लगाई थी। उसमें 'गीता प्रेस' से छपे अनेकानेक पौराणिक चरित्रों के चित्रों को प्रदर्शित किया गया था। नंददुलारे वाजपेयी उन दिनों गीता प्रेस में कार्य करते थे। उन्हें चित्रशाला का इंजार्च बनाकर भेजा गया था।

प्रसादजी मेरे लखनऊ से आगरा वापस लौट जाने के बाद नुमाइश देखने आए। नुमाइश के अवसर पर हिंदुस्तानी एकेडमी, इलाहाबाद ने एक साहित्य सम्मेलन किया था। इसके साथ एक दिवसीय कवि सम्मेलन का भी आयोजन किया गया था, जिसका संचालन दुलारेलाल भार्गव ने किया था। उसमें कुमारी सावित्री श्रीवास्तव ने भी काव्य पाठ किया था जो बाद में सावित्री दुलारेलाल बनीं। काव्यपाठ करते हुए उनकी तसवीर *सुधा* में छपी थी। जयशंकर प्रसाद और मैथिलीशरण गुप्त दोनों ने कवि सम्मेलन का बहिष्कार किया था। प्रसादजी ने कान्यकुब्ज कॉलेज में आयोजित गोष्ठी में काव्य पाठ किया था, जो उनका अंतिम सार्वजनिक काव्य पाठ था, क्योंकि लखनऊ की नुमाइश देखकर बनारस लौटने के बाद वह बीमार पड़ गए थे। कान्यकुब्ज कॉलेज की कवि गोष्ठी में उन्होंने *कामायनी* के लज्जा सर्ग का पाठ किया था, जिसमें अमृतलाल भी उपस्थित थे। एक दिन नुमाइश में घूमते हुए जब अमृतलाल मिले थे तो उनसे कहा था, कहिए मौज ले रहे हैं। अमृतलाल को लगा जैसे चुटकी ले रहे हों कि मुझसे ऐतिहासिक उपन्यास का जो प्लाट ले गए थे, उसे अभी तक नहीं लिखा। अमृतलाल ने सारी सूचना मुझे पत्र में देते हुए लिखा था—मैं तुमसे कहता था कि अभी रुक जाओ।

4

अमृतलाल नागर की कथा यात्रा में 1937 में गुणात्मक मोड़ आया। यदि मुझसे पूछा जाए कि कथाकार के रूप में जिस अमृतलाल नागर ने हिंदी साहित्य में अपनी अलग पहचान बनाई उसकी रचना यात्रा कब आरंभ हुई तो मैं उत्तर दूँगा—6 अगस्त, 1937। उस दिन प्रातःकाल उन्होंने अपनी नई कहानी *शकीला की माँ* आरंभ की। उसके दो पैराग्राफ लिखे और कहानी की उठान से इतने संतुष्ट हुए कि अधूरी

कहानी नकल करके मेरे पास भेज दी। यह कहानी सितंबर तक पूरी की।

इस कहानी का आरंभ करने से पहले वह 26 जून को कलकत्ता गए थे। इस यात्रा में उनकी शरत् बाबू से आत्मीयता स्थापित हो गई। 15 वर्ष की अवस्था में जब पहली बार मिले थे तो वह हावड़ा में किराए के मकान में रहते थे। अब कालीघाट पर मोहन पुकुर में अपनी आलीशान कोठी बनवा ली थी, कार खरीद ली थी। उन्होंने बड़े भावमग्न होकर अपने प्रारंभिक साहित्यिक जीवन के संस्मरण सुनाए। 18-19 वर्ष की अवस्था में वह *देवदास, परिणीता, बिंदो का लल्ला* आदि लिखकर साहित्य में अपना स्थान बना चुके थे। एक दिन रास्ते में कॉलेज के दिनों के एक प्रोफेसर मिल गए जो नामी साहित्य समालोचक थे। उन्होंने कहा—शरत्, मैंने सुना है, तुम बहुत अच्छा लिख लेते हो। तुमने मुझे कोई अपनी रचना पढ़ने को नहीं दी।

उन्होंने शरत् को दो उपदेश दिए। एक तो अपनी कलम से किसी की निंदा न करना। दूसरे जो लिखना अपने अनुभवों के आधार पर लिखना। इसके बाद आँख मूँदकर आराम-कुर्सी पर लेट गए और बोले—'अमरीत, यही दो बातें मैं तुमसे भी कहना चाहूँगा।'

इसके बाद एक उपदेश और दिया। बोले—'देखो अमरीत, तुम अभी बच्चे हो, फिर तुम्हारे सिर पर से तुम्हारे पिता की छत्रच्छाया उठ चुकी है। दुनिया ऐसे आदमियों को हर तरह से ठगने की कोशिश करती है। तुम्हारे साथ गृहस्थी है। इसी से मैं यह सब कहता हूँ। यदि तुम्हारे पास चार पैसे हों—तो तीन पैसे जमा करो, एक खर्च। यदि खर्चीले हो तो दो जमा करो, दो खर्च। यदि बेहद खर्चीले हो तो एक जमा करो तीन खर्च। इसके बाद भी तुम्हारा मन न माने तो चारों खर्च कर डालना, मगर पाँचवाँ पैसा किसी से उधार मत लेना। उधार की वृत्ति लेखक की आत्मा को हीन बना देती है। यह उपदेश भी मेरे प्रोफेसर साहब ने दिया था।'

शरत् बाबू ने भली और बुरी, दोनों प्रकार की दुनिया देखी थी। मस्ती, भोलेपन और स्नेह की सजीव मूर्ति थे। कलाकार होने के साथ ठोस दुनियादार भी थे। प्रकाशक रॉयल्टी के हिसाब-किताब में ठगी न कर सके, इसलिए शरत् ग्रंथावली की दस हजार प्रतियों में से प्रत्येक प्रति पर अपने हाथ से हस्ताक्षर कर दिए थे। हिंदी, उर्दू, मराठी, गुजराती आदि के अनेक प्रकाशकों ने उनके उपन्यास उनसे अनुमति लिये बिना छाप डाले थे। उन्होंने ऐसे सभी प्रकाशकों के विरुद्ध कानूनी कार्रवाई करने के लिए अमृतलाल से कहा कि मेरे उपन्यासों के जितने अनुवाद हुए हैं और जिन प्रकाशकों ने छापे हैं, उनकी सूचना एकत्र करके मेरे पास भेजो। मैं उन्हें नोटिस दूँगा। इस सूचना को एकत्र करने में अमृतलाल ने मुझे पत्र लिखकर सहयोग माँगा था।

अमृतलाल ने शरत् साहित्य का मूल में रसास्वादन करने के लिए बांग्ला सीखी

थी। उनके एक बंगाली सहपाठी थे। उन्हें ट्यूटर रखा था। मुझे भी बांग्ला सीखने के लिए बांग्ला प्राइमर भेंट की। मुझे बांग्ला में पत्र लिखते थे। अपने पत्रों में अपने हस्ताक्षर बांग्ला में करते थे। अमृतलाल के आरंभिक साहित्यिक जीवन के विकास में प्रेमचंद और शरत्चंद्र चट्टोपाध्याय का सबसे अधिक प्रभाव पड़ा था। ज्येष्ठ पुत्र के जन्म के दो साल बाद जब दूसरे पुत्र का जन्म हुआ तो उसका नाम शरद रख दिया था। अपनी कलकत्ता यात्रा से शरत् बाबू की एक अमूल्य यादगार अपने साथ लाए थे। एक दिन सुबह उनके यहाँ गए तो देखा कि रात में शरत् बाबू ने अपने लिखने की मेज पर बैठे-बैठे अपने लेटर पैड पर अमृतलाल नागर और अपना नाम हिंदी, बांग्ला और अंग्रेजी में अलग-अलग ढंग से लिख डाला था। वह बहुत दिनों तक बिहार में रहे थे और वहाँ चलनेवाली कैथी लिपि भी जानते थे। उन्होंने अमृतलाल नागर नाम कैथी लिपि में भी लिखा था। अपने हस्ताक्षर हिंदी, बांग्ला और अंग्रेजी में किए थे। अमृतलाल इस कागज को ले आए और उनकी इस यादगार को बहुत दिनों तक अमूल्य निधि के रूप में अपने दादाजी के काले कैशबॉक्स में रखे रहे जो उनके इलाहाबाद बैंक के सब-एजेंटी काल की निशानी थी।

कलकत्ता यात्रा से लौटकर जो पहली कहानी लिखी, *शकीला की माँ* थी। *वाटिका* पर सम्मति देते हुए प्रेमचंद ने उनसे रियलिस्टिक कहानियों की अपेक्षा की थी। यह उनकी पहली रियलिस्टिक कहानी थी। शरत्बाबू से मिली शिक्षा के अनुसार उसमें कल्पना का मेल 10 प्रतिशत से अधिक नहीं था। कहानी लेखन के क्षेत्र में उनके तीसरे गुरु रूपनारायण पांडेय थे। वह बोलचाल की भाषा पर जोर देते थे। अमृतलाल अपनी आरंभिक कहानियों में क्लिष्ट भाषा का प्रयोग करते थे। एक बार उन्होंने टोका था—भैया तुम बहुत विद्वान् हो गए हो। अब *माधुरी* में तुम्हारी कहानियों में फुटनोट लगाने पड़ेंगे। *शकीला की माँ* उनकी पहली कहानी थी जिसमें दैनिक बोलचाल की भाषा का प्रयोग किया गया था।

उस कहानी का प्लाट उन्हें किस प्रकार मिला, इसका चित्र मेरी आँखों के सामने है। चौक बाजार में हम दोनों के एक सहपाठी की दुकान थी। वे गोल-मटोल शरीर के थे, इसलिए हम लोग उन्हें 'ढोलकीजी' पुकारते थे। कुछ तुतलाकर बोलते थे, 'ट' को 'त' बोलते थे। उनकी दुकान पर ठाकुरजी की पूजा और श्रृंगार का सामान, तरह-तरह के मुखौटे, रामनामी दुपट्टा, खड़ाऊँ, आसनी, बिंदी, टिकुली, सिंदूर आदि औरतों की फरमाइश का सामान बिकता था। उनकी दुकान के सामने की पंक्ति में कविवर रसाल के एक भतीजे ने मोजा-बनियाइन की एक दुकान खोली थी। उस पर एक लाला भैये बैठते थे। हम लोगों की उम्र के थे, गरीबी में जीवन बीतने के कारण शादी नहीं हुई थी। मस्तमौला और रसिक स्वभाव के थे। उन दिनों अमृतलाल शाम के समय कभी ढोलकीजी की दुकान और कभी लाला भैये की दुकान के तख्ते पर बैठते थे। उन दुकानों के ऊपर कोठे थे, मनचले दुकानदारों

की बातों में कोठों और कोठेवालियों के किस्से उसी प्रकार सुनने को मिलते थे, जैसे हवा में सेमल की रुई उड़ा करती है। एक पानीवाले महाराज उन कोठों पर पानी पिलाने, सौदा-सुलुफ, पान-सिगरेट लाने के लिए जाते रहते थे। खालाओं और नौचियों से बोलते-बतियाते थे। वह अखबार के रिपोर्टर की भूमिका अदा करते थे। कोठों की गरमागरम खबरें लाया करते थे। उन्हीं दुकानों के तख्ते पर बैठे हुए एक दिन अमृतलाल के मनःचक्षुओं के सामने *शकीला की माँ* कहानी का पूरा प्लाट फ्लैश हुआ था।

वाटिका के प्रकाशन के बाद अमृतलाल के पास 1937 के अंत तक एक नए कहानी संग्रह के लायक नौ कहानियाँ हो गई थीं। इनमें से तीन *शकीला की माँ, बेबी की प्रेम कहानी* तथा *जंतर-मंतर* उनकी नए दौर की कहानियाँ थीं। बाकी छह *अवशेष, प्रणय-पिपासा, पहेली, मैं क्या हूँ, लालसाएँ* और *कहानी, वाटिका* काल की कहानियों की याद दिलाती थीं जिनके संबंध में प्रेमचंद ने लिखा था कि यह तो गद्य-काव्य की-सी चीजें हैं। इन कहानियों में से 'अवशेष' विनोदशंकर व्यास संपादित हिंदी कहानियों के प्रतिनिधि संकलन *मधुकरी* के तीसरे संस्करण के दूसरे भाग में सम्मिलित की गई थी। उसमें मेरी *हंस* में छपी कहानी *मनुष्य का मूल्य* दी गई थी।

अमीनाबाद में श्रीराम रोड पर सरस्वती पुस्तक भंडार नाम से पुस्तकों की एक छोटी सी दुकान थी। निराला उन दिनों मैजिस्टिक होटल में रहते थे और अकसर आते-जाते उस दुकान पर सुर्ती खाने के लिए बैठ जाया करते थे। उस दुकान के मालिक पुस्तक प्रकाशन कार्य भी करते थे। दूसरे कहानी संग्रह के प्रकाशन के लिए अमृतलाल का सौदा उनसे हो गया और उनका 85 पृष्ठों का दूसरा कहानी संग्रह *अवशेष* नाम से मई 1938 में सरस्वती पुस्तक भंडार से प्रकाशित हो गया, जहाँ से निराला का उपन्यास 'प्रभावती' भी छपा था। अमृतलाल ने अपना यह दूसरा कहानी संग्रह मुझे समर्पित किया था। उसकी भूमिका में उन्होंने लिखा था—

'इन चित्रों को सजाते समय मेरा अपना जो दृष्टिकोण था वह शायद अब तक 'स्क्रीन' के सीन की तरह बदल चुका है। भावुकता की डोरी में कल्पना की पतंग बाँधकर लेखक जब उसे उड़ाने लगता है—दुनिया भर की सुनी-समझी बातें उसके सामने आ खड़ी होती हैं। इस संग्रह की प्रायः सभी कहानियाँ निर्जन पथ में मेरे पद-चिह्नों की भाँति आज भी मेरे अंतर के कोमल स्वर को स्पर्श करने की क्षमता रखती हैं और इसीलिए वे मुझे प्रिय भी हैं। इन कहानियों के संबंध में क्या कहूँ ? विद्वान् पाठक स्वयं इसका निर्णय करेंगे यह उनका अपना कर्तव्य है।'—अमृतलाल नागर।

कहानी संग्रह का नामकरण *अवशेष* कैसे रखा गया, उसकी कथा मुझे बताते हुए अगस्त में एक पत्र लिखा—आज इस समय भावनावश हो मैं *अवशेष* उठाकर देखने लगा। खयाल आया, मैंने इस संग्रह का नाम *अवशेष* क्यों रखा, और जानते

हो क्यों ? छपते समय पुस्तक के प्रूफ मेरे पास आते-जाते थे और बराबर दिनो दिन मेरी यह दृढ़ धारणा होती जा रही थी कि पुस्तक छप जाने के बाद शायद मैं जीवित न बचूँगा। पुस्तक मैंने तुम्हें मात्र इसी भावना के वश होकर समर्पित की थी कि मेरे बाद यह मेरी अंतिम कृति देखकर तुम दो आँसू बहा दिया करोगे। अफसोस इस बात का नहीं भाईजान, कि इस पागलपन ही में मैंने इस पुस्तक का नाम *अवशेष* रख दिया और तुम्हें समर्पित कर दी, लेकिन अफसोस तो इस बात का है कि मैं अब तक जीता ही क्यों बच गया ?

शायद तुम जानते होगे कि मैं अपने लिए सर्वदा ऐसी ही मौत की कामना किया करता हूँ जो कि मेरे परिवार, मेरे मित्र-बाँधवों के अतिरिक्त और भी लाखों मनुष्यों को शोकग्रस्त कर दे। सच कहता हूँ, यदि आज भारतवर्ष भर के तमाम पेपर और मैगजीन मेरे शोक में अपने-अपने कॉलम काले कर दें, इक्केवाले तक मेरे शोक में अपना काम बंद कर दें, युनिवर्सिटी, कॉलेज वगैरह में छुट्टी हो जाए तो शायद मैं बड़ी प्रसन्नता के साथ मर जाऊँगा। बस *अवशेष* नाम शायद इन्हीं सब पागलपन की बातों का फल था।

मुसीबतों से लड़ाई

अमृतलाल ने जिस काल में साहित्यकार का जीवन बिताना आरंभ किया उस काल में साहित्य सेवा से जीविकोपार्जन करना अत्यंत कठिन कार्य था। प्रेमचंद और निराला जैसे दिग्गजों का उदाहरण उनके सामने था। प्रसाद ने साहित्य सेवा स्वांतः सुखाय की, जीविकोपार्जन पैतृक व्यवसाय से किया। रूपनारायण पांडेय को इसी कारण मौलिक लेखन छोड़कर अनुवाद कार्य में लगना पड़ा। उस काल में भारती भंडार जैसे दो-एक अपवादों को छोड़कर कोई प्रकाशन संस्था लेखकों को नियमित रॉयल्टी नहीं देती थी। गंगा पुस्तक माला जैसी प्रकाशन संस्थाओं ने अधिकांश प्रकाशित पुस्तकों पर कोई पारिश्रमिक नहीं दिया था। प्रकाशक समझते थे कि लेखकों की पुस्तकें प्रकाशित करके वे साहित्य का उपकार कर रहे हैं। पत्र-पत्रिकाएँ अधिकांश प्रकाशित लेखों, कहानियों और कविताओं पर कोई पुरस्कार नहीं देती थीं। कुछ प्रसिद्ध लेखकों को अपवादस्वरूप पत्रं-पुष्पं भेंट कर देती थीं।

अमृतलाल का जीवन 13 वर्ष की अवस्था तक अपने दादाजी और बाबूजी की दोहरी छतरी में बीता। दादाजी के न रहने पर भी बाबूजी की छत्रच्छाया बनी रहने से जीवन में कोई आतप नहीं झेलना पड़ा। उनके परिवार की आर्थिक स्थिति की सुदृढ़ता का आधार उनके दादाजी की कमाई थी। उनके बाबूजी के जीवन काल में भी उनके वेतन से गृहस्थी के खर्च पूरे नहीं पड़ते थे, बैंक से रुपया निकालना पड़ता था। पिता के एक घनिष्ठ मित्र हृदयनारायण मेहरोत्रा इलाहाबाद बैंक की अमीनाबाद ब्रांच के सब-एजेंट थे। उनकी हस्ताक्षरित चेक बुक और पास बुक उन्हीं के पास रखी रहती थी। जब जरूरत पड़ती थी, उनसे रुपया मँगवा लेते थे।

घर के ज्येष्ठ पुत्र होने के कारण पिता के न रहने पर विधवा माँ, दादी और दोनों छोटे भाइयों का दायित्व अमृतलाल के कंधों पर आ पड़ा। उनका विवाह हो चुका था। 23 वर्ष की अवस्था तक तीन संतानों के पिता बन गए थे—दो पुत्र और एक पुत्री। उनकी पत्नी और उनके बच्चे उनकी सास की समस्त माया-ममता के केंद्र थे। सास की आमदनी का मुख्य स्रोत मकानों और दुकानों का किराया था, जिससे उनका खर्च मजे से चल जाता था।

अमृतलाल फकीराना तबियत के आदमी थे। अपने बाप-दादो के पैसे पर अपना नहीं, अपने दोनों भाइयों का अधिकार मानते थे। अपने को सिर्फ यक्ष की भाँति उस थाती का रक्षक समझते थे। यही प्रयत्न करते थे कि उसमें से एक पैसा अपने ऊपर खर्च न करें। उनके दोनों भाई भी उन पर जान देते थे। वह अपनी सास के पैसे को भी अपना नहीं मानते थे। उसे उनकी बेटी और उसके बच्चों की थाती मानते थे।

पिता के न रहने पर अमृतलाल का व्यक्तित्व दो भागों में बँट गया—एक दुनियादार अमृतलाल नागर, दूसरा साहित्यकार अमृतलाल नागर। दोनों के अंदर 'मैं' प्रधान था। 'मैं' अर्थात 'अहं' यानी महत्त्वाकांक्षा। दुनियादार अमृतलाल नागर वही शान-शौकत का जीवन चाहता था जिसका वह अपने दादाजी के जीवन काल से अभ्यस्त रहा। चार नौकर उसके आगे-पीछे हों, सब उसकी जी-हाँ ! जी-हाँ ! करें। उसमें रईसी और आरामतलबी थी जिसे उनकी वाजिदअलीशाही कहा जा सकता था। वह कल्पना करता था—एक आलीशान सुसज्जित मकान में सपरिवार बैठा हो। वह अपनी माँ, दादी और दोनों भाइयों को बेहद प्यार करता था। चाहता था, उन्हें कोई कष्ट न हो। वे अब तक जिस जीवन-स्तर के अभ्यस्त रहे उसमें कोई अंतर न पड़े। वह केवल अपने लिए बड़प्पन नहीं चाहता था, अपने दोनों भाइयों को भी बड़ा बनाना चाहता था।

साहित्यकार अमृतलाल नागर अपने लिए यश चाहता था। चाहता था, जहाँ जाए एक साहित्यकार के रूप में उसकी प्रतिष्ठा हो। उसके मरने पर समूचे विश्व में नहीं तो समूचे देश में शोक छा जाए। उसका नाम साहित्य में अमर रहे।

पिता का देहांत हो जाने पर अमृतलाल ने गरीबी को बहुत निकट से देखा। उनके दिन जिस उद्विग्नता, मानसिक पीड़ा, चिंता, छटपटाहट तथा विकलता में बीते, उसका मैं मूक साक्षी रहा हूँ। उनके हृदय के अंदर धधकते ज्वालामुखी के अग्निकण उनके उन दिनों के लिखे पत्रों में सुरक्षित हैं। उनमें से कुछ उदाहरण यहाँ प्रस्तुत हैं—

"8.8.36 का पत्र आज (आठ दिन बाद) भेज रहा हूँ। पैसे पास में न थे, इसी से विलंब हो गया। (16.8.36)

श्रीमान नागरजी आजकल फटीचर हो रहे हैं। तुम्हें पत्र भेजने के लिए पैसे न थे। इसी से केवल पत्र लिखकर रख दिया था, आज भेज रहा हूँ। (2.4.37)

आजकल पैसे की मोहताजी ने मुझे बहुत बेबस बना डाला है। (16.3.37)

मेरे यौवन पर तो अब तुषारापात हो गया है न भाई। क्या अब भी तुम आशा रखते हो कि मैं 'युवक' बना रहूँगा। मेरी वह सुंदर घड़ियाँ तो आज से दो वर्ष पहले ही (1935 में पिता का देहांत होने पर) वसंत के सुनहरे राग के साथ-ही-साथ गुनगुनाती हुई कहीं दूर निकल गईं। उनकी केवल एक ही झलक देख पाया था इस जीवन में। (18.3.37)

तुम तो जानते होगे भाई, 'सुख' की परिभाषा या तो कोश में गलत लिखी हुई है या वह कल्पना मात्र ही है। अथवा शायद उसकी मर्दुमशुमारी में मेरी गणना होने से रह गई है। (5.9.38)

तुमसे क्या अर्ज करूँ भाई जान, आजकल मुसीबत की आँधियाँ मौत बनकर सिर पर मँडरा रही हैं। सचमुच इस जिंदगी से ऊब उठा हूँ। (10.10.38)

मेरी और मुसीबतों की लड़ाई चलती ही रहती है। दोनों ही शक्तिशाली हैं। हाँ, कभी वह जोरावर हो जाती हैं और कभी मैं। पता नहीं, कब तक हम लोगों की यह आँख-मिचौनी चलती रहेगी। (18.10.38)

इधर कई दिनों से विपन्न-सा हो रहा हूँ। सामने देखता हूँ कितनी ही समस्याएँ उलझी-सी पड़ी हैं, परंतु मैं उनसे घबराता नहीं, न मुझे उनका कुछ भय ही है, फिर भी न जाने क्यों मुझे अजीब-सा लगता है। देखता हूँ, मेरे पास बहुत सा काम करने को है। जब इच्छा होती है उसे पूरा कर डालने की, तब मुझे कुछ भी नहीं सूझता। अनिच्छा मुझे अपने चारों ओर लपेटे हुए है या खुद ही मेरे चारों ओर लिपटी हुई है, मुझे कुछ भी नहीं मालूम। कोई अज्ञात शक्ति जैसे मुझे कहीं ले जाती है, हाथ अपने आप कुछ काम करते हैं, मस्तिष्क और मुख जैसे किसी अज्ञात प्रेरणा के दास हैं। कोर्ट भी जाता हूँ, वकील के पास भी जाता हूँ, बैंक भी जाता हूँ, कर्जदारों से तकाजा भी करता हूँ। बातचीत, हँसी-मजाक सभी कुछ जैसे मुझसे कोई 'अव्यक्त' व्यक्ति नेपथ्य से डोरी घुमाकर करवा लेता है। मेरा मन कहीं भी नहीं लगता, किसी काम में शान्ति नहीं मिलती। कल रात बड़ी देर तक सोचता रहा, आखिर यह सब क्यों और कैसे होता है ? कुछ भी निश्चय न कर सका--केवल यही कि कहीं चल दूँ, महीने-दो महीने के लिए 'अपनों' से दूर रहूँ। किसी एकांत स्थल में चुपचाप बैठा रहूँ, कोई मुझसे कुछ भी न कहे, किसी प्रकार की चिंता न रहे। (27.9.37)''

पिता का देहांत अचानक हो जाने से जो पैतृक रुपया बैंक व डाकखाने में जमा था अथवा राष्ट्रीय बचत पत्र, शेयरों आदि में लगा था, उसे प्राप्त करने के लिए सक्सेशन-सर्टिफिकेट जरूरी था। उसके लिए उन्हें अदालतों तथा वकीलों के पास जो दौड़धूप करनी पड़ी, अदालती दुनिया का जो कटु अनुभव हुआ उसके फलस्वरूप उन्होंने उसका नाम चीलों का देश रख दिया। एक पत्र में उसका चित्र इस प्रकार खींचा--

'चीलों का देश--बीसवीं शताब्दी के इस युग में जब हम सभ्यता, उच्चता और उन्नति का ढिंढोरा पीटते हैं--मैं कहता हूँ--यह वह देश है जिसमें शायद 99 प्रतिशत नरभक्षक वास करते हैं। पेशी, पेशकार, नजीर, नाजिर, वकील, मुख्तार, मुद्दई, मुद्दालेह, पैसा-गवाह। चपरासी पुकारता है--फलाँ बनाम फलाँ हाजिर है। सब कोई है, यदि कोई हाजिर नहीं है तो उनकी मानवता।''

उनके मन में चीलों के देश का एक शब्दचित्र अंकित करने की इच्छा बलवती

हो उठी। उसका एक नमूना–

'फर्ज करो, लाला घसीटेमल नवाब फुलकी कदर के ऊपर पाँच सौ रुपए का दावा दायर कर रहे हैं। वकील के मेहनताने की बात छोड़ दो, लाला साहब दावे की अर्जी लेकर मुंसरिम साहब की खिदमत में हाजिर हुए। मुंसरिम साहब को काम से फुरसत ही नहीं मिल रही। लाला साहब बड़ी देर तक खड़े रहे, दो-एक बार अर्ज की, लेकिन फटकार खाई, आँखें रहते अंधे भी बने। अब लाचार होकर उन्होंने एक रुपया नजर किया। मुंसरिम साहब ने टेढ़े मुँह से फरमाया–वाह साहब। पाँच सौ का दावा और एक रुपया ? ले जाइए, मुझे फुरसत नहीं। लाला साहब ने दो रुपए और नजर किए, तब कहीं उस अर्जी पर मुंसरिम महोदय ने दस्तखत किए और उठाकर मुंशीजी के पास फेंक दिया। धेली-बारह आने पाकर मुंशीजी को उस अर्जी पर गौर करने की फुरसत मिली, अर्जी पर पेशी की तारीख पड़ी।

चार दिन पेशी के बाकी हैं, मगर अभी तक किसी के नाम सम्मन भी दाखिल नहीं हुआ। लाला साहब फिर कचहरी गए। मुंशीजी को अठन्नी नजर की तब उन्होंने चपरासी को फाइल से सम्मन निकालने की इजाजत दी। अब चपरासी साहब को फाइल में सम्मन ही नहीं मिल रहा। उनका हक सबसे ज्यादा होता है, इसलिए उन्हें एक रुपया नजर करने पर सम्मन फौरन-तत्काल-तत्क्षण मिल गया। इसी तरह अर्जी दावा जज साहब के पेशकार साहब की सेवा में पहुँचा।

पेशकार साहब को जिन्होंने कुछ दक्षिणा दी है उनके केसेज तो सबसे ऊपर हैं, बाकी सब नीचे रखते जाते हैं। दिन भर हो गया। मुकदमे की बारी न आई। लाला साहब के गवाहों के रुपए और दिन भर खराब हो गया। पेशकार साहब से विनम्र स्वर में पेशी की अगली तारीख पूछी, लेकिन उन्होंने टका-सा जवाब दे दिया–हमें नहीं मालूम। राम जाने कब पेशी होगी–कल, परसों, महीना-दो महीना, बरस-दो बरस, जिंदगी अथवा चौरासी लाख योनि में भ्रमण कर आने के बाद, कुछ भी नहीं मालूम कब होगी। रुपया नजर कीजिए, तारीख फौरन मालूम हो जाए। खैर।

पेशी हुई। मुकदमा हुआ। फैसला हुआ। अब आप हारें या जीतें, चपरासी साहब का हक हो गया। इस तरह लाला साहब ने कोर्ट से नवाब साहब के यहाँ डिगरी कुर्की ले जाने की इजाजत पाई। नवाब फुलकी कदर ने कहा–अगर लाला घसीटेमल मेरे घर कुर्की लेकर आए तो मैं उनकी तोंद ही फाड़ डालूँगा। लाला साहब डर गए। कुर्की के लिए बेअलिफ साहब से कहा गया, उनके ताँगे का किराया दो रुपया अदालत में जमा कराया। अब वे दोनों रुपए तो बेअलिफ की जेब में पहुँचे, लाला साहब कुर्की के दिन उनके मकान पहुँचे। उन्होंने सवाल किया–ताँगा लाए हैं ? खैर, लाला साहब उन्हें ताँगे पर बिठाकर रास्ते भर पान, सिगरेट, लेमनेड से उनकी खातिर करते हुए लाए। चपरासियों की भी खूब खातिर हुई। लेकिन नवाब साहब ने चपरासियों को कुछ दे दिया तो पाखाने को भी जनानखाना बताकर उसमें जाने से इनकार कर दिया। लाला ने भी उनके बच्चों

को मिठाई खाने के लिए दिया तो जनानखाना छोड़ जहन्नुम में भी घुसकर नवाब साहब का माल उठा लाए।

माल किसी सुपुर्दगार को सौंपा गया। कोर्ट में नीलाम की तारीख मुकर्रर हुई। नीलाम हुआ। सवा छह प्रतिशत तो उसमें कोर्ट ने ले लिया, बाकी जमा हो गया।

कुछ दिन बाद लाला साहब ने रुपए की दरखास्त दी। जो मुंसरिम साहब उन्हें खूब जान चुके हैं। उस दिन फिर भूलकर शनाख्त के लिए वकील की गवाही माँगते हैं। हाँ, अगर लाला कुछ दे दें तो वह फौरन पहचान जाएँगे और आपको चेक मिल जाएगी। चेक लेकर आप ट्रेजरी जाइए, वहाँ कोई वकील शनाख्त करे। रुपए दो रुपए पाते ही बी.ए., एल-एल.बी. महोदय आपके बाप-दादा और पुश्त-दर-पुश्त को जान जाएँगे। यदि वहाँ बन्ने मामा से (हम लोगों की असाहित्यिक मित्र मंडली के एक मित्र जो बैंक में कार्यरत थे।) साथी न हों तो चौकीदार चवन्नी पाने पर आपकी शनाख्त कर देगा। इस तरह रुपए के चार आने होकर मिले। यह है चीलों का देश। समझे वकील साहब ?" (इशारा मेरी तरफ था। मैं उन दिनों बी.ए., एल-एल.बी. कर रहा था।)

इस शब्दचित्र में लाला साहब की जगह दुनियादार अमृतलाल नागर तथा नवाब फुलकी कदर की जगह उनके किसी नवाब कर्जदार की कल्पना कर ली जाए तो उनका उन दिनों का शब्दचित्र तैयार हो जाएगा। उन दिनों अमृतलाल ने अपना एक लेटरहैड अंग्रेजी में छपवाया था, जिसमें वह अपने नाम के साथ बैंकर एंड जर्नलिस्ट लगाते थे। उनके दादाजी ने अपना महाजनी का कारोबार फैला रखा था। उनका कुछ पैतृक रुपया कर्जदारों में फँसा था जिसकी वसूली के लिए वह दौड़धूप कर रहे थे। अब उनके बैंकर रूप का एक चित्र उनके एक पत्र में देखिए—

"भाई जान, तस्लीम। खत मिला। हजार बार शुक्रिया। पंडित अमृतलाल नागर साहब को आपका पहला खत भी ठीक वक्त पर मिल गया था। उन्हें इस बात का सख्त अफ़सोस है कि वह आपके खत का जवाब अभी तक नहीं दे सके और इसका सबब यही है कि इधर अरसे से उनके दुश्मनों की तबीयत सख्त परेशान है। आप शायद जानते हैं, वह बदनसीबी से बैंकर किस्म के इनसान (या हैवान) वाका हुए हैं। आप जानते हैं, दुनिया में इससे ज्यादा जलील पेशा और कोई नहीं। भला यह कहाँ का इनसाफ है कि किसी को वक्त-जरूरत पैसा देकर उसका किराया वसूल किया जाए ? मगर मैं देखता हूँ, उनकी हालत इस वक्त काबिले रहम है। साँप-छछूंदरवाला किस्सा है कि न तो निगलते ही बनता है और न उगलते ही। इसके सिवाय मैंने खुद उनकी ही जबानी सुना है कि वह अपना तमाम रुपया वसूल करने के बाद अपने लेटरहैड से बैंकर नाम की चीज कतई उड़ा देंगे। उन्हें इस लफ्ज से दिली नफरत हो चली है। आजकल उनकी हालत यह है कि सवेरे से शाम तक रुपया वसूल करने की फिक्र में रहते हैं। आपसे अर्ज कर दूँ, उनके

दिमाग में आजकल एक रिएक्शन-सा हो रहा है। मैं बराबर इस बात को गौर से देख रहा हूँ कि इस अचानक ही आप-ही-आप होनेवाली कायापलट से वह एकदम परेशान हाल नजर आते हैं—दिमाग, कुछ झल्ला-सा गया है। कभी अपने ऊपर गुस्सा आता है, कभी कर्जदारों के ऊपर। सच तो यह है भाई जान, कि इस वक्त महाजन और कर्जदार, दोनों ही सख्त तकलीफ में हैं। जब कर्जदारों की मजबूरियों का खयाल करते हैं तब अपने ऊपर बुरी तरह नाराज होते हैं, और जब अपने घरवालों की तकलीफ देखते हैं तो कर्जदारों को परेशान करते हैं। मैं क्या अर्ज करूँ, आजकल उनकी हालत देखकर मुझे उन पर और उनके कर्जदारों पर रहम आता है।

हाँ, आजकल रोज जब परेशान होकर लौटते हैं तो खूब भंग पीते हैं और लिखने बैठ जाते हैं।''

2

अमृतलाल मूलतः आनंदवादी स्वभाव के थे। मस्ती उनका सहज स्वरूप था। उनका विजया प्रेम उनके इस स्वरूप की बाह्य अभिव्यक्ति थी। विजया सेवन की आदत साहित्यकार बनने का नशा चढ़ने पर काशी के विनोदशंकर व्यास की संगत में पड़ी। उनके छोटे नाना भी विजया प्रेमी थे। एक बार छुटपन में संभवतः शिवरात्रि पर उन्हें विजया की एक बूँद चटा दी थी। वह तीन दिन पड़े सोते रहे। तरुणाई में कभी होली या शिवरात्रि पर मित्रों के साथ ठंडाई छन जाती थी। काशी यात्रा से लौटने के बाद उनके अंतर्मन में कहीं बैठ गया कि सभी साहित्यकार कोई-न-कोई नशा करते हैं। शरत्‌चंद्र चट्टोपाध्याय अपने लिखने की मेज पर चाँदी की छोटी-सी अफीम की डिबिया रखते थे। वार्तालाप के बीच-बीच में अपनी चाँदी की चिमटी से उसमें से एक महीन पर्त तराशकर अपनी जबान पर रख लेते थे। रूपनारायण पांडेय भी चिनिया बेगम के शौकीन थे। विजया सेवन को अमृतलाल का दैनंदिन कार्यक्रम बना देने में श्वेतांबर पुस्तकालय के कामरेड छिद्‌दू का सबसे बड़ा हाथ था। वे पुस्तकालय में सदस्यों को पुस्तकें निकाल-निकालकर देते, झाड़ू-बुहारू करते थे, चंदा वसूल करते। पुस्तकालय में खाली समय उपन्यासों के पन्ने उलटते-पलटते उन्हें हिंदी के बोर और रोचक उपन्यासों की अच्छी परख हो गई थी। उम्र में हम लोगों से थोड़े बड़े थे। लंबे तगड़े कसरती बदन के थे। नौजवानी में एक वयस्का रानी साहिबा तथा एक तरुणी विधवा के बीच दोहरी चक्की के पाट में फँस गए थे। जिससे ज्ञान-चक्षु खुल गए। अमृतलाल उन्हें कामरेड पुकारते थे। वह बातें बड़ी लच्छेदार करते थे। पितृ-विहीन हो जाने पर अमृतलाल दिन-रात पैसे की चिंता में बहुत परेशान और दुखी रहते थे। कभी-कभी दौड़धूप से बहुत खिन्न हो जाते थे। एक बार अत्यंत उद्वेलित हो उठने पर पाखाने के अंदर अफीम की गोली मुँह में रखकर मृत्यु का आह्वान करने लगे। फिर सोचने लगे—मेरे मरने

पर मेरी माँ और दादी तो जरूर मर जाएँगी। फिर इस निष्ठुर संसार में मेरे दो निरीह भाइयों रतन-मदन का क्या होगा ? उनकी आँखों से आँसुओं की अविरल धारा बहने लगी।

ऐसे ही दिनों में एक शाम कामरेड छिद्दू हाथ में भाँग, बादाम और मुनक्के के गोले और दूध का लोटा लिये उनके पास पहुँचे और बोले—पंडितजी, आपसे मेरी करबद्ध प्रार्थना है कि आप भगवान् भोलानाथ का प्रसाद ग्रहण किया कीजिए। जैसा आपका सुभ नाम है वैसी ही अमिरत बूटी है यह। रोग-सोक, माया-मोह आदि सबकुछ बिसर जाता है। आपको ऐसा अनुभव होने लगेगा कि आप धान के लहलहाते हुए खेतों में हरे-भरे समुद्र की लहरों पर दौड़ते चले जा रहे हैं। इसके बाद बूटी उनकी जीवन संगिनी बन गई। वह दिन भर कार्य में व्यस्त रहते और शाम को मस्त हो जाते। वह अनुभव करते थे कि बूटी उन्हें गार्हस्थिक झंझटों और चिंताओं से मुक्त कर अपने को साहित्य ब्रह्म से एकाकार कर देने में सहायक होती है।

पिता का साया उठ जाने पर वह एक ओर, रोटी की समस्या के समाधान में लग गए तो दूसरी ओर अपने हृदय के वृंत पर साहित्य का गुलाब खिलाते रहे। उन्होंने देखा था—क्लर्की के कारण उनके पिता का जीवन कितना कुंठाग्रस्त हो गया था। इसलिए उन्होंने अपने मन में निश्चय कर लिया था कि क्लर्की कदापि नहीं करेंगे। उन दिनों जो भी बुजुर्ग अथवा परिवार का हमदर्द मिलता, यही सलाह देता—भैया, अब तुम किसी काम में लग जाओ। कहीं नौकरी कर लो। उनके असाहित्यिक मित्रों में उनके सबसे अंतरंग मित्र, उनके पिता के मित्र हृदयनारायण मेहरोत्रा के छोटे भाई प्रेमनारायण मेहरोत्रा थे। जिन्हें हम लोग मन्नो पुकारते थे। नौटंकी, थियेटर, रामलीला देखने, ख्यालबाजी, लावनी, कव्वाली, बटेरबाजी के दंगलों में, मेलों-ठेलों में उन्हीं के साथ जाते थे। बड़े ही चिग्घीबाज, खुशमिजाज, मैटर ऑफ फैक्ट आदमी थे। मुँह में हर समय पान भरे रहते थे। बोलते थे तो मुँह से पान के छींटे उड़ते थे। हजरतगंज में ऑल इंडिया यूनाइटेड एंश्योरेंस कंपनी के हेड ऑफिस में क्लर्क थे। एक दिन खबर लाए कि उनके दफ्तर में डिस्पैचर की एक टैंपरेरी जगह खाली है। माँ और दादी की बात रखने के लिए उस जगह पर नौकरी कर तो ली, परंतु 18 दिन से अधिक निभ नहीं पाई। साहब के घुड़कने पर तत्काल इस्तीफा दे दिया। एक संबंधी के बहुत कहने पर अपने पिता के दफ्तर पी.एम.जी.ओ. की भर्ती परीक्षा में बैठ गए, परंतु पहले से जानते थे कि उसमें आएँगे नहीं, क्योंकि परीक्षा में सफल होने के लिए उर्दू का ज्ञान आवश्यक था और उर्दू उन्हें आती नहीं थी।

कलकत्ता की फिल्म कॉरपोरेशन ऑफ इंडिया को लिखा, मेरे पास फिल्म लायक एक स्टोरी तैयार है। उत्तर आया सिनॉप्सिस भेज दीजिए। कथा-सारांश तुरंत भेज दिया। लेकिन फिर कोई पत्र नहीं आया। लखनऊ में आइडियल फिल्म कंपनी

में असिस्टेंट डायरेक्टर बनने के लिए सिप्पा लगाया, परंतु सफलता नहीं मिली। विनोदशंकर व्यास को पुस्तक प्रकाशन की स्कीम बनाने के लिए लिखा। उन्होंने सलाह दी—पहले वर्ष पुस्तक की दुकान खोलकर बैठ जाओ। इससे सेल का अनुभव हो जाएगा। तभी आगे कदम रखो। सलाह पसंद नहीं आई।

1937 में प्रांतीय विधान सभा के चुनाव के अवसर पर विनोदशंकर व्यास के मन में लखनऊ से *जागरण साप्ताहिक* निकालने की लहर उठी। अमृतलाल को लिखा—प्रिंटर पब्लिशर का डिक्लेरेशन तुम्हारे नाम से होगा। संपादक के रूप में अपना नाम दूँगा। अमृतलाल ने सोचा इससे शायद 30-40 रुपए महीने की आमदनी का डौल लग जाए। दौड़धूप की। बलरामपुर-गोंडा के एक ताल्लुकेदार इलेक्शन में जमींदार पार्टी की तरफ से प्रचार के लिए एक पत्र निकालना चाहते थे। तीन हजार रुपए तक लगाने को तैयार थे। विनोदशंकर व्यास को तार देकर बुलवाया गया, दोनों उनसे मिले। उन्हें समझाने की कोशिश की कि *जागरण* की गुडविल है। नया पत्र निकालने के बजाय उसमें रुपया लगाने से इलेक्शन प्रोपोगेंडा असरकारी ढंग से हो सकेगा। परंतु बात उनके गले के नीचे नहीं उतरी। एक प्रकाशक ने *छाया जगत* नाम से सचित्र साहित्य और सिनेमा प्रधान पाक्षिक निकालने और उसका प्रधान संपादक अमृतलाल नागर को बनाने का प्रस्ताव रखा। उनसे एग्रीमेंट हुआ कि शुद्ध लाभ में 40 प्रतिशत हिस्सा देंगे, पैसा वह लगाएँगे। पत्र का हिंदी और अंग्रेजी का लैटरहैड छप गया। अमृतलाल ने अपना टाइम टेबल बना डाला—प्रातः 8 से 9 बजे तक उपन्यास लेखन, 11 बजे से 1 बजे तक *छाया जगत* के लिए लेखन और उसका काम-काज, दोपहर 1 बजे से 3 बजे तक अध्ययन, रात 8 से 9 बजे तक अध्ययन। मुझे आधुनिक कहानी लेखकों पर एक जोरदार लेख शीघ्र भेजने का ऑर्डर दिया। लेकिन पत्र के निकलने की नौबत नहीं आई।

नागर ब्रदर्स : एक्सपोर्ट, इंपोर्टर्स एंड मैन्यूफैक्चरर्स रिप्रेजेंटेटिव नाम से एक फर्म की स्थापना की और उम्दा बैंक पेपर पर एक उम्दा प्रेस से उसका लैटरहैड छपवा लिया। शुरू में बिजनेस के लिए स्टेशनरी का मार्केट चुना और लखनऊ तथा कानपुर की एजेंसी के लिए कुछ अमरिकी कंपनियों से पत्र व्यवहार आरंभ कर दिया। किंतु स्कीम चली नहीं। *प्रीमियर कमर्शियल कॉरपोरेशन* नाम से एक फर्म के शेयर खरीदकर उसके डायरेक्टर बन गए, परन्तु अर्थ प्राप्ति कुछ नहीं हुई। शेयर खरीदने में लगा रुपया डूब गया।

3

जून 1937 की कलकत्ता यात्रा के बाद अमृतलाल के अंदर के कलाकार के विकास की नई मंजिल आरंभ हुई। अब उनका ध्यान दो बातों पर केंद्रित होने लगा—चित्रण और चरित्र। जिससे भी बातचीत करते थे, दिल में यही खयाल बना रहता था

कि उसकी बातचीत से उसके स्वभाव का अंदाज कहाँ तक लगता है। घर में माते, अम्माजी, श्रीमतीजी, रतन, मदन, बेबी से भी बातें करते समय यही बात ध्यान में रहती थी।

कलकत्ता यात्रा में शरत् बाबू से एक गुर मिला था—प्रत्येक मनुष्य को समझने की चेष्टा करना ही कलाकार का गुण होता है। दुनिया की चलती-फिरती तसवीरें देखना, जीवन के भयानक संघर्ष का, दिन-रात के चौबीसों घंटे जिनसे सामना होता है उनका चित्रण करना, दुनिया की गाड़ी कैसे चलती है, उसका पहिया कैसे घूमता है, उसके स्पोक किस तरह ऊपर-नीचे जाते हैं, इसका अध्ययन उनका मनोविनोद बन गया। दुनिया के महान् लेखकों ने इस अपरिवर्तित-परिवर्तनशील गोल दुनिया के प्रांगण से ही तो अपने अनुभवों के मोती बटोरे हैं, अपने रूप, अपने विचार और अपनी रँगी हुई भावुक भावनामयी आँखों से उन्होंने जैसे देखा, वैसा ही लिखा है। अब उनका लेखक भी यही करेगा।

अमृतलाल ने अपना पहला उपन्यास अप्रैल, 1936 की बनारस यात्रा के बाद आरंभ किया था। उसे डायरी शैली में लिखना शुरू किया था, इसलिए हम लोग अपने पत्र-व्यवहार में उसका उल्लेख 'डायरी' के नाम से करते थे। एक बुड्ढे को ब्याही गई एक नवयुवती विधवा के हृदय में धधकती वासना की आंतरिक ज्वाला का विस्फोट होता है। उसी का चित्रण उपन्यास में किया था। उपन्यास अधूरा रहा (यह अधूरा उपन्यास बाद में *चकल्लस* में *ज्वालामुखी* शीर्षक से धारावाहिक छपा।) उसके केवल तीन-चार चैप्टर लिखे गए। यह उपन्यास *वाटिका* काल की गद्य-काव्यात्मक शैली में था, इसलिए बाद में मन से उतर गया।

इस उपन्यास को आरंभ करने के बाद उनके मन में एक नया प्लाट फ्लैश हुआ। उन्होंने किसी से शहर की एक रामप्यारी नामक रंडी का किस्सा सुना। वह चौक में रहती थी। जो कुछ पैदा करती थी, शराब पीने और पिलाने में उड़ा देती थी। बड़ी मस्त थी। कभी-कभी शराब की झोंक में लंबे उपदेश दे डालती थी। उसी को मॉडल बनाकर बिब्बो नामक एक रंडी का विचित्र चरित्र पेंट करने की इच्छा जागृत हुई, किंतु यह उपन्यास कागज पर नहीं उतरा, आरंभ की दो-चार लाइनें भले ही लिखी हों।

कलकत्ता यात्रा के बाद उन्होंने दो उपन्यास *अरुणिमा* और *बंगाली की बिटिया* लिखने की योजना बनाई। उन्होंने 13.7.37 को मुझे लिखा—मेरे पास इस समय दो उपन्यासों का मसाला तैयार है—अपने जीवन के दो विभागों के आधार पर। कल्पना रुपए में एक आना से अधिक स्थान न पाएगी। एक का नाम होगा—*अरुणिमा* और दूसरे का *बंगाली की बिटिया*। इसके संबंध में अपना कंपलीट प्लैन या तो मिलने पर सुनाऊँगा या कभी लिख भेजूँगा।...कोशिश यह भी रहेगी शरत् बाबू ही (*अरुणिमा* की) भूमिका लिखें इसके लिए चाहे मुझे कलकत्ता ही क्यों न जाना पड़े। ये दोनों उपन्यास अलिखित रहे।

हम दोनों जब प्रसाद से साथ-साथ अप्रैल, 1936 में मिले थे तो उन्होंने अमृतलाल को गुप्त साम्राज्य के गौरव के संस्थापक चंद्रगुप्त प्रथम के काल पर एक ऐतिहासिक उपन्यास का प्लाट दिया था। अमृतलाल ने वचन दिया था कि इस पर जाते ही बैठ जाऊँगा। उन्होंने लौटकर अध्ययन आरंभ कर दिया। राधाकुमुद मुकर्जी, डॉ. बेनी प्रसाद, विंसेंट स्मिथ आदि को घोखने पर उनकी कल्पना को गुप्त साम्राज्य के उत्तरार्द्ध काल पर निवास करने का आधार मिला। साल भर के अध्ययन के बाद सितंबर 1937 की घनी काली रात्रि में दो बजकर पैंतीस मिनट पर मुझे पत्र लिखने बैठे—

''मेरा विचार, पुरगुप्त के शासनकाल की राजनीतिक एवं सामाजिक परिस्थितियों के आधार पर अपना कथानक खड़ा करने का है। पुरगुप्त, जैसा शायद तुम्हें स्मरण हो, परमेश्वर परमवैष्णव परमभट्टारक महाराजाधिराज श्री कुमारगुप्त देव प्रथम की द्वितीय पट्ट महादेवी आनंदा का पुत्र था। अपने ज्येष्ठ सौतेले भ्राता सम्राट् स्कंदगुप्त देव के अवसान के पश्चात 480 ई. में सिंहासनासीन हुआ था। तुम्हें स्मरण होगा कि कुमारगुप्त के समय ही से बौद्ध गुप्त साम्राज्य के सिंहासन पर 'सद्धर्मी' सम्राट् देखना चाहते थे और इसीलिए उन्होंने वेश्यापुत्री आनंदा को साम्राज्य की पट्ट महादेवी बनाना चाहा था। जिसके आयोजन में वह सफल भी हुए और प्रथम पट्ट महादेवी ध्रुवस्वामिनी-युवराज भट्टारक स्कंदगुप्त की माता के जीवन का अंत भी जिसके कारण हुआ था। तुम्हें यह भी स्मरण होगा कि महाराज पुत्र गोविंदगुप्त, युवराज भट्टारक स्कंदगुप्त एवं महामंत्री युवराज भट्टारक पादीय दामोदर शर्मा के कारण वे उसमें अत्यधिक सफल भी न हो पाए थे। उनके अवसान के उपरांत पुरगुप्त को सम्राट् बनाकर उन्होंने अपना अधिकार जमाया। मैं यह दिखाना चाहता हूँ कि पुरगुप्त अपने अल्पकालीन शासनकाल में आलस्य एवं भीरुता का जो अंकुर उत्पन्न कर गया था उससे साम्राज्य की दशा उस समय क्या हो गई थी तथा उसके पश्चात् नरसिंहगुप्त बालादित्य (जोकि 485 ई. में सिंहासन पर बैठा और जो बौद्ध मतानुयायी हो गया था, जिसने नालंदा विश्वविद्यालय का निर्माण करवाया) के समय हिंदुओं की क्या दशा थी, साम्राज्य की क्या दशा थी और उसने इन कठोर दिवसों में भी हूणों पर किस प्रकार विजय पाई।

''कथा पुरगुप्त के शासनकाल से आरंभ होगी, उसे 'अनुक्रमणिका' से परिचालित किया जाएगा। वास्तविक कथा नरसिंहगुप्त बालादित्य के शासन काल से आरंभ होगी। और उपन्यास लिखने का मेरा उद्देश्य होगा केवल इतना ही कि उस समय लोग साम्राज्य की रक्षा के लिए नहीं, वरन आर्यावर्त की रक्षा के लिए, आर्य संस्कृति के परित्राण के लिए मरना जानते थे। विद्रोही हो जाने पर भी हूणों से युद्ध करने के लिए जा सकते थे—केवल भारतवर्ष की रक्षा करना ही उनका एकमात्र ध्येय था। जरा ध्यान से देखो, उस समय का इतिहास, कितना सुंदर एवं स्पष्ट और औपन्यासिक है। समुद्रगुप्त, चंद्रगुप्त आदि का राजत्व काल इस योग्य नहीं कि उसका चित्रण

किया जा सके। कुमारगुप्त प्रथम और स्कंदगुप्त पर तथा कुमारगुप्त द्वितीय पर राखाल बाबू क्रमशः करुणा और शशांक लिख चुके हैं। अतएव नरसिंहगुप्त बालादित्य का राजत्व काल ही ठीक रहेगा। क्यों, तुम्हारी क्या सम्मति है ?''

उनका यह उपन्यास भी अलिखित रहा।

4

नवंबर में अमृतलाल ने साल में दूसरी बार कलकत्ता यात्रा की। प्रसाद के स्वर्गवास का समाचार कलकत्ता में मिला। समाचार पत्र में उनके शव का अंतिम चित्र देखा जिससे अंदर से हिल उठे। मुझे लिखा—जयशंकरजी का वह अंतिम रूप! ज्ञान, वह एक ऐतिहासिक 'ममी'-सा लगता था। उनके जीवन भर के अगाध अध्ययन की स्मृतियाँ उनमें ही विलीन होकर, उनकी चिरकाल के लिए सुषुप्त चेतना के अध्ययन का साधन बन रही थीं। देखना उनके शव का चित्र। ओह! भीषण यातनाओं के अंत का अवशेष भी कितना भयंकर है। मैंने प्रसादजी के देहावसान से कुछ दिन पूर्व उनके अंतिम दर्शन किए थे। उस समय कंकालवत् हो गए थे।

उस चित्र को देखकर स्मृतियों से भर गए।···चंद्रगुप्त प्रथम के ऐतिहासिक आधार पर उन्होंने मुझे उपन्यास लिखने के लिए कहा था। मैटर भी दिया, भूमिका लिख देने का वचन भी दिया, फिर भी मैं उसे उनके जीवनकाल में लिख न सका। और वह केवल आलस्यवश। भाई, इसका मुझे बहुत दुख है और आजन्म रहेगा।

जिस प्रकार प्रेमचंद का देहावसान होने पर समाचार पत्रों में उनका स्मारक बनाने की चर्चा चली थी, उसी प्रकार प्रसाद का देहावसान होने पर भी चली। अमृतलाल इन चर्चाओं का अंत देख चुके थे, अतएव लिखा—मैं प्रसादजी का कोई ईंट-चूने-पत्थर का स्मारक बनाने का विरोध करता हूँ, अगर कोई सचमुच ही उनके व्यक्तित्व से प्रभावित हुआ है और यदि उसमें क्षमता है तो वह उनकी रचनाओं का अन्य भाषाओं में अनुवाद करे, खासकर उनकी *कामायनी* का। वह विश्व साहित्य की चीज है। दुनिया देखे और समझे कि हिंदी के प्रसादजी भी विश्व की किसी भी जीवंत भाषा के बड़े-से-बड़े साहित्य-निर्माता से किसी हालत में कम नहीं थे। वह विश्व कवि थे। उनके स्मारक की वैसी ही विराट आयोजना होनी चाहिए। लोग उनकी रचनाओं को खरीदें और पढ़ें। पाक्षिक *जागरण,* जिसके वह जन्मदाता थे, फिर से उनकी स्मृति में चलाया जाए। आज जब अन्य भाषा-भाषी गर्व के साथ अपने महान् कलाकारों की चर्चा करते हैं, तब हिंदीवाले प्रसाद और प्रेमचंद के सम्बन्ध में एक शब्द भी न कहकर अपनी भाषा गौरवान्वित नहीं कर सकते। उनकी स्मृति में इस अज्ञानता को दूर करने की चेष्टा की जाए। यही उनका सबसे बड़ा स्मारक होगा।

इस बार की यात्रा में अमृतलाल का कलकत्ता रुकना नहीं हुआ। शरत् बाबू

अपने गाँव में थे, अतएव उनके गाँव की यात्रा की। मुझे सूचित किया—कलकत्ता में इस बार रहना नहीं हुआ। हाँ, इस बार मुझे उससे भी कुछ अधिक अच्छी चीज घूमने को मिली—शरत् बाबू का पल्ली (देहाती) समाज। वही ताल-पोखर, कच्चे मकान, डॉक्टर बाबू का मतब, स्कूल, दर्जी की दुकान, वही झगड़ा करनेवाली बंगाली बुढ़ियाएँ, वे काली-गोरी, गरीब-अमीर लड़कियाँ जिनके विवाह की समस्या बंगालियों के लिए (अब हिंदी प्रांतवासियों के लिए भी) सबसे बड़ी समस्या है। गाँव का स्कूल शाम के वक्त घंटा, शंख की ध्वनि—इस बार मैंने शरत् के आर्ट को समझा और खूब समझा।

कलकत्ता से 32 मील दूर बी.एन.आर. रेलवे लाइन पर देउल्टी नामक एक स्टेशन है—वहाँ से दो मील दूर पानीत्राश नामक ग्राम। इस बार वहीं का चक्कर लगा था। शरत् बाबू के साथ बीतनेवाले यह पैंतालीस-चालीस घंटे मुझे कभी न भूलेंगे। वे आजकल संग्रहणी से पीड़ित हैं, लगभग दो-तीन महीनों से। बिलकुल कमजोर हो गए हैं मुझे संदेह है, भाई, शायद इस बार भारतवर्ष को एक और बड़ा धक्का सहना पड़ेगा। (अमृतलाल की इस यात्रा के डेढ़-दो महीना बाद ही शरत् का देहावसान हो गया।)

वे अब कुछ भी खा-पी नहीं सकते। बेकर ओट्स तक इन्हें अब हजम नहीं होता। इस बार उन्होंने मुझसे बहुत खुलकर अपने जीवन के संबंध में बातें कीं। वह भी सचमुच एक बड़े विचित्र कैरेक्टर हैं। एक बार मुझसे कहने लगे कि मेरी इच्छा है कि मैं वायु परिवर्तनार्थ भ्रमण के लिए निकलूँ—लेकिन किसी एक स्थान पर निश्चित रूप से टिकूँ नहीं। हर जगह दो-दो, तीन-तीन घंटे अधिक-से-अधिक। (उनके उपन्यास देवदास का नायक ऐसी ही यात्रा पर निकलता है।)

पानीत्राश में उन्होंने अपना मकान बड़ी ही रमणीक जगह बनवाया है। पक्का मकान, बँगलानुमा। सामने छोटा-सा बाग। फाटक के सामने पोखर में कमल दल अठखेलियाँ कर रहा है। बाईं ओर विशाल रूपनारायण नद मस्ती के साथ बह रहा है।

अमृतलाल ने उनकी लिखने की मेज देखी जिस पर उनकी प्रायः सभी किताबें लिखी गईं—बाँस के डंडे में लकड़ी का एक चौड़ा तख्ता एक कोने से पिरोया हुआ। इस तख्ते को वह आरामकुर्सी के दोनों हत्थों पर रखकर मेज का काम लेते थे। उन्हें आरामकुर्सी पर बैठकर लिखना पसंद था। उनके मकान का वह बरामदा देखा जिसके सामने रूपनारायण नद बहता था और शरत् बाबू अपनी आरामकुर्सी पर बैठे-बैठे उसे निहारते रहते थे और हुक्का गुड़गुड़ाया करते थे। उनकी विशाल लाइब्रेरी देखी।

बीमारी में भी उनकी स्मृति शक्ति बहुत तेज थी। बारह-तेरह बरस पहले लखनऊ गए थे, तब की याद थी। बोले थे, खूनखूनजी की कोठी के पास एक बड़ी-सी कोठी में एक गुजराती रहते थे। अमृतलाल ने उन्हें बताया कि वह उनके दादाजी थे। इलाहाबाद बैंक की चौक ब्रांच के सब-एजेंट के नाते उस कोठी के

ऊपर के भाग में रहते थे। आजकल उसी कोठी के एक हिस्से में मैं रहता हूँ।

शरत् बोले—अकसर दो-तीन बार सोचा, तुम्हें पत्र लिखूँ। तुम न जाने क्या खयाल करोगे। लेकिन हेल्थ परमिट नहीं करती थी। मैंने इधर तीन महीने से किसी भी बहाने से हाथ में कलम या पेंसिल नहीं उठाई। लखनऊ आने की तबीयत है। देखो, कलकत्ता जाने पर डॉक्टर विधानचंद्र राय की सलाह से काम करूँगा। अगर उन्होंने मुझे सफर करने के लिए मेडिकली फिट समझा तो जरूर आऊँगा।

अमृतलाल जब चलने लगे तो शाम के करीब 6.30 बजे थे। पालकी बाहर तैयार खड़ी थी। अमृतलाल ने उनके चरण छुए, आज्ञा ली और पालकी में बैठ गए। तभी शरत् बाबू ने उन्हें पुकारा और अंग्रेजी में बोले—कम एलांग अमृत, आइ विल शो यू द ग्रेंज्योर ऑफ रूपनारायण एट दिस टाइम।

पालकी से उतरकर अमृतलाल उनके साथ रूपनारायण नद के किनारे तक गए। आकाश में तारे चमक रहे थे, शायद उस दिन पूर्णिमा थी। हाथ का इशारा कर उन्होंने बताया—जब बाढ़ आती है तो पानी मेरे बँगले को छूता है, तब मुझे बहुत अच्छा मालूम पड़ता है।

अमृतलाल को उस समय पता नहीं था कि वह उस दिन उनके साथ रूपनारायण नद के तट पर खड़े हुए उस महान् कलाकार के अंतिम दर्शन कर रहे थे।

शरत् बाबू के मामा सुरेंद्र नाथ गांगुली ने बांग्ला *भारतवर्ष* में धारावाहिक रूप में छपनेवाली शरत् की जीवनी में अमृतलाल की पानीत्राश यात्रा का उल्लेख किया था। उसमें अमृतलाल का एक शब्दचित्र भी दिया था। मैंने *भारतवर्ष* का वह अंक टूंडला स्टेशन के बुक स्टाल से मँगवाकर अमृतलाल के पास भिजवा दिया था।

5

कलकत्ता से वापस लौटते हुए अमृतलाल रास्ते में बनारस में उतरे। इस बार की बनारस यात्रा में ही उनके हमसफर तस्लीम लखनवी का अवतरण हुआ।

बनारस में हम दोनों के एक मित्र पुरुपोत्तमलाल दवे 'ऋषि' थे। गुजराती ब्राह्मण थे, हम लोगों से 5-6 साल बड़े थे। नौजवानी में क्रांतिकारी दल में सम्मिलित हो गए थे, जेल में भी रहे थे। जेल से छूटने के बाद व्यास भवन में पड़े रहते थे। वहीं हम दोनों से परिचय हुआ। पुस्तक मंदिर से हम लोगों के दो अनूदित उपन्यासों के साथ उनका गुजराती से अनूदित उपन्यास *पूर्णिमा* भी प्रकाशित हुआ था।

जहाँ तक मुझे याद पड़ता है, बनारस के हास्य रस का पाक्षिक पत्र *खुदा की राह पर* 'उग्र' ने निकाला था। बंबई जाते समय वह उसे अपने मित्र विनोदशंकर व्यास को सौंप गए। विनोदशंकर व्यास ने उसे पुरुपोत्तमलाल दवे 'ऋषि' को सौंप दिया। उसका दफ्तर उनके कंधे से लटकते खादी के झोले में रहता था और अखबार

से अपना खर्चा-पानी निकाल लेते थे। अमृतलाल जब बनारस गए तो उन्होंने उन्हें अपने अखबार के लिए हास्य रस की एक कहानी लिख देने के लिए घेरा।

अमृतलाल नागर के नाम से उस समय तक जितनी कहानियाँ छपी थीं, सभी गंभीर थीं। वह मनोरंजन के लिए हास्य रस की छंदोबद्ध रचनाएँ कर लेते थे। कवित्त, सवैया, दोहा ही नहीं लिख लेते थे, शेर भी कह लेते थे। वह मित्रों में अपनी इन रचनाओं को सुनाकर अपना और उनका मनोरंजन करते थे। मित्रों के मनोरंजन के लिए कहे गए उनके कई शेर मेरे पास सुरक्षित हैं।

नौवें दर्जे में पढ़ते समय दो पढ़ाकू सहपाठी राजू और गोविंद मेरे घनिष्ठ मित्र बन गए थे। मेरे आगरा प्रवासकाल में यह दोनों अमृतलाल के भी घनिष्ठ मित्र बन गए। उनकी उस समय की असाहित्यिक मित्र-मंडली में यही दो मित्र साहित्यानुरागी थे। मेरी अनुपस्थिति में वह अपनी साहित्यिक रचनाएँ उन्हें सुनाया करते थे। दोनों बी.कॉम. करने के बाद बेकाम थे। गोविंद को न्यूमेरॉलॉजी का शौक हुआ। अमृतलाल ने उस पर शेर कहा—

आजकल गोविंद तो जाकर नजीराबाद में,
माँगता है पैसा-पैसा हाथ पढ़ाने के लिए।

लखनऊ नुमाइश में दंगल का आयोजन हुआ था। उसका अलग टेंपरेरी ऑफिस खुला था। राजू को उसमें टेंपरेरी एकाउंटेंट की नौकरी मिल गई थी। उसके समाप्त हो जाने पर वह नौकरी की तलाश में कानपुर गए। वहाँ उनकी बड़ी बहन रहती थी। इस पर अमृतलाल ने शेर कहा—

दंगल तो खत्म हो गया राजू भी घर गए,
लखनऊ में मीर न मिल सका कानपुर गए।

एक शेर अपने ऊपर भी कहा—

बैठा लिखा करता हूँ मैं बज्मे यूँ आजकल,
'वे तीनों' का एक पात्र 'पाश्का' हूँ मैं।

वे तीनों विक्टर ह्यूगो के *थ्री मस्केटियर्स* का अनुवाद था जो छविनाथ पांडेय ने किया था और *पुस्तक मंदिर* से छपा था। हम दोनों को उसका चरित्र 'पाश्का' बहुत पसंद आया था, जिससे अमृतलाल ने अपनी तुलना की थी।

पुरुषोत्तमलाल दवे ने जब अमृतलाल को हास्य रस की कहानी के लिए घेरा तो उनके मानस-पटल पर एक मुंशीजी का कैरेक्टर उभरा जिनसे उनकी भेंट व्यास भवन में हुई थी। उस समय प्रसादजी भी उपस्थित थे। वह मुंशीजी की लनतरानियों का मजा चुपचाप लेने के लिए पलँग पर रेशमी चादर ओढ़कर लेट गए थे, क्योंकि मुंशीजी का दावा था कि उनके पास उनके दादाजी के जमाने की हाथ की लिखी

हुई एक बेशकीमती किताब है जिसमें हिकमत के अजीबोगरीब नुस्खे हैं। वह किताब किसी को नहीं दिखाते थे। विनोदशंकर व्यास ने उन्हें फुनगी पर चढ़ाने के लिए उनके सामने अमृतलाल का परिचय यह कहकर दिया कि यह कलकत्ता से आए हैं। यदि इनको आपकी किताब पसंद आ गई तो बहुत ऊँचे दाम देकर म्यूजियम के लिए खरीद लेंगे। प्रसादजी चादर के अंदर मुँह छिपाए मुंशीजी की लनतरानियों का मजा लेते रहे। शाम को मुंशीजी को गंगाजी पर नौका विहार के लिए जब ले जाया गया तो उन्हें भाँग पिला दी गई। भाँग का नशा चढ़ने पर वह दम-पर-दम यही ठेका लगाते रहे—भैया मुनासिब तो यही है कि आप मुझे मेरे घर पहुँचा दें। अमृतलाल ने उन्हीं मुंशीजी को मॉडल बनाकर एक कहानी लिखकर पुरुषोत्तम को दे दी। कहानी का शीर्षक रखा—*मुंशी घिर्राऊलाल*। यह अमृतलाल की हास्य रस की पहली कहानी थी।

मेरे पास अमृतलाल की जो पत्रावली हैं, उसमें उनके एक पत्र में उनके कहे हुए बहुत से शेर हैं। उसके नीचे रचयिता के रूप में उन्होंने अपना नामकरण किया था—हजरत नागर लखनवी। उन्होंने बनारस आते समय अखबार में कोई नाम पढ़ा था—नसीम या वसीम, कुछ इसी तरह का था। उसी के वजन पर उन्होंने *मुंशी घिर्राऊलाल*, कहानी के ऊपर अपना नाम दे दिया—तस्लीम लखनवी।

अमृतलाल अपनी जिंदादिली और खुशमिजाजी से बड़ी जल्दी दूसरों से घुल-मिल जाते थे, बड़ों को ही नहीं, बच्चों को भी अपना दोस्त बना लेते थे। उन पर जब कोई मुसीबत पड़ती थी तब शुरू में घबड़ाते, छटपटाते थे। कुछ हद तक गंभीर और चिंतनशील हो जाते थे। यह सब मुसीबत के पहले या दूसरे चरण में होता था। जब मुसीबत अपनी चरम सीमा पर पहुँच जाती थी तो उनका मसखरापन फूट पड़ता था। उनका हास्य-व्यंग्य प्रस्फुटित होता था। तस्लीम लखनवी का अवतार उस दौर में हुआ जब वह मुसीबतों के एवरेस्ट शिखर पर थे।

उनके यथार्थवादी लेखन के विकास में उनके हमसफर तस्लीम लखनवी का महत्त्वपूर्ण योगदान रहा। एक समय तस्लीम लखनवी को अमृतलाल नागर से अधिक लोकप्रियता प्राप्त हुई। पत्र-संपादक अमृतलाल नागर को कहानी पर अधिक-से-अधिक दो रुपया पेज देते थे, लेकिन तस्लीम लखनवी को तीन रुपया पेज देने को तैयार हो जाते थे।

चकल्लस का प्रकाशन

मेरे जीवन की गति कब, किस समय, किस ओर बह जाती है, कोई भी नहीं जानता—शायद मैं भी नहीं। कुछ दिन पहले बंबई जाने की सोच रहा था, पर अब नहीं जाऊँगा। बनारस से लौटते समय ट्रेन में बिजनेस की एक स्कीम दिमाग में आई। लखनऊ आकर मार्केट स्टडी किया और भगवान् का नाम लेकर उसमें प्रवेश कर दिया। 20 दिसंबर को लखनऊ से *अल्लाह दे* नामक हास्य रस का दो फार्म का साप्ताहिक पत्र प्रकाशित कर रहा हूँ। लखनऊ और कानपुर का लोकल पेपर होगा। कान्यकुब्ज प्रेस में छपेगा। ग्यारह रुपए में पूरा पेपर, कागज समेत, कुल पंद्रह रुपए की लागत। स्कीम सफल होने पर और फायदा दिखाई पड़ने पर उसका उर्दू संस्करण भी निकालूँगा।

ये सब सूचनाएँ अमृतलाल ने 17 दिसंबर, 1937 के पत्र में दी थीं। वह जवाहरलाल नेहरू के वाक्य में विश्वास करते थे—सक्सेस कम्स टू दोज हू डेयर एंड एक्ट। इट, आफेन कम्स टु द टिमिड ! डेयर और एक्ट करना उनके स्वभाव की विशेषता थी। जब कोई निर्णय कर लेते थे तो उसे क्रियान्वित करने में विलंब नहीं करते थे। पत्रकारिता के क्षेत्र में उनका सबसे साहसपूर्ण प्रयोग *चकल्लस* का प्रकाशन था। *अल्लाह दे* उसकी भूमिका थी।

अल्लाह दे पर संपादक के रूप में अमृतलाल नागर के हमसफ़र तस्लीम लखनवी का नाम गया था। उसके तीन अंक निकले—पहला सोमवार, 20 दिसंबर, 1937 को, दूसरा सोमवार, 27 दिसंबर, 1937 को और तीसरा सोमवार, 3 जनवरी, 1938 को। प्रत्येक अंक में 12 पृष्ठ और दाम दो पैसा। पत्र के नाम के अनुरूप उस पर वर्ष एक के स्थान पर पहली फेरी और अंक एक के स्थान पर पहली आवाज दिया गया था। उसी क्रम में दूसरे अंक में दूसरी आवाज और तीसरे अंक में तीसरी आवाज। अमीनाबाद और मौलवीगंज के बीच सड़क पर एक फकीर चक्कर लगाया करता था। वह सिर्फ एक ही आवाज लगाता था—अल्लाह दे ! दो-तीन चक्कर लगाता, जैसे ही खाने भर को मिल जाता तो लौट जाता। शायद झाऊलाल के पुल के पास किसी वीरान खंडहर मकबरे में रहता था। अमृतलाल की मनःस्थिति भी उस समय ठीक उस फ़कीर जैसी थी। वह दो घरों में बँटे थे।

एक घर में माते, अम्माजी, रतन और मदन। दूसरे घर में पत्नी, बच्चे, सास। दोनों घरों में मेहमान जैसी स्थिति। उनके अंतर से भी यही आवाज निकल रही थी—ईश्वर, बस इतना दे दे कि घर की रोटी चलती रहे। कोई ताज्जुब नहीं कि उस फकीर की सदा—अल्लाह दे ! ने उन्हें इतना आकर्षित किया कि हास्य रस के पत्र का *खुदा की राह पर* के टक्कर पर वही नाम रख दिया।

बनारस में देख आए थे, पुरुषोत्तम दवे *खुदा की राह पर* पत्र से प्रति महीने लगभग 75 रुपए पीट लेते थे। उसे स्थानीय पत्र के रूप में चलाते थे। 500-600 प्रतियाँ बनारस में बेच लेते थे। एजेंट से पैसे भी वसूल लाते थे। स्थानीय दुकानदारों से 5-5, 10-10 रुपए के विज्ञापन बटोर लाते थे। आकर्षक भाषा में उनके विज्ञापन का मैटर खुद लिख देते थे और पैसा भी वसूल कर लेते थे। इस प्रकार पत्र वन-मैन शो था और उसकी गाड़ी घसिट जाती थी। अमृतलाल भी यही चाहते थे। यदि 75 रुपए महीने की आमदनी का भी ठिकाना हो जाए तो जीवन-संघर्ष में पैर टिकाने लायक जमीन मिल जाए।

पत्र निकालने का निर्णय लेते ही उनकी कर्मशक्ति जाग पड़ी। तत्काल अपना दैनिक कार्यक्रम बना डाला—प्रति सप्ताह में दो दिन *अल्लाह दे* का मैटर लिखने के लिए, बाकी पाँच दिन साहित्य सेवा। लिखने के लिए उनके पास काफी मैटर तैयार था। *शकीला की माँ* लिखते समय उनके मन में इच्छां जागी थी कि वह उन बस्तियों के चित्र देंगे जहाँ सफेदपोश लोग दिन में जाने से भी हिचकिचाएँ। भिखारियों, कथित छोटी जात के आदमियों, धोबियों, कहारों के मोहल्लों की पतली गलियों के चित्र। अंग्रेजी में जिन बस्तियों को 'स्लम' कहते हैं उनके चित्र। गढ़ेवाली सराय या चावल मंडी में रहनेवाली सिफलिस के दानों से मुँह को सजाए रखनेवाली कलाविहीन, फिर भी कलात्मक दुअन्नीवालियों के चित्र। मानव समाज के नंगे चित्र—गांधी की जबान की भाँति सच्चे चित्र।

उनके पास 7 कहानियों *शकीला की माँ, जंतर-मंतर, हिजड़ा-संप्रदाय, धोबियों का मुहल्ला, मुन्नू भैया, ख्यालबाजी-52 नंबर, कबाड़ियों के कन्हैया* लखनऊ की तीन ऐतिहासिक कहानियाँ—*गदर की बात, राजा टिकैतराय* और *मुंशी बज्र बहादुर* सामाजिक कहानियों में—*प्यारी मासी, आत्महत्या की कल्पना, खूनी की साइकोलॉजी* और *सती,* हास्य रस में—*भैये मंडल, गुब्बारा* और *दुनिया* तथा शब्दचित्रों में—*इक्केवाले तथा चीलों का देश* का मैटर तैयार था। उनके दिमाग में जिस तेजी से भाव-चित्र आते थे, उस तेजी से हाथ लिख नहीं पाता था। इसलिए बोलकर लिखवाने के वास्ते एक लिपिक रख लिया। उससे एक लाभ यह सोचा कि जब लिपिक आएगा तो बाध्य होकर लिखने के लिए बैठ जाना पड़ेगा।

अल्लाह दे के जो तीन अंक निकले उसका अथ से इति तक सारा मैटर स्वयं लिखा। तीसरे अंक में *चाँद* में छपा मेरा हास्य रस का एक स्केच छाप दिया। पत्र में एक स्तंभ था—चाहडहला पर। चूड़ीवाली गली से बड़ी कालीजी के रास्ते पर कभी डहला

रहा होगा। वहाँ किसी ने पक्का कुआँ बनवा दिया, जिसका पानी बड़ा मीठा था। इसलिए उस कुएँ के आसपास के क्षेत्र का नाम चाहडहला पड़ गया। हम लोगों की असाहित्यिक मित्र मंडली के लीडर मन्नो का मकान उसी मोहल्ले में था। उस मंडली के दो अन्य सदस्यों लल्लू भैये और बन्ने मामा के मकान उनके पड़ोस में थे। लल्लू भैये स्थूल काय, किंतु बड़े खुशमिजाज थे। हम लोग उन्हें छेड़ते थे, फिर हँसने लगते थे। हँसते-हँसते उनका चेहरा लाल हो जाता था, इसलिए हम लोग उन्हें लल्लूजीलाल लाल दरवाजेवाले पुकारते थे। बन्ने मामा शेरो-शायरी करते थे। हम लोगों की चकल्लसी बैठक उसी चाहडहले के कुएँ की चौड़ी जगत पर जमा करती थी। उसी की याद में उन्होंने पत्र के एक स्तंभ का नाम 'चाहडहला पर' रख दिया था और उसके अंतर्गत हास्य-रस की कविताएँ देते थे।

पत्र के मुखपृष्ठ पर निम्न पंक्तियाँ दी थीं—

> जीनत मशरिक की भरी हुई,
> जन्नत है मेरी झोली में।
> अल्लाह दे दो पैसा मुझको,
> बस वही नहीं इस झोली में।

इसे पत्र के संपादक तस्लीम लखनवी का आत्मकथ्य कहा जा सकता है। उनकी झोली में पूर्व के साहित्य की दौलत भरी थी। भारतीय साहित्य की दौलत तो पहले से भरी थी, उन दिनों उस झोली में फारसी साहित्य की दौलत भी भर रहे थे। एक अफीमची किस्सागो को हर रोज चवन्नी और आम का अचार देकर उससे किस्सा अमीर हमजा, अलिफ लैला, हजार दास्ताँ, गुलबहार नसीम, नूरे इश्क आदि सुना करते थे। उनकी जबान में लखनवी बोली की वही चाशनी थी जिसने उर्दू में रतननाथ सरशार को अमर कर दिया। उनकी झोली में यदि नहीं था तो पैसा, सो भी उन्हें अधिक दरकार नहीं थी, सिर्फ दो पैसा चाहते थे।

संपादक की हैसियत से पहले अंक में *अल्लाह दे* आपको यही आशीर्वाद देता है कि हिंदी साहित्य फले-फूले, उन्नति हो—आप ही के कर-कमलों से। आज हिंदी में शिष्ट हांस्य रस का साहित्य बहुत कम है। इसकी बहुत आवश्यकता है। *अल्लाह दे !* माता हिंदी की कोख में ऐसे रत्नों का भंडार जो कि चार्ल्स डिकेंस बनकर उसका मस्तक गर्व से तान दें। हिंदी में सैंकड़ों टॉल्सटॉय, रवींद्रनाथ और शरत् से प्रतिभाशाली लेखक हों। ऐसे अनुवादक हों जो प्रेमचंद और प्रसाद की रचनाओं का अनुवाद अन्य भाषाओं में करें, विश्व साहित्य में हिंदी साहित्य को आदरपूर्ण स्थान दिलाने का प्रबंध करें। हिंदी-भाषी जनता अपने महान् लेखकों का आदर करना सीखे, और लेखकों को उच्चकोटि का साहित्य देने के लिए मजबूर करे। अल्लाह, हमारी इन कामनाओं को बरकत दे। उच्चकोटि की हास्य सामग्री देने की चेष्टा *अल्लाह दे* सर्वदा करेगा, इसका आपको विश्वास दिलाया जाता है।

पैरोडीकार के रूप में अमृतलाल की प्रतिभा का सर्वप्रथम प्रस्फुटन *अल्लाह दे* के पृष्ठों पर हुआ। प्रथम अंक में प्रसाद के *आँसू* की पैरोडी महाकवि कंपोजीटर कृत संपादक महाकाव्य शीर्षक से आरंभ की—

इस करुणा कलित कलम में
अब एक सुरसुरी उठती
क्यों हाहाकार हृदय में
भावना असीम गरजती !

निराला की *जूही की कली* की पैरोडी *वधू की विडंबना* शीर्षक से की—

सजन बन घोड़े पर
बैठे थे हुलास भरे
पंडितजी—
ढोलकी से।
मोद भरे—
मोदक से
थी बारात सजी।
रूप रेखा अति न्यारी—
हाथ तलवार लिये,
फूलों का सेहरा बँधा,
पगड़ी लाल
कोट लाल,
बास्कट भी लाल-लाल
कुमकुम तिलक भाल,
बाजे थे बज रहे।
छूटे अनार
छूटी बंदूक
टूटे दिल वैरियों के—
पंडितजी दुलहा बने।
पहुँचे जव—
ससुर गेह पर
स्वागत हुआ—
फूलों से।
मामा ने सहारा दिया,
पंडितजी उतरे।

वधू थी खड़ी
हाथ जयमाल लिये—
पंडितजी प्रसन्न मन,
आगे बढ़े तोंद लिये—
बल्ली और बेलन का
सुंदर सम्मेलन हुआ।
देखकर हताश हुई,
फूली थी, मुरझाई,
सुंदर,
सलोनी अति—
जूही की कली।
जयमाल कर में ही रही
डालूँ या न डालूँ
खड़ी वह सोच रही—
पाँच मन मिट्टी के पुतले पर,
गोबर गणेश पर,
सत्तर की आयु पर,
भँवर सात डालूँ,
या कि
धूल सात मुट्ठी।
आकुल तब पंडितजी
ढुलकायमान आगे हुए,
गरदन झुकाकर,
पहन स्वयं हार लिया—
तभी मुरझा गई,
सुंदर
सलोनी अति,
कोमल
जूही की कली।

इस पैरोडी पर पैरोडीकार का नाम महाकवि बाराती दिया था। हम दोनों के मित्र ढोलकीजी ने इस पैरोडी का खूब आनंद लिया।

दूसरे अंक में 'चाहडहला पर' स्तंभ के अंतर्गत एक पैरोडी अपने मित्र *कविवर लाला लल्लूलालजी, लाल दरवाजा* नाम से की। दूसरी पैरोडी पद्‌माकर के एक प्रसिद्ध छंद की *शीत की शोभा* शीर्षक से अपने ढाई वर्षीय चिरंजीव सुधाकर याज्ञिक (कुमुद नागर) के नाम से की।

पत्रकारिता के क्षेत्र में अमृतलाल का प्रथम प्रयोग अनुत्साहवर्धक नहीं रहा। वह पत्र की 500 प्रतियाँ छापते थे और लखनऊ में बेच लेते थे। दूसरे अंक की ढाई सौ प्रतियाँ बिकीं। तीसरे अंक की 480 प्रतियाँ बिक गईं। कोई प्रति बची नहीं। कोई विशेष घाटा नहीं हुआ। बस दस-पाँच रुपए जेब से चले गए। इससे वह प्रयोग को आगे बढ़ाने के लिए उत्साहित हुए।

1937 के जाड़ों में लखनऊ के चौक मोहल्ले की गलियों में चोरों का आतंक फैल गया। दिन-दहाड़े चोरियाँ होने लगीं। लोगों की रात की नींद हराम हो गई। चूड़ीवाली गली का मकान ढह जाने पर वह बगल के मकान में रहने लगे थे। उसमें भी रात में चोर आए। फलस्वरूप *अल्लाह दे* के प्रकाशन काल में जनवरी 1938 में वह मकान छोड़ दिया। चौक गोलदरवाजा से मेडिकल कॉलेज को जानेवाली नई सड़क के किनारे नए मकान बन गए थे। उनमें से एक मकान झाऊ आश्रम कहलाता था, अजंता सिनेमा के ठीक सामने था। मकान से सिनेमा में चलनेवाली फिल्म बालकनी के दरवाजे खुले होने पर दिखाई पड़ती थी। मकान के आधे भाग में मकान मालिक रहते थे, आधा भाग खाली था। चार कमरे थे, दो बीच के खंड में, दो तीसरे खंड पर। अमृतलाल के परिवार की आवश्यकता के लिए काफी था। माते तथा रतन, मदन को मकान पसंद आया। इसलिए ग्यारह रुपए महीने किराए पर ले लिया। अमृतलाल गौरीनाथ काकावाले मकान को 'विंटर हाउस' कहते थे, क्योंकि उसमें सुबह से धूप आ जाती थी, गर्मी में तपता था। इलाहाबाद बैंकवाले मकान के बैठके में झिलमिलीदार दरवाजे होने के कारण गर्मियों में दरवाजे की झिलमिलियों को खोल देने तथा बाहर खस का पर्दा डाल देने से ठंडी हवा आती थी, इसलिए उसे 'समर हाउस' कहते थे। अब विंटर हाउस झाऊ आश्रम बन गया और समर हाउस में चकल्लस कार्यालय की स्थापना हुई।

2

अमृतलाल ने जिस समय *अल्लाह दे* का प्रकाशन आरंभ किया उस समय तक उनकी लखनऊ में कुछ प्रौढ़ तथा युवा, हिंदीनिष्ठ, प्रतिभाशाली लेखकों की साहित्यिक मित्र मंडली बन गई थी। इस मंडली में रामविलास शर्मा मुख्य थे। अंग्रेजी साहित्य के प्रकांड विद्वान् होते हुए हिंदी के जबरदस्त हिमायती। छात्र जीवन में ही हिंदी सेवा में अपना जीवन अर्पित कर देने का संकल्प कर लिया था। हिंदी साहित्य की सर्वांगीण उन्नति की अनेकानेक समयबद्ध योजनाएँ उनके मस्तिष्क में तरंगायमान होती रहती थीं। दूसरे सदस्य थे बलभद्र प्रसाद दीक्षित 'पढ़ीस'। अवधी के अत्यंत ओजस्वी कवि। खड़ीबोली गद्य के अत्यंत सशक्त लेखक। *उसने कहा था* के लेखक चंद्रधर शर्मा 'गुलेरी' की भाँति उन्होंने भी थोड़ी सी कहानियाँ लिखीं, परंतु कई बेजोड़ थीं। बुखारी शासन में लखनऊ रेडियो उन दिनों उर्दू का

गढ़ था। पढ़ीस वहाँ हिंदी का झंडा गाड़े हुए थे। नरेंद्र शर्मा ने उनके लिए लिखा था—वह हिंदी का लेखक था, खून तपाकर लिखता था। मंडली के तीसरे सदस्य थे नरोत्तम नागर। स्वाधीन-चेता पत्रकार जो किसी पत्र में अधिक दिन टिकते नहीं थे। बड़ा पैना व्यंग्य लिखते थे। मेरठ से *संघर्ष* नामक एक शुद्ध साहित्यिक मासिक पत्र निकालने का प्रयोग किया, उसके दो तीन अंक निकाले, फिर लखनऊ ले आए। सोशलिस्ट पार्टी ने *संघर्ष* को अपना मुखपत्र बनाकर साप्ताहिक रूप में निकालना आरंभ किया, किंतु नरोत्तम नागर को फुटपाथ पर कर दिया गया। निराला इस साहित्यिक मंडली में ऊर्जा केंद्र थे। वह शाम को अकसर अमृतलाल नागर के निवास स्थान पर आ जाते थे। भाँग-बूटी छानते थे। पैसे होते तो पूरा इक्का अमीनाबाद से करके आते थे, जब तक बैठते थे इक्का खड़ा रखते थे। जब पैसे नहीं होते तो पैदल आते। रूपनारायण पांडेय भी *माधुरी* कार्यालय से लौटते समय अकसर उनके मकान के सामने इक्के से उतर पड़ते थे, कुछ देर बैठकर गपशप लगाते थे। फिर पैदल अपने निवास स्थान रानी कटरा जाते थे।

हास्य रस के पत्र का *अल्लाह दे* नाम उनकी इस साहित्यिक मित्र मंडली को पसंद नहीं आया। मुझे भी नाम अपील नहीं किया। तीसरा अंक निकालते-निकालते पत्र का नाम अमृतलाल के मन से भी उतर गया, इसलिए चौथे अंक से उन्होंने उसे नए नाम से और परिवर्तित तथा परिवर्द्धित रूप में निकालने का निश्चय किया। आइवरी फिनिश कागज पर दोरंगा आकर्षक टाइटिल पेज, आकर्षक गेटअप, सभी स्थायी स्तंभों के नयनाभिराम ब्लाक, 24 पृष्ठ और मूल्य एक आना। रूपनारायण पांडेय ने 'मसखरा' नाम सुझाया। पढ़ीस की अवधी की हास्य-व्यंग्य की कविताओं का संग्रह *चकल्लस* बड़ा लोकप्रिय हो गया था। रामविलास शर्मा ने पत्र के लिए यही नाम सुझाया। गोविंद ने न्यूमेरोलॉजी के आधार पर 'मसखरा' नाम रखना शुभ नहीं बताया, चकल्लस ठीक बताया, इसलिए पत्र का *चकल्लस* नाम रखना स्थिर हुआ। नरोत्तम नागर से एग्रीमेंट हुआ—पैसा अमृतलाल नागर लगाएँगे, श्रम नरोत्तम नागर का रहेगा, प्रॉफिट' और 'लॉस' में दोनों का आधा-आधा हिस्सा रहेगा। पत्र को निराला के जन्मदिन वसंत पंचमी से निकालने का निश्चय हुआ। नरोत्तम इलाहाबाद जाकर कमर्शियल आर्टिस्ट बागची से कवर पेज का आकर्षक डिजाइन बनवा लाए। एक बड़ी सी दावात, उसमें पत्र के संपादकद्वय के प्रतीक रूप दो फाउंटेन पेन ठुँसे हुए और हास्य-व्यंग्य के छींटों के प्रतीक स्वरूप दावात से निकली स्याही के बूँदें चारों ओर छितरी हुई। अमृतलाल प्रेस, कागज आदि की व्यवस्था में जुट गए। अखबार को नादान महल रोड पर स्थित उसी युनिवर्सिटी प्रेस में छपाने का निश्चय किया जहाँ *अल्लाह दे* छपता था। कवर पेज नवलकिशोर प्रेस में छापने का प्रबंध किया गया। तखमीना लगा कि महीने भर में चार अंकों की छपाई में खर्च करीब 200 रुपए बैठेगा। प्रेस की घिसघिस से पहला अंक 5 फरवरी को वसंत पंचमी पर नहीं निकल सका। अमृतलाल ने मशीन का चक्का अपने हाथ

से घुमाया, तब दो दिन लेट 7 तारीख को निकल सका।

चकल्लस के आउट होने पर हिंदी पत्र जगत् में जिस प्रकार धमाका हुआ वह 15 साल पहले 1923 की श्रावणी पूर्णिमा से निकलनेवाले *मतवाला* की याद ताजा कर देनेवाला था। *मतवाला* जिस प्रकार मतवाला मंडल के सामूहिक उद्योग का परिणाम था, बहुत कुछ उसी प्रकार *चकल्लस,* चकल्लस मंडल के सामूहिक उद्योग का परिणाम था। रामविलास शर्मा उसके मुख्य सचेतक थे। अमृतलाल ने उनका नाम कोतवाल रख दिया था। वह प्रति सप्ताह पत्र के आगामी अंक की रूपरेखा बनाते, तय होता कि उसमें क्या-क्या सामग्री जाएगी, कौन क्या-क्या लिखेगा, इसके बाद बहुधा सब वहीं लिखने बैठ जाते। अमृतलाल के बैठके के जिस तख्त पर चकल्लस मंडल की बैठक होती थी उसे हम लोग चकल्लस चबूतरा पुकारते थे। इस विचार-विमर्श में पढ़ीस भी सक्रिय भाग लेते और पत्र में अपनी कोई-न-कोई रचना देते रहते थे। पत्र का अधिकांश कलेवर रामविलास, अमृतलाल और नरोत्तम नागर अलग-अलग नामों से भरते थे, पत्र पर संपादकद्वय के रूप में नाम जाता था—नरोत्तम जोशी और अमृतलाल नागर। नरोत्तम नागर ने अपने अनेक नाम रख छोड़े थे। त्रिविड़ा जोशी के नाम से भी लिखते थे। उसी के वजन पर पत्र के कवर पेज पर संपादक के रूप में अपना नाम देते थे…नरोत्तम जोशी।

पत्र का सबसे अधिक पढ़ा जानेवाला स्थायी स्तंभ था—तस्लीम लखनवी का 'नवाबी मसनद'। इलाहाबाद में इंडियन प्रेस में *सरस्वती* संपादक देवीदत्त शुक्ल के पास जब परिवर्तन में *चकल्लस* की प्रति पहुँचती थी तो उसका रैपर खोलकर वह सबसे पहले 'नवाबी मसनद' पढ़ते थे। निराला भी अमृतलाल नागर के हास्य-व्यंग्य की दाद देते थे।

चकल्लस कार्यालय और चकल्लस कार्यालय में नवाबी मसनद पर आसीन अमृतलाल नागर उर्फ तस्लीम लखनवी का चित्र मेरी आँखों के सामने है। उनके बैठक का जो तख्त चकल्लस चबूतरा बन गया था, उस पर कई गाव तकिए पड़े रहते थे। अमृतलाल जब गाव तकिया लगाकर और हाथ में उम्दा फर्शी हुक्के की लंबी पेचवान की निगाली थामकर तख्त पर बिछे मोटे गद्दे पर लेट जाते थे तो वही उनकी नवाबी मसनद बन जाती थी। उनके लिए मीने के काम की कीमती फर्शी और कमरे से एक सिरे से दूसरे सिरे तक फैल जानेवाली पेचवान कामरेड छिद्दू खरीद लाए थे। गर्मियों में पेचवान पर खस लपेटकर बेले के गजरे की लड़ियाँ पहना दी जाती थीं। कामरेड नित्य चौक के मशहूर इत्र-फरोश असगर अली मोहम्मद अली के यहाँ से चवन्नी की अंबरी सींक ले आते थे। उसे जब मीठे दो-रसे तंबाकू में मिला दिया जाता था तो कश खींचने पर जो धुआँ निकलता था उससे सारा कमरा महक उठता था। निरालाजी जब आते थे तो भाँग छानने के बाद उसी नवाबी मसनद पर आसन लगाकर पेचवान पर अपना एकाधिकार जमा लेते थे।

अमृतलाल की नवाबी मसनद सबसे अधिक पढ़ी जाने का कारण यह था

कि उसके सभी पात्र बड़े जीवंत थे और वह लखनवी बोलचाल की भाषा की चाशनी में पगी होती थी। उसके भोले-भाले, सरल हृदय, दूसरों की बातों में बहुत जल्दी आ जानेवाले नवाब साहब में उन्हीं की रूह विराजती थी। नवाब साहब का दरबार लगानेवाले रमजानी मियाँ, पीरू पहलवान, कादिर आदि के कैरेक्टर जीवंत पात्रों के आधार पर गढ़े गए थे। वे सभी उनके मकान के नीचे के खंड की दुकानों को गुलजार किए रहते थे। उनमें से कुछ सामने के फुटपाथ पर दुकानें लगाते थे। उनके मकान के नीचे कई सब्जीफरोशों की दुकानें थीं। एक अधेड़ उम्र की कबाड़िन उनके दरवाजे के सामने के फुटपाथ पर दुकान लगाती थी। रात में उसके खाली झाबे उनके दरवाजे के आगे के बरामदे की दीवार से लगाकर खड़े कर दिए जाते थे। उनकी दिन भर की बातें, नोंक-झोंक और लनतरानियाँ ऊपर अपनी नवाबी मसनद पर लेटे अमृतलाल के कानों में पहुँचा करती थीं।

चकल्लस कार्यालय में प्रायः फर्नीचर पलट होता रहता था। *नागर ब्रदर्स : एक्सपोर्ट, इंपोर्ट एंड मैन्युफैक्चरर्स रिप्रेजेंटेटिव* के लिए जो सेक्रेटेरियट टेबल खरीदी गई थी, यह अब चकल्लस संपादक व प्रकाशक की मेज बन गई थी। उस मेज की खरीद की तारीख 18.8.37 मेरे कागजों में सुरक्षित है क्योंकि उस मेज पर बैठकर उन्होंने जो पहला कार्य किया था वह था रात में 3 बजे मुझे पत्र लिखना। उस मेज की दराजों में अब चकल्लस के हिसाब-किताब के रजिस्टर तथा पत्र-व्यवहार की फाइलें रहती थीं। मेज के पीछे की ओर दो बड़े-बड़े खाने थे। उसमें *चकल्लस* के पुराने अंक भरे रहते थे। मेज कभी जीनेवाले दरवाजे के पास लगा दी जाती थी और तख्त कमरे के दूसरे छोर पर चला जाता था और कभी तख्त दरवाजे के पास लग जाता था और मेज दूसरे छोर पर। कभी-कभी मेज मुख्य कमरे के भीतर जो दूसरा छोटा कमरा था उसमें चली जाती थी और वह चकल्लस का दफ्तर बन जाता था। उनके दादाजी जब इलाहाबाद बैंक के सब-एजेंट थे तो उनकी मेज भी उस कमरे में लगी रहती थी।

चकल्लस का जो पहला अंक निकला उस पर अंक 4 छपा था, क्योंकि उसके पहले अवतार *अल्लाह दे* के तीन अंक निकल चुके थे। पत्र ने पहले अंक से अपना समा बाँध लिया। मुखपृष्ठ पर पढ़ीस की कविता—*यह कयिसि चकल्लस आई*। इसके बाद अमृतलाल नागर की अप्रकाशित कहानी *शकीला की माँ* और फिर तस्लीम लखनवी की धारावाहिक *नवाबी मसनद* की पहली किस्त फिर चतुरानन चौबे नाम से रामविलास शर्मा की व्यंग्य कविता—*चरनदास के प्रति*। 'कुकड़ूँ-कूँ' स्तंभ के अंतर्गत नरोत्तम नागर ने जैनेंद्र कुमार की कूकड़ूँ-कूँ बोली थी। पढ़ीस ने अपनी कविता में युवा पीढ़ी को ललकारा था—मोटे-मोटे खादी के जोड़े पहननेवाले उन जन-प्रतिनिधियों की पोल खोलो जो अपने को देश का सेवक कहकर देश से अपनी सेवा कराने की घात में रहते हैं, किसानों के प्रतिनिधि बनकर किसानों का दुख-दर्द सुनने में जिन्हें शर्म आती है। जिस नींव के ऊपर उनकी नेतागिरी का

भव्य प्रासाद खड़ा था, उस नींव को ही महत्त्व न देनेवाले जन-प्रतिनिधियों की खिंचाई करने में पढ़ीस तथा चकल्लस मंडल के दूसरे लेखकों की कलम से निकले पैने व्यंग्यबाण बिहारी के नावक के तीर की भाँति गहरे घाव करते थे। *चकल्लस* में सामयिक राजनीति, समाजनीति, अर्थनीति, भाषा साहित्य सभी पर हास्य-व्यंग्य के माध्यम से तीखी टिप्पणी की जाती थी।

चकल्लस ने हिंदी जगत् में पहला धमाका 12 मार्च को निकलनेवाले 'होलिकांक' से किया। उसकी पाठ्य सामग्री अनूठी थी। इसके बाद दूसरा धमाका 4 अप्रैल को प्रकाशित 'फूल अंक' से किया। यह एक अनोखा आयोजन था। इसमें महादेवी वर्मा, सुभद्राकुमारी चौहान, एक भारतीय आत्मा (माखनलाल चतुर्वेदी), जैनेंद्रकुमार आदि हिंदी की जानी-मानी हस्तियों की रचनाओं की पैरोडी गद्य और पद्य में की गई थीं उनके नाम से। और उनकी रचना शैली में हास्य-व्यंग्य की फुलझड़ियाँ छोड़ी गई थीं। जैनेंद्रकुमार उसमें अपने नाम से छपी रचना *आदमी क्यों बोलता है* पढ़कर बहुत हँसे थे। यही हाल दूसरे साहित्यकारों का था। उसके बाद का अंक 'फूल अंक का दुमछल्ला' नाम से निकाला गया क्योंकि फूल अंक की बहुत-सी सामग्री उसमें जा नहीं सकी थी।

पत्र ने तीसरा धमाका फैजाबाद में होनेवाले प्रांतीय सम्मेलन पर चतुरानन चौबे नाम से रामविलास शर्मा का लेख—*असाहित्यिक अहिंदी सम्मेलन* छापकर किया। उसी अंक में उस सम्मेलन के संबंध में निराला से किया गया एक लंबा इंटरव्यू छपा। इस इंटरव्यू के लिए प्रश्न रामविलास शर्मा ने तैयार किए थे। नरोत्तम नागर ने उन प्रश्नों के उत्तर निराला से लेकर लिपिबद्ध किए थे। यह इंटरव्यू धारावाहिक रूप से पत्र के 15वें अंक से लेकर 19वें अंक तक पाँच अंकों में छपा और हिंदी साहित्य जगत् में सबसे अधिक चर्चा का विषय बन गया।

फैजाबाद प्रांतीय साहित्य सम्मेलन में साहित्यकारों की उपेक्षा करके राजनीतिज्ञों को प्रधानता दी गई थी, राजर्षि पुरुषोत्तमदास टंडन को जहाँ सम्मेलन के पूर्ण अधिवेशन का सभापति बनाया गया था, वहाँ हिंदी के मूर्धन्य समालोचक रामचंद्र शुक्ल को उसकी साहित्यशाखा का सभापति बनाया गया था। निराला को अपनी सरस्वती का अपने ही घर में अपमान बहुत अखरा था और उसकी प्रतिष्ठा के लिए अपनी आवाज उठाई थी।

सम्मेलन में कला प्रदर्शनी का उद्‌घाटन करते हुए जब संपूर्णानंद ने कहा—कवियों को राजनीतिज्ञों का साथ देना है तो निराला ने टोका—हिंदी के कवि राजनीतिज्ञों से आगे हैं। सम्मेलन के स्वागताध्यक्ष नरेंद्र देव ने अधिवेशन में उपस्थित जनता को संबोधित करके कहा—आपके यहाँ दो-दो महापुरुष पधारे हैं। एक हैं पूज्य माननीय बाबू पुरुषोत्तम दास टंडन, दूसरे माननीय संपूर्णानंद। मंच पर निराला, रामचंद्र शुक्ल आदि कई दिग्गज साहित्यकार बैठे थे। स्वागताध्यक्ष ने उनका नाम लेने की भी आवश्यकता नहीं अनुभव की। राजर्षि पुरुषोत्तम दास टंडन ने सभापति

पद से दिए गए अपने भाषण में हिंदी साहित्यकारों को सलाह दी कि वे प्रांत के दायरे में न रहें। निराला ने टोका—आप साहित्य से क्या मतलब समझते हैं ? दूसरे दिन रामचंद्र शुक्ल के सभापतित्व में होनेवाले साहित्य-सम्मेलन में साहित्य का अर्थ समझाया—साहित्य दायरे से छूटकर ही साहित्य है। साहित्य वह है जो साथ है, वह है जो संसार की सबसे बड़ी चीज है। साहित्य लोक से, सीमा से, प्रांत से, देश से, विश्व से ऊँचा उठा हुआ है। इसीलिए वह लोकोत्तरानंद दे सकता है। लोकोत्तर का अर्थ है 'लोक' में जो कुछ दिख पड़ता है, उससे और दूर तक पहुँचा हुआ। ऐसा साहित्य मनुष्य मात्र का साहित्य है, भावों में केवल भाषा का देशगत आवरण उस पर रहता है। संपूर्णानंद के भाषण को याद कर उन्होंने अट्ठारह साल पहले लिखी अपनी ही कविताओं—*टूटे सकल बंध* तथा *तिरती है समीर, सागर पर अस्थिर सुख पर दुःख की छाया* की कुछ पंक्तियाँ सुनाईं।

नरोत्तम नागर को दिए गए इंटरव्यू में निराला ने बड़े स्पष्ट शब्दों में कहा—इस प्रांत में राजनीति ने जो काम किया है उससे कहीं अधिक काम साहित्य ने किया है। इस प्रांत के राजनीतिज्ञ निस्संदेह बड़े-बड़े व्यक्ति हैं। निस्संदेह साहित्यिक उनसे बड़े हैं।

यही बात उस काल के बहुत से साहित्यिक और हिंदी प्रांतों के अंग्रेजीदाँ राजनीतिक नेता नहीं समझते थे, क्योंकि उनका हिंदी प्रांत की भाषा और साहित्य से वह लगाव नहीं था जो इतर प्रांतों के राजनीतिक नेताओं का अपने प्रांत की भाषा और साहित्य से था।

चकल्लस उस काल का एक ऐसा पत्र था जो हिंदी के पक्ष में अपनी आवाज निर्भीक होकर उठाता था और जिस दिशा से हिंदी के हितों पर कुठाराघात करने का प्रयत्न होता था, उसका मुँहतोड़ उत्तर देने के लिए तैयार रहता था। उस काल में बहुत से राजनीतिक नेता राजनीतिक दबाव में आकर हिंदुस्तानी की वकालत करने लगे थे। रामविलास शर्मा ने चतुरानन चौबे और दूसरे नामों से या बिना नाम दिए हिंदुस्तानी के पक्षधरों की बखिया उधेड़ते हुए कई जोरदार टिप्पणियाँ और लेख लिखे।

सुमित्रानंदन पंत उन दिनों लिखने लगे थे—रूप ही भाव का मूल है। उन्होंने नरेंद्र शर्मा के साथ प्रकाशग्रह, इलाहाबाद से *रूपाभ* नामक मासिक पत्र निकाला। निराला ने पंत की नवीन विचारधारा का मजाक उड़ाते हुए चार पंक्तियाँ बनाईं जो *चकल्लस* के 26वें अंक में *खास रूपाभ के लिए प्रस्तुत* सिरनामा देकर छपीं—

तुम चुरौ दालि महारानी
हरदी परे ते जरदी आई,
निमक पड़े मुस्कयानी
भात भतार से भेंट भई तब
प्रेम सहित लिपटयानी।

उसी अंक में प्रख्यात समालोचक नंददुलारे वाजपेयी का एक लेख भी

छपा—*स्वप्न भवन से खुरदरे पथ पर*। उसमें उन्होंने पंत की इस बात के लिए आलोचना की कि "कवि श्री सुमित्रानंदनजी पंत अब कवि से अधिक संदेशवाहक बनते जा रहे हैं। यदि कुछ संदेश विशेष की बात कहनी है तो वह पद्य में क्यों कही जाए ? उसे साधारण गद्य में क्यों न कहा जाए। वह सुगम भी है, स्पष्ट भी और इससे यह भ्रांति भी नहीं होगी कि काव्य और उपदेश एक ही वस्तु है।"

जुलाई के आरंभ में निरालाजी ने अपने चिरंजीव रामकृष्ण का विवाह अपने एक मित्र की भतीजी से सभी रूढ़ियों को तोड़कर ठीक उसी प्रकार किया जिस प्रकार नौ साल पहले अपनी पुत्री सरोज का विवाह अपने एक शिष्य से किया था। दोनों विवाहों में उन्होंने न तो एक पैसा दहेज लिया और न दिया। उस विवाह का निमंत्रण पत्र *चकल्लस* के 22वें अंक में निम्न रूप में छपा—

जानते हैं आप सब
गार्हस्थिक संन्यासी हूँ,
साहित्यिक हूँ, कवि हूँ।
हमेशा मैं घूमता रहा,
कल्पना के पुल पर।
और आज
आई है शुभ घड़ी।
मेरे प्रिय पुत्र का,
विवाह है जुलाई में।
जिंदगी भर आपको
मैंने ओब्लाइज किया
सुंदर निज कविता से।
और चाहता हूँ आज,
मुझको प्रसन्न करें,
मेरे यहाँ दावत खा
तथा शुभाशीष दें—
पुत्र और पतोहू को
आशा है, आप सब
पधारेंगे अवश्य ही,
तथा चमकाएँगे चार चाँद
चरस की मंडी में।

उस समय निराला चरस की मंडी में रहते थे। वह मकान छोटा था, इसलिए विवाह समारोह ठाकुर गोपालसिंह के बँगले में हुआ था। चकल्लस मंडल के सभी

सदस्य उसमें उपस्थित थे। आगंतुक साहित्यिकों की इतनी अधिक भीड़ थी कि भोजन कम पड़ गया। निराला ने सब मेहमानों के सामने पत्तल पर दो-दो पूड़ियाँ परोसवा दीं और फिर हाथ जोड़कर नमो-नमः कर लिया।

चकल्लस ने हिंदी पत्र जगत् में सबसे बड़ा धमाका किया *भाभी अंक : संपादक देवर* निकालकर। आचार्य महावीरप्रसाद द्विवेदी ने उस पर सम्मति भेजी—"अद्भुत आयोजना है। मेरे भानजे की बहू तो उस पर लट्टू हो गई। बधाई !" *चकल्लस* पर प्रशंसात्मक सम्मतियाँ देनेवालों में जैनेंद्रकुमार, विश्वंभरनाथ शर्मा कौशिक, शिवपूजन सहाय, नंददुलारे वाजपेयी, सियारामशरण गुप्त, डॉ. रामकुमार वर्मा, विनोदशंकर व्यास आदि अनेक ख्यातिप्राप्त साहित्यकार थे। भाभी अंक बड़ा तगड़ा निकला। भारतीय समाज में देवर-भाभी के अनोखे रिश्ते का समाजशास्त्रीय तथा मनोवैज्ञानिक विश्लेषण करनेवाले अनेक पठनीय लेख, साहित्य में देवर-भाभी के रिश्तों की विविध प्रकार की झाँकियाँ प्रस्तुत करनेवाली रचनाओं की विवेचना, निराला की *देवर का इंद्रजाल,* पढ़ीस की *मिठाना भाभी,* विश्वंभरनाथ शर्मा कौशिक की *भाभी का बंदर,* अमृतलाल नागर की घनश्याम बिहारी नाम से *खटकिन भाभी,* नरोत्तम नागर की *मि. कांत, भाभी और*¨, भगवती प्रसाद वाजपेयी की *तू मर जा मर जा मरजा* आदि एक-से-एक अनूठी कहानियाँ, शिवपूजन सहाय, जैनेंद्रकुमार, चतुरानन चौबे के नाम से रामविलास शर्मा के विचारोत्तेजक लेख, हास्य और व्यंग्य की झुलझड़ियाँ छोड़नेवाली अनेकानेक कविताएँ तुकबंदियाँ। लगभग सवा सौ पृष्ठ, दाम चार आना। शीर्षकवाले पेजों की दोरंगी छपाई, कई व्यंग्य चित्र। इसमें संदेह नहीं कि हिंदी पत्र साहित्य में *चकल्लस* का *भाभी* अंक सर्वथा अनूठा था, इसलिए इसमें कोई ताज्जुब की बात नहीं मानी जाएगी कि पत्र की सारी छपी हुई कापियाँ हाथोंहाथ बिक गईं, फिर भी एजेंटों की और कॉपियों की माँग बनी रही जो पूरी नहीं की जा सकी।

भाभी अंक के साथ *चकल्लस* अपनी लोकप्रियता से चरम शिखर पर पहुँच गया। जिस प्रकार एक अच्छी कहानी का नाटकीय ढंग से अंत क्लाइमेक्स के बाद ही कर दिया जाता है, उसी प्रकार *चकल्लस* का प्रकाशन भाभी अंक के बाद केवल चार अंक निकालकर कर दिया गया। उसका 33वां अंक, जिस पर 3 अक्टूबर, 1938 की तारीख पड़ी थी, अंतिम अंक सिद्ध हुआ। इस प्रकार *चकल्लस* ने कुल 241 दिन अर्थात् 8 महीने की आयु पाई।

चकल्लस अपनी आठ महीने की आयु में हिंदी पत्र जगत् में किसी धूमकेतु की भाँति एक अमिट रेखा छोड़ गया। उसकी फाइल में अमृतलाल का लिखा बहुत सा हास्य साहित्य बंद है। पैरोडीकार के रूप में अमृतलाल की पैरोडी कला का निखार *चकल्लस* के पृष्ठों पर देखने में आया। उन्होंने निराला की एक प्रसिद्ध कविता *जागो फिर एक बार* की पैरोडी श्रीमती चंपादेई नाम से इस रूप में की—

जागो प्रिय एक बार।
प्यारे, जगाते हुए हारा सब घर भर तुम्हें,
अम्मा और बाबू तथा महरी तक गई हार।
जागो प्रिय एक बार।
आँखें तुम्हारी,
जिस स्वप्न की परी से लगीं।
आहें भर धीरे-धीरे,
'प्यारी' कहते हो जिसे।
होंठों पर मंद हँसी छाती क्यों बार-बार।
जागो प्रिय एक बार।
बाँहों में, आहों में,
कहो लिपटा है कौन, मैं?
याकि कोई और—
नागिन-कटीली, चमक्को चुड़ैल-सी।
जागो, बतला दो शीघ्र।
एक कप चाय दूँगी,
साथ में कचौड़ी भी,
खोजो फिर सर्विस कहीं—
दस की, पचास की, सौ की, हजार की।
क्योंकि आजिज आ गई हूँ,
ताने सुन-सुनकर मैं,
सास सौतेली के, देवर, जिठानी के,
कहती निठल्लू तुम्हें,
मोड़ मुँह बार-बार।
जागो प्रिय एक बार।

निराला की *जूही की कली* की एक पैरोडी *अल्लाह दे* में *वधू की विडंबना* शीर्षक से की थी। उसी की दूसरी पैरोडी *चकल्लस* के अंक 6 में *कवि की कलम* शीर्षक से मेघराज इंद्र नाम से की—

साजन की गोद में
सोती थी सुहाग-भरी नव-रसमय
अपल कोमल-तनु तरुणी-कवि की कलम,
दृग बंद किए, शिथिल-कोट की जेब में,
बुरका मुँह पर पड़ा था।
भाव-विधुर-प्रिया-संग छोड़

किसी कलवरिया में था कवि
जिसे कहते हैं मनमौजी।
आई याद बिछुरन से मिलन की वह मधुर बात,
आई याद किसी के कोठे की काली रात,
आई याद, हाला के प्याले में मारी लात,
फिर क्या ? कवि
इक्के-ताँगे मोटर से भरी सड़क
गली-दर-गलियों को पार कर
पहुँचा जहाँ करता था केलि, कलम के साथ
सोती थी,
जाने कहो कैसे कवि-आगमन पर वह ?
भावों की लहर लोल,
डोल उठी उपमा की लड़ी जैसे हिंडोल।
इस पर भी वह जागी नहीं,
चूक क्षमा माँगी नहीं,
निद्रालस एक नेत्रवाली वह सोती ही रही।
सच तो यह भूखी थी,
स्याही शून्य हो गया था ट्यूब।
निर्दय उस नायक ने
निपट निठुराई से,
अंग छिन्न-भिन्न किए
लेकर मसिपात्र से स्याही फिर डाली,
रगड़ी फिर कपड़े से
सुंदर निब सोने की।
चौंक पड़ी कलम—
चकित चितवन कागज के चहुँ ओर फेर
हेर प्यारे को सेज-पास,
नम्रमुखी हँसी-खिली,
लिख दी फिर एक कविता।

अमृतलाल ने मेघराज इंद्र के नाम से, गोमती की बाढ़ पर एक मौलिक छंदोबद्ध रचना की जो *चकल्लस* के पाँचवें अंक में छपी। यह रचना उन्होंने 15 जनवरी 1938 को की थी।

फिल्म लाइन की ओर अमृतलाल का ध्यान मोड़ने में उनके मित्रों में सबसे बड़ा हाथ राजकिशोर श्रीवास्तव का था। बी.कॉम. करके बेकाम हो जाने पर वह असिस्टेंट फिल्म डायरेक्टर बनने के सपने देखा करते थे। अमृतलाल ने उनके साथ फिल्मी आर्ट

पर कई पुस्तकों का अध्ययन किया था। राजकिशोर ने लखनऊ से अंग्रेजी में *स्क्रीन* मासिक पत्रिका निकालने की योजना बनाई थी। इसका विज्ञापन *चकल्लस* के आरंभिक 4-5 अंकों में छपा था।

रामविलास शर्मा ने *जनयुग* से पहले एक पत्रकार के रूप में जो लेखन कार्य किया, वह *चकल्लस* की फाइल में बंद है। नरोत्तम का बहुत-सा हास्य-व्यंग्य लेखन भी उसकी फाइल में कैद है।

चकल्लस की फाइल में ऐसी बहुत-सी सामग्री है जो पुनर्मुद्रण के योग्य है। अमृतलाल ने सबसे पहला उपन्यास डायरी शैली में लिखा था। फुलस्केप साइज के कागज पर उसके 15-16 पृष्ठ लिखे गए थे। वह *ज्वालामुखी* शीर्षक से *चकल्लस* के अंक 13 से अंक 17 तक धारावाहिक रूप में छपा था। बेधड़क बनारसी, राजेंद्र नागर, सर्वदानंद वर्मा, सुमित्रा कुमारी सिन्हा, उषा देवी मित्रा, सुरेंद्रदेव बालूपुरी, यशपाल जैन आदि की रचनाएँ भूले-बिसरे पदचिह्नों की स्मृतियों की भाँति उसकी फाइल में बंद हैं।

3

अमृतलाल के जीवन में *चकल्लस* का प्रकाशन वर्ष आर्थिक चिंता, रोग और कष्ट का वर्ष रहा। *चकल्लस* के प्रकाशन की योजना एक अच्छी बिजनेस स्कीम है, यही सोचकर वह उसकी ओर आकर्षित हुए थे। उन्होंने उसका जो हिसाब-किताब मन में फैलाया था उसके बारे में मुझे लिखा था—मान लो हमें महीने के हिसाब से 20 रुपए महीनेवाले, आठ, दस रुपए महीनेवाले, सोलह और पाँच रुपए महीनेवाले बीस विज्ञापन हर महीने मिल जाया करें तो हमें 420 रुपए मासिक की आय होती है, जिसमें से दो सौ रुपए महीने मासिक का खर्च हो तो दो सौ का लाभ होता है। दोनों का खर्चा निकल सकता है।

रूपनारायण पांडेय ने उन्हें अपना छोटा-सा प्रेस लगा लेने की सलाह दी। *चकल्लस* के लिए नहीं, बिजनेस के लिए। उस स्कीम ने भी आकर्षित किया। झाऊ आश्रम में नीचे के खंड में उनके पास जो जगह थी, उसमें प्रेस खोला जा सकता था। विश्वास था—चौक के दुकानदारों की छपाई का काम उन्हें मिल जाएगा। 150 रुपए मासिक का काम प्रेस के लिए मिल जाना कोई बड़ी बात नहीं होगी। आसानी से 70-80 रुपए महीने की बचत शुरू में हो सकेगी। *चकल्लस* की करीव-करीब 200 रुपए प्रति मास की छपाई की बचत होगी। इसलिए प्रेस खरीदने के फिराक में लग गए। मुझे सूचित किया—प्रेस का ऑर्डर दे दिया है। जुलाई के अंतिम सप्ताह में जापान से आ जाएगा। टाइप वगैरह नरोत्तम के संघर्ष प्रेस का खरीद लेंगे। इरादा था *चकल्लस* का भावी अंक घर के प्रेस में छपे। सिलेंडर मशीन 1050 रुपए में। 600 रुपए करीब टाइप गेली चेस वगैरह में। 200 रुपए में छपाई की मशीन

चलाने के लिए बिजली की मोटर। एक हैंड ट्रेडिल मशीन लगभग 200 रुपए के अंदर। इस प्रकार लगभग दो हजार रुपए में प्रेस लगाने की स्कीम तैयार की थी।

पुस्तक प्रकाशन की स्कीम भी दिमाग में रेंग रही थी। लैटरहैड पर नाम के साथ बैंकर एंड जर्नलिस्ट के साथ एक और पुछल्ला जुड़ गया—मैनेजिंग प्रोप्राइटर, पापुलर पब्लिशिंग हाउस। हम लोगों के कालीचरण स्कूल के हेड मास्टर कालिदास कपूर द्विवेदीकालीन *सरस्वती* के लेखक थे। प्रेमचंद के उपन्यास *सेवासदन* पर सबसे पहली प्रशंसात्मक समालोचना उन्होंने *सरस्वती* में लिखी थी। माध्यमिक शिक्षा बोर्ड के प्रभावशाली सदस्य थे। उनकी लिखी कई स्कूली पाठ्यपुस्तकें कोर्स में लगी थीं। उन्होंने साझे में स्कूली लड़कों के लिए एक मैगजीन निकालने की स्कीम रखी। वह भी लाभप्रद प्रतीत हुई। सस्ते मूल्य की पुस्तकों के प्रकाशन की एक स्कीम ने दिमाग में फुरफुरी पैदा की। प्रत्येक पुस्तक 10-12 फार्म की। पुस्तक का मूल्य पोस्टेज सहित अधिक-से-अधिक दस आना। सभी मुख्य दैनिक, साप्ताहिक, मासिक पत्रों में विज्ञापन। पाठकों में सस्ते दामों में अच्छा साहित्य पढ़ने की रुचि पैदा करने तथा उन्हें पुस्तकें खरीदकर पढ़ने की दिशा में आकर्षित करने के लिए इनामी लाटरी की योजना। जिसमें पहला इनाम 100 रुपए का, दूसरा इनाम रुपए 50 रुपए का, तथा तीसरा इनाम 25 रुपए का होगा। सोचा—मैं फायदे में रहूँगा और पाठक भी। इस तरह हिंदी साहित्य में नया युग आएगा। लोगों की रुचि किताबें खरीदने की बढ़ेगी।

अमृतलाल के मस्तिष्क में बिजनेस की ये सारी स्कीमें उस काल में दौड़ रही थीं जिस काल में उनके हाथ में पैसा नहीं था। सक्सेशन सर्टिफिकेट मिला नहीं था, उसमें विलंब पर विलंब हो रहा था। इसलिए बहुत छटपटा रहे थे। 1938 के नववर्ष में जीवन-धारा में परिवर्तत लाने का शुभ संकल्प करके डायरी भी लिखने लगे थे। उनकी सेक्रेटेरियट टेबल की दराज में *चकल्लस* के पत्र व्यवहार की फाइल के ऊपर रखी उनकी डायरी मैंने पढ़ी थी। रात में 12-12 बजे, 2-2 बजे तक बैठकर *चकल्लस* का हिसाब-किताब लिखने के बाद डायरी लिखते थे। कॉमर्स तथा टाइपराइटिंग लेकर हाई स्कूल करना अब काम में आ रहा था। व्यावसायिक पत्र-लेखन में चौकस थे। पत्र स्वयं टाइप करते थे। हिसाब-किताब आईने की तरह साफ होता था। हानि-लाभ का ब्यौरा हर वक्त सामने रहता था। डायरी उनके अंतर्मन का दर्पण थी।

जनवरी में *चकल्लस* निकालने का निर्णय लेने और मार्च में सक्सेशन सर्टिफिकेट मिलने तक किस तरह पैसे की अहिर्निश चिंता उनको सता रही थी, इसकी पूरी सूचना संभवतः उनके अंतरंग मित्रों में केवल मुझे है। जनवरी के प्रथम सप्ताह में *चकल्लस* निकालने की बात तय होते ही मुझे लिखा था—चारों ओर से चिंताओं से घिरा हुआ हूँ। बहुत सारी दिक्कतें और परेशानियाँ घेरे हुए हैं, लेकिन मैं इस बार मजबूत कदम ज़माकर विश्व में बसने का अधिकार प्राप्त करने के

लिए कर्तव्यभूमि में डटा हुआ हूँ। उनके अंतस्तल में बहनेवाले आँसुओं की लकीरें डायरी में हैं—पैसे की चिंता। ओह। कितनी विषम।...मैं कभी-कभी घबड़ाता हूँ। क्या होगा ? मुझे पैसे की जरूरत पड़ रही है। *चकल्लस* निकाल बैठा हूँ। अब क्या करूँ ? ईश्वर ही मालिक है। वही लज्जा रखनेवाला है, वही रक्षक है, वही दाता है। *चकल्लस* का पहला अंक निकालने के बाद डायरी में लिखा—भगवान् से प्रार्थना है कि वह मुझे सफलता प्रदान करे।

चिंता पिशाचिनी पीछा नहीं छोड़ रही थी। प्रेस में छपकर *चकल्लस* पड़ा हुआ था। बाहर भेजने के लिए पैसे नहीं थे। दोस्तों में राजू से, मन्नो से पैसे लिये। प्रेस का बिल चुकाया। फिर दोनों से पैसे लेने पड़े। पिता के मिलनेवाले एक स्थानीय कांग्रेसी लीडर थे, सत्याग्रह संग्रामों में जेल गए थे, उनके घर में महाजनी होती थी। उनसे उधार लेने पर डायरी में लिखा—ओह भगवान्, शर्म से गर्दन नीची हुई जा रही है।...इच्छा होती है मर जाऊँ। शांति नहीं मिलती। भगवान् लज्जा तुम्हारे ही हाथ है, देव अब कृपा करो। नाथ, बड़े कष्ट में हूँ। दुःखभंजन शरण में हूँ। अब यह वेदना असह्य है।

चकल्लस निकालने पर रुपए-पैसे की चिंता ने अमृतलाल को जितना अधिक दबोचा, उतना और किसी समय नहीं दबोचा था। मुझे लिखा—यह जो कुछ भी पैसा लगा रहा हूँ। यही समझकर कि कर्ज ले रहा हूँ और इसे मुझे चुकाना है। इसी कारण से आजकल चिंताओं ने मुझे बुरी तरह से जकड़ रखा है। सच्ची सलाह और सांत्वना देनेवाले तो मेरे मित्रों में केवल दो ही हैं—एक मन्नो और एक तुम। मैं पानी में उतर रहा हूँ। तुम लोग घाट पर खड़े-खड़े देखो। डूबने का समय न आने पावे—इसका ध्यान तुम लोगों को सदैव रखना है।

सक्सेशन सर्टिफिकेट आ जाने के बाद भी वह एक क्षण के लिए इस बात को भुला नहीं पाते थे कि बाप-दादों का पैसा मेरा नहीं है, रतन-मदन की धरोहर है। उससे एक पैसा खर्च करने का अधिकार मुझे नहीं। मुझे लिखा—तुमसे कुछ भी छिपा नहीं। तुम तो जानते ही हो, मैं कोई बहुत बड़ी हैसियत का आदमी नहीं हूँ। मुझे अपने हृदय में अनुभव करते हुए जरा सोचो तो भैया, कि मैं कितनी अधिक उलझन में हूँ। बराबर कहता रहा हूँ और रहूँगा कि उस पवित्र थाती को नष्ट करने का मुझे कोई अधिकार नहीं। वह रतन, मदन की है। मैं तो केवल यक्ष की तरह उसका रक्षक हूँ। बिजनेस आदि मुझे जो कुछ भी करना है वह केवल उस समय तक ही, जब तक कि ये लोग समझदार नहीं हो जाते। फिर रतन बाबू अपना काम सँभालें, मदन बाबू को देखें, गृहस्थी को देखें, और मैं फिर केवल साहित्य के लिए ही रह जाऊँगा। मेरा ध्येय केवल साहित्य-सृजन ही है। इस मायामोह में पड़ा रहने पर भी मुझे हर वक्त उसी का ध्यान है। मैं केवल दुनिया में वही एक काम करने के लिए पैदा हुआ हूँ।

चकल्लस प्रकाशन काल में केवल पैसे की चिंता ने ही नहीं सताया, दर्दे-दिल

ने भी बहुत परेशान किया। अगस्त 1936 से दर्दे-दिल परेशान करने लगा था। 7 सितंबर को रात्रि दो बजकर दस मिनट पर मुझे लिखा था—तुम्हें क्या बताऊँ स्वास्थ्य झंझा मेरे जीवन यान को इधर किस ओर बहाए लिये जा रही है—हार्ट पेन उठता है। अजीब परेशानी है। 1937 में भी इस परेशानी से ग्रस्त रहे। नरोत्तम *चित्रपट* काल में दर्दे-दिल से परेशान होकर मेरठ चले गए थे। उसे याद कर सितंबर में लिखा—यह निगोड़ा बड़ा दुखदायी है। बेचारे नरोत्तम पर हँसता था। अब किस पर हँसूँ जब अपने पर आ पड़ी है। 1.10.37 को एक कार्ड पर चार लाइनें लिखीं—इधर फिर हार्ट ट्रबुल हो गया। बहुत सीरियसली। जीवन और मृत्यु का प्रश्न हो गया था। फरवरी 1938 में जिस समय दिन-रात *चकल्लस* के लिए परिश्रम में जुटे थे, दर्दे-दिल ने फिर परेशान किया। डॉक्टर ने पूर्ण विश्राम की सलाह दी, किंतु विश्राम संभव नहीं था। नौ दिन बाद अंग्रेजी में पत्र लिखा—दर्दे-दिल उसी तरह बरकरार है। तीन महीने पहले जीवन-मरण का प्रश्न उपस्थित होने पर डॉक्टर की आज्ञा से भाँग छोड़ दी थी, सिगरेट भी। पान भी कम कर दिए थे। (अर्थात् तमाखू खाना कम कर दिया था) शाम को गोमती के किनारे की सड़क पर टहलने जाते थे। किंतु यह तोबा थोड़े दिन चली, फिर वही रफ्तार बेढंगी। इधर झंवाई टोले के एक प्रसिद्ध हकीम अब्दुल हलीम साहब का इलाज कर रहे थे। *चकल्लस* का दूसरा अंक निकालने के बाद 17 फरवरी की शाम को दोस्त अहबाबों के पुरलुत्फ फिसानों के दौर में ही दौरा फिर शुरू हो गया। डॉ. रामनारायण खन्ना (चौक के एक नामी डॉक्टर) फौरन ही याद फरमाए गए। हम दोनों के मित्र मन्नो ने दो रातें बराबर तीमारदारी की। मुझे लिखा, गनीमत यही है कि उसकी बीबी आजकल अपने मायके गई हुई है, वरना मुझे कितना कोसती।

मित्र की बीमारी ने मुझे चिंतित कर दिया। एक सप्ताह पूर्व मुझे बड़ा भावुकतापूर्ण पत्र लिखा था—तुमसे मिलने की बड़ी तबियत चाहती है यार। अगर मेरे पंख होते तो अब तक न जाने कब का तुम्हारे पास पहुँच गया होता भाई। सचमुच तुमसे मिलने की आंतरिक इच्छा है। इस बार अरसा हो गया देखे हुए। मैं तुमसे कहे देता हूँ भाई कि लॉ पास कर लेने के बाद तुम्हें मेरे पास रहना होगा—लखनऊ में ही। मैं तुमसे अब और दिन ज्यादा इस पार्थिव रूप में भी अलग नहीं रहना चाहता—हमारे मन और तन, दोनों एक ही जगह एकसाथ रहेंगे।

होली की छुट्टियों में मैं लखनऊ गया और छह दिन रहा। चकल्लस चबूतरे पर चकल्लसी बैठकें हुईं। *चकल्लस* का होलिकांक निकल चुका था प्रस्तावित *फूल* अंक के लिए जैनेंद्र कुमार के नाम से लेख के लिए *आदमी क्यों बोलता है* शीर्षक मैंने ही सुझाया। उस साल होली और मुहर्रम साथ-साथ पड़े थे। अमृतलाल के समर हाउस के छज्जे के सामने से निकलनेवाले ताजियों को देखते हुए पहले गोल दरवाजे से लेकर अकबरी दरवाजे तक मुहर्रम के ताजियों को देखने के लिए किस प्रकार हिंदुओं और मुसलमानों की ठट्ट-की-ठट्ट भीड़ जमा होती, उम्दा शेरो-शायरी

सुनने को मिलती, महफिलें होतीं, मर्सियागोई होती, रंडियों के ताजिए में नगर की प्रसिद्ध गायिकाओं में अपनी गायिकी कला के प्रदर्शन की होड़ लग जाती थी, इन सब यादों को ताजा करते रहे। उनके विंटर हाउस के बीच के खंड के कमरे में चटाई पर लेटे-लेटे सामने सिनेमाघर की स्क्रीन पर दिखाई जानेवाली फिल्में दिखाई पड़ती थीं। उनका आनंद लिया। अमृतलाल के *चकल्लस* के हिसाब-किताब के रजिस्टर के पन्ने उलटे-पलटे। प्रगति उत्साहवर्धक थी। पत्र की माँग बढ़ रही थी, किंतु एजेंट रिमाइंडर-पर-रिमाइंडर भेजने पर पुराना हिसाब साफ नहीं करते थे। कॉपियों की संख्या बढ़ाने के आर्डर देते जा रहे थे। विज्ञापन भी आ रहे थे, किंतु विज्ञापनों के बिलों की वसूली नितांत असंतोषजनक थी। उस काल में हिमालय की जड़ी-बूटियों, महाशक्ति-कवच, शक्तिशाली योग, एक रुपए में 3 फैंसी घड़ियाँ और 1795 फैंसी उपहार, केवल एक रुपए में 4 घड़ियाँ और 2000 सुंदर उपहार, ऑटोमैटिक आवाज का अलार्म पिस्तौल, मुकदमा जीतने की खुशी में चिकित्साचंद्रोदय आधी कीमत में आदि विज्ञापन पत्रों में छपवाकर ग्राहकों को आकर्षित करने और अपना धंधा चलानेवाली अनेक ट्रेडिंग कंपनियाँ थीं। इनमें से 90 प्रतिशत विज्ञापनदाता नादेहंद होते थे। *चकल्लस* में ऐसे विज्ञापनदाताओं के विज्ञापन अधिक संख्या में छप रहे थे।

मेरी लॉ फाइनल की परीक्षा सिर पर आ जाने के कारण मैं *चकल्लस* के लिए लेख भेजने का अपने मित्र का अनुरोध तो पूरा नहीं कर सका, किंतु उसके व्यावसायिक आधार को पुष्टता प्रदान करने के लिए मुझसे जो उद्योग हो सकता था, करता रहा। आगरा में उसकी एजेंसी ही नहीं कायम कराई, एजेंट से पैसा वसूल करके भी भेजता रहा। महेंद्रजी ने एक एडवरटाइजिंग एजेंसी भी खोल रखी थी। उनसे कहकर विज्ञापन भिजवाया, उसका पैसा भी भिजवाया।

मेरी लॉ की परीक्षा समाप्त होने के बाद मेरे पिता का तबादला उनके अनुरोध पर उनके गृहनगर इलाहाबाद हो गया। उनके अवकाश ग्रहण की आयु निकट आ गई थी। मई में इलाहाबाद पहुँचने के बाद ही मैं भी जीविकोपार्जन की चिंता से ग्रस्त हो गया। संपादकद्वय के अनेक तकाजों पर भी *चकल्लस* के *भाभी अंक* के लिए इच्छा रहने पर भी कोई रचना नहीं भेज पाया। किंतु आगरा की भाँति इलाहाबाद में भी मैं उसके व्यावसायिक आधार को पुष्ट करने में लगा रहा। उस काल में बनारस के बाद इलाहाबाद हिंदी दैनिक तथा साप्ताहिक पत्रों की बिक्री का सबसे बड़ा केंद्र था। मैं *चकल्लस* की प्रतियाँ अपने पते से मँगवाने लगा और उनको एजेंटों से बिकवाकर उनका पैसा भी भिजवाने लगा। एक एजेंसी भी कायम करवा दी। ए.एच. ह्वीलर के रेलवे बुक स्टालों पर बिक्री करवाने का प्रबंध करने के लिए भी दौड़धूप की, किंतु सफलता नहीं मिली। यह आश्वासन अवश्य प्राप्त हुआ कि पत्र के एक साल पुराना हो जाने पर प्रस्ताव पर विचार किया जाएगा। भाभी अंक की कॉपियाँ हाथोहाथ उड़ जाने पर तार से दुगनी कॉपियों का ऑर्डर

भिजवाया। अमृतलाल के पास जितनी कॉपियाँ बची थीं, बटोरकर भेज दीं और सूचित किया कि अब एक भी कॉपी नहीं है। साथ ही लिखा मुझे सचमुच बहुत खुशी है, तुम मेरी रोटियों के सहारे को बहुत बड़ा सहारा दे रहे हो। तुम्हारा एहसान तो खैर मैं नहीं मान सकता, मगर हाँ, फिर भी यह कहना ही होगा तुमने इस वक्त इलाहाबाद में वह काम कर दिखाया है जिसके लिए रतन-मदन तुम्हें दुआ देंगे। मैं सचमुच निन्नानवे के चक्कर में पड़ गया हूँ। हर दम यही फिक्र है कि किसी तरह बैंक की थैली से निकालने की जरूरत महसूस न हो। काम यों ही चल जाए। परमात्मा जानता है भाई जान, बैंक पर चेक काटते समय मेरा पली भर खून खुश्क हो जाता है और कलम काँप उठती है।

यह पत्र *चकल्लस* बंद किए जाने से 19 दिन पहले लिखा गया था। जिस थैली को वह रतन-मदन की धरोहर मानते थे और जिसमें से रुपया निकालते समय उनका पली भर खून खुश्क हो जाता था और चेक काटते समय कलम काँप उठती थी, उसमें से *चकल्लस* को जीवित रखने के लिए धीरे-धीरे तीन हजार रुपए निकाल चुके थे। उन्होंने *चकल्लस* की बिजनेस स्कीम चौकस बनाई थी, किंतु उसमें नादेहंद समाचार पत्र एजेंटों और विज्ञापनदाताओं के खाते में बट्टे खाते डाली जानेवाली रकम शामिल नहीं थी। दिसंबर 1937 में जिस रीति से उन्होंने बनारस यात्रा से लौटने के बाद ही भावावेश में 20 दिसंबर को हास्य रस का साप्ताहिक पत्र निकालने का निर्णय ले लिया था, उसी रीति से उन्होंने *चकल्लस* से नए-नए छपकर अंग्रेजी के उम्दा लैटरहैड पर टाइप करके 1 अक्तूबर, 1938 से *चकल्लस* बंद कर देने की सूचना मुझे भेजी।

चकल्लस की योजना आर्थिक दृष्टि से अमृतलाल के लिए काफी महँगी सिद्ध हुई, किंतु उनके साहित्यिक व्यक्ति के विकास में बहुत सहायक हुई। रामविलास शर्मा से उनकी निकटता स्थापित हुई, सामाजिक दृष्टि में निखार आया और उनमें स्वस्थ यथार्थवादी साहित्यिक दृष्टि का विकास हुआ।

निराला द्वारा सम्मान

चकल्लस बंद करने के बाद अमृतलाल ने अपने साहित्यिक मन को एक नया उपन्यास *खुदा का घर* लिखने में लगा दिया और खुद दावा, मुकदमा, अदालत तथा कर्ज में फैले रुपए की वसूली में उलझ गए। प्रदेश में 1937 में गले-गले तक कर्ज में डूबी जमींदारियों के संबंध में एक नया कानून बना। उसके कारण कर्ज में फैला बहुत-सा रुपया डूब गया।

अपनी उस काल की मनोदशा का चित्रण उन्होंने अपने एक पत्र में मुक्त छंद में किया–

प्रिय बंधु
पत्र मिला
आज ही–
अस्त-व्यस्त-त्रस्त-सा
भटक रहा था जब मैं
दरन्य के गहन में।
मेरी दशा–
लखोगे क्या तुम बंधु ?
भावना-विहीन हूँ
तन-क्षीण, मन मलीन है,
और बढ़ा जा रहा हूँ।
किधर ? स्वयं नहीं जानता।
ध्येय है अवश्य ही
लक्ष्य भी निश्चित है,
और–
वाण-संधान भी उसी ओर कर रहा।
फिर भी, मति स्थिर नहीं
गति में वाचालता है।

क्षति होती जा रही
अर्थ की, काम की
मोक्ष मैं मानता नहीं।
ईश्वर की सत्ता पर भी रहा नहीं अब विश्वास
उस पर भरोसा रख हुआ मेरा सदा ह्रास
कैसे फिर मानूँ उसे ?
अब तो यह जानता हूँ
मैं हूँ—स्वयं
सत्य हूँ, शिव हूँ
और
और हूँ
सुंदर भी,
परंतु
हें:-हें:-हें:-कैसे कहूँ ?
कितनी ही बातें हैं
एक-एक कहाँ तक लिखूँ मैं ?
कहते हैं हकीमजी
धातु मेरी क्षीण हुई।
कहता हूँ मैं—होने दो।
कहाँ तक खयाल करूँ ?
अरे, मन क्षीण हुआ,
तब यदि
क्षीण हुआ वीर्य भी—होने दो,
छीन लें 'खुदाबंद' अपना यह वैभव भी।
फिर भी कर रहा हूँ इलाज।
आशा पर ही दुनिया है,
उस पर मैं भी हूँ।
परंतु इस समय तो—
ठेंगे पर नचा रहा है मुझे शैतान।

रास्ता मिलते ही,
आऊँगा प्रकाश में—
प्रयाग में तब ही मिलूँगा मैं तुम्हें।
भटक रहा हूँ इस समय तो
भूल-भुलैया में—
इमामबाड़े की।

वह 1938-39 के दौरान लिखे गए पत्रों में मुझे अपने उपन्यास *खुदा का घर* की प्रगति की सूचना बराबर देते रहे। यह उनका पहला महत्त्वाकांक्षी उपन्यास था जो उनके हृदय के निकट था। इसकी चर्चा बाद में भी बराबर करते रहे। उसके 6 चैप्टर लिखे। उनके इस अधूरे उपन्यास की टंकित प्रतिलिपि सुरक्षित है। पांडुलिपि 27 लाइन प्रति पेज के हिसाब से 51 पेजों की है। आरंभ में उन्होंने 'नेपथ्य में' शीर्षक से एक अनुक्रमणिका लिखी थी। उसमें एक राजकुमार की कहानी दी थी। जैसे अपने बचपन के दिनों को याद करते हुए लिखा था– बहुत दिन पहले एक राजकुमार था। वह हिफाजत के साथ एकांत में, सब विघ्न-बाधाओं से दूर, सदाचार की चहारदीवारी के अंदर बड़े लाड़ से पाला गया था। राजकुमार था बड़ा होनहार, परंतु सबसे अलग रखे जाने के कारण उसमें एक स्वाभाविक दोष उत्पन्न हो गया था। वह आवश्यकता से अधिक भावुक हो गया।

'एक दिन उस सुरक्षित दुर्ग में न जाने कहाँ से एक स्त्री आ पहुँची। स्त्री के आधे काल्पनिक और आधे वास्तविक रूप की राजकुमार ने कभी स्वप्न में भी कल्पना न की थी। उस स्त्री ने उसे वही संसार का आठवाँ आश्चर्य दिखा दिया।'

कुछ समय पहले *साहित्य संदेश* में मेरा एक लेख निकला था–*नारी की कल्पना*। उसे पढ़कर अमृतलाल ने मुझे एक लंबा पत्र लिखा था। उसमें बताया था–'नारी को मैं ठीक रवि बाबू की तरह आधी कल्पना और आधी वास्तविकता की पुतली मानता हूँ। नारी, जैसी कि मुझे लगी, एक अजीब पहेली है। वह किस क्षण पर क्या चाहती है या यों कहो चाह रही है, पहचानना जरा कुछ मुश्किल हो जाता है। मेरे आज तक के अनुभवों से नारी एक पहेली ही रह जाती है। अनसॉल्व्ड (अनसुलझी)। मैंने हरचंद उसे 'सॉल्व' करने की कोशिश की, शायद अब भी बराबर करता हूँ, पर वह हल न हो पाई।'

उपन्यास में उस राजकुमार और उस स्त्री की प्रेमकहानी थी, जिसने उसे संसार का आठवाँ आश्चर्य दिखा दिया। कथानायक को एक महाजन का पुत्र बना दिया गया था जिसके पिता छुटपन में मर गए थे। वह बड़ा ही सीधा-सादा निश्छल हृदय का था। उसकी प्रेमिका को एक खानगी वेश्या की पुत्री बना दिया गया था। एक बड़े नवाब की लड़की–शरीफ और पर्दानशीन। कथानायक राजकुमार को अपना दिल दे बैठती है। उससे कहती है–'तुम लोग शरीफ आदमी यही समझते हो कि ढोंग, दगा-फरेब, मक्कारी, जालसाजी, बेईमानी और बेवफाई से ढली हुई पुतली रंडी तमाम औरतों की तरह हाड़-मांस की बनी हुई औरत नहीं, चुड़ैल है। तुम शरीफ आदमी एक रक्कासा के लिए इसके अलावा और सोच ही क्या सकते हो।...और किसी हद तक ठीक ही है। मगर यह याद रखना कि एक बेसवा भी पहले औरत है, बाद में कुछ और। किन्हीं लाचारियों से मजबूर होकर उसे अपना मकान किराए पर उठाना पड़ता है–महज इस पेट के कुत्ते को भरने के लिए। मगर मकान का मालिक सिर्फ एक ही शख्स होता है, रंडी भी दिल देना जानती

है। एक शरीफ घराने की औरत से भी कहीं ज्यादा–इसे दुनिया माने या न माने।''

उसका जीवनयापन राजकुमार के दिए खर्च से ही होता था। जब राजकुमार खर्च नहीं देता तो फाकेकशी की नौबत आ जाती थी। राजकुमार से जब शिकायत करती कि तुम मेरे प्रति अपनी जिम्मेदारी भुला बैठते हो, तुम खुदगर्ज हो तो राजकुमार झुँझला उठता था। कहता था, 'तुम भी दुनियावालों की तरह मेरे बारे में गलतखयाल करोगी, यह मैंने कभी भी न सोचा था। तुम समझती हो कि मैं अपनी जिम्मेदारी को भूल गया, मगर खयाल तो करो, अगर आज मैं इस तरह सबकुछ भुला बैठूँ तो मेरे घरवालों की क्या दशा होगी। जरा सोचो तो।'

यह स्पष्ट है कि अमृतलाल ने उपन्यास को कथानायक का चरित्र-चित्रण करते समय काफी सीमा तक उससे अपने को एकाकार कर दिया था। इसके विपरीत वह कथानायिका के रूप में एक ऐसी नारी का विचित्र चरित्र प्रस्तुत करने का प्रयत्न कर रहे थे, जिसे आधी कल्पना और आधी वास्तविकता की पुतली कहा जा सके। उसका चरित्र-चित्रण करते समय उनके मस्तिष्क में एक तरफ तो अपने दांपत्य जीवन के चित्र थे। दूसरी तरफ कुछ सुनी-सुनाई कहानियाँ थीं। जिन दिनों वह अपना पहला उपन्यास *डायरी* लिख रहे थे। उन्हीं दिनों उनके मन में एक वेश्या का विचित्र चरित्र चित्रित करने का विचार उठा था। हो सकता है कि *खुदा का घर* लिखते समय भी उनके मस्तिष्क में वही भावना हो। उसी के आधार पर कल्पना और अनुभवों के मिश्रण से एक कल्पित नारी चरित्र की सृष्टि कर रहे थे। जिसको वह अपने अनुभवों के आधार पर एक अबूझ पहेली मानते थे।

उपन्यास का जितना अंश लिखा गया था उसमें एक सीन में दिखाया गया था कि पैसे के अभाव से त्रस्त कथानायक कर्जदार के यहाँ ठीक उसी प्रकार पहुँच जाता है जिस प्रकार वह उन दिनों कर्ज की वसूली के लिए चक्कर लगा रहे थे। कथानायक कर्जदार से कहता है, 'तो आपने यह निश्चय कर तिया है कि मेरा रुपया अदा नहीं करेंगे। क्यों ?'

'नहीं, यह तो मैं कभी नहीं कहता। लेकिन इस समय मजबूर हूँ।'

'तो फिर आपने आज के लिए वायदा क्यों किया था ?'

'अब मैं इसका क्या जवाब दूँ। मुझे आशा थी कि आज किसी-न-किसी तरह प्रबंध कर लूँगा। मगर क्या करूँ, इस वक्त इतनी लाचारी है कि...'

'मैं यह सबकुछ भी नहीं समझता। सिर्फ अपना रुपया चाहता हूँ। आज मैं आपसे वसूल किए बगैर यहाँ से जाऊँगा नहीं। यह सब बहानेबाजी किसी तरह भी मेरे सामने नहीं चल सकती। वाह, अच्छा खासा तमाशा बना रखा है। कह दिया, बड़ी लाचारी है। बस छुट्टी हो गई।...उफ कैसे-कैसे बेइमानों से पाला पड़ा है भाई।''

कर्जदार ने आँखों में आँसू भरकर इतना ही कहा–'आप मुझे बेईमान, चोर, उठाईगिरा जो चाहे कह लें। ईश्वर न करे वह दिन आपको नसीब हो, परिस्थितियाँ

आदमी से सबकुछ करा लेती हैं। क्षमा कीजिए, आप अभी बच्चे ही हैं, फिर भगवान् ने आपको हर तरह से समृद्ध बनाया है। आप नहीं जानते कोई भी शरीफ आदमी, जिसे अपनी इज्जत का जरा भी खयाल है, पास में रुपया रखते हुए उसे अदा करने के बजाय महाजन की गालियाँ सुनना हरगिज नहीं बर्दाश्त करेगा।'

क़थानायक की उत्तेजना कुछ शांत हुई। उसने धीमे स्वर में, किंतु कुछ झुँझलाहट के साथ उत्तर दिया—'तो फिर आप इस तरह झूठे वायदे करके किसी को परेशान क्यों करते हैं ? आप नहीं जानते, इससे मुझे कितनी तकलीफ उठानी पड़ती है।'

कर्जदार हाथ मलते हुए गिड़गिड़ाकर कहता है—'जी हाँ, मानता हूँ कि आपको सचमुच बड़ी तकलीफ होती है। परंतु आप ही बताइए, मैं इस वक्त कहाँ से दूँ। इधर कुछ ऐसे संकटों...'

उसकी बात काटकर कथानायक, अपनी ही धुन में कहता गया—'जिस तरह आप परिस्थितियों के शिकार होकर इस समय मुझे रुपए देने में अपनी मजबूरी जाहिर कर रहे हैं, उसी तरह मैं भी लाचार होकर आपके पास खुद तकाजा लेकर आया हूँ। इसलिए यह तय समझिए कि बिना रुपया लिए मैं आज यहाँ से नहीं जा सकता। आप कहीं से, किसी तरह से भी इसी वक्त मेरे रुपए अदा कर दीजिए। मुझे सख्त जरूरत है।'

कर्जदार खीजकर बोला—'कहाँ से इंतजाम करूँ साहब। मैं ही खड़ा हूँ—मुझे बेचकर अपना रुपया वसूल कर लीजिए और क्या कहूँ।'

यह बेतुका उत्तर पा कथानायक फिर उत्तेजित हो उठा। बोला—'हाँ, यदि संभव हो तो अपने को बेचकर ही...'

कर्जदार कथानायक को अपने घर के अंदर ले जाता है। कथानायक सीलन की बदबू से भरी अँधेरी-सी दहलीज और ऊबड़-खाबड़ आँगन को पार कर दालान में पहुँचा। उसने देखा, बाँस की चारपाई पर फटा लिहाफ और बदबूदार कंबल ओढ़े आठ-दस वर्ष का एक लड़का बेहोश पड़ा हुआ था। उसे देखकर कथानायक एकाएक कल्पना करने लगा कि वह भी बीमार पड़ा है। एकदम अकेला एक जंगल में वह अपने को मरते हुए देख रहा है। मर जाने पर सभी लोग उसे बुरा कहेंगे।

कर्जदार अपनी लड़की को आवाज देकर पच्चीस रुपए मँगवाता है जो वह कल लाया था। अपना काँपता हुआ हाथ लड़के के सिर पर रखकर भर्राए हुए स्वर में, छलछलाए नेत्रों से कथानायक की ओर देखकर कहता है—'अपने इस लड़के की कसम खाकर कहता हूँ, यह पच्चीस रुपए कल रात एक जगह इसकी माँ के कड़े गिरवी रखकर इसकी दवा-दारू के लिए लाया था। लेकिन देखता हूँ, आप बिना रुपया लिये आज यहाँ से जाएँगे नहीं। लीजिए, यह पच्चीस रुपए, बाकी पहली तारीख को दे दूँगा। ईश्वर साक्षी है, इसके अलावा घर में अब चाँदी का एक तार भी नहीं।'

कथानायक वहाँ से बिना रुपया लिये चला आता है। चलते वक्त केवल इतना कहता है—'क्या आप मुझे इतना नीच समझते हैं ?' वह अपने एक दोस्त के यहाँ पहुँचता है। बताता है, इधर तकाजे पर आया था दोस्त आश्चर्य प्रकट करता है कि आज उसे खुद तकाजे पर निकलना पड़ा। कथानायक उत्तर देता है—'हाँ यार, क्या करूँ। साले देते ही नहीं। किसी का बाप मर जाता है और कोई अपने बीमार लड़के की कसम खाने लगता है, कमबख्त। जी चाहता है, सब सालों की गोली मार दूँ।'

'अरे, अरे होगा, जाने भी दो।'

'क्या जाने दूँ यार। सालों पर रहम आ जाता है। तीस-तीस, चालीस-चालीस तनख्वाह पाते हैं। साल में डेढ़ बच्चे प्रोड्यूस करते हैं। पहले उनका पेट भरें कि कर्ज अदा करें।...मगर मैं भी क्या करूँ ?'

उपन्यास की गाड़ी यहीं तक पहुँचकर अटक गई थी।

2

अप्रैल 1939 में अमृतलाल ने *खुदा का घर* रोककर हास्यरस का एक उपन्यास लिखना शुरू कर दिया। उन्हें नित्यप्रति दिक्कतों और परेशानियों का सामना करना पड़ रहा था, फिर भी अपने ऊपर एक और बंदिश लगा ली। *चकल्लस* के एक्सपैरीमेंट में अपनी नादानी और नासमझी से तीन हजार गँवा देने के बाद बाप-दादों की सारी पूँजी बैंक के फिक्स्ड-डिपॉजिट में जमा कर दी, ताकि सुरक्षित रह सके। मुझे लिखा—भाई, आजकल तो आटे-दाल का भाव मालूम पड़ जाता है। अब मुझे घर की रोटी की भी व्यवस्था करनी होगी अगले महीने से।

उन दिनों कलकत्ता न्यू थियेटर्स द्वारा शरत्चंद्र चट्टोपाध्याय के प्रसिद्ध उपन्यास *देवदास* पर बनाई गई फिल्म बड़ी लोकप्रिय हो रही थी। अमृतलाल ने उसे 15-16 बार देखा था। उसके एक-एक डायलॉग उन्हें कंठस्थ हो गए थे। एक दिन उनके मन में *देवदास* की पैरोडी लिखने का विचार कौंधा। उन्होंने देवदास के स्थान पर सोशलिस्ट विचारधारा के एक शिक्षित बेकार मध्यमवर्गीय नवयुवक को ले लिया, जिसके घर में खाने का ठिकाना नहीं था। वह हर वक्त ख्वाबों की दुनिया में रहकर खयाली पुलाव पकाया करता था, दुनिया के कठोर यथार्थ का सामना करने से दूर भागता था। इसी करैक्टर पर देवदास के डायलॉग फिट कर उन्होंने उपन्यास में हास्यरस की सृष्टि की थी। मुझे लिखा, 'शरत् बाबू के *देवदास* की पूरी पैरोडी की है। छपने पर किताब साइज के 100 पेजों को कवर करेगी। यह चीज *कामरेड प्रेमदास*—मैं तुम्हें सुनाने के लिए बेहद इच्छुक हूँ। मुझे अपनी इस रचना से संतोष है। तुम हँसते-हँसते, लोट-पोट हो जाओगे, ऐसा मेरा विश्वास है।'

उन दिनों एक पुराने हिंदीसेवी, लेखक एवं संपादक चतुर्वेदी द्वारिका प्रसाद शर्मा के सुपुत्र श्रीनारायण चतुर्वेदी 'श्रीवर' प्रदेश की सर्वप्रथम कांग्रेसी सरकार में शिक्षा प्रसार अधिकारी के पद पर नियुक्त थे। डॉ. संपूर्णानंद शिक्षा मंत्री थे। श्रीवर की ए.पी. सेन रोड पर स्थित कोठी में शाम को कवियों, लेखकों, साहित्यकारों का दरबार लगता था। साहित्यचर्चा और काव्यपाठ होता था। निराला और सोहनलाल द्विवेदी से लेकर गिरिजाकुमार माथुर जैसे युवा कवि वहाँ एकत्र होते थे। कभी-कभी अमृतलाल भी पहुँच जाते थे। श्रीवर बड़े उदार भाव से हिंदी के हर लेखक की पुस्तक खरीदकर उसकी सहायता करने को तत्पर रहते थे। अपनी पुस्तकों की खरीद करवाने के लिए प्रकाशक लोग भी उनके यहाँ भीड़ लगाए रहते थे। अमृतलाल जब हास्य रस के अप्रकाशित उपन्यास *कामरेड प्रेमदास* की पांडुलिपि के साथ उनके पास पहुँचे तो वह तत्काल उसके प्रकाशन में सहायता करने को तैयार हो गए और लीडर प्रेस के जनरल मैनेजर विश्वनाथ प्रसाद के नाम एक निजी पत्र लिखकर दे दिया।

पत्र और पांडुलिपि लेकर अमृतलाल इलाहाबाद आए और मेरे पास ठहरे। मैं इलाहाबाद पहुँचकर धीरे-धीरे कलमजीवी लेखक बन गया था और पत्रकारिता से जुड़ गया था। लीडर प्रेस से अंग्रेजी दैनिक *लीडर* के साथ-साथ हिंदी दैनिक *भारत* प्रकाशित होता था। *भारत* उस काल में रोटरी पर छपने और मोनोटाइप पर कंपोज होनेवाला और अंग्रेजी दैनिकों की भाँति 16 पृष्ठों का निकलनेवाला एकमात्र हिंदी दैनिक था, मैं उसका उपसंपादक बन गया था। रायकृष्ण दास ने भारती भंडार का स्वत्वाधिकार लीडर प्रेस को सौंप दिया था। भारती भंडार के व्यवस्थापक वाचस्पति पाठक एक पुराने हिंदीसेवी और प्रसाद मंडली के अंतरंग सदस्य थे। बड़े सभा-चतुर, गोष्ठी-प्रिय, साहित्य-रसिक और कला-रसिक प्रसाद के सान्निध्य में रहकर उन्होंने एक समय कुछ भावपूर्ण मर्मस्पर्शी कहानियाँ लिखी थीं। भारती भंडार बनारस से इलाहाबाद आ जाने पर वह भी इलाहाबादवासी बन गए थे और लीडर प्रेस के अहाते में रहते थे। निरालाजी जब इलाहाबाद आते थे तो उन्हीं के पास ठहरते थे। वह मेरे और अमृतलाल, दोनों के अंतरंग मित्र बन गए थे। इलाहाबाद में मेरी शामें उन्हीं के साथ बीतती थीं।

अमृतलाल के आने पर हम दोनों की दो चकल्लसी शामें उनके साथ बीतीं। वह श्रीवर के पत्र के साथ अमृतलाल को लीडर प्रेस के जनरल मैनेजर से मिलाने ले गए। उन्होंने *कामरेड प्रेमदास* को छापना स्वीकार कर लिया और सौ रुपए एडवांस भी दे दिए। एडवांस की रसीद पर हस्ताक्षर करने के साथ-साथ अमृतलाल ने उनके सामने ही *कामरेड प्रेमदास* की पांडुलिपि वाचस्पति पाठक को सौंप दी। उस समय उसके तीन चैप्टर लिखे जाने शेष थे। अमृतलाल ने लखनऊ जाने के बाद बाकी तीन चैप्टर भी शीघ्र पूरे करके भेज दिए।

मई में अमृतलाल की दादी, जिनकी गोद में वह डेढ़ बरस की उम्र से पले

थे, अपने भाई के घर पर सख्त बीमार पड़ गईं। अमृतलाल ने 23 मई को अमीनाबाद पोस्ट ऑफिस से मुझे कार्ड डाला—अम्माजी आज 12 दिनों से मरणासन्न पड़ी हैं। यहाँ त्रिलोकी (त्रिलोकीनाथ दवे) के यहाँ अपने भाई की बीमारी का हाल सुनकर अच्छी भली आई थीं। वे तो अच्छे हो गए और अम्माजी पड़ी हैं। बुखार जोरों का रहता है। अजब उलझन है। उन्हें बहुत कष्ट है।

26 तारीख को फिर सूचना दी--अम्माजी का बुखार तो हलका है। 100 डिग्री तक अब रहता है। उन्हें मकान (झाऊ आश्रम) ले आया हूँ। कमजोरी बेहद है। बोलने में तकलीफ होती है। शरीर के अंदर की गर्मी से वह अब बेचैन हो उठी हैं। सचमुच तकलीफ से उनका हाय-हाय करके कराह उठना, 'राम' को याद करना और आराम न मिलने पर निराश-सी हो जाने देखकर मुझे बहुत तकलीफ होती है। अभी तक यह कुछ भी नहीं कहा जा सकता कि बीमारी का ऊँट किस करवट बैठेगा।

और फिर 6 जून को सूचना—अम्माजी का तीन तारीख को सायंकाल देहांत हो गया। जीवन भर जितनी पवित्रता, गंभीरता और शांति के साथ वह रहीं, मृत्यु के समय भी उन्हें कोई कष्ट नहीं हुआ। गीता पाठ सुनते-सुनते अपूर्व शांति के साथ उन्होंने यह समस्त माया-मोह जाल तोड़ दिया। मेरा एक बहुत बड़ा संबल टूट गया, ज्ञान ! मैं डेढ़ वर्ष की उम्र से उन्हीं के पास रहा। मरने के एक दिन पहले रात के ढाई बजे जब वह मेरे मस्तक पर चुपचाप बड़े प्रेम से हाथ फेर रही थीं, तब स्वप्न में भी कल्पना न कर सका था कि वह अंतिम स्नेह-स्पर्श मिल रहा है। दिन भर बोल न सकीं। गफलत में चुपचाप बिना किसी बेचैनी के पड़ी रहीं और शाम को 6 बजे चल बसीं।

3

अमृतलाल के छोटे भाई रतनलाल 18 वर्ष के हो चुके थे और हाई स्कूल कर चुके थे। अम्माजी के जीवनकाल में उनका विवाह बनारस में तय हो गया था और 12 जून को लग्न थी। अम्माजी के देहावसान के कारण यह लग्न टल गई। अमृतलाल और माते सोच रहे थे कि अब विवाह सर्दियों में होगा। लेकिन लड़कीवाले विवाह की सारी तैयारियाँ कर चुके थे। यदि विवाह सर्दियों के लिए टाल दिया जाता तो उनका बहुत नुकसान हो जाता। अतएव अम्माजी की तेरहवीं सम्पन्न हो जाने के उपरांत ही 24 जून को विवाह की लग्न स्थिर कर ली गई। अमृतलाल ने लिखा बारात यहाँ से 22 जून को जाएगी। यदि तुम आ सको तो आओ। लेकिन मेरी जाने की इच्छा नहीं हुई।

जुलाई में अमृतलाल ने नवलकिशोर प्रेस के प्रकाशन विभाग में घुसने का प्रयास किया। मुझे सूचित किया—मैं आजकल नवलकिशोर प्रेस में नंदकिशोर तिवारी महाशय के स्थान के लिए कोशिश कर रहा हूँ। विशेषतया पब्लिकेशंस डिपार्टमेंट

से ही संबंध रहेगा, साथ में *माधुरी* से भी। पब्लिकेशंस डिपार्टमेंट के सर्वेसर्वा श्री राजाराम भार्गव मेरे पिताजी के क्लासफैलो रह चुके हैं, और वही इस समय मुझे 'बैक' भी कर रहे हैं। प्रोप्राइटर महोदय आजकल नैनीताल में हैं। अभी तक वापस नहीं लौटे, लेकिन संभावना है कि तीन-चार रोज के अंदर ही वापस लौट आएँगे। मेरी एप्लीकेशन तभी मौके से उनके सामने पेश होगी। वह भगवती लक्ष्मी के वाहन हैं, इसी से आजकल सर्व प्रतिपालक भगवान् विष्णु से प्रार्थना करता हूँ कि अपनी श्रीमती से कह दें वे अपनी सवारी को इतनी सुबुद्धि प्रदान करें, जिससे वह मुझे अपने कार्यालय में नौकर रखकर अपने को तथा अपने पड़दादा के कार्यालय को गौरवान्वित कर सकें।

राजाराम भार्गव अगस्त में छुट्टी पर जा रहे थे। उन्होंने अपनी अनुपस्थिति में, जो दस पुस्तकें प्रेस में थीं, उनके प्रकाशन, प्रूफ संशोधन, छपाई कार्य संपन्न कराने, कवर आदि का डिजाइन बनाने तथा उन्हें छपाने का कार्य अमृतलाल को सौंप दिया। *माधुरी* संपादक रूपनारायण पांडेय ने भी 24 जुलाई से 20 अगस्त तक की छुट्टी ले ली थी। वह तीर्थयात्रा पर जा रहे थे। उनकी अनुपस्थिति में अमृतलाल ने 28 दिन तक *माधुरी* के कार्यवाहक संपादक का पदभार सँभाला। उन्होंने *माधुरी* के जुलाई अंक के प्रूफ पास किए तथा अगस्त अंक का मैटर प्रेस में दिया। अगस्त का अंक वार्षिकांक था। उसका मैटर कंपोज हो जाने पर सितंबर के अंक का मैटर पास किया। 21 अगस्त को जब पांडेयजी छुट्टी से लौटकर आए तो वार्षिकांक पूरा छप चुका था, ब्लाक विभाग की देरी के कारण उसके प्रकाशन में विलंब हो रहा था।

राजाराम भार्गव ने छुट्टी से लौटने पर पाया कि अमृतलाल की मुस्तैदी से दस में से आठ पुस्तकें तैयार थीं। उनकी अनुपस्थिति में उन्होंने अपने कार्य विवरण की पूरी डायरी रखी थी जिससे प्रकट होता था कि सौंपे गए कार्य को उन्होंने कितनी लगन से पूरा किया था। शिक्षा प्रसार विभाग की पुस्तक चयन समिति में *आज* संपादक बाबूराव विष्णु पराड़कर तथा इलाहाबाद विश्वविद्यालय के संस्कृत विभागाध्यक्ष डॉ. बाबूराम सक्सेना थे। दोनों से मिलने अमृतलाल बनारस और इलाहाबाद गए। डॉ. बाबूराम सक्सेना ने तमिल-हिंदी कोश तथा मराठी-हिंदी कोश निकालने का सुझाव दिया।

जी तोड़ परिश्रम करने के बावजूद अमृतलाल को नवलकिशोर प्रेस के प्रकाशन विभाग अथवा *माधुरी* में प्रवेश नहीं मिल पाया। नवंबर के मध्य में उन्होंने लिखा—

ज्ञान मेरे,
खत तुम्हें मैं लिख रहा, जब,
है खता औसान मेरे

माधुरी की धुरी टूटी
मैं गिरा, अनजान एकदम
कह दिया, प्रोप्राइटर ने
रख नहीं सकते तुम्हें हम
वह खर्च घटाते अपना
सूखते हैं प्राण मेरे !

1938 की भाँति उनका 1939 का वर्ष भी मुसीबतों से लड़ाई तथा आर्थिक एवं मानसिक चिंताओं में बीता। इसके बावजूद उन्होंने इस दौरान में कई उम्दा कहानियाँ लिखीं। 22 अप्रैल को लिखी गई और *माधुरी* में छपी *तुलाराम शास्त्री* उनकी पहली कहानी थी जिसे उन्होंने पैसा कमाने का उद्देश्य, पहले से सामने रखकर लिखा। उस दिन जेब में एक पैसा नहीं था। उनका लँगोटिया यार मन्नो दफ्तर जा रहा था। उसकी साइकिल ले ली, मन्नो दूसरे मित्र की साइकिल के कैरियर पर बैठकर चला गया। मन्नो के दफ्तर में पहुँचकर उसकी मेज पर और उसी से लिये कागज पर दफ्तरी माहौल की चहल-पहल के बीच तुलाराम शास्त्री अवतरित हुए। उन्हें उसी समय *माधुरी* कार्यालय पहुँचाया गया, पांडेयजी से स्लिप लिखवाकर खजांची से पारिश्रमिक के रूप में रुपए 20 रुपये प्राप्त किए और घर लौट आए।

तुलाराम शास्त्री के अतिरिक्त हिजड़ा संप्रदाय पर एक अनूठी कहानी *वसंती* और उसी क्रम में एक वीभत्स रस की कहानी *खुफिया* लिखी। *खुफिया* भगवती चरण वर्मा के *विचार* में छपी।

जीवन की नग्न कुरूपता का चित्रण करनेवाली उनकी यह एक उल्लेखनीय कहानी थी, जिसकी प्रतिलिपि उनके पास सुरक्षित न रह सकी और वह सदा के लिए खो गई। उनकी *छापे के हुरूफ* भी पहले पहल *विचार* में छपी। *नवाब साहब* जनवरी 1939 के *विश्वामित्र* तथा *बंगाली वैष्णव* अगस्त 1939 की *माधुरी* में प्रकट हुए। दुलारेलाल भार्गव के छोटे भाई ज्योतिलाल भार्गव के *बाल-विनोद* के लिए कुछ उम्दा बाल कहानियाँ लिखीं जो बाद में *नटखट चाची* नाम से उनके पहले बाल कहानी संग्रह में छपीं।

जहाँ तक मुझे याद पड़ता है, उन्होंने *नवाबी मसनद* शीर्षक *चकल्लस* में जो स्केच लिखे थे, वे पुस्तकाकार 1940 के आसपास निकले थे। रामविलास शर्मा ने उसकी भूमिका लिखी थी। उस समय तक वह डॉक्टर नहीं हुए थे। भूमिका में उन्होंने *नवाबी मसनद* के पात्रों का उम्दा समाजशास्त्रीय विश्लेषण किया था। भूमिका का आरंभ इस प्रकार किया था—

'भूमिका लिखने का महत्त्व तब से और कम हो गया जब से ये राजनीतिक नेता लोग साहित्यिकों को अपने आशीर्वाद के दो-दो शब्द बाँटने लगे। वैसे भी, हिंदी में यह कला कभी अपने पूरे विकास पर पहुँची, इसमें संदेह है। लोग ज्यादातर

उन्हीं से भूमिका लिखाते हैं, जिनका नाम ज्यादा होता है, जिनकी राय जनता पर कुछ असर डाल सकती है। यह अपनी चीज की बिक्री के लिए दूसरे के नाम की मुहर लगवाना है, दूसरों को बरगलाना है और अपनी कमजोरी का इजहार करना है। परिचय रूप में भूमिका पुस्तक के विषय पर कुछ प्रकाश डालने के लिए होनी चाहिए। साधारण भूमिकाओं में *नवाबी मसनद* की भूमिका अपवाद ठहरेगी, इसलिए कि निश्चय ही इसके लेखक *चकल्लस* के सर्वेसर्वा संपादक श्री अमृतलाल नागर को हिंदी के पाठक मुझसे ज्यादा जानते हैं।

'और पुस्तकों से *नवाबी मसनद* को भूमिका की खास जरूरत है, इसलिए कि पुस्तक झूठी बातों से भरी है। भूमिका में दो-चार बातें सच्ची, बादल की चमकदार किनारी की तरह, जरूर कही जानी चाहिए। अमेरिका में कुछ दिन हुए झूठों के एक क्लब में कंपटीशन हुआ था। उसमें जिस आदमी को सबसे बढ़िया झूठ बोलने के लिए प्राइज मिला था उसका नाम इस वक्त याद नहीं और उस झूठ में भी कुछ ऐसी कला की कमी थी कि मैं उसे भूल भी गया हूँ, लेकिन *नवाबी मसनद* की गप्पें जो पहले छपने पर पढ़ी थीं, वे अभी तक याद हैं। लाट साहब का नवाब से हाथ मिलाना, वल्लभ पंथजी का पाटेनाले के शाह साहब से मिलने जाना आदि बातें अपनी गप्प आर्ट में पूर्ण हैं। गप्प लिखना भी एक आर्ट है और कल्पना की नहीं, यथार्थ की इसमें ऐसी तगड़ी बैक ग्राउंड है कि गप्प मारनेवाले पर आप कभी शक नहीं कर सकते। पात्र सभी अपनी विशेषताएँ लिये सचित्र और विचित्र पाठक के सामने उपस्थित होते हैं। चरित्र-निर्माण की इस खूबी ने इन स्केचों में उपन्यास की एकता और उसका रस ला दिया है। और इन्हें यदि उन उपन्यासों की दृष्टि से देखा जाए जो स्केचों का संग्रह मात्र हैं तो बहुत बातों में *नवाबी मसनद* उनमें बाजी मार ले जाएगी। दिन-पर-दिन होनेवाली घटनाओं पर इसके पात्र अपने विचार प्रकट करते हैं, नेताओं और उनके कार्यक्रमों को वे अपने तराजू पर तोलते हैं और लेखक वार्ता और वार्तालाप द्वारा हिंदी-उर्दू का भेद मिटा या मिलाकर राष्ट्रीय हिंदुस्तानी का आदर्श उपस्थित करता है। पात्रों के सजीव होने से नित्यप्रति की घटनाएँ अपना क्षणिक महत्त्व खोकर एक बड़े चित्र में सज जाती हैं।

'नवाबी और नवाबी सभ्यता को लेकर हिंदी-उर्दू में काफी हास्यात्मक गद्य लिखा गया है, परंतु नवाब और उनके मुसाहब यथार्थ में इतना निकट पहले कभी नहीं लाए गए जितना अब और यहाँ पर। रमजानी, पीरू आदि शोषित वर्ग के लोग हैं जो शासक वर्ग के लोगों का पैसा ठगना अपना परम धर्म समझते हैं। वास्तव में वे उतने बेवकूफ नहीं हैं जितने कि नवाब साहब हैं। वर्ग-संघर्ष का यह चित्रण, उम्मीद है, प्रगतिशील सज्जनों को पसंद आएगा।'

जो लोग अछूती कला के उपासक हैं उनका तो कहना ही क्या ! यथार्थ और कल्पना के अद्भुत सम्मिश्रण से उत्पन्न हास्य की व्यंजना निस्संदेह उनके

कला-विकारों की शांति का साधन बनेगी।

निरालाजी की एक विशेषता थी, वे हिंदी की उदीयमान प्रतिभाओं का अभिनंदन करने में आगे रहते थे। अमृतलाल नागर की *नवाबी मसनद* जब *चकल्लस* में छप रही थी तो उनके हास्य-व्यंग्य की दाद देनेवालों में निराला भी थे। उन्होंने जब अपना हास्य रस का स्केच *बिल्लेसुर बकरिहा* लिखा तो उसे पंडित अमृतलाल नागर को समर्पित करने का निश्चय किया। अमृतलाल के आरंभिक साहित्यिक जीवन में उन्हें एक दिग्गज साहित्यकार से मिलनेवाला यह सबसे बड़ा सम्मान था। निराला *बिल्लेसुर बकरिहा* के समर्पण पृष्ठ के सामने छापने के लिए अमृतलाल के साथ अपना चित्र खिंचवाने के वास्ते उन्हें केसरबाग चौराहे पर स्थित नौटियाल आर्ट स्टूडियो में ले गए। उस दिन उन्होंने कमीज पर कोट पहन रखा था। स्वयं भी गांधी टोपी पहनी और अमृतलाल को भी पहनाई। यह चित्र *बिल्लेसुर बकरिहा* के युग मंदिर उन्नाव से प्रकाशित होनेवाले प्रथम संस्करण में समर्पण पृष्ठ के सामने छपा था। बंबई से लखनऊ वापस लौटने पर अमृतलाल ने चित्र की एक प्रति मुझे भेंट करते समय मेरे अनुरोध पर अपने हाथ से एक परिचयात्मक नोट लिखा दिया था—

सन् 21 में भारत के कृषक अधीर का प्रतिनिधि स्वर बनकर महाकवि ने विप्लव के बादल का आह्वान किया था। महाकवि ने जब आंदोलन के प्रतीक चरखे का पक्ष लेकर कवींद्र रवींद्र से मोर्चा लिया था और यही साहित्य का देवता हिंदी साहित्य और साहित्यिकों का प्रश्न लेकर गांधी और नेहरू से भी टक्कर लेने में कभी न हिचका।

महाकवि का चिर विद्रोही व्यक्तित्व गांधी टोपी को तब तक आदर के साथ शीश पर चढ़ाता रहा जब तक वह सत्य और जनशक्ति का प्रतीक थी। यही नहीं, दूसरों को भी वे इसे आग्रह के साथ अपनाने के लिए कहते थे। प्रस्तुत चित्र की पृष्ठभूमि में भी ऐसी ही एक कहानी है। अपनी हास्यरस की पुस्तक *बिल्लेसुर बकरिहा* का समर्पण श्री अमृतलाल नागर को करते हुए उन्होंने स्वयं गांधी टोपी धारण की, साथ ही नागरजी को आग्रहपूर्वक गांधी टोपी भेंट कर उसे पहनने के लिए कहा।

गांधी टोपी की मात्र रक्षा करनेवाले हमारे राष्ट्र निर्माता महाकवि आज उस टोपी को निस्तेज देखकर 15 अगस्त के महत्त्व को यदि स्वीकार न कर सकें तो इसमें अपराध है—वर्तमान राजनीति का, उसके कर्णधारों का।

फिल्मी जीवन के सात वर्ष

बंबइया फिल्मी दुनिया में

अमृतलाल के मन में बंबई जाकर भाग्य परीक्षा करने की बात 1937 के आरंभ से उठ रही थी। कई बार जाने का प्रोग्राम बना, फिर किसी-न-किसी कारण से टल गया। उनके मन में एक ही बात घुमड़ रही थी—उनकी अनुभवहीनता से पैतृक संपत्ति में से जो धन खर्च हो गया, उसे पूरा करना है, क्योंकि वह मानते थे कि यह संपत्ति उनके दोनों छोटे भाई की थाती है। कुछ पैसा *चकल्लस* में डूबा, कुछ कर्जदारों ने हजम कर लिया। मार्च 1937 में मदन का यज्ञोपवीत हुआ, जून 1939 में रतन का विवाह हुआ, इन सब आवश्यक गार्हस्थिक कर्तव्यों में कुछ पैसा खर्च हुआ। उनका मन बार-बार कहता था—बंबई जाकर मेरा बहुत कुछ मुझसे छूटेगा, मेरा आलस्य, प्रमाद, आर्थिक संकट आदि-आदि। प्रेमचंद का उदाहरण भी इसी दिशा में ठेल रहा था। बंबई की फिल्मी दुनिया ने ही उनको आर्थिक संकटों से उबारा। उनके मित्रों में राजू का प्रभाव भी उनके मन को फिल्मों की दिशा में मोड़ने में सहायक हुआ था। वह भी अपनी बेकारी के दिनों में फिल्मों में असिस्टेंट डायरेक्टर बन जाने के कुलाबे भिड़ाया करता था।

अमृतलाल के मन में बचपन से ही अपने दादाजी की भाँति बड़ा बनने की आकांक्षा समाई थी। पिता के न रहने पर घर का बड़ा बन जाने पर उसमें अभिवृद्धि हुई थी। *चकल्लस* के संपादक-प्रकाशन के रूप में रुपया भले डूबा हो, उनकी बड़प्पन की भावना की पूर्ति हुई थी। उनकी प्रतिष्ठा बढ़ी थी। कवि प्रदीप लखनऊ में मामूली अध्यापक थे। बंबई जाकर अपनी पहली फिल्म 'कंगन' से ही फिल्मी गीतकार के रूप में उन्होंने अपने झंडे गाड़ दिए। मन कहता था, सिनेमा उनको बड़प्पन भी प्रदान करेगा और पैसे की समस्या भी हल कर देगा।

जून 1939 में उनके प्रतापी दादाजी की पत्नी का देहांत जिस मुसीबत और गरीबी के दिनों में हुआ, उसकी कल्पना भी उनके दादाजी के जीवनकाल में नहीं की जा सकती थी। उनके पिता के लिए अम्माजी पूजा और भक्ति की वस्तु थीं। उनकी तकलीफ, उनकी बेचैनी को विवश होकर देखना क्या उन्हें बर्दाश्त होता ? अम्माजी के देहावसान से अमृतलाल का एक बहुत बड़ा संबल ही नहीं टूटा, वह अंदर से हिल गए। *माधुरी* अथवा नवलकिशोर प्रकाशन विभाग से जुड़ जाने की

अंतिम आशा टूट जाने से वह तन क्षीण, मन मलीन, भावना-विहीन, अस्त-व्यस्त-त्रस्त हो गए थे। ईश्वर की सत्ता पर विश्वास हिल गया था। पानी अब नाक से ऊपर तक पहुँच चुका था। घर की इज्जत बचाना दूभर हो चला था। जनवरी 1940 के नववर्ष के दिन अपनी डायरी में उर्दू का एक शेर लिखा–

जिंदगी जिंदादिली का नाम है
मुर्दादिल खाक जिया करते हैं।

और उसके नीचे लिखा–मैं इसी का समर्थन करता हूँ–अमृतलाल नागर।

पिता ने 1930 की मंदी में एक मित्र की सलाह से चाँदी खरीद ली थी। द्वितीय महायुद्ध के गहराने के साथ चाँदी के भाव चढ़ते जा रहे थे। मन में बंबई जाने का एक बहाना रचा–बंबई में चाँदी के भाव-ताव का पता लगाऊँगा। अगर घरवालों की राय पड़ी तो चाँदी बेच दूँगा। मार्च के महीने में होली से कुछ दिन पहले एक सनक में किस्मत से टक्कर लेने और भविष्य के अंधकार में छलाँग लगाने के लिए बंबई चल पड़े। उस समय जेब में कुल 31 रुपए 10 आने थे। बंबई में किसी को जानते न थे और न वहाँ कोई उन्हें जानता था। उन्होंने सारी कहानी सुनाते हुए मुझसे कहा कि इतने कम पैसे जेब में रखकर बंबई के लिए निकल पड़ना मेरी टामफूलरी थी। 5 मार्च, 1940 को मोहमयी बंबई की माया नगरी की धरती पर पहली बार पैर रखे।

बंबई का एक ही पता जानते थे–नाथूराम प्रेमी के हिंदी ग्रंथ रत्नाकर कार्यालय का। विक्टोरिया टर्मिनस पर उतरकर एक विक्टोरिया से भाड़ा तय किया और उनकी दुकान पर पहुँचे। वहाँ से पास में स्थित एक धर्मशाला का पता मिला और धर्मशाला पहुँचे। विक्टोरियावाला दुगना भाड़ा माँगने लगा। हुज्जत करने से कहीं तमाशा न बन जाएँ, इसलिए उसे मुँहमाँगा भाड़ा देकर इज्जत बचाई। उस धर्मशाला में जगह नहीं मिली, किंतु मैनेजर भला आदमी था, उसने पड़ोस के एक लॉज का पता बता दिया। वहाँ चवन्नी रोज पर एक बड़े कमरे में बिस्तर डालने की जगह मिल गई।

इसके बाद प्रदीप के घर पहुँचे। स्वाभिमान के कारण उनसे यह नहीं कह सके कि काम की तलाश में आए हैं। बहाना कर दिया चाँदी बेचने आए हैं। प्रदीप ने पुराना नेह-नाता निभाया, आग्रह करके उनके साथ जाकर उनका बिस्तर अपने यहाँ ले आए। वह विले पार्ले (पश्चिम) में कृष्ण कुंज में रहते थे। स्वाभिमान ने इस बात की इजाजत नहीं दी कि अपने भोजन का खर्च का भार उनके ऊपर डालें। उनके साथ जब होटल में भोजन करने गए तो 5 रुपए में 15 दिन के भोजन के टिकट अपने लिए खरीद लिये। कुछ दिन बाद उसी बिल्डिंग में 15 रुपए माहवार का एक कमरा खाली हुआ। उसे ले लिया।

पर्स के पैसे दिन पर दिन छीजते जा रहे थे। नौकरी के लिए किससे कहें,

कैसे कहें। स्वाभिमान आड़े आता था। उतने बड़े नगर में निपट अकेले, आधारहीन। हारकर दो-एक जगह नौकरी के लिए गए तो टका-सा जवाब मिला। लौटकर खूब रोए। किस मुँह से लखनऊ वापस जाएँ। मन पागलों की तरह बार-बार पुकार उठता था—प्रभु अब क्या होगा ? मेरी रक्षा करो, प्रभु। बंबई में पहली होली आँसुओं की गंगा में डूबकर बिताई।

प्रदीप बॉम्बे टाकीज में थे। एक दिन कुछ व्यंग्य के स्वर में दूसरे हिमांशु राय बनने की महत्त्वाकांक्षा रखनेवाले युवा फिल्मी अभिनेता किशोर साहू द्वारा बॉम्बे टॉकीज से नाता तोड़कर और धन-कुवेर रामनाथ डागा तथा उनके युवा साहित्य प्रेमी भतीजे द्वारकादास डागा की अतुल धनराशि का सहारा लेकर बॉम्बे टाकीज की प्रतिस्पर्धा में नई फिल्म कंपनी इंडिया आर्टिस्ट लि. खड़ी करने की कथा सुनाई।

अमृतलाल को राह दिखाई पड़ी। डागा बंधुओं के नाम से परिचित थे। *चकल्लस* के ग्राहक थे। उनसे मिलने में नाक नीची नहीं होगी क्योंकि *चकल्लस* संपादक व प्रकाशक के रूप में उनके एक हिंदी प्रेमी होने के नाते मिलने जाएँगे। डागा बंधुओं ने उनकी बड़ी आवभगत की। द्वारकादास डागा से मित्रता हो गई। वह गद्य-गीत लिखते थे। उन्होंने अपनी कॉपी दिखाई। अपने गद्य-गीतों के प्रकाशन के लिए उत्सुक थे। एक दिन अपनी इंडिया आर्टिस्ट लि. दिखाने ले गए। उसकी पहली फिल्म 'बहूरानी' की शूटिंग चल रही थी। किशोर साहू उसके निर्माता, प्रधान अभिनेता, निर्देशक और कहानी लेखक थे। सेट पर उनसे परिचय हुआ। अमृतलाल ने सेट पर बोले जा रहे एक डायलॉग में कुछ संशोधन सुझाए। कहा—डायलॉग इस तरह न होकर, इस तरह हो तो मजा आ जाएगा। किशोर साहू को संशोधन पसंद आया, डायलॉग बदल दिया। द्वारकादास डागा पर भी उनके फिल्मी ज्ञान का प्रभाव पड़ा।

अमृतलाल इंडिया आर्टिस्ट लि. में नौकरी चाहते थे, पर मुँह से कह नहीं सकते थे। किशोर साहू से परामर्श करके द्वारकादास डागा ने उनको इंडिया आर्टिस्ट लि. में सिनेरियो तथा संवाद लेखक के रूप में सम्मिलित हो जाने का निमंत्रण दिया। अंधा क्या चाहे, दो आँखें। अमृतलाल को बंबई में पैर टिकाने की जगह मिली। उस समय तक फिल्मी दुनिया में फ्रीलांसिग का जमाना नहीं शुरू हुआ था। सभी आर्टिस्ट मासिक वेतन पर कार्य करते थे। प्रदीप भी बॉम्बे टाकीज में मासिक वेतन पर थे। द्वारकादास डागा ने कुछ संकोच के साथ पूछा आप क्या लेंगे। उस समय प्रदीप को 200 रुपए मासिक मिलते थे। उन्होंने वही रकम कह दी। बाद में सोचने लगे, यदि मैं अधिक माँगता तो अधिक मिल जाते।

पिता के स्वर्गवास के छह साल बाद पहली वार वँधी आमदनी का जरिया निकल आने से अमृतलाल के मन ने गहरे संतोष की साँस ली। उस समय 200 रुपए मासिक वेतन एक सम्मानजनक वेतन माना जाता था। उनके दादाजी को भी इतना ही वेतन मिलता था। मन में लगा बंबई के लिए घर से निकल पड़ना

उनकी सनक नहीं, ईश्वरीय प्रेरणा थी। निश्चय किया कि बंबई में केवल जिंदा रहकर काम करने के लिए अपने खर्च के वास्ते 50 रुपए रख लेंगे, बाकी 150 रुपए घर भेज देंगे। नौकरी लगने के बाद मुझे लिखा, 'फिल्म लाइन में कुछ हो या न हो, मुझे और कहीं भी 200 रुपए नहीं मिल सकते। भविष्य में इससे भी अच्छी आय की आशा भी इसी लाइन में ही कर सकता हूँ। ज्ञान, यदि 50 रुपए मासिक में परिवार की गुजर हो सकती तो न भटकता। दो पीढ़ियों से स्टैंडर्ड ऑफ लिविंग हाई रहा है—कहाँ तक नीचे लाऊँ और बाबूजी के स्वर्गवास के बाद भाभी (माँ) और चि. रतन और चि. मदन ने कष्ट ही उठाया है। यह बात मेरे लिए बड़ी दुखदायी है। किसी तरह भी उनको सुखी बना सकूँ—मेरे जीवन का यही लक्ष्य है। इन छह बरसों में हर तरह से घर का पैसा ही खाया है, बरबाद भी हुआ है, बाहर कर्जदारों में थोड़ा बहुत डूबा भी है। ज्ञान, यह सब मैंने उस पवित्र थाती में से खर्च किया है जो मेरे भोले-भाले आज्ञाकारी छोटे भाइयों की है, जिन्होंने पिताजी के बाद सदैव मुझे उन्हीं की तरह माना है। ज्ञान, जब तक उनकी यह रकम पाई-पाई न चुका दूँगा मुझे किसी तरह भी चैन नहीं मिल सकता, परिस्थितियों ने कई बार मुझे उन्मत्त बनाकर आत्महत्या करने के लिए भी प्रेरित किया, एक बार तो पूरी तरह से तैयारी भी कर चुका था, परंतु इसी कारण से मैं मर भी नहीं सकता, और न उस समय तक मरना ही चाहता हूँ जब तक यह कर्ज अदा न कर दूँ। ईश्वर से यही प्रार्थना करता हूँ कि किसी तरह वह मुझे सुर्खरू करे।

हाँ, अब तो मैं हर महीने ही कम-से-कम चालीस-पचास रुपए कमाने का मसाला लिखा करूँगा। मैं चाहता हूँ कम-से-कम 200 रुपए प्रति मास घर भेजूँ। 100 रुपए खर्च के लिए और 100 रुपए अपना कर्ज उतारने के लिए। मैं तो अकेला यहाँ 50 रुपए में मजे से गुजर कर लूँगा। इससे कम में नहीं हो सकती।'

बंबई में शुरू में अमृतलाल का एक टाइप जीवन बीता। कोई ऐसा साथी नहीं था जिससे जी की बातें कर सकें। जमीन पर सोते थे, होटल में खाते थे, लोकल ट्रेन में बैठकर स्टूडियो जाते थे। कभी-कभी अवकाश मिलने पर जुहू के समुद्र तट पर चार-पाँच मील की सैर कर आते थे। थोड़ा बहुत पढ़ते भी थे।

2

बंबई से अमृतलाल ने मुझे जो पहला पत्र लिखा उस पर लिबर्टी लॉज का पता था। लिबर्टी लॉज में संत-स्वभाव के एक गुजराती सद्गृहस्थ दशरथलाल जोशी रहते थे। उन्हें देखकर अमृतलाल को गालिब की पंक्तियाँ याद आ गई थीं—

बस कि दुश्वार है हर काम का आसाँ होना।
आदमी को भी मयस्सर नहीं इनसाँ होना।

दशरथलाल भाई सच्चे इनसान थे। एक जमाने में रंगून में ठेकेदारी करके धनोपार्जन किया। उसका एक बड़ा भाग बंबई में मकान बनवाने और एक विशाल पुस्तकालय स्थापित करने में खर्च कर दिया। सच्चे विद्यानुरागी थे। लोगों के घर-घर जाकर उन्हें पुस्तकें पढ़ने की प्रेरणा ही नहीं देते थे, अपने पुस्तकालय की पुस्तकें भी पढ़ने को दे आते थे। उनके निवास पर आएदिन साहित्यिक, सांस्कृतिक और राजनीतिक आयोजन होते रहते थे। बहुधा आयोजनकर्ता उनके निवास पर सभा करने के लिए अनुमति भी नहीं लेते थे। लोगों ने उनके निवास का नाम *लिबर्टी लॉज* रख दिया था। अमृतलाल ने बंबई प्रवास में उनके पुस्तकालय का सदुपयोग करके गुजराती साहित्य के वरेण्य लेखकों की अनेक पुस्तकें पढ़ीं। गुजराती का पहला उपन्यास *करण चेलो* तथा गोवर्धनराम त्रिपाठी का *सरस्वती चंद्र* मूल में पढ़ा। महाकवि नर्मद के जीवन और काव्य पर परिचय प्राप्त किया।

बंबई के पॉकेटमारों का पहला अनुभव प्राप्त किया। फोर्ट में जेब कट गई। चर्चगेट स्टेशन पर टिकट खरीदने के लिए जब पॉकेट में हाथ डाला तो पाँचों उँगलियाँ पॉकेट के बाहर निकल आईं। किसी कारीगर ने अपने हाथ की सफाई दिखाई थी। चर्चगेट स्टेशन से रेलवे लाइन के किनारे-किनारे घर तक पैदल आए। बंबई की चालों की जिंदगी का अनुभव प्राप्त करने के लिए एक चाल में पाँच रुपए महीने पर एक खोली (कोठरी) किराए पर ली। स्कूल की इतिहास की पुस्तकों में कलकत्ते की काल कोठरी का जो वर्णन पढ़ा था, उसी लंबाई-चौड़ाई की कोठरी में एक पूरे परिवार का निवास। 30-35 बरस की उम्र तक 8-10 बच्चे-कच्चे हो जाते हैं। आधे मर जाते हैं। रात में उन्हीं बच्चों की कुलबुलाहट के बीच पति-पत्नी का मिलन होता है और नए बच्चे का बीज-वपन ! सुबह पतिदेव मिल की मजदूरी करने चले जाते हैं, श्रीमतीजी भोजन बनाकर दिन के 12:30 बजे मिल के फाटक पर भाँपू बजने की प्रतीक्षा करती हैं। उस समय मिल के फाटक पर मेला लगा रहता है। श्रीमानजी खाने की छुट्टी में मिल से बाहर आते हैं, श्रीमतीजी उन्हें खाना खिलाती हैं, दो-चार घरेलू बातें होती हैं, फिर घर लौट जाती हैं। अगर तबियतदार हुईं तो किसी पड़ोसी से आँखें लड़ाती हैं। पति की अनुपस्थिति में पड़ोस की कोठरीवाले यार की कोठरी में जाकर जिंदगी की बोरियत दूर करती हैं, इस भाव से जैसे वह भी रोज की रोटी पकाने जैसा कोई बेलुत्फ का जरूरी काम हो। चाल की कोठरियों के आगे बरामदे में लड़कों की चिल्ल-पों, गोटियों का खेल, बंबे और पाखाने के लिए झगड़े, तर और खुश्क हँसी।

अमृतलाल दरी और तकिया लेकर चाल में कम-से-कम एक सप्ताह रहकर वहाँ की जिंदगी का अध्ययन करने के विचार से गए थे। रात में कोठरी के फर्श की सीलन से कमर अकड़कर तख्ता हो गई। चूहों की फौज ने शरीर की बोटियाँ नोच लेने की धमकी दी। एक गोरे-चिट्टे सेठ टाइप के आदमी को अपने पड़ोसी के रूप में देखकर चालवाले उन्हें इस प्रकार देख रहे थे जैसे लोग चिड़ियाघर के

जानवरों को देखते हैं। सुबह वहाँ का पाखाना-बंबा कांड का दृश्य देखा तो उलटे पैर टैक्सी करके अपने निवास पर वापस लौट आए।

बंबई की फिल्मी दुनिया के खट्टे-मीठे अनुभवों के आधार पर मन में 6 स्केच लिखने का विचार उदित हुआ, (1) उम्मीदवार—बेचारे वे जो हजारों मील से एक भ्रांत धारणा लेकर बंबई में एक्टर बनने के लिए आते हैं और जीवन तबाह कर लेते हैं। (2) एक्सट्रा—जो बेचारे किसी तरह फिल्म इंडस्ट्री में घुस तो जाते हैं, यदा-कदा एकस्ट्रा का रोल मिल जाता है, परंतु पेट भरने लायक पैसा भी नहीं कमा पाते। (3) स्टार—एक फिल्मी हीरो की स्टडी। (4) जानेजहाँ—लाखों नौजवानों के दिल की धड़कन बन जानेवाली फिल्मी हीरोइन की अंतरंग झाँकी। (5) पंडितजी उर्फ मुंशीजी—फिल्मों के कहानी तथा संवाद लेखक। निन्यानवे प्रतिशत विदूषक एक प्रतिशत साहित्यिक। सेठ को शीशे में उतारकर अपनी *इस्टोरी* बेच लेने के फन में उस्ताद। तथा (6) बकरा—पैसेवाले, मूर्ख, फिल्म कंपनी के मालिक।

अपने एक पत्र में अमृतलाल ने अपने बंबइया जीवन की झाँकी प्रस्तुत की—'दिनचर्या यह रहती है। सवेरे उठा, कमरे की सफाई की। नहाया-धोया, चाय पी और काम करने बैठ गया। दिन में जरूरी हुआ तो डागाजी के यहाँ गया, वरना अपना काम करता रहा। तीन बजे के करीब कपड़ों में साबुन लगाया, सुखाया। फिर शाम को किशोर के यहाँ चला गया। बातें कीं, नौ बजे रात तक घर लौटा। एक घंटा-डेढ़ घंटा कुछ पढ़ा, फिर सो गया। अक्सर रात में नींद नहीं आती तो जागता रहता हूँ। कभी कमरे में टहलता हूँ, कभी लेटा रहता हूँ। सोचा करता हूँ, अपनी-पराई सभी प्रकार की बातें।

सोचता हूँ, मेरा जीवन कितना अनिश्चित और भविष्य अंधकारमय है। नियति बरसों से मेरे साथ खिलवाड़ कर रही है। यह मैं मानता हूँ, परमात्मा ने हमेशा मेरी लाज रखी है, मेरी रक्षा की है। लेकिन भाई, इस लुका-छिपी के खेल से ऊब गया हूँ। उम्र से पहले मन बूढ़ा हो गया, दिमाग बूढ़ा हो गया। जवानी में उमंगों की आँधी हर दिल को घेरे रहती है। जी खोलकर हँसने की तबियत मेरी भी बहुत होती है, मगर चिंतायुक्त मन कभी भी साथ नहीं देता। एक बार गृहस्थी का तार ठीक-ठीक जम जाए। सब काम अपने आप ही क्रम से इत्मीनान के साथ होने लगें, मुझे हर बात की चिंता न करनी पड़े। बस, यही तो मेरी तमन्ना है। ज्ञान ! मेरा सुख और संतोष तो इसी में है कि माँ, चि. रतन और चि. मदन—इन्हें मैं सुख से देख सकूँ। मेरे बच्चे सुखी रहें। (अमृतलाल उस समय तक दो पुत्र और एक पुत्री, तीन संतानों के पिता बन चुके थे) सच ! अब तो, जानते हो, मैं बुजुर्ग हूँ। मेरी खुशी इसी में है कि मैं इन्हें खुश रख सकूँ। मेरी जिम्मेदारी तब और भी बढ़ जाती है जब मेरे दोनों भाई अपना सुख-दुख सबकुछ मुझ पर ही भरोसा कर छोड़े हुए हैं। ज्ञान, दिल से इन बच्चों के लिए आशीर्वाद निकलता है। ईश्वर से यही प्रार्थना करता हूँ—प्रभु ! इन सबको सदैव सुखी रखो।

'एक बोझ लदा बनजारा भटककर खुद ही रेगिस्तान मे आ फँसा। चलते-चलते अब वह थककर चूर हो चुका है। अपनी गलती पर पश्चात्ताप कर रहा है। और चाहता है, कहीं भी ऐसी जगह मिल जाए जहाँ वह बोझ उतार दे, कमर सीधी करे और तनकर खड़ा हो सके। दूर पर बालू के टीले उसे मृग-मरीचिका के समान आगे ही बढ़ाते चले जाते हैं। सिर्फ इसी एक आशा, इसी एक कामना पर, गर्द-गुबार से भरी धुँधली आँखों से आगे देखने की कोशिश करता हुआ, हाँफता, अलसाता, मगर आगे की ओर बढ़ता चला जाता है। ईश्वर से प्रार्थना करो ज्ञान, अब उसे विश्राम मिल सके। क्या एक गलती का दंड जीवन भर भुगतना पड़ता है ? और वह गलती जो अल्हड़पन और नादानी से हो गई। (*चकल्लस* का प्रकाशन) नहीं, नहीं, ईश्वर इतना अन्यायी नहीं है, ज्ञान। वह उसे अवश्य ही, शीघ्र ही आराम देगा। तुम भी उसके लिए प्रार्थना करो, मैं भी करता हूँ।'

3

लेकिन अमृतलाल को अभी आराम बदा नहीं था। अभी जीवन की चक्की में और अधिक तपना था।

बंबइया फिल्मी दुनिया में पैर टिकाने की जगह मिलने के बाद अमृतलाल ने सिनेरियो लेखन तथा संवाद लेखन के फन में महारत और कमाल हासिल करने के लिए सख्त मेहनत की। फिल्मी आर्ट के दो उम्दा जानकार किशोर साहू और महेश कौल उनके साथी बने। दोनों सुशिक्षित परिवार के थे, नागपुर के रहनेवाले थे, बाल्यबंधु थे। महेश कौल नागपुर में ज्वाला बैंक के मैनेजर थे। किशोरावस्था से सिनेमा क्षेत्र में कार्य करने की आकांक्षा थी। फिल्म शास्त्र का गहन अध्ययन किया था। किशोर साहू उन्हें अपना सहयोगी और फिल्मी पथप्रदर्शक बनाकर इंडिया आर्टिस्ट में ले आए थे।

किशोर साहू के पिता कन्हैयालाल साहू अंग्रेजी के सुलेखक थे, साहित्यिक अभिरुचि के व्यक्ति थे। उनके यहाँ शाम को चारों व्यक्तियों की गोष्ठी जमती थी। किशोर के परिवार में घुल-मिलकर अमृतलाल के मन को सुख मिलता था। किशोर की माँ में उन्हें अपनी ममतामयी माँ के दर्शन होते थे।

किशोर साहू ने बॉम्बे टाकीज में रहकर हिमांशु राय से एक अच्छी आदत सीखी थी। फिल्म की स्क्रिप्ट तैयार होने के समय वह एक-एक सीन, एक-एक डायलॉग पर जमकर बहस करते। ऐसा न होकर ऐसा हो तो कैसा हो, सभी कोणों से बारीकी से विचार होता। किंतु एक बार स्क्रीन प्ले और डायलॉग लिख जाने के बाद वह फिर उसमें कोई परिवर्तन नहीं करते थे।

किशोर साहू और महेश कौल में एक अंतर था। किशोर साहू अपने में सीमित रहते थे। महेश कौल में यह कांप्लैक्स नहीं था। किशोर साहू एक क्षण के लिए

इस बात को भुला नहीं पाते थे कि वह स्टार हैं। उनके लिए संभव नहीं था कि वह सिनेमा हॉल में बॉक्स या बालकनी से नीचे किसी दर्जे में बैठकर फिल्मी दर्शकों की प्रतिक्रियाओं का अध्ययन करें। अमृतलाल और महेश कौल सहज भाव से साढ़े चार आनेवाले दर्जे से लेकर तीन रुपए बारह आनेवाले दर्जे में बैठकर सभी श्रेणियों के दर्शकों की प्रतिक्रिया जान लेते थे। अमृतलाल ने फिल्मों से सीखा कि दर्शक ही फिल्म का खुदा होता है, वह फिल्म का भाग्य निर्णय करता है। बाद में अमृतलाल ने यही सिद्धांत साहित्य पर भी लागू किया। वह अपने पाठक को ही अपना परमेश्वर मानते थे।

महेश कौल फिल्म शास्त्र में ही नहीं, हिंदी, मराठी तथा अंग्रेजी साहित्य में भी अच्छी गति रखते थे। उन्हीं की भाँति पढ़ाकू थे, इसलिए धीरे-धीरे उनके साथ अमृतलाल की यारी बढ़ती गई। वह शिवाजी पार्क में कैडल कोर्ट में रहते थे। कैडल कोर्ट एक नई चार मंजिली इमारत थी। वह उसके पूरब की दिशा की तीसरी मंजिल पर दो कमरों के फ्लैट में ठाट-बाट से रहते थे। उनके साथ गप-शप में रात में दो-तीन बज जाते, अमृतलाल अपने निवास कृष्ण कुंज न लौट पाते। उन्हीं के यहाँ सो जाते। उनकी अंतरंगता बढ़ने पर दोनों मित्र अनुभव करने लगे कि उनके फ्लैट में एक कमरा फालतू है। उन्होंने आपस में कमरा और किराया बाँट लिया। अमृतलाल 15 जून को कृष्ण कुंज छोड़कर कैडल कोर्ट में आ गए। दोनों कमरों में अलग-अलग बाथरूम थे, इसलिए फ्लैट बाँट लेने से दोनों को कोई असुविधा नहीं हुई।

सप्ताह भार बाद 21 जून को इंडिया आर्टिस्ट की बनी पहली फिल्म *बहूरानी* बंबई में प्रदर्शित हुई दादा साहब फाल्के ने उसका उद्घाटन किया। इस फिल्म में अमृतलाल का योगदान नगण्य था। किंतु उसके बाद इंडिया आर्टिस्ट की जो दूसरी फिल्म *घोंसला* विज्ञापित हुई थी, वह अमृतलाल की फिल्म थी। उसकी कहानी की मूल परिकल्पना उन्होंने की थी। फिल्म हास्य प्रधान थी वह तीन कलाकारों—लेखक, गायक और चित्रकार के जीवन पर आधारित थी। उनकी कल्पित कहानी में इतने परिवर्द्धन-परिवर्तन किए गए थे कि उसमें कहानी लेखक के रूप में अपना नाम देने की इच्छा मर गई थी। उस पर संवाद लेखक के रूप में पहली बार उनका नाम फिल्मी पर्दे पर आनेवाला था। उन्होंने उसके संवाद लेखन में कड़ी मेहनत की थी और उनकी फिल्मी संवाद लेखन कला का जौहर पहली बार फिल्म जगत् में प्रदर्शित होनेवाला था।

फिल्म की स्क्रिप्ट पूरी करने के बाद अमृतलाल जुलाई के अंत में दो दिन के लिए लखनऊ आए। उनके बंबई चले जाने के बाद उनकी सास प्रतिभा और बच्चों के साथ आगरा वापस चली गई थीं। उनकी माँ और दोनों भाई झाऊ आश्रम छोड़कर अब इलाहाबाद बैंकवाली कोठी में आ गए थे। अमृतलाल पत्नी और बच्चों से मिलने दो दिन के लिए आगरा गए और वहीं से बंबई चले गए, फिल्म की

शूटिंग की तारीख तय हो चुकी थी, इसलिए उन्हें बंबई लौटने की जल्दी थी।

किंतु *घोंसला* की शूटिंग की नौबत नहीं आई। *बहूरानी* इंडिया आर्टिस्ट की पहली और अंतिम फिल्म सिद्ध हुई। कंपनी के मालिक और निर्माता में झगड़ा हो गया और कंपनी टूट गई। कुछ कुचक्रियों ने द्वारकादास डागा और किशोर साहू में मनमुटाव करा दिया। कंपनी का प्रबंध सेठ के हाथ में था। अतएव निर्माता के सभी आदमियों को नोटिस दे दिया गया। महेश कौल को भी नोटिस मिल गया। अमृतलाल की नियुक्ति सेठ ने की थी, उनकी नौकरी बरकरार रही, लेकिन स्थिति बेकार जैसी हो गई। पगार अनिश्चित हो गई। अमृतलाल का आत्मसम्मान गवारा नहीं करता था कि पगार लेने के लिए सेठ की कोठी पर जाएँ। स्वाभिमानी निराला कहा करते थे–*हाथ हमेशा अस रखे* और हथेली उलट देते थे। इसके बाद हथेली सीधी करके कहते थे–*अस न रखे*। अमृतलाल की भी यही आदत थी। सेठ की गाड़ी जब कभी आ जाती, वह उनके यहाँ चले जाते। उनके यहाँ राजसी भोजन ही नहीं होता, लौटते समय वह उनकी जेब में नोटों का लिफाफा भी डाल देते थे। अमृतलाल सौ रुपया घर भेजे देते थे, सौ रुपए अपने खर्च के लिए रख लेते थे। उसी रुपए में दोनों मित्र अपना खर्च चलाते। जब-तब महेश के घर से भी कुछ रुपया आ जाता। जब हाथ में रुपया रहता खर्च के लिए मुट्ठी खुली रहती, जब रुपया न होता तो मुट्ठी बँध जाती।

जैसे-जैसे बेकारी के दिन लंबे होते गए, वैसे-वैसे आठों याम एकादशी की नौबत आने लगी। कड़की के दिन दोनों मित्र आधे पेट रहकर काटते। सुबह एक कप चाय और चार स्लाइसें। शाम को तीन आने में सस्ते मराठी भोजनालय का आधा प्लेट मोटा चावल, जिसे पानी की घूँटों से पेट में उतारना पड़ता था। महेश दिन में पचीसों सिगरेट फूँक देते थे। अब एक पैसे की आठ बीड़ियाँ खरीद लेते थे। उसी से अपनी सिगरेट की तलब मिटाते थे। अमृतलाल दो-तीन बीड़ियों की तमाखू निकाल लेते थे। बीड़ीवाला चूना मुफ्त में दे देता था। उसी सुरती-चूने की फँकी से अमृतलाल अपनी पान की तलब मिटाते थे।

डागा परिवार बीकानेर का निवासी था। सेठ साल में एक-दो बार देश चले जाते थे। उनके देश चले जाने पर अमृतलाल की पगार बंद हो गई और उनकी स्थिति महेश की भाँति बेकार जैसी हो गई। दोनों मित्रों ने खर्च घटाने के लिए एक ही कमरे में गुजर कर लेने का निश्चय किया। दूसरा कमरा मकान मालिक से कहकर किराए पर उठा दिया गया। उसमें एक दंपत्ति आकर रहने लगे। दोनों के बीच एक पाँच बरस का लड़का था जिसे माँ लूलू पुकारती थी। पति-पत्नी भद्रकुल के थे। पति बंबई में एक जर्मन फर्म में क्लर्की करता था। लड़ाई छिड़ने पर भारत स्थित जर्मन फर्मों में ताले पड़ गए, पति बेकार हो गया। उसने नौकरी की तलाश में सारी बंबई की खाक छान डाली, मगर भाग्य ने साथ नहीं दिया। दोनों मित्र एक दिन यह देखकर सन्न रह गए कि अरबों-खरबों की माया से जगमगाती

महामोहमयी बंबई महानगरी में एक भद्रकुल की महिला बेकारी की राक्षसी से पीड़ित अपने परिवार का पेट पालने के लिए अपने पति के आदेश से संसार का एक सबसे पुराना पेशा—वेश्यावृत्ति अपनाने के लिए विवश हो गई। अपने पड़ोस में चकला चलता देखकर दोनों मित्रों का संस्कारी मन घिन से भर उठा। उनके लिए अब उस फ्लैट में रहना दूभर हो गया। वे काम की तलाश के साथ-साथ दूसरे फ्लैट की तलाश में लग गए।

4

दीवाली पर अमृतलाल ने लगभग डेढ़ महीने की छुट्टी लखनऊ और आगरा में बिताई। इलाहाबाद भी आए। मैंने देखा, वह बहुत दुर्बल हो गए। भूख बिलकुल मर गई थी। शारीरिक दृष्टि से ही नहीं, मानसिक रूप से भी अस्वस्थ थे। आगरा के एक वैद्यजी का इलाज कर रहे थे। उन्होंने कम-से-कम छह महीने दवा खाने को कहा था। मैंने अपने मित्रधर्म का पालन करते हुए उन्हें सलाह दी कि वे अपने स्वास्थ्य का खूब ध्यान रखें और अपने मन को सृजनात्मक लेखन में लगाकर उसे स्वस्थ बनाएँ। अच्छा होगा कि एक उपन्यास मन में डाल लें। मैंने उनसे आग्रह किया कि उसका श्रीगणेश मेरे घर में कर दें। उन्हें बोलकर लिखाने की आदत पड़ गई थी। मैंने उनसे कहा, मैं लेखक बनने को तैयार हूँ। दिन भर लीडर प्रेस में वाचस्पति पाठक के साथ हा-हा ठी-ठी और साहित्यिक गपाष्टकों में समय बिताने के बाद रात के एकांत में जब वह पलँग पर लेटे तो उनके अंदर का रचनाकार जागा।

आगरा में उनके ससुराली मकान के सामने एक सेठ सुर्रोमल रहते थे। नाम सूरजमल था। जैनी थे। उनके छोटे नाना के लँगोटिया यार रहे चौबेजी के साथ अपने तरकैटी में बीते जीवन की कितनी कहानियाँ उनके मुख से सुन आए थे। वह उन्नीसवीं शताब्दी के जवान और बीसवीं शताब्दी के बूढ़े थे। उनके बचपन में हिंदुस्तान का नक्शा लाल रंग में रँग चुका था, परंतु पुराने हिंदुस्तान की जिंदादिली अभी मरी नहीं थी। उन्होंने अपनी दुनिया दो हिस्सों में बाँट रखी थी—खुसकैट और तरकैट। ये दोनों शब्द उनकी और चौबेजी की ईजाद थे। खुसकैट यानी खुश्क मिजाजवाला। उससे उलटा तरकैट यानी तर मिजाजवाला, रसिक, रंगीन तबियतवाला, मौज-मस्ती में जीवन बितानेवाला। पुराने जमाने की याद करके अकसर कहा करते थे—भैयो, दुनिया साली खुसकैट हो गई है। वो रंगीनियाँ और तरकैटी रही ही नहीं। हाय रे प्यारे, वो जमाने !

उनकी डिक्शनरी में एक और शब्द था—फौक्स, जिसका इस्तेमाल वह खूब करते थे। अंग्रेजी शब्द 'फॉक्स' का अर्थ लोमड़ी होता है। हिंदुस्तान में जो अंग्रेज आए वे लोमड़ी की तरह चालाक जरूर थे। लोमड़ी में शूरवीरता नहीं होती, वह चालाकी से अपना काम निकालती है, किंतु उनकी डिक्शनरी में यह शब्द कैसे

खुसकैट का पर्यायवाची बन गया था, यह कहना कठिन है। वह अकसर जिस व्यक्ति को नापसंद करते थे उसे 'फौक्स' कह देते थे। उनकी डिक्शनरी में और बहुत से शब्द थे जिनका इस्तेमाल वह अपने ढंग से करते थे। एक शब्द था 'गैंडा'। इसका अर्थ उन्होंने सिंहपुरुष से कैसे जोड़ लिया था, यह बताना कठिन है। इसका इस्तेमाल वह अकसर चौबेजी के लिए और अपने लिए प्रशंसा भाव में करते थे। उन्होंने अपनी बोली में अंग्रेजी के बहुत से शब्दों का अपने ढंग से कायाकल्प कर दिया था—जैसे गोट-मेनी (गुडमार्निंग), अई योप डैमफूल, सरवेंटी, माडरेटी, टीचरी, थैंकू, जंट-मजिस्टर, कोरट आदि-आदि।

वह अपनी ही मस्त, रंगीन तबीयत के गुलाम थे, उनका दिल बुढ़ापे में भी उनकी कजरारी आँखों में झाँकता था। इस कैरेक्टर ने अमृतलाल को बहुत इंसपायर किया था। लखनऊ में जब राजू और गोविंद को इस कैरेक्टर के बारे में बताया गया था, सेठ सुर्रोमल के किस्से सुनाए थे तो दोनों 'वाह-वाह' कर उठे थे। अतएव जब मैंने उनसे अपने उपन्यास का श्रीगणेश मेरे घर पर कर देने का अनुरोध किया और कागज कलम लेकर डिक्टेशन लेने के लिए बैठ गया तो यही कैरेक्टर उनके ध्यान में साकार होकर उतर आया और उन्होंने लगभग डेढ़ घंटे में फुलस्केप साइज के रूलदार कागज के 8-9 पेज डिक्टेट करा दिए। दूसरे दिन रात में भी लगभग इतने ही पेज डिक्टेट कराए और बोले—अब यह उपन्यास रुकेगा नहीं। उन्होंने मुझे वचन दिया—यह उपन्यास अवश्य पूरा कर देंगे। उनकी आदत थी कि उपन्यास की पांडुलिपि पर आरंभ करने की तिथि तथा स्थान नोट कर देते थे। बहुधा घंटा और मिनट भी ठीक उसी प्रकार नोट करा देते थे जिस प्रकार कोई पिता अपनी संतान का जन्म होने पर उसकी जन्मतिथि समय सहित नोट कर लेता है। उनके कहने पर मैंने पांडुलिपि के प्रथम पृष्ठ पर बाएँ कोने पर लिपिक के रूप में अपना नाम, पता—88 के.पी. कक्कड़ रोड़, इलाहाबाद तथा तिथि 23 नवंबर, 1940 नोट कर दी। मेरे घर पर 23 और 24 नवंबर को उपन्यास के 18 पृष्ठ लिखाने के बाद लखनऊ जाकर उसमें एक पृष्ठ और जोड़ा।

दिसंबर के तीसरे सप्ताह में बंबई वापस लौटने पर उनके सेठ ने दो महीने की पगार एक साथ भेज दी, इसलिए कुछ दिन सुख में बीते। उन्होंने उपन्यास में 20 पृष्ठ अपने हाथ से लिखकर और जोड़े। उसका नाम 'गैंडे' रखने का विचार किया। उसे किशोर साहू, महेश कौल, रामनाथ डागा और द्वारकादास डागा को सुनाया और उनकी वाहवाही पाई।

उन्होंने और महेश कौल ने कैडल कोर्ट का कमरा छोड़ दिया और शिवाजी पार्क के दूसरे छोर पर सोनापुर (मरघटा) के पास 'माधव निवास' नामक एक, दोमंजिला बँगले का नीचे का सात कमरोंवाला हिस्सा किराए पर ले लिया। यह बँगला भूतिया बँगला के नाम से प्रसिद्ध हो जाने के कारण उसमें कोई रहने को तैयार नहीं होता था। मकान मालिक ऊपर की मंजिल पर रहते थे और बड़े भले

मानुस थे। कुछ दिन बाद महेश कौल के नागपुर के एक और मित्र तथा मराठी के प्रसिद्ध गीतकार राजा बढ़े भी उसी भूतिया बँगले में आकर रहने लगे। उनका छोटा भाई बकुल भी उनके पास आ गया। इस प्रकार उस भूतिया बँगले में चार भूतों का वास हो गया।

राजा बढ़े भी काम की तलाश में बंबई में आए थे। उनका मराठी नाटकों और रंगमंच से गहरा लगाव था। उनके सत्संग में अमृतलाल का मराठी साहित्यकारों तथा मराठी साहित्य से परिचय हुआ। उन्होंने ही उन्हें आचार्य अत्रे और मामा वरेरकर से मिलाया। मराठी नाटकों और फिल्मों के स्वनामधन्य निर्देशक एवं अभिनेता पार्श्वनाथ आल्तेकर से भी परिचय उन्हीं के माध्यम से हुआ।

बंबई लौटने पर अमृतलाल की मंदाग्नि फिर उमड़ आई। सेठ के देश में रहने से पगार फिर रुक गई थी। वह उनसे मिलने बीकानेर गए। वहाँ से लौटने पर हालत अधिक खराब हो गई। जनवरी के तीसरे सप्ताह में किशोर साहू अपने एक परिचित वैद्य से इलाज कराने के लिए उन्हें अपने साथ नागपुर ले गए। बेकारी से पीड़ित भूतिया बँगले में रहनेवाले चारों भूतों के दिन बड़ी फाकेमस्ती में कट रहे थे। बकुल सवेरे चार बड़े बन या ब्रेड ले आता। दुकानदार साथ में एक पुड़िया नमक और काली मिर्च का चूरा दे देता। शाम को बकुल दो आने के चार बड़े पराठे और दो पैसे की बटाटा (आलू) की तरकारी ले आता। इसी भोजन को आपस में बाँटकर और उससे संतोष कर अमृतलाल, राजा बढ़े और महेश कौल फिल्म चर्चा, साहित्य चर्चा, इतिहास, संस्कृति, योगदर्शन, भारत के नाट्यशास्त्र तथा पंडित राज जगन्नाथ के रस गंगाधर पर बहस में दत्तचित्त रहते और गप्पों में रात के दो-दो, तीन-तीन बज जाते।

अमृतलाल ने एक पत्र में मुझे लिखा—'ज्ञान, इस समय मैं तुम्हें विस्तारपूर्वक कुछ भी बताने में असमर्थ हूँ। मन की अवस्था ऐसी नहीं। आत्मीयों से दिल खोलकर बातें करने में एक लाभ होता है—मन को शांति मिलती है! सच ज्ञान, मेरी इच्छा होती है, अपना दिल तुम्हारे सामने खोल दूँ, मगर मजबूरी है। और यह मजबूरी बिना बात की है, इसलिए इसका बंधन और भी जटिल है। मैं प्रतीक्षा कर रहा हूँ, किसी दिन आत्मप्रकाश की एक छोटी सी किरण के आभास मात्र का दर्शन मुझे अवश्य मिलेगा। तभी मुझे कुछ शांति भी मिल सकेगी। उद्विग्न मन से न तो मैं कुछ कह ही सकता हूँ और न मेरा रोग ही दूर हो सकता है। हाँ, इतना अवश्य कह सकता हूँ कि आजकल मेरा मन बहुत उचाट है, मस्तिष्क स्थिर नहीं, चित्त अत्यधिक चलायमान है। यह भी संभव है कि यह दशा अपने चरम विकास पर पहुँचकर मुझे पागल बना दे अथवा फिर मुझे शांति तो निश्चय ही मिल जाएगी। भगवान् से मैं अपने लिए प्रार्थना कर रहा हूँ।

'उपाय अवश्य कर रहा हूँ। ऐतरेयोपनिषद्, तैत्तिरियोपनिषद्, श्रीमद्भगवत गीता, महर्षि कपिल का सांख्य दर्शन का अध्ययन किया और आजकल पतंजलि

का योगदर्शन पढ़ रहा हूँ। मुझे आजकल इनसे ही शांति मिल रही है। वह शांति जिसकी खोज में मैं था।...परंतु यह भी मैं जानता हूँ कि मैं अपने आपको धोखा दे रहा हूँ। मेरा मोह है—इन पुस्तकों के अतिरिक्त मैं और कुछ सोचना भी नहीं चाहता। डर लगता है ज्ञान, मेरा मन मुझे फिर खाने को दौड़ेगा। एक आदमी जैसे रात में श्मशान के निकट से गुजरता हुआ भूत-प्रेतादि के भय से यज्ञोपवीत अँगूठे में फँसाकर गायत्री मंत्र पढ़ता हुआ अपने को निरापद समझने लगता है और उस समय वह किसी भी गायत्री मंत्र और यज्ञोपवीत का सहारा नहीं छोड़ना चाहता, ठीक उसी प्रकार इन अमर ग्रंथों के परम पुनीत विचारों का सहारा मैं नहीं छोड़ना चाहता। अच्छा तो तब होगा जब मैं अन्य आपदाओं का सामना करते समय भी सुख-दुख से परे रह सकूँ। तभी सच्ची आत्मिक शांति मुझे प्राप्त होगी।

'मैंने इधर एक कहानी लिखी है—*मरघट के कुत्ते*। मराठी में मेरी दो कहानियों का अनुवाद हुआ है—*मरघट के कुत्ते* तथा *राजा, रानी और संतान*। मराठी साहित्यकारों ने मेरा सम्मान किया है। साहित्य महारथी मामा वरेरकर महोदय मेरे यहाँ अकसर आते-जाते रहते हैं। अभी नागपुर से मराठी के सुप्रसिद्ध विद्वान् एवं उपन्यास लेखक श्री गं.य. माडाखोलकर महोदय बड़ौदा में मराठी साहित्य सम्मेलन का अध्यक्ष पद ग्रहण कर चुकने के बाद आए थे। वे भी मुझसे मिले। इन लोगों से मिलकर तथा बातें कर मुझे बड़ी प्रसन्नता हुई। ऐसा जान पड़ता है, मराठी साहित्य मुझे शीघ्र ही अपना लेगा। इधर मैं मराठी भी सीख रहा हूँ। पुस्तकें आदि अब मजे से चला लेता हूँ। *मरघट के कुत्ते* मेरा विश्वास है, कम-से-कम अपने वातावरण के लिए ही अमर रहेगी। परंतु मेरा विश्वास है, मेरी मास्टरपीस रचना अभी दूर है।'

राजा बढ़े के दिन पलटे। एक फिल्म कंपनी में काम मिल जाने पर वह अपने कुटुंब के साथ 'सागर तरंग' में जाकर रहने लगे। महेश कौल को अपने साथ ले गए। भूतिया बँगले में अब अकेले भूत अमृतलाल रह गए। एक बार पैसों के अभाव में उन्हें चार दिन भूखा रहना पड़ा। उन दिनों सागर तरंग भी नहीं गए। जब राजा बढ़े को मालूम हुआ तो उनके ऊपर बहुत नाराज हुए।

5

मोहमयी बंबई की मायानगरी में अमृतलाल की पहली होली आँसुओं की गंगा में डूबकर बीती थी। दूसरी होली पर इंडिया आर्टिस्ट के टूट जाने से वह फिर से निपट अकेले और आधारहीन होकर भूख, गरीबी और बेकारी के झकोले खा रहे थे। किंतु जीवन की भट्ठी में तपकर उनका फूल-सा कोमल मन अब धीरे-धीरे फौलाद में ढलता जा रहा था और वह आपदाओं का सामना करते समय भी अपने को सुख-दुख से परे रखने का प्रयास कर रहे थे।

उन्होंने 13 मार्च को होली के दिन अपना नए वर्ष का लंबा-चौड़ा साहित्यिक प्रोग्राम बनाया। मुझे होली की शुभकामनाएँ देते हुए लिखा—'मेरी इच्छा है, इस वर्ष में *बाँकेमल (खुसकैट), घोंसला, खुदा का घर,* और *लूलू* ये चार उपन्यास तथा 11 कहानियों का एक संग्रह—*मरघट के कुत्ते* समाप्त कर डालूँ। मुझे पूर्ण विश्वास है कि मैं बा-आसानी से यह सब काम खत्म कर सकता हूँ। मगर भाई, मुझे कलम से ज्यादा अपनी जबान पर भरोसा है। इसका सबसे बड़ा कारण यह है कि मेरा दिमाग जिस तेजी से दौड़ता है, हाथ उस रफ्तार से नहीं चल सकता। बड़ा धीमा हाथ है मेरा। जल्दी-जल्दी लिखने की कोशिश करता हूँ तो हाथ थक जाता है। विशेषतया आजकल तो शारीरिक कमजोरी के कारण एक पत्र तक लिखने में मुझे कष्ट होता है। इस वक्त मैं बहुत कुछ लिख डालने के मूड में हूँ। नहीं लिख पाता, इस कारण से मेरी मानसिक उद्विग्नता और भी बढ़ती है। *बाँकेमल* के 19 पृष्ठ तुमसे डिक्टेट कराए थे। यदि स्टेनोग्राफर हो तो बाँकेमल पाँच घंटे का काम है। *घोंसला* फिल्म किन्हीं कारणों से स्थगित हो गई है। उसकी मूल कहानी जो मैंने सोची थी, हास्य रस के उपन्यास के लिए बड़ी सुंदर है। लगभग 200 पृष्ठ की खासी किताब उसपर हो सकती है। किस बोली में मैं उसे बहुत रोचक बना सकूँगा, यह भी सोच लिया है। उपन्यास का पूरा प्लैन मेरे दिमाग में है। डिक्टेट करने पर एक सप्ताह में समाप्त किया जा सकता है। *खुदा का घर* नए सिर से लिखना चाहता हूँ। *लूलू* अपने ढंग का हिंदी में पहला उपन्यास होगा। टेकनीक और थीम के विकास दोनों लिहाज से। बीस-बीस, पच्चीस-पच्चीस रोज की ये दोनों चीजें भी हैं।

'ओह ज्ञान, मैं कितना मजबूर हूँ ! बहुत कुछ लिखना चाहता हूँ—बहुत कुछ लिखना चाहता हूँ। अगले वर्ष से मैं दस पौराणिक और ऐतिहासिक उपन्यास लिखना चाहता हूँ—हर एक में नई टेकनीक, नई अदा, नई बात। मरने से पहले मैं 101 किताबें लिखना चाहता हूँ—यह मेरी कामना है। देखो, ईश्वर मुझे अपनी इस कामना को पूरा करने का मौका कब देते हैं।

मराठी साहित्य सर्वांगपूर्ण और भारत की इतर प्रांतीय भाषाओं के साहित्य में सर्वश्रेष्ठ है। मेरा अपना अनुभव तो यह कहता है कि बंगाल का साहित्य इसके पासंग में नहीं बैठेगा। मैं मराठी पढ़ रहा हूँ—मतलब यह कि मराठी साहित्य पढ़ रहा हूँ। शीघ्र ही मराठी के साहित्यकारों पर अपनी लेखमाला भी आरंभ करूँगा। हिंदी में कुछ भी नहीं हो रहा, ज्ञान मुझे दुख है। हिंदीवाले कब आँखें खोलेंगे। राष्ट्रभाषा हिंदी के सर्वश्रेष्ठ पत्र *माधुरी, सुधा, सरस्वती, चाँद* कोई भी उठा के देखिए, शर्म से गर्दन झुक जाती है। मौलिकता हमें छूकर भी नहीं निकली। मुझे बड़ा दुख है। जो लिख सकते हैं, लिखते नहीं, जैसे तुम। ज्ञान, क्या हमारी भाषा हमेशा इस तरह सोती पड़ी रहेगी। हमें, हिंदी साहित्य का कायाकल्प करना है। उसके लिए क्या कोई मुहूर्त आएगा, भाई। लिखो, सत्साहित्य की बड़ी आवश्यकता

है, ज्ञान !'

अमृतलाल ने अपने लंबे पत्र में अपने पाँच उपन्यासों की रूपरेखा भी लिख भेजी थी–

'(1) *बाँकेमल*–इनसे तो तुम परिचित ही हो।

(2) *अपाहिज*–यह नाम अभी अस्थायी है। उपन्यास पूरा हो जाने के बाद नामकरण करूँगा। तीन कलाकार–एक लेखक, एक गायक और एक चित्रकार। दुनिया इन्हें बेवकूफ समझती है और यह दुनिया को। आजकल हमारे कलाकारों में यह फैशन-सा हो गया है कि वह अपने को दुनियावाला नहीं समझते। कलाकार कलाकार है, आदमी नहीं। व्यावहारिक जगत् से तो स्वभावानुकूल अलग हो ही जाते हैं। कलाकारों की आवारा कही जानेवाली जिंदगी का चित्रण। एक स्लम क्वार्टर में रहते हैं। मकान मालिक लालाजी जोरू के गुलाम हैं और ललाइन अव्वल नंबर की लड़ाका, तेज-तर्रार। तीन-तीन, चार-चार महीने के किराए चढ़े रहते हैं। लाला इन कलाकारों को चाहते हैं, भाँग वगैरह का शौक है, गाने के भी प्रेमी हैं। मगर बीवी की झिड़की खाकर मजबूर होकर धोबी का गुस्सा गधे पर उतारते हैं।

'बेला एक ग्वालिन है–तीन कलाकारों की स्फूर्ति का केंद्र। यह लोग एक डूबती युवती तो बचाते हैं जो गर्भवती थी। रात को ही बच्चा होता है इनके यहाँ। व्यवहार-ज्ञान शून्य ये लोग बड़ी मुसीबत में पड़ जाते हैं। कलाकार वास्तविक जीवन में कितना बड़ा मूर्ख हो जाता है, बेचारा कुछ समझ नहीं पाता, सब कार्य कलाकार पूर्ण करने लगता है। दुनिया इन पर शक हमेशा ही करती थी और इससे यह बड़ी मुश्किल में पड़ जाते हैं। ललाइन अब तो इन्हें मकान में रखने के लिए राजी ही नहीं होती। लेकिन तमाम तकलीफें सहकर भी कलाकार किसी असहाय आश्रित को नहीं छोड़ सकता। अंत में तीनों कलाकार उस युवती के प्रेमी को, जो उसके बच्चे का पिता था, ढूँढ़ लेने में सफल हो जाते हैं। वह समाज तथा अपने पिता के भय से उस युवती से विवाह करने का साहस नहीं जुटा पाया था। दोनों का विवाह हो जाता है और खेल खतम, पैसा हजम।

'जैसा कि तुम जानते हो, यह कहानी इंडिया आर्टिस्ट की दूसरी फिल्म के लिए बनाई थी। उसका शीर्षक *घोंसला* रखा गया था, परंतु बाद में उसमें कुछ सस्ते किस्म के ऐसे परिवर्तन कर दिए गए कि मैंने उस पर कहानी लेखक के रूप में अपना नाम देने से इनकार कर दिया। मेरी मूल कहानी उपन्यास का आधार होगी।

'(3) *खुदा का घर*–एक मुफलिस कैपिटलिस्ट (पूँजीपति) और एक मजबूर वेश्या। जमाना बदल रहा है। सफेदपोश कैपिटलिस्टों की पोल-पट्टी, दिखावा, दुनियादारी, नाम, इज्जत, साख–जिनके पीछे इतने भूत पड़े रहते हैं। (अंग्रेजी में) मैं तुम्हें विश्वास दिला सकता हूँ कि *खुदा का घर* एक ऐसा उपन्यास होगा जिस पर हिंदीवाले गर्व कर सकेंगे।

'(4) *लूलू*—टेकनीक की दृष्टि से यह हिंदी का अनोखा उपन्यास होगा। बंबई की एक बिल्डिंग में दो लेखक रहते हैं और दूसरे पासवाले कमरे में एक परिवार जिसमें पति-पत्नी और उनका पाँच वर्ष का लड़का है—लूलू। मियाँ की नौकरी छूट गई है। मजबूरन वह बीवी के दलाल बने हैं। बीवी भी ज्यादा खूबसूरत नहीं कि घर में सोना भर दे। मजबूरी की बेबसी उनके चेहरों पर लिखी है। दोनों लेखक उस कमरे में कभी नहीं जाते। (इस उपन्यास का लेखक 'मैं' भी उस कमरे में कभी नहीं जाता।) लूलू सारे उपन्यास का आधार है। वह औरत भी इन लेखकों के कमरे में कभी नहीं आई और इनसे कोई खास बोलचाल भी नहीं है। ज्ञान, तुम मेरी पीठ ठोंकोगे। यह उपन्यास अमृतलाल नागर की लेखनी से हिंदी साहित्य को एक भेंट होगी।

'(5) *सपना*—एक आधुनिक हिंदू लड़की जो क्रांतिकारी विचारों की है। अपना तथा अपनी माँ का भरण-पोषण करने के लिए उसे अपने पैरों पर खड़ा होना पड़ता है। वह शेरनी औरत है। एक समय विवाह का विचार मन में उठता है। एक सुंदर नवयुवक की ओर आकर्षित होती है। उसको मजबूर कर देती है कि वह भी उससे प्रेम करे और अपने माता-पिता, मित्रों तथा अपनी वाग्दत्ता के विरोध करने पर भी उससे विवाह कर ले। दोनों सुहागरात मनाने जाते हैं। वापस लौटने पर वह उसे तलाक दे देती है। सारी घटना एक महीने के अंदर घटित होती है। उपन्यास की कहानी मनोवैज्ञानिक रीति से विकसित की जाएगी और 200-300 पृष्ठ की होगी। शिल्प की दृष्टि से भी उपन्यास खरा उतरेगा।

'बहरहाल, मैं हिंदी में बीसवीं शताब्दी का साहित्य देना चाहता हूँ। यह विश्वास रखो कि इनके कथानकों में मैं स्वयं भी छिपा हूँ। अनुभव से बाहर कुछ भी न होगा।'

होली की रात हृदय के अंदर आँसुओं की जो गंगा उमड़ रही थी, उसकी झलक 6 दिन बाद दूसरे पत्र में दी—'बंबई में मैं बेहद ऊब गया हूँ। बड़ी सख्त कैद है। बीवी-बच्चों में मन है, माँ-भाइयों की याद आती है, दोस्तों से छूट गया हूँ। मुझे बेहद तकलीफ है—बड़ी अशांति है। लेकिन रोटी की समस्या ?

सिनेमा मेरी लाइन नहीं, ज्ञान ! यहाँ का वातावरण मुझे जरा भी पसंद नहीं।

अंत में सूचना—यहाँ के कपड़ाडंबर से चिढ़कर मैंने अब खादी पहननी शुरू कर दी है—शुरू से आखिर तक। मेरा पर्स तक अब खादी का है। और मैं इसी अदा में इन फिल्मकारों की सभा सोसाइटियों में जाता हूँ।'

कोल्हापुर की यादें

इंडिया आर्टिस्ट के टूटने पर अमृतलाल जिस समय बंबई में भूख, गरीबी और बेकारी से भरी जिंदगी के गहरे झकोले खा रहे थे, उन्हें मार्च के अंतिम सप्ताह में कोल्हापुर से एक तार मिला। इंडिया आर्टिस्ट की पहली और अंतिम फिल्म *बहूरानी* के डायरेक्टर जुन्नरकर उनकी संवाद लेखन क्षमता से परिचित थे। वह मास्टर विनायक के सहयोगी बनकर उनकी *नवयुग चित्रपट लि.* में चले गए थे। कंपनी का पुराना नाम *हंस पिक्चर्स* था और अभी तक उसने मराठी फिल्में बनाई थीं। अब वह हिंदी में पहली फिल्म *संगम* बनाने जा रही थी। अमृतलाल सहसा जुन्नरकर का तार पाकर कोल्हापुर चले गए और वहाँ से मुझे लिखा—"22 ता. को सहसा तार पाकर यहाँ चला आया। *नवयुग* (पुराना नाम *हंस पिक्चर्स*) ने हिंदी चित्र *संगम* के संवाद और गाने लिखने के लिए मुझे 400 रुपए नकद, फर्स्ट क्लास होटल का खर्च और इंटर क्लास रिटर्न मिलेगा। संवाद आधे से अधिक लिख डाले। पाँच-छह रोज में काम खत्म करके बंबई चला जाऊँगा। यदि वहाँ अटक न गया तो कुछ दिनों के लिए घर जाने का विचार है। शरीर को आराम देना चाहता हूँ, साथ ही कम-से-कम तीन उपन्यास डिक्टेट कराना चाहता हूँ। किसी प्रकाशक की तजवीज में रहो जो एडवांस में कुछ दे सके। इस वक्त मैं अपनी आर्थिक स्थिति सँभालने के प्रयत्न में हूँ जिसके कारण मुझे रात में नींद नहीं आती। मैं यह जानता हूँ कि पिताजी से मैंने जो कुछ भी 'इनहेरिट' किया उसमें मेरा एक पाई का भी हिस्सा नहीं। मुझे यक्ष की तरह सचेत रहकर उसकी रक्षा करनी थी। वह पवित्र थाती मेरे रतन, मदन की है। उसमें मेरी बेवकूफी, अनभिज्ञता, अनुभवहीनता और कुछ दैवी प्रकोप से जो कुछ भी हानि हुई, जब तक उसकी एक-एक पाई अदा न कर दूँगा, मुझे चैन नहीं आएगा।

"ज्ञान, मुझे दुख होता है, मैं मराठी का लेखक क्यों न हुआ। कम-से-कम अपनी किताबों से पैसे तो कमाता। हिंदी में साहित्यिक रुचिवाली जनता ही नहीं है। उन्हें अपने साहित्यकारों का अभिमान नहीं है। उन्हें उनका आदर करना नहीं आता। हिंदी के लेखक जंगली घास की तरह बढ़ते हैं और जिस-तिस दिशा में बहक जाते हैं। इसका कारण यही है कि हमारी जनता हमें प्रोत्साहन नहीं देती, हमारी भलाइयों, बुराइयों और कमजोरियों की विवेचना नहीं करती, उस पर अंकुश

नहीं रखती, हम अंधी जनता के कूपमंडूक साहित्यकार हैं। हममें यह भावना ही नहीं कि हम विश्व साहित्य में अपने साहित्य को आदर का स्थान दिलाएँ। हममें इन्फीरियारिटी कांप्लैक्स बहुत है। मराठी के साहित्यकार आगे बढ़ रहे हैं। इसका कारण है कि उन्होंने जनता को अपने साथ चलने के लिए ट्रेंड कर लिया है। मराठी बढ़ रही है, इसलिए कि उसने महाराष्ट्र के सर्वश्रेष्ठ मस्तिष्कों को अपनी ही भाषा में लिखने के लिए मजबूर कर लिया है। इतिहास में देखिए तो पूना का भारत इतिहास संशोधक मंडल, भंडारकर इंस्टीट्यूट, सर देसाई, राजवाड़े दत्तोवामन पोतदार, केलकर; उपन्यास में चलिए तो फड़के, खांडेकर, माडखोलकर, वरेरकर; कहानियों में अत्रे, जोशी, ताम्हनकर आदि। खैर, उपन्यास-कहानी मैं छोड़ता हूँ। गलत या सही कैसे भी हो, हिंदी में भी लोगों ने इस दिशा में काम किया है। नाटक तो खैर मराठियों की ही विशेषता है। स्टेज के लिए महाराष्ट्र को गर्व है और उचित गर्व है। इनका श्रेष्ठ साहित्य पहले नाटक के रूप में ही आया। गडकरी, वरेरकर आदि बड़े-बड़े लोगों ने मराठी स्टेज को खूब सँवारा है। इसके अतिरिक्त कवियों में गोविंद कवि, माधव, जूलियन रेवरेंड, टिलक, बोकड़े, उपाध्ये गिरीश, यशवंत आदि विशेष महत्त्व के हैं। विज्ञान, समालोचना, दर्शन, पौराणिक खोज, विश्वकोश आदि का काम भी जोरों से हो रहा है। एक खास बात यह है कि साहित्य के सभी अंगों में ये आगे बढ़ रहे हैं। बंगाल और महाराष्ट्र के साहित्य में सबसे बड़ा फर्क यह है कि बंगाल आइडियलिस्टिक स्कूल का है और महाराष्ट्र रियलिस्टिक स्कूल का। महाराष्ट्रीय समाचार पत्रों में साहित्यिकों की गतिविधि का उतनी ही जोरों से उल्लेख किया जाता है जितना कि हमारे हिंदी के अखबारों में राजनीतिक नेताओं की गतिविधि का। महाराष्ट्र का बच्चा-बच्चा इसलिए अपने साहित्यिकों के नाम और काम से परिचित है और उन पर अभिमान करता है।

"ज्ञान, क्या हिंदी में भी हमें कभी यह दिन देखना नसीब होगा ? मुझे हतोत्साहित न करना, ज्ञान !...कहो अमृत, हम यह दिन बहुत शीघ्र ही लाएँगे। आह, मेरा यह सुख-स्वप्न किस दिन सत्य होगा ! हम सभी अलग-अलग अपनी ढाई चावल की खिचड़ी पकाते हैं, सामूहिक रूप से हिंदी को बढ़ाने की कोशिश नहीं करते।...क्यों नहीं करते, ज्ञान ? हमें करना चाहिए। हमें करना होगा।

"आज (27 मार्च को) श्री खांडेकर के सम्मानार्थ कोल्हापुर में करवीर नगर पुस्तकालय वाचनालय में एक सभा हुई थी। मैं साग्रह आमंत्रित था। श्री खांडेकर आगामी अप्रैल मास में होनेवाले महाराष्ट्र सम्मेलन के नियोजित अध्यक्ष हैं। मराठी भाषा में उपन्यास क्षेत्र में आजकल फड़के-खांडेकर युग माना जाता है। दोनों ही तरुण हैं। 38/40 के बीच में। काफी काम कर चुके हैं। महाराष्ट्रीय युवकों के गले का हार हैं। खांडेकर का सत्कार करने के लिए फड़के खड़े हुए थे जो सम्मेलन के निवर्तमान अध्यक्ष हैं। मुझसे भी पहले भाषण के लिए पूछा गया था और मैंने बड़ी प्रसन्नतापूर्वक आमंत्रण स्वीकार किया। मराठी भाषा-भाषियों के सामने, मराठी

महान् कलाकार का अभिनंदन करना मैंने अपना साहित्यिक कर्तव्य समझा। छोटा सा भाषण राष्ट्रभाषा हिंदी में किया। सभापतिजी गिरीश ने पहले मेरा परिचय दिया जिसके कारण जनता कौतूहलपूर्वक मेरा एक-एक शब्द सुन रही थी। एक हिंदी के लेखक के द्वारा मराठी के साहित्यकार के प्रति श्रद्धांजलि अर्पित होते हुए देख प्रत्येक आदमी अपने कलाकार के लिए गौरव का अनुभव कर रहा था। मैंने कहा—

'' '(ताली) साहित्य केवल भाषा का शृंगार ही नहीं, अपितु मानव जाति की प्रगति का मुख्य कारण है। साहित्यकार ही हमारा सर्वश्रेष्ठ नेता है, इसलिए हमारी पूजा ग्रहण करने का सर्वापेक्षा वही योग्य अधिकारी है।

'' 'महाराष्ट्र के पुरातन विद्यापीठ से, मराठी भाषा के स्वनामधन्य साहित्य निर्माता श्री खांडेकरजी की अभ्यर्थना करने का अवसर प्राप्त कर आज मुझे अत्यंत हर्ष हुआ।

'' 'हिंदी भाषा भारत की प्राचीन भाषाओं में से एक है। लगभग आठ सौ वर्षों से उत्तर भारत के सर्वश्रेष्ठ मस्तिष्क उसके साहित्य का भंडार भरते चले आ रहे हैं। अपने आज के साहित्य महारथियों निराला, पंत, मैथिलीशरण, सियारामशरण, महादेवी, भगवतीचरण वर्मा, वृंदावनलाल वर्मा, भगवती प्रसाद वाजपेयी, नंददुलारे वाजपेयी, डॉ. सत्यप्रकाश, डॉ. धीरेंद्र वर्मा, जैनेंद्र कुमार, बच्चन आदि पर हमें गर्व है। हिंदी का एक लेखक होने के नाते ऐसे साहित्य महारथी के प्रति अपनी श्रद्धांजलि अर्पित करता हूँ। (ताली)

'' 'हिंदी राष्ट्रभाषा भी मानी गई है। वह उसके योग्य भी है। परंतु यथार्थ में वह तभी राष्ट्र की भाषा कहला सकेगी जब उसे राष्ट्र के सभी साहित्यकारों का सहयोग प्राप्त हो। हमारी प्रांतीय भाषाओं के श्रेष्ठ साहित्यिक केवल एक प्रांत की संपत्ति न होकर समूचे देश का गौरव हों। मुझे तो ऐसा लगता है जैसे हॉल में सूर्य को पकड़कर बंद रखा गया हो (हँसी)। मुझे सचमुच इस बात का दुख है कि हम पाश्चात्य साहित्य से तो पूर्णतया परिचित हैं, परंतु हमें अपने देश की विभिन्न भाषाओं और उनके साहित्य का जरा भी ज्ञान नहीं। मैं उस दिन की कामना करता हूँ जब महाराष्ट्र के साहित्यिक हमारे प्रांत में आकर भी इतना ही आदर पा सकें और हमारे गणमान्य साहित्य-रत्न यहाँ आकर।

'' 'इन शब्दों के साथ, अंत में मैं पुनः श्री खांडेकरजी का अभिनंदन करता हुआ अपना भाषण समाप्त करता हूँ। (ताली)'

''तुम्हें शायद मैंने लिखा हो, पिछले मास मैं पूना की मराठी साहित्य परिषद् में शामिल हुआ था। वहाँ मराठी के प्रायः सभी साहित्यिकों से मेरा परिचय हो गया। यहाँ भी सबसे परिचय हुआ। एक जीवित भाषा को साहित्य संपन्न देखकर मुझे बहुत प्रसन्नता होती है, ज्ञान !''

नवयुग चित्रपटवाले समझते थे कि अमृतलाल को *संगम* के संवाद और गाने लिखने में कम-से-कम एक महीना लगेगा। उनके काम की स्पीड देखकर उन्हें लगा

कि 15 दिन लगेंगे। परंतु जब उन्होंने एक सप्ताह बाद ही बताया कि संवाद और गाने तैयार हैं तो वे आश्चर्यचकित रह गए। उन्होंने *संगम* में प्रसाद का एक गीत 'अरे, कहीं देखा है तुमने मुझे प्यार करनेवाले को' सम्मिलित किया और उसकी ट्यून अपने सामने सैट करवाई। फिर वाचस्पति को लिखा, ट्यून मुझे पसंद आई है।

महाराष्ट्र के साहित्य जगत् के संपर्क में आने से अमृतलाल के मन में फिर से साहित्य-सृजन की इच्छा जागी। उस काल में साहित्यकार के सामने मुख्य समस्या प्रकाशन की थी। उनके मन में फिर से पुस्तक प्रकाशन की स्कीम कुलबुलाने लगी। मुझे लिखा—"क्यों ज्ञान, जरा पाठकजी (वाचस्पति पाठक) से भी सलाह लो और तुम खुद गौर करो, अपनी और पुस्तकें यदि मैं स्वयं ही प्रकाशित करूँ तो कैसा रहे ? बिक्री आदि का प्रबंध किस तरह करना होगा। पुस्तक प्रकाशन मेरे लिए *चकल्लस* न होगा। उसमें कहाँ तक प्रॉफिट की गुंजाइश रख सकता हूँ। क्योंकि यदि बिक्री को 'आर्गेनाइज' करने का मंत्र मुझे मिल जाए, किसी अनुभवी का संरक्षण मुझे मिलता चले तो मैं जोरों से लिखना शुरू कर दूँ। आत्मा यही कहती है—अमृत यदि तुम लिखते रहो तब तो तुम्हें जीवित रहने का अधिकार भी है, अन्यथा तुम पृथ्वी के लिए बोझ हो, बस।

"इस साल ईश्वर की दया से यदि मैं यह सब पुस्तकें लिख गया तो अगले वर्ष में कुछ पौराणिक, वेदकालीन और ऐतिहासिक उपन्यास लिखना चाहता हूँ। पहला पौराणिक उपन्यास कौन सा होगा, यह भी सोच लिया है—*तुलसी*। तुमने तुलसी सालिग्राम की कथा सुनी ? तुलसी का पति दैत्य या दस्यु (भारत के आदि निवासियों को आर्य इसी नाम से पुकारते थे।) देवताओं के लिए अजेय था। उसकी पत्नी तुलसी बड़ी पतिव्रता थी और अपनी पत्नी के पतिव्रत धर्म के प्रताप से ही वह देवताओं के हराए न हारता था।

"पौराणिक कथा है कि उसे वह वरदान प्राप्त था कि जब तक तुम्हारी स्त्री का सतीत्व कायम रहेगा तुम्हें कोई नहीं मार सकता। लेकिन यह वरदान साफ जाहिर है—मैं इस लाइट में लेता हूँ कि पत्नी पति के लिए प्रेरणा की केंद्र थी। तुलसी ने अपने देश को शत्रुओं के चंगुल में पड़ने से बचाने के लिए अपने पति को आर्य शत्रुओं के विरुद्ध खूब प्रोत्साहन प्रदान किया। यहाँ तक कि उसका पति अपने शत्रु आर्य देवताओं के लिए भयानक हो गया। आर्य उसकी शक्ति का रहस्य जान गए। विष्णु (एक आर्य) उसी दस्यु का रूप धारण कर (विष्णु मेकअप कला में प्रवीण होगा) तुलसी के पास जाता है। मैं जिस लाइट में विष्णु का वह डायलॉग रखना चाहूँगा वह इस प्रकार होगा—

'तुलसी विष्णु को अपना पति समझकर पूछती है कि आज समय से पहले युद्ध चलते-चलते ही तुम क्यों चले आए ? उसका पति (विष्णु) उत्तर देता है—अचानक ही उसे संभोग की इच्छा उत्पन्न हो गई। संभोग का विचार आते ही उनका मन विचलित हो गया और किसी प्रकार से उसका मन युद्ध में न लगा।

उसने सोचा कि यदि वह इस वासना को अनिच्छापूर्वक रोककर लड़ता रहेगा तो वह पूरे मन के साथ न लड़ सकेगा और फिर शत्रु पराजित न हो सकेंगे। इसलिए युद्ध का संचालन अपने एक योग्य नायक पर छोड़कर वह इस काम से छुट्टी पाने के लिए आया है। तुलसी उसे स्फूर्ति देने के लिए तत्काल ही संभोग के लिए आमंत्रित करती है।

उधर युद्ध क्षेत्र में वह दैत्य शत्रु पक्ष के तीरों से अधिक 'व्यभिचारिणी स्त्री का पति' ताना सुनकर विचलित होता है और जहाँ विचलित हुआ कि मार दिया गया।

पौराणिक कथा है कि उधर विष्णु ने तुलसी का सतीत्व हरण किया और इधर तत्काल ही वह दैत्य युद्ध क्षेत्र में मारा गया और उसका हाथ कटकर तुलसी के प्रांगण में गिरा। तब तुलसी सब 'फ्रॉड' समझकर विष्णु को पत्थर हो जाने का अभिशाप देती है और विष्णु उसे पेड़ बन जाने का।

अंत में यह भी लिखा है कि पूर्वजन्म में तुलसी ने भगवान् विष्णु से अपना पति होने का वरदान माँगा था, सो भगवान् को यह लीला जो है सो रचनी पड़ी।

मैं इस लाइट में ट्रीट करना (लिखना) चाहूँगा कि साथी दैत्य की लाश उठाकर लाते हैं। तुलसी को तब सब 'फ्रॉड' मालूम पड़ता है। पर असहाय लुटी हुई स्त्री तब कर ही क्या सकती थी ?...लेकिन हाँ, उसका शाप आर्यों के त्रिदेवों के प्रमुख भगवान् विष्णु पर पड़ा। आर्य पुराण लाख वरदान और महात्म्य से सत्य को ढँकें, लेकिन शालिग्राम आज भी काले पत्थर की बटिया हैं और तुलसी आज भी हरी।'

"उपन्यास का ट्रीटमेंट किस तरह करूँगा, अभी इस पर गौर नहीं किया। मैं पौराणिक और ऐतिहासिक उपन्यासों को लिखने के लिए किसी एकदम नई शैली का सहारा लेना चाहता हूँ। इस पर अभी मुझे काफी गौर करना है। यह तो वैसे ही तुम्हारे कानों में खबर डाल दी। चाहता तो बहुत कुछ हूँ। आजकल जानते हो जब कभी फूल्स पैराडाइज (मूर्खों के स्वर्ग) में थोड़ी सैर के खयाल से चला जाता हूँ तो ईश्वर से यह वरदान प्राप्त कर लेता हूँ कि मैं एक मिनट में सौ फुलस्केप साइज के पृष्ठों में ठोस साहित्यिक मैटर दे सकूँ। फिर तो मेरी कल्पना मेरे चारों तरफ मेरे ग्रंथों का हिमालय देखने लगती है। दिमागी थकावट को दूर करने का यही शगल है।

"दोस्त, मैं लिखता चला जाऊँ—लिख सकूँ, बस अपने लिए मैं सिर्फ इतना ही सुख चाहता हूँ। मुझे लिखने की पूरी सुविधा मिले। तुम नहीं जानते ज्ञान, आजकल लिखने के लिए मुझे कितनी टेरिबुल एकिंग (भयानक पीड़ा) हो रही है।"

2

अमृतलाल अप्रैल के मध्य में कोल्हापुर से लखनऊ आए। बीच में एक ट्रेन से बंबई उतरे। वहाँ उनकी अनुपस्थिति में उनके निवास स्थान 'माधव निवास' में

चोरी हो गई थी, इसलिए उसे छोड़ दिया। उनके आगमन की सूचना पाकर मैं उनसे मिलने लखनऊ गया। *सेठ बाँकेमल* की पांडुलिपि साथ लाए थे। उसके जो 39 पृष्ठ लिखे गए थे, मुझे सुनाए। हम दोनों के मित्र राजू की नौकरी महोली की एक शुगर मिल में ऑडीटर के पद पर लग गई थी। 22 फरवरी को उसकी शादी भी हो गई थी। अमृतलाल ने *सेठ बाँकेमल* राजू को भेंट करने का विचार किया। पांडुलिपि में अपने हाथ से लिखकर एक पेज जोड़ दिया—सौभाग्यवती शैलजा श्रीवास्तव और सौभाग्यवान राजकिशोर श्रीवास्तव को उनके शुभ विवाह के मंगल अवसर पर प्रेम-भेंट—अमृत। मैंने अपने दो-तीन दिन के लखनऊ प्रवास में उनसे डिक्टेशन लेकर उपन्यास 43 पृष्ठ तक बढ़ा दिया। मेरे इलाहाबाद वापस चले जाने पर उन्होंने उसमें दो पृष्ठ और जोड़े और फिर आगरा चले गए।

वहाँ से 26 तारीख को लिखा—कल सुबह यहाँ पहुँच गया।...लखनऊ में गर्मी की वजह से काम करने की इच्छा न होती थी। इसके अलावा मित्रों-परिचितों से मिलने-जुलने और बातें करने में ही अधिक मन लगता था। यहाँ श्रीमती नागर हैं और बच्चे हैं। सभी काम करने में मुझे सहायता ही दे रहे हैं। देखो न, आशा ने (सवा साल की छोटी बेटी जिसका नाम बाद में अचला रखा) अभी-अभी रोना बंद कर दिया, बेबी (6 वर्षीय बड़ा बेटा कुमुद) मेरी देखा-देखी 'काम' पर बैठ गया है और शरत् (4 वर्षीय दूसरा बेटा) को छोटा-सा बिजली का पंखा मिल जाने के कारण कल से सख्त गर्मी लग रही है। चाभी भर-भरकर मुँह के सामने पंखा चलाने से ही उसे अवकाश नहीं मिल पाता, बेचारा मुझे डिस्टर्ब करे तो किस वक्त ? इसके अलावा यहाँ नीचे के हिस्से में ठंडक भी काफी है। ऐसी परिस्थिति में भी यदि *बाँकेमल* और *घोंसला* (*घोंसला* की पटकथा की पांडुलिपि मैंने पढ़ी थी। इच्छा रहने पर भी उसे वह उपन्यास का रूप नहीं दे पाए। उपन्यास का एक नाम *अपाहिज* भी सोचा था।) समाप्त न कर सका तो अपने को सिवाय अकर्मण्य समझने के और कोई चारा न रह जाएगा...मगर खातिर जमा रखो, मैं अपने को पूर्णतया कर्मण्य प्रमाणित करने की चेष्टा करूँगा।

मई-जून के दौरान आगरा प्रवास में अमृतलाल ने *सेठ बाँकेमल* में 17 पृष्ठ और जोड़े।

जून के मध्य में वह 250 रुपए महीने पर *नवयुग चित्रपट* का *संगम* फिल्म का संवाद निर्देशन करने के लिए कोल्हापुर चले गए। वहाँ *शालिनी सिनेटोन स्टूडियो* के ऊपर एक-ईंटिया टीन के छतवाले कमरों की एक कतार थी। इन्हीं में से एक कमरा उनका दफ्तर और रात का शयनागार बना। कमरे में टाट का एक झीना पार्टीशन लगा था। दूसरी तरफ पब्लिसिटी डिपार्टमेंट था, जिसके इंचार्ज मध्य भारत राज्य परिषद् के एक भूतपूर्व मंत्री तथा कांग्रेसी लीडर सैयद हामिद अली साहब, मुंशी फाजिल थे। व्यक्तिगत सत्याग्रह आंदोलन में जेल में रहकर हाल में छूटकर आए थे और जीविकोपार्जन की तलाश में बंबई से भटकते हुए कोल्हापुर आ गए

थे। वह इंदौर के रहनेवाले थे। गदर में उजड़कर तितर-बितर हो जानेवाले अवध के घरानों में से एक उनका घराना भी था। उन्होंने लखनऊ की जबान, वजादारी और तकल्लुफ को अपने पुरखों की अमानत के तौर पर सहेजकर रखा था। अनजानी जगह में जब दो 'हम फिदाए लखनऊ' मिले तो उनका दूध-शक्कर की तरह घुल-मिल जाना स्वाभाविक था। मौलाना का दफ्तर रात में उनका ख्वाबगाह बन जाता था। बरसात शुरू होने पर घनघोर अँधेरी रातों में मूसलाधार बरसते पानी से जब उनके पब्लिसिटी डिपार्टमेंट की टीन की छत छलनी बन जाती तो मौलाना अपनी ख्वाबगाह से अमृतलाल के कमरे में चले आते थे। उनके दफ्तर की मेज पर से सारे कागज हटाकर अलमारी में रख देते थे और उसी पर अपना बिस्तर बिछाते थे। अकसर दोनों मित्र बतियाते हुए सारी रात बिता देते थे।

मौलाना ने जब अमृतलाल के मुँह से उनका अधूरा उपन्यास *सेठ बाँकेमल* सुना तो हँसते-हँसते लोट-पोट हो गए। बोले—नागर साहब, आप अपना उपन्यास आगे बढ़ाइए। मैं आपका लेखक बनने को तैयार हूँ। लिखने में मौलाना का हाथ मंजा हुआ था। हिंदी शुद्ध लिखते थे और एक-एक अक्षर स्पष्ट होते थे। *सेठ बाँकेमल* उस समय 61 पृष्ठ तक आगे बढ़े थे। 12 सितंबर को रात में 9.30 बजे जब मौलाना डिक्टेशन लेने के लिए बैठे तो 4 पृष्ठ और जुड़ गए। दूसरे दिन अपने हाथ से 2 पृष्ठ जोड़े। फिर 12 दिन का व्यवधान पड़ गया। 25 तारीख को अमृतलाल फिर उपन्यास पर बैठे और 2 पृष्ठ अपने हाथ से लिखकर और जोड़े। इसके बाद 10-12 दिन का फिर व्यवधान पड़ा। 7 अक्टूबर को पुनः मौलाना डिक्टेशन लेने बैठे और अमृतलाल ने उन्हें 10 पृष्ठ और लिखवा दिए।

मौलाना जब डिक्टेशन लेने बैठते थे तो बीच-बीच में बेसाख्ता हँसने लगते थे। कलम रुक जाती थी और गपशप चलने लगती थी। इसके बाद फिर कलम उठा लेते थे। उन्होंने 15 तारीख को 79 पृष्ठ से आगे लिखना शुरू किया और 18 अक्टूबर, 1941 को रात में 3 बजकर 20 मिनट पर समाप्त कर दिया। हाथ की लिखी पूरी पांडुलिपि 102 पृष्ठों की थी, जो छपने पर डबल क्राउन 16 पेजी साइज के 112 पृष्ठों में समाई। यह 329 दिनों में अर्थात् एक दिन कम ग्यारह महीने में पूरी हुई। उपन्यास के कई नाम बदले। पहले *खुसकैट*, फिर *गैंडे*, फिर खाली *बाँकेमल* और अंत में *सेठ बाँकेमल*।

अमृतलाल ने अपना उपन्यास पांडुलिपि के रूप में जिस-जिस को सुनाया, वह लहालोट हो गया। रामविलास शर्मा और नंददुलारे जैसे आलोचक, डॉ. मोतीचंद्र, भगवतीचरण वर्मा, भगवती प्रसाद वाजपेयी, रामेश्वर शुक्ल 'अंचल', रामचंद्र टंडन, वाचस्पति पाठक आदि साहित्य-मर्मज्ञ, कवि और उपन्यासकार *सेठ बाँकेमल* के प्रशंसक रहे। फिर भी अवतरित होने के बाद 14 साल तक सूली पर लटके रहे। उनके प्रकाशन की नौबत नहीं आई।

3

अमृतलाल ने अप्रैल, 1940 में बंबई की फिल्मी दुनिया में प्रवेश करने के बाद ही मुझे लिखा था, यदि इस समय मेरी कहानियों का नया संग्रह बाजार में आ जाए तो उससे मुझे फिल्म में अपना मार्केट बनाने में मदद मिलेगी। उन्होंने बंबई जाने से पहले 1938-39-40 के दौरान *तुलाराम शास्त्री, गौने की तलब, कयामत के दिन, छापे के हुरूफ, बंगाली वैष्णव, मुंशी बख्तावरलाल, भौजी के कचालू, गोरखधंधा, राजा-रानी-संतान, नवाबी चक्कर* जैसी हास्य-व्यंग्य की उम्दा कहानियाँ लिखी थीं। इन कहानियों में उनका भापा-प्रवाह, मनोवैज्ञानिक चरित्र-चित्रण, कथानक का स्वाभाविक विकास, जीवन की सामान्य परिस्थितियों अथवा चारित्रिक विशेपताओं से उत्पन्न विशुद्ध हास्य आदि विशेपताएँ देखते बनती थीं।

इलाहाबाद के दैनिक *भारत* का उपसंपादक बनने के बाद वहाँ के छोटे-बड़े मझोले सभी साहित्यकारों तथा नए-पुराने हिंदी सेवियों से मेरा परिचय हो गया था। इलाहाबाद उस समय बनारस के बाद हिंदी के लेखकों और प्रकाशकों का सबसे बड़ा गढ़ था। वहाँ के एक पुराने हिंदी लेखक सत्यजीवन वर्मा 'श्रीभारतीय' थे। किसी जमाने में कहानियाँ भी लिखते थे। प्रेमचंद के जीवनकाल में हिंदी लेखकों का एक संगठन हिंदी लेखक संघ नाम से बनाया गया था। उसका एक मुखपत्र *लेखक* निकालते थे। उसके जुलाई 1935 के अंक में मेरा एक लेख निकला था—*कहानी का प्लाट कैसे मिले*। अमृतलाल और मैं जिस कालीचरण स्कूल में पढ़े थे, उसके भूतपूर्व छात्र थे। हिंदुस्तानी एकेडेमी के कार्यालय अधीक्षक थे।

सितंबर में उनसे भेंट हुई तो बताया कि उन्होंने एक प्रेस खोला है, हर दो महीने में एक पुस्तक निकालने का आयोजन है। अपने प्रेस की छपी पुस्तकें दिखाईं तो उनकी छपाई-सफाई पसंद आई। जब मैंने बताया कि अमृतलाल नागर की हास्य-व्यंग्य की कहानियों का लगभग सवा सौ पेज का एक संग्रह तैयार है तो उसे छापने के लिए तुरंत तैयार हो गए। बोले—एडवांस तो नहीं दे पाऊँगा, बीस प्रतिशत रॉयल्टी दूँगा। मैंने अमृतलाल को लिखा तो उन्होंने *तुलाराम शास्त्री* की पांडुलिपि संशोधित करके भेज दी और कहा—जो चाहो सो करो।

मैं चाहता था कि *तुलाराम शास्त्री* नयनाभिराम छपाई और साज-सज्जा के साथ इस रूप में सामने आएँ कि पाठक देखते ही उनकी ओर आकर्पित हो जाएँ। अक्टूबर में पांडुलिपि प्राप्त होने पर मैंने उसे अपने मित्र व्यंग्य चित्रकार शिक्षार्थी को दे दिया। उन्होंने कुछ हास्य-व्यंग्य की कहानियाँ भी लिखी थीं और अपने बनाए व्यंग्य-चित्रों के साथ सचित्र कर उन्हें प्रकाशित कराया था। मैंने उनसे कहा कि वह प्रत्येक कहानी को ध्यान से पढ़ डालें और फिर उसके मूल भाव अथवा चरित्र के आधार पर उसका एक आकर्पक हेडपीस शीर्षक सहित बना दें।

श्रीभारतीय के आश्वासन पर मैंने अमृतलाल को सूचित कर दिया कि *तुलाराम*

शास्त्री दिसंबर तक प्रकाशित हो जाएँगे। परंतु श्रीभारतीय अपना वायदा पूरा नहीं कर सके और नए वर्ष तक छाप देने का नया वचन दिया। किंतु इस बीच प्रेस में कुछ काम आ गया और उन्होंने अप्रैल तक पुस्तक निकाल देने का बायदा किया। जब मैंने देखा कि अप्रैल तक भी पुस्तक छपने की कोई उम्मीद नहीं है तो अमृतलाल के कहने पर मैंने पांडुलिपि वापस ले ली।

इस बीच मुझे वाचस्पति पाठक से पता चला कि अमृतलाल ने दो साल पहले *कामरेड प्रेमदास* का भी सौदा किया था। वह पुस्तक अब प्रेस में कंपोज होने के लिए भेजी जानेवाली है। मेरे मन में विचार आया कि भारती भंडार जैसी अग्रणी साहित्यिक प्रकाशन संस्था से अमृतलाल की पहली पुस्तक *कामरेड प्रेमदास* के स्थान पर *तुलाराम शास्त्री* प्रकाशित हो तो वह उनकी साहित्यिक प्रतिष्ठा बढ़ाने में अधिक सहायक होगी। *कामरेड प्रेमदास* की पांडुलिपि में मैं कुछ संशोधन-परिवर्द्धन की आवश्यकता अनुभव करता था। उसके शिल्प में मुझे कुछ कच्चाइयाँ नजर आती थीं। मेरे पत्र के उत्तर में अमृतलाल ने 29.3.41 को कोल्हापुर से लिखा—'तुझे जो करना हो, कर। *प्रेमदास* नहीं पसंद है, फाड़कर फेंक दो साले को। बहुत मुमकिन है, अब पढ़कर शायद मैं भी न पसंद करूँ। हाँ, यह तो मैं भी सोचता हूँ कि एक *प्रेमदास* टाइप सोशलिस्ट को लोगों के सामने पेश करूँ। रोक लो, अगर दम समझूँगा, तो रीराइट करूँगा। पाठक (वाचस्पति) चाहें तो *बाँकेमल* ले सकते हैं, पाठक चाहे तो *तुलाराम* ले सकते हैं, पाठक चाहें तो मुझे ले सकते हैं, लेकिन मैं उनके लिए बवाले जान ही हो सकूँगा। क्योंकि दो आलसी एक जगह, यानी एक जंगल में दो शेर। *बाँकेमल* पाठक के पसंद की चीज है, तुम्हें भी पसंद है। मेरे तमाम दोस्तों को पसंद आई। बंबई, नागपुर, प्रयाग (उनका जन्मस्थान) और लखनऊ चार गढ़ों को तो आप जीत ही चुके हैं। फिर *बाँकेमल* टेकनीक की दृष्टि से भी एक नया टाइप है। 'लीडर प्रेस' से मेरी ऐसी ही चीज छपनी चाहिए।'

सेठ बाँकेमल यदि तैयार होते तो उन्हें ही पहले छपवाता। किंतु उस समय तक उनके केवल 39 पृष्ठ लिखे गए थे। उनके पूरे होने की प्रतीक्षा करने का मतलब था, अवसर को हाथ से निकल जाने देना, फिर अनिश्चित समय तक प्रतीक्षा। अतएव मैंने मत चूके चौहान की नीति पर चलते हुए *कामरेड प्रेमदास* के स्थान पर *तुलाराम शास्त्री* को छपाई के क्यू में लगा दिया। वह जमाना कागज की राशनिंग का था। पाठकजी ने कागज की व्यवस्था के साथ-साथ एक पुराने हिंदी सेवी गणेश पांडेय की 'नागरी प्रेस' में छापने का प्रबंध कर दिया, क्योंकि 'लीडर प्रेस' के जॉब विभाग में देने का मतलब होता अनिश्चित काल की देरी। पुस्तक का दूसरा प्रूफ अमृतलाल की इच्छानुसार कोल्हापुर भेजा जाता था, तीसरा और अंतिम प्रूफ मैं देखता था। अमृतलाल उन दिनों *संगम* के संवाद-निर्देशन में अत्यधिक व्यस्त थे। पाठशाला के गुरु बने हुए थे। *संगम* में काम करनेवाले कलाकारों मीनाक्षी, मास्टर विनायक आदि को हिंदी शब्दों का शुद्ध उच्चारण सिखाते

थे। मुझे एक पत्र में लिखा था—'पूछते हो कि मेरा हाल क्या है ? तो भाई जान, हाल ये है कि बेहाल हैं—

> दिन गुजरता है शाम होती है,
> उम्र यों ही तमाम होती है।

वही कैमरा है, वही कैमरामैन है, साउंड रिकार्डिस्ट है, रिकार्डिंग मशीन है। वही स्टार हैं। और एक हम हैं जो उन्हें दिन भर हिंदी बोलना सिखाकर दादाजी का फातिहा पढ़ा करते हैं। यानी और सबकुछ तो वही है जो यहाँ पहले था, मगर हम जनाब यही-वही, कुछ भी नहीं, हम नए कोल्हापुरी हैं और, हम अब सिनेमा के 'पंडित' हैं और स्क्रीन के पीछे हैं। दुनिया इसे मेरी उन्नति समझे, लेकिन मैं इसे अपनी अवनति ही समझता हूँ।'

किंतु अमृतलाल अपनी सारी कार्य-व्यस्तता के बावजूद रात मे जाग-जागकर *तुलाराम शास्त्री* के प्रूफ पढ़कर दूसरे दिन वापस कर देते थे। नवंबर में अमृतलाल द्वारा कोल्हापुर में अपना काम खत्म करने तक *तुलाराम शास्त्री* की छपाई का काम भी समाप्त हो चुका था। मेरे पास उसकी पहली प्रेस कॉपी है जिस पर अमृतलाल ने इलाहाबाद आने पर अपने हस्ताक्षर करके 19.12.41 तारीख डाल दी थी। *वाटिका* और *अवशेष* छपने के बाद अमृतलाल ने कथा लेखन के क्षेत्र में जो सफर किया था, उसका प्रमाण उनका यह तीसरा कहानी संग्रह तथा भारती भंडार जैसी उस काल की अग्रणी प्रकाशन संस्था से प्रकाशित होनेवाला पहला कहानी संग्रह था जिसने कथा क्षेत्र में उनकी अलग पहचान बनाई।

4

अमृतलाल के सात वर्ष के फिल्मी जीवन का दूसरा दौर *नवयुग चित्रपट* की *संगम* के रिलीज होने से आरंभ हुआ। फिल्म की कहानी गंभीर थी, किंतु अमृतलाल ने उसके संवाद लेखन में स्थान-स्थान पर हास्य का पुट दे दिया, जिससे वह हिट हुई। उन्होंने पहली बार फिल्म जगत् में अपनी संवाद लेखन क्षमता का परिचय दिया। अभी तक उनकी इस क्षमता की जानकारी उनके फिल्मी दुनिया के दो दोस्तों किशोर साहू और महेश कौल को थी। *संगम* हिट होगी, इसका अंदाज अमृतलाल को उसी समय लग गया था जब वह लिपिक को उसके डायलॉग डिक्टेट कर रहे थे। मुझे लिखा था—'मेरा खयाल है कि *संगम* में संवाद मैंने मजे के लिखे हैं। जिसे मैं डिक्टेट करता हूँ वह जब सब अदब-लिहाज ताक पर रखकर बेसाख्ता हँस पड़ने पर मजबूर हो जाता था तो मैं समझता था कि बस सच्ची इज्जत तो इसने इसी वक्त बख्शी है।

बंबई की भाँति अमृतलाल कोल्हापुर में भी गरीब बस्तियों को देखने गए।

पहली बार संवाद लेखन के समय कोल्हापुर में मुश्किल से दो सप्ताह रहे, किंतु दूसरी यात्रा में संवाद निर्देशन के समय लगभग पाँच महीने कोल्हापुरी बने रहे। फिल्म की आउटडोर शूटिंग के समय अथवा शाम को स्टूडियो से कुछ मील की दूरी पर बसी शहरी बस्ती में सैर के लिए निकल जाने पर कोल्हापुरी जन-जीवन के चित्र देखे। स्टूडियो से बस्ती की ओर जाते समय तो ताँगा मिल जाता था, लेकिन देर रात में लौटते समय अकसर और विशेपरूप से बरसात की अँधेरी रात में कोई ताँगावाला उधर जाने को तैयार नहीं होता था, क्योंकि उस क्षेत्र में साँप बहुतायत से थे। अकसर रात में पैदल एक हाथ में छड़ी और दूसरे हाथ में टार्च लिये साँपों की सीटियाँ सुनते हुए और टार्च की रोशनी में पेड़ों से लटकते साँपों से बचते हुए स्टूडियो वापस लौटते थे।

स्टूडियो में लाइट लगानेवाला एक कुली था—कार्लूस। कृष्ण वर्ण का, लंबा छरहरा, गठीला बदन, मोटे ओठ और घुँघराले बाल। कुली वर्ग में वह कामदेव का अवतार समझा जाता था। उसके चार बीवियाँ थीं। अमृतलाल उससे मराठी में बातचीत करते थे। एक दिन पूछा क्यों रे कार्लूस, छोटी-सी पगार में तू चार-चार बीवियों का खर्च कैसे चलाता होगा। बोला—साहेब, अभी दो शादियाँ और बनाऊँगा। उनकी कमाई से जब मेरा घर बन जाएगा तो उसमें से एक को रखूँगा, बाकी सबको लात मारकर भगा दूँगा। उसने अपनी दो बीवियों को भैंस खरीद दी थी, एक सब्जी बेचने जाती थी, एक घरेलू चौका-टहल का काम करती थी। सबकी अलग-अलग झोपड़ियाँ बनवा दी थीं, धंधा चलाने का मूल धन जुटा दिया था। शाम को बारी-बारी से सबसे पैसे वसूल करने जाता था। अमृतलाल उसके घर गए, सौतिया डाह और कलह के मनोरंजक दृश्य मन में बटोरकर लाए।

म्यूजिक डिपार्टमेंट में एक बुड्ढा करताल बजानेवाला था। उसके बाप या दादा उत्तर प्रदेश की तरफ के रहनेवाले थे। जीविकावश कोल्हापुर में जा बसे। वह महाराष्ट्र का नहीं है, यह जताने के लिए उसने अपने नाम केशव राय के साथ उपनाम 'परदेशी' लगा दिया था। इतना दुबला-पतला था कि फूँक मारो तो उड़ जाए। खर्च घटाने के लिए कंपनीवालों ने उसे नौकरी से अलग कर दिया। एक दिन अमृतलाल ने उसे एक मंदिर के सामने भिखारियों की पंगत में बैठकर करताल बजाकर और झोली फैलाकर भीख माँगते देखा। एक दिन अमृतलाल उसके घर गए तो ऐसा गद्‌गदायमान हुआ मानो उसके यहाँ भगवान् पधारे हों।

उनकी कंपनी में एक एक्सट्रा नटी थी। गत यौवना। कभी ग्रामोफोन के रिकार्डों पर उसका नाम आता था। फिल्म में नायक की माँ बनी थी। अमृतलाल उसे कलाकारोचित सम्मान देते थे। वह स्टूडियो आते समय उनके लिए चार पान पुड़िया में लपेट लाती थी। सैट पर नायक उसके प्रति मातृप्रेम का परिचय देते थे, परंतु शाट के बाद उसकी सर्वथा उपेक्षा करते थे। फिल्म की खलनायिका भी उसे अपने ताने भरे मजाकों का निशाना बनाकर उसका निरादर करती थी। ऐसे

अवसर पर वह चुप मारकर मुँह फेर लेती थी। भूतपूर्व स्टारों को आमतौर से अपने बुढ़ापे में प्रायः इसी तरह उपेक्षा, निरादर और मुफलिसी का शिकार होते अमृतलाल ने न जाने कितनी बार देखा। अमृतलाल को उसके प्रति खलनायिका का निरादरपूर्ण व्यवहार अच्छा नहीं लगा। उसने फीकी हँसी हँसकर कहा—पंडितजी, वो मेरा मजाक नहीं उड़ाती, उसकी जवानी उड़ाती है। उड़ाने दो।

स्टूडियो में उनकी स्क्रिप्ट टाइप करनेवाले ने अपने एक सहयोगी टाइपिस्ट का रोचक किस्सा सुनाया। उसे एक फिल्मी स्टोरी के फर्स्ट ट्रीटमेंट का मसविदा टाइप करने को दिया गया। वह बेचारा अपने घर और बीवी बच्चों की यादों में खोया था। ट्रीटमेंट में था—ए बुलककार्ट ड्रान बाइ टेन बुलक्स (एक बैलगाड़ी दस बैलों द्वारा खींची जाती हुई।) उसने टाइप किया—ए बुलककार्ट ड्रान बाइ टेन हार्सेज (एक बैलगाड़ी दस घोड़ों द्वारा खींची जाती हुई) उसे शुद्ध करके जब दुबारा टाइप करने को दिया गया तो उसने दुबारा गलती की। इस बार टाइप किया—ए बुलककार्ट ड्रान बाई मनोरमा (एक बैलगाड़ी मनोरमा द्वारा खींची जाती हुई)। मनोरमा फिल्मी स्टोरी की हीरोइन का नाम था। उस नाम के सहारे शायद वह अपनी बीवी की याद में डूब गया था, इसलिए उसके अंतर्मन ने पहली बार उसे टेन हॉर्स पावर का बना दिया और दूसरी बार उसे बैलगाड़ी के दस बैलों के स्थान पर जोत दिया। अमृतलाल को भी कोल्हापुर के शालिनी स्टूडियो के ऊपर के एक ईंटिया कमरे में रात में बिस्तर पर करवटें बदलते हुए अपने बीवी-बच्चों की याद आया करती थी।

अमृतलाल ने कोल्हापुर में साहित्य चिंतन के साथ-साथ फिल्मी चिंतन भी किया। प्रेमचंद जैसे साहित्यकार फिल्मों में आकर सफल क्यों नहीं हो पाए, निराश होकर क्यों लौट गए, हिंदी फिल्मों का स्तर बंगला या मराठी से नीचा क्यों होता है, उनमें मार-धाड़ अथवा भौंडे सेक्सी दृश्य क्यों भर दिए जाते हैं। इसका विवेचन करते हुए लिखा—'मैं अच्छी तरह से इस बात को अब समझ गया हूँ कि अहिंदी-भाषी फिल्म निर्माताओं और प्रायः अशिक्षित और असभ्य वातावरण में हिंदी के साहित्यिक आकर निराश क्यों हुए ? इस व्यवसाय की बागडोर उन लोगों के हाथ है में है, जो प्रायः अशिक्षित हैं। अब ऐसे लोग भी बड़ी संख्या में प्रोड्यूसर और डायरेक्टर हैं जो किसी हद तक प्रतिभाशाली और बुद्धिसंपन्न पढ़े-लिखे होने पर भी हिंदी-भाषी जनता, उसका रहन-सहन, अदब-लिहाज, बोलने का लहजा, हँसी-मजाक आदि से अपरिचित हैं।

आदमी में सभी लोगों में एक कमजोरी होती है, गुंडाशाही और बेपर्दगी पसंद करना। फिल्म व्यवसाय के 60 प्रतिशत अशिक्षित और 40 प्रतिशत शिक्षित लोगों के मिक्सचर से जो चीज आज फिल्मों में पनप रही है वह हमारे दिमागों पर बहुत बुरा असर डाल रही है। आप किसी फिल्म के कुछ इंटिलिजेंट टचेज देखकर ही उससे प्रभावित हो उसे कलापूर्ण चित्र पुकार उठते हैं, लेकिन आप यह भूल जाते हैं, आप यह पहचान नहीं पाते कि सेक्स अपील के नाम पर उसने अचेतन रूप

में आपके दिमाग पर कितना बुरा असर डाल दिया। इसके अलावा एक बात और भी है। आप बुद्धिसंपन्न हैं, पढ़े-लिखे हैं, एक फिल्म की मुट्ठी भर खूबियों पर आपका ध्यान सिर्फ जाता है, लेकिन हमारी नई पौध, हमारी जनता के दिमाग में जो वासना प्रवेश करती है, वह कितनी भयानक है। तुम कहोगे मैं प्यूरिटन बन गया। नहीं, मैं यह कहता हूँ कि शारीरिक आकर्षण उतना बुरा नहीं है जितना दिमाग में औरत या मर्द को रखकर उसके साथ कल्पना की सेज पर सोना। यह अफीम का इंजेक्शन है जो हमारी जाति को धीरे-धीरे नपुंसक बना रहा है।

व्यवसाय बुरा नहीं है, लेकिन वह व्यापार जिससे चार का फायदा हो और हजार का नुकसान, यह बहुत बुरा है। इसे रोक देना चाहिए। इनसान की छिपी हुई कमजोरियों को उभारकर उनसे लाभ उठानेवाले हमारे निर्माता देश को बहुत नुकसान पहुँचा रहे हैं और हम इसे समझ नहीं रहे हैं।

इसके अलावा सबसे बड़ा दुर्भाग्य यह है कि हिंदी के पास न तो कभी रंगमंच रहा और न रजतपट। हिंदी के पास संसार का यह सर्वोत्तम माध्यम नहीं। दुर्भाग्यवश हिंदी के अधिकांश पुराने साहित्यिक भी आज के लिए इतने अप्रासंगिक हो गए हैं कि आज मुझे हिंदी की उन्नति के बजाय अवनति ही दिखाई पड़ती है। मैं समझता हूँ कि हम लोग इस समय न तो पूरी तरह सो रहे हैं और न जाग ही रहे हैं। हम तंद्रा में पड़े हैं, यह और भी भयानक और हानिकारक है। ज्ञान, यह बहुत आवश्यक है कि हम अपने साहित्य का स्तर ऊँचा करें। साथ ही हमें इस बात पर भी गौर करना होगा कि किस तरह हमारा पाठक समुदाय बढ़े। यह इस समय सबसे जरूरी है। जब तक यह न होगा हम उठ नहीं सकते।

ज्ञान, तुम मानो या न मानो, मैं बंगाल और महाराष्ट्र इन दो प्रांतों को देखकर अपने अनुभव से कह सकता हूँ कि वहाँ की जनता और वहाँ का साहित्य इसीलिए उठ पाए। हमारे साहित्यिकों को जनता से 'रिस्पॉन्स' नहीं मिलता इसीलिए हम नहीं उठ पाते। इस समय बहुत जरूरी है कि हमारी जनता हमारा साथ दे। इसके लिए कोशिश हमें ही करनी होगी। हमें कोई-न-कोई उपाय सोचकर निकालना चाहिए। मैं तो समझता हूँ, इस समय हम पांडित्य न बघारकर सावधानी के साथ जनरुचि के साथ आगे बढ़ते चलें। धीरे-धीरे पाठक समुदाय को ऊँचे स्तर पर उठाते चलें। रॉबर्ट ब्लेक पढ़नेवाले पाठक समुदाय को अपनी तरफ मिलाएँ, वह बहुत बड़ी तादाद में हैं। उसका सहारा पाकर हम उठेंगे। हमें इस वक्त यही करना है।'

अमृतलाल कोल्हापुर में अपना काम खत्म करके 5 नवंबर को बंबई आए। किशोर साहू के साथ ठहरे जो दादर मे शिवाजी पार्क रोड नंबर दो पर स्थित दोमंजिले 'सेरा विला' की ऊपरी मंजिल पर रहते थे। ४ तारीख को बंबई में *संगम* प्रदर्शित हुई। फिल्म सफल हुई। उसके संवादों पर अमृतलाल को बधाइयाँ मिलीं। प्रसन्न मन दीवाली पर लखनऊ आए। उनका नया कहानी संग्रह *तुलाराम शास्त्री* छप चुका था। अब *सेठ बाँकेमल* और *कामरेड प्रेमदास* के प्रकाशन के लिए उत्सुक थे।

फिल्मों में सफलता और हृदय-मंथन

कोल्हापुर से वापस आने पर अमृतलाल बीमार पड़ गए। युद्धकाल में लखनऊ में एक परिवर्तन आया था। काला धंधा यहाँ भी खूब पनप रहा था। नवधनिकों में मकान बनवाने की हवा जोरों से चल रही थी। सड़े ताल-तलैया-पोखर पाटकर मकान बनते जा रहे थे। शहर में मच्छरों की फौज में बेतहाशा बढ़ोत्तरी हो गई थी। इन्हीं मच्छरों ने अपना जच्चाखाना उनकी नसों में आबाद कर लिया। बुखार 104 डिग्री तक पहुँच जाता था। एक सप्ताह से अधिक समय तक शय्याग्रस्त रहे। स्वस्थ होने पर श्रीमतीजी व बच्चों से मिलने आगरा गए। वहाँ 10-12 दिन रहे। वापस लौटकर फिर कुछ दिन लखनऊ रुके। इसके बाद मुझसे मिलने इलाहाबाद आए और वहीं से दिसंबर के अंतिम सप्ताह में बंबई वापस लौट गए। किशोर साहू के साथ 'सेरा विला' में ठहरे। कुछ दिन बाद नीचे के मंजिल में दो कमरों का एक फ्लैट खाली हुआ। वह बंबई में उनका स्थायी निवास बना और आज भी उनके भतीजों के पास है।

फिल्मी जगत् में 1942 तक फ्रीलांसिंग का चलन हो गया था। *संगम* रिलीज होने के बाद फिल्मी मार्केट में अमृतलाल का भाव बढ़ा। वह किशोर साहू के *कुँवारा बाप* का पेपरवर्क तो कर ही रहे थे, लीला चिटनिस की *किसी से न कहना* तथा चिमनलाल देसाई की *परिणीता* के संवाद तथा गीत लेखन का कार्य भी उनके हाथ में आ गया। तीन-तीन फिल्मों को एक साथ वाचाल करना और वह भी एक ही समय। दिन रात काम, काम, काम।

अप्रैल में मुझे लिखा– 'जानते हो, मैंने पिछले तीन महीनों में अपनी प्रतिभा (मेरा आशय मेरी साहित्यिक प्रतिभा से है, अपनी पत्नी से नहीं) के साथ कितना व्यभिचार किया है। सुबह 6-6.30 बजे निरालस्य भाव से बिस्तर छोड़कर मस्तिष्क को यंत्र की तरह चलाते रहना। अभी *परिणीता* लिख रहा हूँ, बारह बजे प्रोड्यूसर महाशय उस पर वाद-विवाद करनेवाले हैं। उठते ही फाइल सँभाल ली। कलम का घोड़ा दौड़ने लगा। दाढ़ी खुजला रही, फुरसत नहीं। सोच रहा हूँ, यह सीन लिखने के बाद पाखाने हो आऊँगा। यह सीन खत्म हुआ तो दूसरा सीन शुरू करो। जितना समय पाखाने में लगेगा उतने में दूसरा सीन भी हो जाएगा। आज प्रोड्यूसर को

इतने सीन दिखाने ही हैं। कागजी दौड़ चल रही है।

'टन-टन घंटी बज उठी। "हलो, मैं लीला बोल रही हूँ गुड मार्निंग। देखिए मि. नागर, मैं शाम को सिनेमा जा रही हूँ। आप दो बजे नहीं आ सकते हैं ?...जी दो बजे तक तो सीन्स तैयार भी न होंगे। रात में आठ बजे आपसे मिलने की बात थी न।...तो अभी आपने कुछ भी नहीं लिखा।...नहीं, लिख तो रहा हूँ, मगर ज्यादा नहीं लिखा।...अच्छा तो जो कुछ लिखा हो ले आइए, यहाँ लिख लीजिएगा।"

'खोपड़ी में बरसों हो गए, चिकनाई नहीं लगी। बिखरे बाल हिंदुस्तान की फूट का प्रतिनिधित्व कर रहे हैं। खोपड़ी जरा खुजला ली। ध्यान *परिणीता* में था। अब लीला चिटनिस के साथ *किसी से न कहना* में उलझ गया। एक भी सीन उसका तैयार नहीं है। दो बजे जाना है। बारह बजे चिमनलाल देसाई *परिणीता* पर बैठेंगे। हिसाब लगाया, एक घंटा लगेगा ही। एक बज जाएगा। डेढ़ बजे खाना खाऊँगा। कल भी दिन में नहीं खा सका था, फुरसत ही न मिली। जिस पेट के लिए ये सब मेहनत करो, उसे भी ठीक तरह से नहीं भर सकते। बदन टूट रहा है। टेलीफोन के पास ही खड़े हुए एक अंगड़ाई ली। अच्छा, पहले बारह बजे की फिक्र करो। घड़ी देखी, नौ बज रहे हैं। एक सिगरेट फूँकी। *परिणीता* चल निकली। ग्यारह बजे। *परिणीता* का उस रोज का काम पूरा हुआ।

'पाखाना तो हो ही आया जाए। नहाना भी बहुत जरूरी है। दिमाग बेहद गर्म हो उठा है। फिर वक्त का खयाल। कम-से-कम दो सीन तो *किसी से न कहना* के लिख ही लेने चाहिए। पाखाने-नहाने में समय बर्बाद होगा। *परिणीता* के कागज समेट कर रखे। जोर-जोर से कोई गीत गुनगुनाता हुआ उठा। *किसी से न कहना*...सिगरेट जलाई...पीते ही पाखाना जोर मार उठा। उस साले को भी इसी वक्त लगना था। खैर, पाखाने में लीला के लिए एक गीत सोचूँगा। गीत सोचता हूँ। पाखाने में देर लग गई। घड़ी देखी। एक सीन लिखा—पौने बारह। एक मिनट में नहाया, स्टूडियो। अभी चिमनलाल नहीं आए। ये साले प्रोड्यूसर वक्त की परवाह नहीं करते। खुद चाहे देर हो जाए, अगर मुझे देर हो जाए तो कहेंगे—पंडितजी, मैं बड़ी देर से आपकी प्रतीक्षा कर रहा था।...हें-हें करके जरा 'सॉरी' कहो। खैर, सीन लिखने बैठा। *किसी से न कहना* का दूसरा सीन अधूरा ही था, साढ़े बारह बजे। चिमनलाल आ गए। बहस। डेढ़ बज गए। अधूरा सीन पूरा करना है। खाना शाम को ही खाऊँगा। लिख रहा हूँ। दो के बजाय सवा दो-ढाई तक पहुँचा। काम चल रहा है। वह 6 बजे चली गईं। "मि. नागर, ये आज कंपलीट करके दे जाइएगा।" मैं साढ़े आठ बजे तक वहीं लिख रहा हूँ।

'लौटा। किशोर ने कहा—अरे भाई, कलवाला सीना लिख डालो। लो, अभी लो। नहाया, खाना खाया। 15-20 मिनट गप्पें लगाईं। 10.30 बजे लिखने बैठा। दिमाग भूसा हो गया है। किशोर उत्साह दिला रहा है, वह भी जाग रहा है। फिर एक बजे तक खत्म किया। अब नींद नहीं आ रही है। दो-ढाई बजे सोया। सवेरे

फिर वही। तीन-तीन रात और दिन बगैर सोए बिताए हैं। स्फूर्ति नहीं है। शराब, शराब, शराब !!! काम, काम, काम !!!'

× × ×

इस कार्य व्यस्तता के बीच अमृतलाल को एक दिन स्टूडियो से लौटने पर राजू के पत्र से एक दुखद सूचना मिली। हम दोनों के अभिन्न मित्र गोविंद का देहांत। गोविंद को टी.बी. हो गई थी। साल भर से बीमार था। दिसंबर में उसे अस्पताल में भरती कर दिया गया था। फिर रोग को असाध्य जानकर घर ले आया गया था। हम दोनों उसे देखने चौपटिया स्थित निवासस्थान पर गए थे। दुबला-पतला तो पहले से था, अब तो शरीर में हड्डियाँ रह गई थीं। कुछ समय पहले उसका विवाह हो गया था। उसकी नवपरिणीता वधू घूँघट काढ़ पलँग के पास बैठी थी। हम दोनों को देखकर उसने सूखी टहनी जैसे अपने दोनों हाथ उठा दिए। आँखों में चमक आ गई थी। मुँह पर सूखी हँसी लाने की कोशिश की। मेरी समझ में नहीं आया कि उससे सांत्वना के क्या शब्द कहूँ। उसके दोनों हाथों को गर्मजोशी के साथ अपने हाथ में लेकर हलके से दबाया और कहा तुम जल्दी अच्छे हो जाओगे। अमृतलाल ने अपनी छलछलाती आँखों को छिपाने के लिए मुँह दूसरी ओर फेर लिया।

हम दोनों उसके घर से लौटे तो स्मृतियों से भरे थे। गोविंद नौवें दर्जे में मेरा कक्षा सहपाठी बना। उसी के माध्यम से मेरी राजू से दोस्ती हुई और फिर दोनों नाम मेरे मन के अंदर एक-दूसरे के पर्यायवाची बन गए। गोविंद और राजू बाल्यमित्र थे। गोविंद पितृविहीन था। बड़े भाई के संरक्षण में पढ़ रहा था। बड़ा ही पढ़ाकू था। बड़े ही शांत, सरल और निष्कपट स्वभाव का। बड़ा ही खुशमिजाज। राजू उस पर हमेशा हुक्म चलाया करता था। 'गोविंद, फलाँ किताब पढ़कर कल शाम तक उसके विस्तृत नोट्स तैयार करके मुझे दे जाना।...गोविंद, फलाँ काम आज शाम तक हो जाना चाहिए।' और गोविंद अपना काम छोड़कर उसका काम पूरा करने में जुट जाता। राजू भी पढ़ाकू था, किंतु उसका पढ़ाकूपन कुछ दूसरे ढंग का था। अकसर किसी किताब को गोविंद से पढ़वाकर और उसके बारे में उससे सारी जानकारी बटोरकर मित्र मंडली में बैठकर उसके सामने ही उस पुस्तक पर इस अधिकारपूर्वक बहस करता था जैसे उसने स्वयं उसका बड़े मनोयोगपूर्वक अध्ययन किया हो।

मेरे आगरा चले जाने पर अमृतलाल की राजू और गोविंद से निकटता स्थापित हुई। मेरी अनुपस्थिति में अमृतलाल जब कोई चीज लिखते तो उसे जब तक राजू और गोविंद को सुना न लेते, चैन न पड़ता। उन्हें जब किसी विषय में किसी जानकारी की आवश्यकता पड़ती तो गोविंद से कहते। वह लाइब्रेरी में दिन-दिन भर बैठकर उस विषय की सारी उपलब्ध जानकारी प्राप्त करके उसके विस्तृत नोट्स तैयार करके उन्हें दे देता। उसे विश्वकोश की भाँति विविध विषयों की जानकारी बटोरने का

चाव था। राजू और गोविंद के बिना अमृतलाल की शाम की महफिल अधूरी रहती थी। गोविंद कृष्ण वर्ण का था। अमृतलाल और राजकिशोर ने उसके जाने कितने नाम रख दिए थे--कालिया, कालियमर्दन आदि-आदि। वह कभी अपने मित्रों की किसी बात का बुरा नहीं मानता था। निश्छल भाव से हो-हो कर जब हँसता था तो उसकी लंबी दुबली-पतली काया इस प्रकार हिल जाती थी जैसे फूलों से लदी पेड़ की पतली डाली हवा के झोंके से हिल उठी हो। वह बड़ा ही संवेदनशील था।

मेरा मन इस तथ्य को मानने के लिए तैयार नहीं था कि गोविंद मर सकता है। मैंने रास्ते में अमृतलाल से कहा था--'गोविंद मरेगा नहीं। उस समय क्या पता था कि वह दूसरे ही दिन हम सबको छोड़कर चला जाएगा। इसलिए अमृतलाल के पत्र से सूचना पाकर मैं कुछ देर के लिए सन्न रह गया। उनके पत्र के एक-एक शब्द से प्रकट था कि गोविंद के न रहने से उनके जीवन में कितना बड़ा शून्य उत्पन्न हो गया था। उन्होंने लिखा था--'गोविंद को मैं हर रोज एक पत्र लिखने की सोचता हूँ। लेकिन जिस दिन हम लोग उससे मिले थे, उसके दूसरे ही दिन उसे परदेश की यात्रा करनी पड़ी। पता वहाँ का मुझे मालूम है, लेकिन इस देश का कोई डाकिया उस देश में पत्र लेकर जाने में मानव स्वभाव के अनुकूल, हिचकता है। मैंने और राजू ने यह तय कर लिया है कि अब कभी भी उससे नहीं मिलेंगे। कहाँ तो वह मेरे घर तक आने में असमर्थ था कि कहाँ हम लोगों की अनुपस्थिति में इतनी दूर भाग गया कि हम लोग उसे छू भी नहीं सकते।

'ज्ञान, अफसोस करने की बात नहीं, गोविंद बड़ा नालायक था। 'राजू' के शब्दों में उसने कभी भी वायदा पूरा करने की परवाह तक न की। अगर इस बार वह वायदाखिलाफी कर चला गया तो कोई आश्चर्य की बात नहीं। गोविंद मर गया और उसके साथ ही हम लोगों की एक उमंग भी मर गई। तुमने कहा था, वह मरेगा नहीं। उसने तुम्हारा चैलेंज स्वीकार कर यह बतला दिया कि वह जीत गया। जीवित था तो हम लोगों की गालियाँ खाता और चुप रहता था। मरकर अब वह बदला चुका रहा है। गोविंद की स्मृति रक्तबीज बनकर मुझे छका रही है। जितना ही उसे भुलाने की कोशिश करता हूँ उससे कई हजार गुना ज्यादा वह याद आता है। तुम लखनऊ से गए तो राजू और गोविंद को अपनी एवज में मुझे दे गए थे। राजू और गोविंद फिर इतने निकट आ गए कि हम तीन में कोई अंतर न मालूम होने लगा। गोविंद इतना बेमुरौवत और रूखा निकला कि किसी बात की भी परवाह न की, लिहाज न किया। ओफ ! ज्ञान, गोविंद बड़ा ही बेदर्द निकला।

'एक साल भर पहले से हम लोग इस खबर को हर वक्त सुनने के लिए तैयार रहते थे। गोविंद को भी यह मालूम था, बल्कि राजू तो उसके मुँह पर कई बार यह कह चुका था कि तुम अगर मर जाओगे तो हम लोगों को कोई दुख न होगा। ज्ञान ! गोविंद प्रकृति से गंभीर था, इसलिए इस बात पर सदा वह रहस्य की तरह मुसकरा दिया करता था। लेकिन आज राजू से पूछो।

'तुम्हें याद है, उस दिन जब तुम्हारे साथ मैं गोविंद से आख़िरी मुलाकात के लिए गया था तो *परिणीता* का सिनेरियो अपने साथ ले गया था। उसे सुना न पाया। रोज *परिणीता* के संवाद लिखने पड़ते हैं। कल्पना करो, गोविंद की प्रतिछवि *परिणीता* की फाइल पर कितनी बार अंकित होती है। गोविंद मेरा साहित्यिक बंधु था। मेरे लेखक और कलाकार से उसकी अंतरंगता थी। कुछ भी लिखता था तो गोविंद को सुनाने की साध रहती थी। आजकल दिन में करीब-करीब वीस घंटे लिखना ही पड़ता है। लेकिन इस साध पर अब पाला पड़ गया कि गोविंद को अब सुना पाऊँगा। गोविंद आजकल कितना अखरता है, यह तुम्हें कैसे बताऊँ, ज्ञान !'

2

अमृतलाल के छोटे बेटे शरद का 20 अप्रैल को मथुरा में मुंडन था। वह तीनों फिल्मों का काम पूरा कर एक सप्ताह पहले आगरा पहुँच गए। उनका विचार था कि लखनऊ में एक मास रहकर विश्राम करूँगा। लेकिन मई में तार पाकर फिर बंबई चले गए। एक नया काम मिल गया। मुझे लिखा—'मैंने सोचा इस समय जो कुछ भी मिल सके, उसे ले लेना ही अच्छा है। लड़ाई का जमाना है। पैसे का लोभ भी मेरा आजकल बढ़ा हुआ है। पिताजी के स्वर्गवास के बाद पाँच वर्षों में जो रुपया मैंने बर्बाद किया है वह मेरा नहीं। मैं तो केवल उस पवित्र थाती की रक्षा करनेवाला ही था। सोचता हूँ, जो घटा वह ईश्वर पूरा कर दे तो मैं निश्चिंत हो जाऊँ।

'संस्कारवश मैं ईश्वर में आस्था रखता हूँ और दुनियादारी तथा व्यवहार कुशलता के नाम पर पैसे के लिए अपनी कलम का दुरुपयोग भी कर रहा हूँ। मुझे बराबर यह अनुभव हो रहा है कि मैं इस बार सोचने की शक्ति को धीरे-धीरे क्षीण कर चुका। फिल्म के वातावरण से कुछ दिनों के लिए हटकर मुझे अध्ययन करना चाहिए। जब तक मैं पढ़ना नहीं शुरू करूँगा, मैं कोई चीज न दे सकूँगा और यदि अब मैं लिख न सका, ज्ञान, तो मेरे जीवन में कोई रस बाकी न रह जाएगा। मेरा सर्जनात्मक कलाकार आजकल सख्त बीमार है। वह मर न जाए, इसकी मुझे बड़ी भारी चिंता है। आर्थिक दृष्टि से, व्यावहारिक दृष्टि से मैं ईश्वर की दया से सही हूँ, परंतु मानसिक यंत्रणाएँ भी बढ़ी-चढ़ी हैं।

'इसके अतिरिक्त बंबई आते ही मुझमें एक हीनताबोध आ जाता है। मैं पैसा पैदा करने आया हूँ। मेरा लेखक दुकानदार बन जाता है। ''आइए बाबूजी, आइए सेठजी। ये चीज देखिए, नहीं पसंद आई। ये देखिए। आप ये चाहते हैं। अच्छा हुजूर यही सही !'' यह नकली चेहरा लगा तो लिया है, लेकिन समझ में नहीं आता, कब तक मैं अपने लेखक के साथ यह धोखेबाजी कर सकूँगा। उसको

बहला-बहलाकर दुकानदार बनाना मुझे अच्छा नहीं लगता'।

अमृतलाल के अंदर के साहित्यकार को अच्छा नहीं लग रहा था कि वह फिल्मी कहानी, संवाद तथा गीतों के सौदागर बनकर रह जाएँ। इसीलिए फिल्मी क्षेत्र में उन्हें ज्यों-ज्यों सफलता प्राप्त हो रही थी, त्यों-त्यों उनकी मानसिक यंत्रणा बढ़ती जा रही थी। पहले मानसिक तनाव के क्षणों में वह डायरी लेखन करते थे। उनके अंदर के लेखक का मुझसे कुछ भी गोपन न था। हम दोनों के अंदर के लेखक का विकास साथ-साथ हुआ था। मैं उनके लेखक को सब प्रकार से सहारा और सत्परामर्श देकर अपने मित्रधर्म का पालन करता था। इसीलिए उन दिनों मानसिक तनाव के क्षणों में वह डायरी लेखन का कार्य मुझे लिखे पत्रों से ले रहे थे। उन पत्रों में वह अपना हृदय खोलकर रख देते थे। ऐसा लगता था जैसे उनका लेखक अपने से बतिया रहा हो। जून में लिखा—'मैं आजकल हरदम अपनी दुकानदारीवाली अवस्था का 'कांशस' रहता हूँ। आजकल कई बातें एक साथ मेरे दिमाग में चक्कर काट रही हैं। मेरे दिमाग की हालत ठीक वैसी ही है जैसी जंग लगी मशीन की होती है। बहुत मुमकिन है उससे कुछ अच्छी हो, लेकिन यह तो तय है कि किसी तरह का चमत्कार अब उसमें शेष नहीं रहा। पुरानी विशेषताओं का नवीन संस्करण करते समय अपनी दिमागी मशीन को बहुत जोर देकर चलाना पड़ता है।

'मैं अपना विश्लेषण करता हूँ—आलसी सदा से रहा। चुपचाप पड़े रहने में मजा आता है। लेकिन अब तो कोई दिन ऐसा नहीं जाता जबकि तीन-चार घंटे लिखना न पड़े। वातावरण उसके बिलकुल विपरीत हो गया है जिसमें मेरा लेखक इतने दिन पनपा। हर वक्त दुनियादारी की बातचीत। यहाँ हर तरफ मैं का जोर। मैंने ऐसा किया और मैं ऐसा हूँ। मुझमें मैं की बीमारी सदा से रही। लखनऊ में ऐसा था कि गोविंद मेरे इस 'मैं' पर हर वक्त दफा 144 लगा दिया करता था। रामविलास शर्मा के साथ बातें करते हुए 'मैं' दूर भाग जाता था। तुम और नरोत्तम तथा अन्य बहुत से बंधु थे, जिनके सामने यह बीमारी उभरती नहीं थी। जब तक यह बीमारी उभरती नहीं तभी तक मेरा लेखक स्वस्थ रहता है। आजकल इस बीमारी का बहुत जोर है। हद है ज्ञान, अब यदि किसी वक्त गंभीर विषयों पर बातें करने की कोशिश करता हूँ तो खुद ही बहुत जल्द उससे तबीयत ऊब जाती है। मैं अपने दिमाग पर अब इतना जोर नहीं दे पाता।

'फिल्मी वातावरण काजल की कोठरी के समान होता है। उसमें रहकर काजल की रेख लगने से बचाना उस समय और भी कठिन हो जाता है जब आपकी गणना फिल्म जगत् के देवताओं में होती हो, प्रोड्यूसर आपके मित्र हों, आपके हाथ में किसी स्टार को चमका देने की शक्ति हो, आपको शराब मुफ्त पीने को मिलती हो, आप जनानी जवानी से घिरे रहते हों।' इससे अमृतलाल की मानसिक यंत्रणा और बढ़ गई थी। उनके व्यक्तित्व का विकास एक संस्कारवान परिवार के

पवित्रतावादी वातावरण में हुआ था। उन्हें बाप-दादों से जो संस्कार घुट्टी के साथ प्राप्त हुए थे, उन्हें रबड़ लेकर मिटाया नहीं जा सकता था। चरित्रहीनता अथवा लंपटता उनकी प्रकृति के प्रतिकूल थी। वे मूलतः एक पत्नीव्रती थे। रसिक अवश्य थे, किंतु मर्यादाओं का उल्लंघन नहीं करते थे। स्त्री जाति के प्रति अत्यंत पूज्य भाव था। उससे माँ, बहन या बेटी का रिश्ता निभाते थे। अपनी स्त्री के साथ विश्वासघात करना उनकी प्रकृति के प्रतिकूल था। खरी ईमानदारी उनके चरित्र की भित्ति थी। उनमें एक ही कमजोरी थी—वैनिटी (दर्प)। अगर तुमको इस बात का दर्प है कि लड़कियाँ तुम्हारे पीछे दौड़ती हैं, तो मैं तुमसे कम नहीं हूँ मेरे पीछे भी लड़कियाँ दौड़ती हैं। तुम शराब पीते हो तो मैं तुमसे ज्यादा पी सकता हूँ। वह जैसे अपने फिल्मी साथियों को जतला देना चाहते थे कि 'पंडितजी' एक डिग्री ज्यादा हैं, कम नहीं।

फिल्मी सफलता प्राप्त होने पर वह पवित्र जीवन, जिसमें साहित्यकार पनपता है, दस हाथ दूर चला जाने से वह अत्यंत विकल रहते थे। मुझे लिखा—'इस जीवन से मैं निकलना चाहता हूँ, निकल नहीं पाता। आत्मशक्ति मेरी इतनी प्रबल नहीं। यह भी जानता हूँ, अगर निकलता नहीं तो मेरी जिंदगी खतरे में है। जिंदगी अगर बच भी जाए तो मेरा दिमाग जरूर खतरे में है।...एक बार लड़ रहा हूँ, निकल आया, तब तो मुझसे बहुत कुछ आशा रखो, अन्यथा मेरी ट्रेजिडी पर संवेदना के दो आँसू बहाना—अपने विकास काल के पूर्व ही मेरा लेखक फिल्म स्टूडियो में बेरहमी के साथ कत्ल कर दिया गया।'

अमृतलाल ने अपनी पत्नी प्रतिभा तथा छोटे भाई रतन को बंबई बुला लेने का निश्चय किया। रतन हाई स्कूल करने के बाद बैंक में क्लर्की करने लगा था। यह अमृतलाल को बहुत अखर रहा था। उनका सपना था कि वह स्वयं तो बड़े बनें, उनके दोनों भाई भी बड़े बनें। उन दिनों बंबई में 'श्री साउंड स्टूडियो' फिल्म जगत् के शिक्षित समुदाय का केंद्र था। 'श्री साउंड स्टूडियो' के कैमरामैन रजनीकांत पांड्या और उनके छोटे भाई साउंड रिकार्डिस्ट चंद्रकांत पांड्या से अमृतलाल का नेह-नाता जुड़ गया था। उन्होंने रतन को रजनीकांत पांड्या के संरक्षण में कैमरामैन की ट्रेनिंग दिलाने का निश्चय किया। सबसे छोटा भाई मदन अपने भाइयों का अनुगमन करते हुए हाई स्कूल परीक्षा में प्रथम प्रयत्न में विफल हो गया था। अमृतलाल ने उसे आर्ट कॉलेज में दाखिला लेकर चित्रकला का डिप्लोमा कोर्स करके चित्रकार बन जाने के लिए प्रेरित किया। उन्होंने यह भी सोचा कि प्रतिभा और रतन के रहने से मेरी जिम्मेदारियाँ बढ़ जाएँगी, एक डर भी हो जाएगा और मैं बहकने नहीं पाऊँगा।

अमृतलाल के बंबई चले जाने से उनकी गृहस्थी तीन-तेरह हो गई थी। पति से दूर रहकर प्रतिभा आगरा में तड़प रही थीं। बिरादरी में निंदकों ने प्रवाद फैला दिया था कि सास ने निकाल दिया है। इससे और घुट रही थीं। बच्चे समझदार

हो रहे थे। दूसरे बच्चों की भाँति वे भी अपने माता-पिता के साथ रहने के लिए तरसते थे। अमृतलाल भी बच्चों के बड़े होने के साथ उनके प्रति अपनी जिम्मेदारियों को अधिकाधिक अनुभव करने लगे थे। रोटी कमाने के लिए उन्हें परिवार से काले कोसों दूर रहना पड़ रहा था। बंबई में अकेले रहकर रात में बेचैनी से करवटें बदलते हुए बीवी-बच्चों को याद किया करते थे।

अमृतलाल का पत्र पाकर प्रतिभा ने 7 वर्षीय बब्बन (कुमुद) और 5 वर्षीय शरद् को आगरा में छोड़ दिया, ताकि पढ़ाई का हर्ज न हो और 3 वर्षीय अचला को लेकर रतन के साथ बंबई पहुँचीं। वहाँ पहुँचते ही सारी गृहस्थी को दूसरे दिन से ही उसी तरह सँभाल लिया जिस तरह मछली को पानी में तैरने के लिए सीखना नहीं पड़ता। वह अमृतलाल के लिपिक गजानन सदाशिव पोतदार को साथ लेकर घर-गृहस्थी की सारी आवश्यक चीजें खरीद लाईं। पास-पड़ोस के सुशिक्षित मराठी गुजराती परिवारों की महिलाओं से हेल-मेल बढ़ा लेने में देर नहीं लगी। महाराष्ट्रीय 'वनिता समाज' की सदस्याओं को हिंदी पढ़ाने लगीं। मोहल्लाशाही के वातावरण में पलने-बढ़ने तथा अधिक शिक्षा न पाने के बावजूद उन्हें बंबई के मुक्त वातावरण के अनुकूल अपने को ढाल लेने में तनिक भी कठिनाई नहीं हुई और एक सुरुचिपूर्ण तथा सुसंस्कृत महिला के रूप में अपनी छाप पास-पड़ोस के सारे सुशिक्षित स्त्री समाज पर डाल दी।

अमृतलाल पैसे के मामले में पूरे भोलानाथ थे, प्रोड्यूसरों से अपने काम का पूरा पैसा नहीं वसूल पाते थे। प्रतिभा ने उनका सारा हिसाब-किताब सँभाल लिया और रतन की मार्फत नादेहंद प्रोड्यूसरों से उनका पैसा निकलवाने का भी प्रयास करने लगीं। वह गृहस्थी के खर्च का संचालन वर्तमान की आवश्यकताओं को ही नहीं, भविष्य की आवश्यकताओं को भी ध्यान में रखकर करने लगीं।

बंबई के ग्वालिया टैंक के मैदान में 7 व 8 अगस्त, 1942 को अखिल भारतीय कांग्रेस कमेटी का जो ऐतिहासिक अधिवेशन हुआ और 'भारत छोड़ो' का प्रस्ताव पास हुआ तथा महात्मा गांधी ने 'करो या मरो' का नारा दिया, उसमें अमृतलाल भी उपस्थित थे। एक फिल्म यूनिट उस अधिवेशन की डॉक्यूमेंटरी फिल्म तैयार कर रही थी। उसी के साथ उन्होंने मंच के बिलकुल पास से, जहाँ से मंच पर बैठे नेतावृंद तथा पंडाल में एकत्र समूचे जन-समूह की झाँकी देखने को मिल रही थी, गांधीजी का शांत-संयत शीतल स्वर में दिया गया वह भाषण सुना, जिसने सारे देश में प्रचंड जन-विद्रोह की ज्वालाएँ धधका दीं। उस अधिवेशन में फ़ीरोज़ गांधी और इंदिरा गांधी के नवविवाहित जोड़े को बहुत पास से देखा। प्रभात होने से पहले ही सभी नेताओं को गिरफ्तार कर अज्ञात स्थानों पर ले जाया गया और सारी बंबई महानगरी उठ खड़ी हुई। उन्होंने सड़कों पर घूम-घूमकर जन-विद्रोह के न भुलाए जा सकनेवाले दृश्यों को देखा। उन दृश्यों ने उनके हृदय में जो भावनाएँ जगाईं, उनको उसी दिन रात में मुझे लिखे गए पत्र में अंकित किया—

'9 अगस्त, 1942 ई.···जिस दिन भारत के इतिहास का नया पृष्ठ लिखा जा रहा है। इस महत्त्वपूर्ण दिवस के साथ-साथ मेरा यह पत्र भी महत्त्वपूर्ण हो गया। मुझे अभिमान है हमारा भारतवर्ष अपनी स्वतंत्रता को आज हजार वर्ष बाद फिर अधिकारपूर्ण पराए हाथों से छीनने के लिए कटिबद्ध हो उठ खड़ा हुआ है और मुझे अपने भारतवासी, बल्कि यों कहूँ, अपने भारतीय होने पर गर्व है। ज्ञानचंद ! आज मैं तुम्हें पत्र लिख रहा हूँ, राजू को पत्र लिख रहा हूँ, गोविंद नहीं है, यह मुझे अखर रहा है।···प्रतीक्षा कर रहा हूँ···किस दिन भारत आजाद हो। फिल्म में जो चीज अभी तक हम विदेशी शासन के कारण नहीं ला सकते, वह स्वतंत्र भारत में सबसे पहले मैं लाऊँगा।···'वंदेमातरम्'—जलियाँवाला बाग की दुर्घटना से अपनी कहानी आरंभ कर लाल रंग के शासन का सजीव चित्र दूँगा। भारत आजाद !'

गोरी फौजों ने घर-घर में घुसकर लोगों को मारा-पीटा, ठोकरें लगाईं, स्त्री-पुरुषों को अपमानित किया। कई दिन तक बंबई में आतंक का राज कायम रहा। तीसरे दिन किशोर के साथ अमृतलाल घर से पाँच-छह सौ गज दूर पर रहनेवाले एक परिचित के यहाँ गए थे। लौटते समय राउंड लगाती हुई गोरों की टुकड़ी आ गई। दोनों ने भागकर पास के एक फ्लैट में शरण ली। उस फ्लैट के स्वामी से परिचय हुआ। वह किशोर की दूसरी फिल्म *राजा* में पैसा लगाने को तैयार हो गया। *कुँवारा बाप* के बाद किशोर की दूसरी फिल्म *राजा* अमृतलाल के संवादों के कारण हिट हुई।

3

अमृतलाल बंबई जाकर जिस रीति से अपना आलस्य त्यागकर और कर्मठ बनकर, फिल्मी काजल की कोठरी में रहकर भी अपने को पंक से विलग रखने तथा अपने अंदर के सृजनशील लेखक को जीवित रखने के लिए संघर्ष कर रहे थे, उससे अपने मित्र के जुझारू व्यक्तित्व के प्रति मेरे मन में नया आदर भाव उदित हुआ। एक पत्र में जब मैंने अपनी भावनाओं को शब्दबद्ध किया तो उन्होंने लिखा—'तुम्हें मुझ पर इतनी श्रद्धा है, (मैं बहुत काम कर लेता हूँ इसलिए) पर मुझे हरदम यही लगता है कि मैं अपनी शक्ति का इतना अधिक दुरुपयोग क्यों करता हूँ। आज आठ महीने हो गए ज्ञान, सब मिलाकर 25-30 रातों से अधिक भरनींद सो नहीं सका। मशीन बन गया हूँ। पैसा कमाता हूँ, लेकिन अब तक एक पैसा भी जमा नहीं कर सका। बंबई का खर्च, लखनऊ का खर्च। सोचता हूँ, जब तक शरीर चलता है, जब तक भाग्यचक्र मेरे अनुकूल चलता है, मेरी गृहस्थी की गाड़ी भी अच्छी तरह चली जा रही है। परंतु भविष्य के लिए क्या होगा, मुझे हरदम यही चिंता लगी रहती है। कोई फैयाजी और फिजूलखर्ची भी नहीं। पिछले जमाने ने गहरा घाव किया था। आज ईश्वर की कृपा से इस योग्य हो गया हूँ कि कमर सीधी

करके चलूँ। ज्ञान, पूरी गृहस्थी है मेरी। भाइयों की तरफ भी ध्यान जाता है, बच्चों की तरफ भी ध्यान जाता है, दोनों के लिए ही मेरे कुछ कर्तव्य हैं सो पूरे करने ही चाहिए।

'बचपन के संस्कारों ने मेरे दिमाग में यह पूरी तरह से जमा दिया है कि रुपए के बगैर दुनिया नहीं चल सकती। इसी भावना ने मुझे व्यावहारिक बना दिया है, अपने कलाकार की आवाज को बराबर अनसुना करता जाता हूँ। मैं अपने आपको ही धोखा देता चला आया हूँ। 'मूर्खों के स्वर्ग' की कल्पना मुझे नहीं, मेरे कलाकार को शिथिल बनाए देती है। अकसर यह सोचता हूँ, क्या मेरा स्वप्न पूरा होगा ? और मेरे सपनों की वह सुनहरी दुनिया जानते हो क्या है ?...जब मरूँ तो संसार अमर कलाकार कहकर मेरे नाम को प्रतिष्ठा दे। महत्त्वाकांक्षा बुरी चीज नहीं, मेरा अपना अनुभव है कि महत्त्वाकांक्षी ही उत्साही एवं आशावादी हो सकता है। मैं अब तक जितना कुछ भी बढ़ा हूँ अपनी महत्त्वाकांक्षा के बल पर ही। लेकिन साथ-ही-साथ मेरा पूँजीवादी मानव भी तो महत्त्वाकांक्षी है। वह बहुत कोमल है, मखमल के गद्दों की कल्पना करता है, मोटरकार की कल्पना करता है, आठ नौकर हों, आलीशान कोठी हो, बड़ी इज्जत हो, इस तरह मैं अपने भरे-पूरे परिवार के साथ रहूँ।

'मेरा कलाकार युग के साथ है, वह भी महत्त्वाकांक्षी है। कलाकार मानव जाति के लिए कल्याणकारी साहित्य का सर्जन करना चाहता है, कलाकार अपने देश के उत्थान के लिए कुछ करना चाहता है, कलाकार भिखमंगों के जीवन के विषय में सोचता है, देखता है--मजदूर, किसान, गरीबी। घटनाओं से भरे हुए अनुभवपूर्ण जीवन की कामना करता है।

'मेरे अपने ही व्यक्तित्व के दो रूप--एक इस्पात का बना है, दूसरा फूल का। 'मैं' दोनों में ही है। मैं चाहता हूँ कि सबसे पहले कलाकार को ही अपने जीवन में सर्वोच्च स्थान दूँ। लेकिन मेरा दुनियादार मानव, जो कि प्रतिष्ठा का भूखा है, चाहता है कि मैं कलाकार तो बनूँ ही, साथ ही मेरे मखमली गद्दे, कोठी और मोटरकार भी बनी रहे। दुख तो इसी बात का है, ज्ञान, कि फूल के वजन से इस्पात लचक जाता है। इसी को कहते हैं चरित्रहीन। मैं चरित्रहीन हूँ।

'मुझमें बहुत सी अच्छाइयाँ हैं। मैं किसी का बुरा नहीं चाहता, मैं हर एक की उन्नति चाहता हूँ, हर एक का कल्याण चाहता हूँ, हर एक के दुख-सुख में भागीदार बनना चाहता हूँ, हर एक के हक में इनसाफ पसंद करता हूँ। पर साथ-ही-साथ यह भी चाहता हूँ कि हर एक मुझे अच्छा कहे। यह जानते हो क्यों ? मरने के बाद लोग मेरे बारे में कहें--अच्छा आदमी था। लेकिन इस मृत्यु के उपरांत काम आनेवाली कमाई को संचित करने के फेर में कभी-कभी घबराकर मैं ऐसे काम करता हूँ जिससे किसी का नुकसान तो नहीं होता, पर मेरी आत्मा लज्जित हो जाती है। मान लो, दो आदमी हैं। दोनों ही मेरे बड़े मित्र हैं, दोनों का व्यवहार

मेरे साथ बड़ा अच्छा है, दोनों ही मुझमें श्रद्धा रखते हैं। और फिर वे दोनों अगर आपस में एक-दूसरे के विरोधी होकर अपना-अपना पक्ष लेकर मेरे सामने एक-दूसरे की बुराई करें तो मैं मौन हो जाऊँगा। मैं दोनों की उन कमजोरियों को जानता हूँ जिनके कारण वे एक-दूसरे के विरोधी हुए, पर मैं किसी से यह न कहूँगा कि भाई तुममें ये-ये कमजोरी है। देखो, तुम लोग अपनी इन बातों को दबा दो और फिर आपस में मिल जाओ। यह कहना पाखंड होगा कि मैं उनके मुँह पर उनकी कमजोरियों का पर्दाफाश कर उनके दिल को चोट पहुँचाऊँगा। लेकिन मेरा यह पाखंड ही मुझे सच्ची बात, इनसाफ की बात करने से रोकता है। हाँ, मैं अपनी आत्मा को धोखा देकर इस तरह संतोष कर लेता हूँ कि भाई, तुम दोनों ही मेरे मित्र हो, मैं तुम दोनों का ही भला चाहता हूँ, मैं तुम लोगों के बीच किसी का पक्ष न ले मौन दर्शक होकर देखा करूँगा। यह भी चाहूँगा कि दोनों में और वैमनस्य न बढ़े, इसलिए उनके द्वारा की गई एक-दूसरे की बुराई भी अपने मन में रखूँगा और फिर हरदम यह सोचता रहूँगा कि अगर एक-दूसरे को यह महसूस हो जाए तो दोनों ही मुझसे (अंतरंग मित्र होने के कारण) यह जानना चाहेंगे कि दोनों ने मेरे सामने एक-दूसरे की क्या निंदा की। तब मैं क्या करूँगा ? अगर उस समय भी मौन ही रहूँगा तो उनके मन में ख्वाहमख्वाह खयाल होगा कि मैं विपक्ष में हूँ, जबकि मैं किसी के पक्ष में नहीं था। आँखों में शील-मुरव्वत इतनी है कि राह चलते आदमी के साथ भी हो जाती है, इसका अच्छा पहलू है, मगर मेरी आत्मा के हाथ तो इसकी बुराई ही लगती है।

'तभी तो कहता हूँ, मैं चरित्रहीन हूँ। शांतिप्रियता के आवरण में अपने मन की कमजोरी को छिपाता हूँ और इस तरह दुरंगा जीवन बिताते हुए अपने लिए ग्लानि बटोरता रहता हूँ, चाहे दुनिया मुझे भला कहती रहे। दृढ़-चरित्र न होने के कारण ही मैं ऐसा बन गया हूँ। शराबियों के साथ बैठकर शराब पी लूँगा, झूठी मुरव्वत में। चाहे मेरी आत्मा मना करे। मैं रबड़ की तरह हूँ। दोनों तरफ एक समय में ही आसानी से खिंच जाता हूँ और दोनों की हद तक खिंच जाता हूँ। फिर भी सोचता हूँ कि इस रस्साकशी में नुकसान मेरा ही होगा। दोनों की तरफ से रबड़ खींचा जाएगा और रबड़ टूट जाएगा। नुकसान मेरा ही होगा। मेरी आत्मा कमजोर होती चली जाएगी और आत्मा के साथ-साथ मेरा कलाकार भी।

'यह ट्रेजिडी मैं अपने लिए खुद ही मोल लेता हूँ—चरित्रहीन होने के कारण। ऐसे आदमी पर तुम्हें श्रद्धा रखने की जरूरत नहीं।'

अमृतलाल किशोर की फिल्म *कुँवारा बाप* में मेकअप करके एक छोटे से रोल में स्क्रीन पर आए। इसके बाद *राजा* में भी एक छोटा सा रोल किया। किशोर का कहना था आप जिस तसवीर में आ जाते हैं, वह सफल हो जाती है। *वीर कुणाल* के लिए अघोरी का मेकअप किया, मुझे फोटो भेजी। लिखा—'10-11 दिसंबर तक यहाँ से चलना चाहता हूँ। उससे पहले ही सारा काम निपटाना और पैसा वसूल

करना है। एक सहकारी इधर मैंने और बढ़ा लिया है, क्या करूँ। आँखें पहले से भी कमजोर हो गई हैं। यहाँ घर आबाद होने के बाद से शारीरिक अत्याचार कम हुए, यही बस अच्छा है।

'आज दस-ग्यारह महीने हो गए, किसी दिन भरनींद सोने को नहीं मिला। *कुँवारा बाप* संवादों के ऊपर ही इतना तगड़ा गया है। उसकी इतनी सफलता और संवादों की नवीनता देखकर दशा यह हो गई है कि बंबई के सारे प्रोड्यूसर मेरी ओर बढ़ रहे हैं। ऐसा मालूम होता है कि दूसरे संवाद लेखक लड़ाई पर भेज दिए गए हैं, केवल मैं ही बचा हूँ। परंतु पैसे का कितना भी प्रलोभन क्यों न हो, एक सीमा के बाद तो मैं भी काम नहीं कर सकता। सोचता हूँ, जितना इस साल में फिल्मों के लिए लिखा है, उतना यदि साहित्य के क्षेत्र में परिश्रम करूँ तो प्रति वर्ष पाँच उपन्यास और पचास कहानियाँ लिखी जाएँ।

'श्रद्धेय निरालाजी से मिलने के लिए मैं भी उत्सुक हूँ। मेरा प्रणाम निवेदन कर देना। ज्ञान, मैं सोच नहीं पाता, निरालाजी ने मुझे जिस योग्य समझा है,[1] क्या मैं उस योग्य हूँ। अभी मैंने लिखा ही क्या है ? मैं विनोदशंकर व्यासजी की तरह 51 कहानियाँ लिखकर ही अमर नहीं बनना चाहता। महत्त्वाकांक्षी हूँ, सोचता हूँ किसी बड़ी अलमारी में कम-से-कम दो खाने तो मेरी किताबों से भर ही जाएँ। इससे कम नहीं लिखना चाहता और ट्रैश भी नहीं लिखना चाहता। मेहनत कितनी कर सकता हूँ, इसका अंदाज तो मुझे इस साल लग गया। मैं बराबर यह अनुभव कर रहा हूँ कि सिनेमा में मुझे चाहे कितनी सफलता और पैसा क्यों न मिले, वह मेरा क्षेत्र नहीं। प्रोफेशनल मूड में किराए का टट्टू बनकर अपनी कलम से वेश्यावृत्ति कराने में मेरी आत्मा को बड़ा कष्ट होता है। पिछले वर्षों में पैसे का बहुत बड़ा गच्चा खाया, यह मौका इसीलिए हाथ से नहीं जाने देना चाहता। लेकिन तुम जानते नहीं ज्ञान, ऐसा करने में मुझे कितनी मानसिक यंत्रणा होती है।

'बंबई में रहकर मैं एक कहानी भी न लिख पाऊँगा। आज आठ-दस दिन हुए एक दिन मैं सपरिवार समुद्रतट पर गया था। समुद्र मेरे मकान से दिखाई देता है। इतना पास है कि तुम्हारे मकान से घंटाघर। फिर भी सपरिवार पहले ही दिन गया था, भाँग भी छनी थी। इससे अच्छे मूड में था और इतनी सुंदर कहानी का प्लाट मेरे दिमाग में आया, हो सकता है, यह मेरा अहं भाव हो, किंतु मैं समझता हूँ, वह कहानी यदि मैं वैसे ही मूड में कभी लिख पाया तो विश्व साहित्य में उसे स्थान मिलेगा।...ज्ञान ! मैं उस कहानी में इतना डूब गया था, इतनी अधिक स्फूर्ति थी...किंतु घर लौटता हूँ, वैसे ही एक प्रोड्यूसर महोदय आते हैं, कल के लिए उनका सीन लिखना था। क्लर्क को कहानी के बजाय उन्हीं के सामने सीन डिक्टेट कराना

---

1. निरालाजी ने अपना उपन्यास बिल्लेसुर बकरिहा अमृतलाल को चित्र के साथ समर्पित किया था, उसी ओर संकेत है। उपन्यास 1942 में युग मंदिर उन्नाव में छपा।

शुरू कर दिया और दे दिया। मेरी सबसे सुंदर कहानी की इस प्रकार भ्रूण हत्या हो गई। कल्पना करो ज्ञान, मेरा हृदय मुझे तब कितना कचोटता होगा।

'अकसर ऐसे ही लिखने की तबियत होती है। जिस दिन *अभ्युदय* मिलता है, लिखने का निश्चय करता हूँ। (नरोत्तम नागर उन दिनों *अभ्युदय* के संपादक थे और उन्हें रचना भेजने के लिए बराबर तकाजा किया करते थे।) लेकिन मेरी लेखनी गृहलक्ष्मी से वेश्या बन चुकी है, काबू में नहीं आती···

'लेकिन मेरे साथ गृहस्थी है और मैं ऐसे वातावरण में पला हूँ जहाँ रुपए की सत्ता को सर्वोपरि माना जाता है।···सोचता हूँ, मैं प्रेमचंद की तरह अपनी आत्मशक्ति का सहारा क्यों नहीं ले पाता। मुझमें बहुत बड़ी कमजोरी है। इस कशमकश में अपनी कमजोरी और महत्त्वाकांक्षा का यह द्वंद्व देखता हूँ। अंतिम निर्णय मेरे ही हाथ में है और मैं कुछ भी फैसला नहीं कर पाता। दोनों ही मजबूत हैं, कुश्तमकुश्ता कर रहे हैं और मैं चुपचाप बैठा अपनी ऐसी-तैसी कर रहा हूँ।

'तुमसे मिलने के लिए बेहद उत्सुक हूँ। जल्दी ही आऊँगा और इस बार सारी फिल्मी दुनिया से विद्रोह करके भी दो महीने कम-से-कम बिताऊँगा। यह मैंने निश्चय कर लिया है। इस बार लिखूँगा-लिखूँगा।'

परिवर्तन का सूत्रपात

अमृतलाल के जीवन में सन् 1943 में एक बड़ा परिर्वतन आया। बंबई में उनके मित्रों में एक फिल्मी गीतकार थे—कैलाशनाथ शिवपुरी 'मतवाला' (प्रसिद्ध चरित्र अभिनेता ओम शिवपुरी के बड़े भाई) रतन की उम्र के थे, विजयाभक्त थे, उन्हें भाई साहब पुकारते थे। कंठ बड़ा सुरीला और दर्दीला था। जब गाते—'एरे पथिक, एतो कहियो मुरारी से जाय रे, तोरी राधा के नैन भर आए रे, विरज डूबो जाए रे' तब उनकी बड़ी-बड़ी आँखें झील बन जाती थीं और सुननेवाले उनके दर्द से अछूते नहीं रह पाते थे। पहुँचे हुए जोगियों, फकीरों और साधुओं की खोज में दर-दर भटकते रहते थे। इस खोज में अमृतलाल उनके साथी बन गए। एक दिन आकर बोले—''भाई साहब, कालबा देवी के मंदिर के पास पन्नालाल हाई स्कूल के दरबान की अँधेरी गुप्प कोठरी में धरती पर उतरा हुआ सूर्य मैंने देख लिया और पा लिया।''

उस सूर्य का दर्शन करने अमृतलाल भी गए। एक लँगोटीधारी, साँवला, कसरती बदन का, अत्यंत साधारण-सा दिखनेवाला व्यक्ति। पोपला मुँह, हजामत बढ़ी हुई, मगर आँखें उस अँधेरी कोठरी में टार्च की रोशनी की तरह चमकती हुई। वह हरेक व्यक्ति में अपने राम के दर्शन कर उसे रामजी, रामभगतवा, रामभगतिन आदि नामों से पुकारते और अपनी अटपटी बातें अपने जौनपुर जिले की बोली में करते थे। अमृतलाल के पास तख्त पर बैठकर बोले—'आसौं हम बड़ी दूर-दूर घूमकर आया हूँ रामजी। रामेसुरन गए, धनुषकोडी गए, मीनाक्षी मैया के दर्शन भी हमें लाभ भए। मद्रास आए तो हमें लगा रामजी कि बंबई में कौनों पगला भलामानुप हमको बुलावता है, सो हम हिंया चले आए। 'ऐसा लगता था' जैसे वह टेलीपैथी जानते हों। उनसे दस-पाँच बातें करने के बाद अमृतलाल को लगा कि वह व्यक्ति उनके मन के अंदर पैठकर उनके मन में उठनेवाले प्रश्नों के उत्तर दे रहा है। उनसे बातें करने में डर लगने लगा। उनका एक वाक्य मन के पटल पर शिला पर खुदे अक्षरों की भाँति अंकित हो गया—ईश्वर अरूप रूप है, जैसे चाहो देख लो, परंतु सबसे अच्छा उपाय यही है कि गांधी महात्मा की तरह जन-जन में देखो। गुसाईंजी झूठे थोड़ी लिख गए हैं—'सियाराममय सब जग जानी, करहु प्रनाम जोरि जुग पानी।'

उन्होंने अपना जीवन पागलों की सेवा में अर्पित कर दिया था। बोले—'हमारे गुरु ने हमें आज्ञा दी थी कि हर पागल में मेरा ही रूप समझ लो, औ‍र उसकी सेवा करो। तौन ई हमार गुरु देव हैं रामजी।' वहा जहाँ भी जाते पागलों का बटोर लेते और अपने देशी ढंग से उनका इलाज करते, सर्पगंधा का प्रयोग करते, मालिश कला में प्रवीण थे। उनकी मालिश शरीर की रग-रग में नवस्फूर्ति का संचार करती थी। कई पागलों को अपने इलाज से अच्छा कर चुके थे। घाटकोपर पर ठहरे थे जहाँ उन दिनों मछुओं की निर्जन बस्ती थी। वहीं पर एक मामूली झोंपड़ी, जिसमें दरवाजा या टट्टर भी नहीं था, उनका आश्रम थी। उन्होंने अमृतलाल को अपने आश्रम पर बुलाया।

अमृतलाल कैलाश 'मतवाला' के साथ गए। एक कुत्ता आश्रम के द्वार पर बैठा रखवाली कर रहा था। आश्रम में, कुछ पागल उनके साथ रहते थे। अपनी कुटिया दिखाकर बोले—'रामजी, तनिक झाड़ू तो लगाय द्यो।' अमृतलाल ने अभी तक केवल एक ही काम किया था—लिखना, उसमें प्रतिष्ठा भी प्राप्त की थी। और वह असाधारण-सा दिखनेवाला व्यक्ति उन जैसे प्रतिष्ठित व्यक्ति से झाड़ू लगाने को कह रहा था। अमृतलाल ने वह अटपटा काम कर तो दिया, पर जहाँ-तहाँ थोड़ा कूड़ा रह गया। उसे दिखाकर बोले—'देखो रामजी, तुमने ध्यान लगाकर अपनी ड्यूटी नहीं बजाई।' उनके लिए हर काम ड्यूटी था। जिसमें तनिक भी चूक नहीं होनी चाहिए। वह उनके हाथ से झाड़ू लेकर स्वयं लगाने को उद्यत हो गए। अमृतलाल लज्जित हुए। दुबारा झाड़ू लगाई। जो कूड़ा पहले नजर नहीं आया था, इस बार उनकी सतर्कता के कारण अंजुलि भर निकला।

दूसरी बार आश्रम में जाने पर उस व्यक्ति ने एक और अधिक अटपटा काम दिया। एक पागल ने चटाई पर वमन कर दिया था। कैलाश 'मतवाला' से बालटी भर पानी मँगवाया और रोगी को धो-पोंछकर साफ किया, फिर अमृतलाल से बोले—'ई चटैया बाहर ले जाओ और धोकर ले आवो, रामजी।' चटाई देखकर उबकाई आ रही थी, उसे कैसे धोवें। पर बाबा रामजी के आदेश से उस घिनौने काम को किया। चटाई बाहर ले जाकर खूब जतन से धोई।

उस लँगोटीधारी बाबा रामजी ने पंद्रह दिन के अंदर अमृतलाल के अंतर को धोबी की तरह पछाड़-पछाड़कर उसका बहुत-सा मैल साफ कर दिया। उनके मन से वर्ण भेद, जाति भेद, संप्रदाय भेद, ऊँच-नीच, गरीब-अमीर, छूत-अछूत का भेदभाव मिटाकर सबको केवल मनुष्य मात्र के रूप में देखने की दृष्टि का विकास किया। उनके चिंतन को संकीर्णता की परिधि से निकालकर व्यापक बनाया। बाबा रामजी उनके प्रभुजी वन गए।

उसी साल उनके जीवन में और भी संयोग उपस्थित हुए, जिनसे उनका मन धीरे-धीरे फिल्मी वातावरण के अस्वस्थ प्रभाव से मुक्त हुआ। भगवतीचरण वर्मा मार्च 1942 में कलकत्ता छोड़कर बंबई चले आए थे और बॉम्बे टॉकीज में कहानी

तथा संवाद विभाग के अध्यक्ष बन गए थे। साल भर बाद बॉम्बे टॉकीज के पुराने कलाकारों और टेक्नीशियनों का एक दल कंपनी से अलग हो गया और उसने फिल्मिस्तान नाम से एक प्रतिद्वंद्वी संस्था खड़ी कर ली। कवि प्रदीप भी इसी दल के साथ बॉम्बे टॉकीज से अलग हो गए। बॉम्बे टॉकीज की स्वामिनी श्रीमती देविकारानी ने भगवती बाबू से कवि प्रदीप की स्थानपूर्ति कर सकनेवाले किसी प्रसिद्ध हिंदी गीतकार को लाने के लिए कहा। भगवती बाबू ने सारी सूचना अमृतलाल को दी और कहा मैं नरेंद्र शर्मा को लेने इलाहाबाद जा रहा हूँ।

नरेंद्र शर्मा से मैं परिचित था। वह भी किसी समय *भारत* के संपादकीय विभाग में थे। अपने इलाहाबाद प्रवास में मैं जब पहली बार सुमित्रानंदन पंत से मिलने गया तो वह बेली रोड पर नरेंद्र शर्मा के साथ रहते थे। *रूपाभ* के संपादन व प्रकाशन काल में उनके सहयोगी थे। प्रयाग में जब द्विवेदी मेला हुआ था तो उसमें एक कवि दरबार हुआ था। उसमें उन्होंने नकली बाल लगाकर सुमित्रानंदन पंत का रूप धरा था। अपने गौर वर्ण और छोटे कद के कारण हू-ब-हू सुमित्रानंदन पंत प्रतीत हो रहे थे। उनकी उस नकल की प्रशंसा मैंने कई लोगों के मुँह से सुनी थी। उनका पहला कविता संग्रह *शूल फूल* उनके छात्र जीवन में छप गया था। इलाहाबाद विश्वविद्यालय के कुलपति अमरनाथ झा ने उसकी भूमिका लिखी थी। एक जमाने में उनकी *आज के बिछुड़े न जाने कब मिलेंगे, चौमुखी दिवला बार धरूँगी चौबारे में आज* आदि कविताएँ बड़ी लोकप्रिय हुई थीं। अगस्त 1942 के आंदोलन में उन्हें देवली नजरबंद कैंप में रौरव नरक जैसी यातनाएँ भोगनी पड़ी थीं, जेल के बंदियों की जो लंबी भूख-हड़ताल चली थी उसमें वे भी सम्मिलित थे। प्रगतिवादी हिंदी काव्यधारा से जुड़ने के बाद उन्होंने *नील लहरों के पार लगी है चीन देश में आग, जाग रे हिंदुस्तानी जाग* जैसी धूम मचानेवाली कविताएँ लिखी थीं। भगवती बाबू उन्हें लेकर जब बंबई पहुँचे तो फोन पर अमृतलाल से कहा नरेंद्र को ले आए।

नरेंद्र शर्मा बड़े ही हँसमुख, मस्तमौला और हाजिरजवाब थे। पहली ही भेंट में अमृतलाल और नरेंद्र शर्मा के हृदय के तार एक-दूसरे से जुड़ गए। कुछ समय बाद नरेंद्र शर्मा को जब 'सेरा विला' के पड़ोस में एक चौमंजिली इमारत की पहली मंजिल पर दो कमरों का फ्लैट मिल गया तो दोनों मित्रों की गोष्ठी प्रतिदिन नियमपूर्वक जमने लगी। दोनों रात 9 बजे तक खा-पीकर देर रात तक देश-काल, गांधीवाद, समाजवाद, मार्क्सवाद, साहित्य-चर्चा, फिल्मी धंधे की चर्चा तथा रस चर्चा में मग्न रहते। नरेंद्र शर्मा के साथ से अमृतलाल में भी ज्योतिष प्रेम जागा।

प्रिंस ऑफ वेल्स म्यूजियम के क्यूरेटर, भारतीय पुरातत्त्व और संस्कृति के उद्‌भट विद्वान्, भारतेंदु हरिश्चंद्र के प्रपौत्र, अपने व्यक्तित्व में बनारसी मौज-मस्ती के साथ विद्वता को घुला-मिला देनेवाले कला मर्मज्ञ और साहित्य मर्मज्ञ, हिंदी में *सार्थवाह, काशी का प्राचीन इतिहास, चतुर्भाणी* जैसी अनूठी पुस्तकों के रचयिता डॉ. मोतीचंद्र माटुंगा में रहते थे। भगवतीचरण वर्मा उनके पड़ोसी थे। अक्सर

डॉ. मोतीचंद्र, भगवतीचरण वर्मा, नरेंद्र शर्मा और अमृतलाल नागर की गोष्ठी प्रिंस ऑफ वेल्स म्यूजियम में जमती और अमृतलाल का वातावरण फिर से साहित्यमय, कलामय और संस्कृतिमय बन गया।

प्रगतिशील लेखक संघ का पहला अधिवेशन जब 1936 में लखनऊ में प्रेमचंद की अध्यक्षता में हुआ था तब अमृतलाल उसमें उपस्थित थे। नरेंद्र शर्मा का साथ हो जाने से अमृतलाल फिर से प्रगतिशील आंदोलन में सक्रिय हो गए। बंबई में प्रगतिशील लेखक संघ को विराट रूप मिला। हिंदी, उर्दू, गुजराती, मराठी, कन्नड़ आदि भाषाओं के प्रगतिशील लेखक एक मंच पर भी एकत्र होते और अपनी अलग-अलग इकाइयों में भी विचारों का आदान-प्रदान करते। प्रगतिशील लेखक आंदोलन के मुख्य सूत्रधार सज्जाद जहीर अमृतलाल के बन्ने भाई बन गए। अमृतलाल इंडियन पीपुल्स थियेटर एसोसिएशन (इप्टा) से भी जुड़ गए और बलराज साहनी, दमयंती साहनी, ख्वाजा अहमद अब्बास आदि के संपर्क में आए। नरेंद्र शर्मा के माध्यम से अमृतलाल का परिचय भारतीय कम्युनिस्ट पार्टी के महामंत्री पूरनचंद्र जोशी से हुआ और उनका आना-जाना कम्युनिस्ट पार्टी के हेडक्वार्टर राजभवन में होने लगा।

उन्होंने एक पत्र में मुझे लिखा—'बड़ा काम कर रहे हैं यह लोग। लगभग 18-20 घंटे तक रोज हर एक व्यक्ति काम करता है। इनके परिश्रम, इनके रहने-सहने के ढंग पर अभिमान होता है। इनके साथ कई बार बैठकर खाना भी खाया है। तामचीनी के तसले में बाजरे की रोटी, उबला हुआ शाक, दाल और मोटा चावल। खाने के बाद अपने हाथ से बर्तन धोकर जगह पर रखो। कॉमन मेस। बड़ा मजा आता है।'

संगीत निर्देशक अनिल विश्वास के यहाँ रविवासरीय मानस गोष्ठी आरंभ हुई। उसमें एक भावुक, सरल हृदय सज्जन पुरुष चंद्रशेखर शास्त्री रामचरितमानस का पाठ करते थे। अमृतलाल, नरेंद्र शर्मा, महेश कौल, रामानंद सागर और डॉ. सफदर 'आह' इसमें नियमित श्रोता के रूप में उपस्थित रहते थे। इस प्रकार अमृतलाल के अंदर का कलाकार जिस विविधतापूर्ण वातावरण के लिए तरस रहा था वह उनको नरेंद्र शर्मा का साथ होने पर प्राप्त होने लगा। उनके अंदर के साहित्यकार के लिए नरेंद्र शर्मा के साथ ने टॉनिक का कार्य किया।

2

वर्ष के आरंभ में अमृतलाल आगरा और फिर लखनऊ आए। मुझे लिखा— 'इस ट्रिप में तो केवल 8-10 रोज के लिए ही आया हूँ, परंतु होली पर फिर लौटकर आने का निश्चय किया है और लगभग महीना-डेढ़ महीना यहाँ रुकूँगा। ···जब इधर आता हूँ तो बंबई लौटकर जाने की इच्छा नहीं होती। मेरा कार्यक्षेत्र साहित्य है, न कि सिनेमा। मेड-टू ऑर्डर काम पैसे के लिए भले कर लूँ, परंतु इच्छा नहीं होती।

मेरा एक विश्वास और भी है, ज्ञान ! खरा क्रिएटिव आर्टिस्ट। (मेरा मतलब लेखक से है।) सिनेमा से कभी संतुष्ट नहीं हो सकता। वहाँ इस बात का ध्यान रखना पड़ता है कि चार आनेवालों के लिए कुछ मसाला देना है, नौ आनेवालों के लिए भी जरूरी है और एक रुपया दो आनेवाले में परिवार के साथ आनेवाले दर्शकों से फिल्म प्रोड्यूसरों की झोली भरती है। यह तो हुई बाद की बात, इसके पहले प्रोड्यूसर और डायरेक्टर जो अपने को 'मास साइकोलॉजी' को विशेषज्ञ समझते हैं, उनका भी मन रखना पड़ता है। बॉस, मास और क्लास को खुश रखने की नई-नई तरकीबें सोच निकालने में साहित्यिक गृहलक्ष्मी–लेखनी कोठे की सदासुहागिन बनकर अपने तरह-तरह के यारों का मन रखने के लिए तरह-तरह के नाज़-अंदाज़ और नखरे करने के लिए बाध्य हो जाती है। वहाँ बंधन है, यहाँ मुक्ति। मुक्ति पाकर बँधना खलता है, ज्ञान !'

फरवरी के शुरू में अमृतलाल इलाहाबाद आए। बंबई वापस लौटकर कार्ड डाला–'हम बंबई से बोल रहे हैं। गोया कि हमारी कलम बोल रही है।

इलाहाबाद की यात्रा ने हमारे दिल व दिमाग को तरोताजा कर दिया है, यह खास खबर है।

फिल्मी दुनिया में आज से हमारी कलम ने गोलाबारी शुरू कर दी है। हमारे डायलॉग्ज इस वक्त तीन-तीन मोर्चों पर दुश्मनों के छक्के छुड़ा रहे हैं।

पिछले छत्तीस घंटों से आबोहवा बदल जाने के सबब से जुकाम, नजला और खाँसी ने जोर किया है।

अगले माह के लिए पेशीनगोई–हम 18 मार्च को बंबई से विश्वविख्यात असिस्टेंट कैमरामैन शिरी (श्री) रतनलाल नागर के साथ लखनऊ रवाना हो जाएँगे।

खबरें खत्म हुईं। अब आप अपने मकान के पासवाली ग्रामोफोन की दुकान पर बजते हुए सुरीले गानों का रिकार्ड सुनिए।

आदाव अर्ज ! (रेडियो की हिंदुस्तानी जबान में लिखा गया)–तस्लीम लखनवी'

अमृतलाल ने 1943 में चार साल बाद लखनऊ में होली मनाई। मैं भी लखनऊ पहुँच गया। कुछ समय बाद *कुँवारा बाप* की सफलता से उत्फुल्लित किशोर साहू पहली बार लखनऊ आए। अमृतलाल ने दिल खोलकर उनका आतिथ्य सत्कार किया। लखनऊ के इक्के की सवारी कराई। उस पर विविध पोजों में उनके चित्र लिये गए। लखनऊ के सभी इतिहास प्रसिद्ध स्थानों की सैर कराई। जब चलने लगे तो अमृतलाल की माँ ने बड़े स्नेह के साथ 51 रुपए से तिलक किया। किशोर ने जैसे फिल्म के 'शॉट' के लिए किसी दृश्य का 'टेक' दे रहे हों, नाटकीय भंगिमा से उनके पैर छुए। मुझे किशोर आत्मरति से ग्रस्त व्यक्ति दिखाई पड़े और उनका व्यक्तित्व मुझे तनिक भी आकर्षित नहीं कर सका। इसलिए अमृतलाल ने बंबई वापस लौटने के कुछ समय बाद जब सूचना दी कि उनकी किशोर के साथ तीन

वर्ष की मैत्री टूट गई तो मुझे तनिक भी आश्चर्य नहीं हुआ।

अप्रैल तक अमृतलाल एक साथ 6-6 फिल्मों के कार्य में व्यस्त हो गए। पत्रोत्तर में विलंब के लिए क्षमा माँगते हुए लिखा—'दिमाग 6-6 फिल्मों के सिनेरियो-संवादों में इस बुरी तरह उलझा रहता है कि मैं कोई दूसरी बात सोच ही नहीं पाता। मैं इतना लज्जित हूँ कि क्या कहूँ। दिमाग किसी तरफ जा ही नहीं पाता। इतना काम है कि दूसरा काम करने का अवकाश ही नहीं देता। इस वक्त रात के 3.48 बजे हैं। अब काम खत्म करके सोने की तैयारी कर रहा हूँ। तुम्हारा पत्र मेज पर सामने ही रखा है। लाइट बुझाने से पहले उस पर नजर पड़ी तो जवाब लिखने बैठ गया। रोज यही मेरे सोने का वक्त है और सवेरे आठ बजे तक उठ जाऊँगा। साढ़े आठ-पौने नौ बजे तक काम पर निकल पड़ूँगा। जो कुछ शाम के आठ बजे से बैठकर अब तक लिखा है, वह दूँगा। डाइरेक्टर से डिस्कस करूँगा, दूसरे के यहाँ, तीसरे के यहाँ, चौथे, पाँचवें, छठे—पांडवों की द्रौपदी बना हुआ सबकी मुरादें पूरी करता रहूँगा। ज्ञान, मैं आदमी नहीं मशीन हूँ, जो तकलीफ-आराम, अच्छा-बुरा कुछ नहीं जानती, बस काम किए जाती है।'

मई के दूसरे सप्ताह में डॉ. रामविलास शर्मा बंबई पहुँचे और 15-20 दिन अमृतलाल के यहाँ रुके। रामविलास, नरेंद्र शर्मा, अमृतलाल तीनों अखिल भारतीय प्रगतिशील लेखक सम्मेलन अधिवेशन में सम्मिलित हुए। सम्मेलन में अमृतलाल ने रामविलास का परिचय मराठी लेखकों से कराया। नित्यप्रति रामविलास, नरेंद्र शर्मा और अमृतलाल में देर तक देश की स्थिति और साहित्य के बारे में बातचीत होती। इसी बातचीत के दौरान अंग्रेजी की 'न्यू राइटिंग' के ढंग पर हिंदी में 'नया साहित्य' निकालने की योजना बनी। नरेंद्र शर्मा ने पूरनचंद जोशी से बातचीत की और कह दिया—प्रकाशन आपका होगा, पर पत्र की रीति-नीति हमारी होगी। हम पत्र को विचारों का मुक्त मंच बनाना चाहते हैं। पूरनचंद जोशी ने पत्र के लिए कागज का कोटा तथा छपाई का प्रबंध भार अपने ऊपर ले लिया।

जून में अमृतलाल ने निश्चय कर लिया कि अब सिर्फ एक प्रोड्यूसर के लिए काम करेंगे। ज्यादा-से-ज्यादा वक्त पढ़ने और लिखने में लगाएँगे। रामविलास कम्युनिस्ट पार्टी के विधिवत सदस्य बन गए। इससे अमृतलाल मार्क्सवादी विचारधाराओं के साहित्य का गंभीर अध्ययन करने के लिए प्रोत्साहित हुए। जुलाई में मुझे लिखा—'नरोत्तम के शब्दों में अब मैं एक कंपनीव्रती हो गया हूँ। काम आजकल पहले के मुकाबले में नहीं के बराबर है। रवींद्रनाथ ठाकुर के संपूर्ण ग्रंथ खरीद लिये हैं। आजकल उन्हें पढ़ रहा हूँ।

'शारीरिक अत्याचार अब बोल रहे हैं। बदन बहुत टूटता है। भाँग रोज पीने का नियम तोड़ दिया है। कसम नहीं खाई, यों छोड़ दी है। पुरानी आदत छोड़ने से भी तकलीफ हो रही है। बदन टूटना इसी वजह से शुरू हुआ है। लेकिन बहुत शीघ्र ही मैं अपने स्वास्थ्य पर काबू लूँगा।

'एक रेडियो ले लिया है। दुनिया भर को अपने चुटकी के अंदर पाकर मेरा अच्छा मनोरंजन हो जाता है। आजकल सब बच्चे यहीं हैं। चि. मदन भी यहीं है। चि. मदन यहाँ आकर निमोनिया से पीड़ित हुआ, कमजोरी उसे अब भी है। चि. शरद् यहाँ आते ही फुड़ियों से परेशान हुआ। हाथों और पैरों में सेप्टिक हो गया। अब पहले से बहुत फायदा है। इस तरह गृहस्थी में भी फँसा रहता हूँ। अब सात आठ रोज बाद चि. बेबी, चि. शरद आगरे चले जाएँगे और चि. मदन लखनऊ। फिर माँ आएँगी।'

अगस्त में सूचित किया—'लिखने की कोशिश बहुत करता हूँ, लेकिन अभी तक कुछ भी नहीं लिख पाया। बहुत सी चीजें शुरू की हैं, कोई आठ पेज है, कोई चार, बहुतों का एक-एक पैराग्राफ और दो-दो, चार-चार लाइनें ही लिख पाया हूँ। साहित्यिक नपुंसकता का इलाज आजकल खूब पढ़कर और चिंतन से कर रहा हूँ। किसी दिन पूरे जोश से फिर से गाड़ी चल पड़ेगी। भई, सिनेमा कार्य में चौबीसों घंटे लगे रहना दिमाग के लिए बहुत हानिकारक है। इधर सँभल गया और मैं कहूँगा, बड़े मौके से सँभला।'

3

उन दिनों मैं उसी पैसा कांप्लेक्स से पीड़ित रहने लगा था, जिससे अमृतलाल अपने को निकालने का प्रयास कर रहे थे। *भारत* से जुड़कर जब मैंने अनुभव किया कि रचनात्मक लेखन मुझसे छूटता जा रहा है तो स्वतंत्र लेखन कार्य का प्रयोग किया, हिंदी में एम.ए. करके *पृथ्वीराज रासो* पर इस आशा से शोध आरंभ किया कि इससे युनिवर्सिटी के हिंदी विभाग में प्रवेश का द्वार खुल जाएगा, किंतु जब अनुभव किया कि इस दिशा में मैंने बहुत देर कर दी, उसके लिए मुझे आरंभ से डिवीजन बनानेवाली पढ़ाई करनी चाहिए थी तो शोध कार्य से मन उचट गया। अगस्त 1943 में जब *भारत* का समाचार संपादक बनने का अवसर मिला तो उसे ग्रहण कर लिया। अमृतलाल ने मेरा उद्‌बोधन करने के लिए एक लंबा पत्र लिखा, जिसमें तटस्थ भाव से अपना आत्मविश्लेषण प्रस्तुत किया—''पैसा बड़ी चीज है, बेशक मैं अब भी मानता हूँ। लेकिन मेरे मत में अब थोड़ा सा परिवर्तन हो गया है। पैसा ही सबकुछ नहीं है। पैसा ही वह चीज है ज्ञान, जो बाबूजी के स्वर्गवास के बाद से आज तक मेरे जीवन की प्रधान आकांक्षा रही है। मैं अपने हर स्वप्न को पैसे के बगैर पूरा ही नहीं कर पाता। मेरी बहुत-सी स्कीमें अंत में एक ही गड्ढे में आकर गिर जाती हैं—पैसा।

'बाबूजी के मरने के बाद पैसा बढ़ाने के लिए ही मैंने घर के पैसे से खेलना शुरू किया। अपनी खुराफात में भी मैंने कुछ फूँका, लेकिन वह इतना नहीं। जितना कि पैसे को बढ़ाने के फेर में। पुराना धंधा लेन-देन चालू किया, मार खाई। चाँदी

भरी, मार खाई। बड़ा खेल *चकल्लस* का खेला, मार खाई। पैसा जेब से निकलता गया और तुम तो जानते ही हो, मुझे और मेरी बेवकूफियों के कारण मेरे घरवालों को कितनी तकलीफें भोगनी पड़ी हैं। इधर दो बरसों से, ईश्वर की दया से, मैं घर की आर्थिक दशा को जरा राह पर लाने लायक बन सका हूँ। अब नई धुन है, पैसा जमा करूँगा।

'इतना सबकुछ होते हुए भी मैंने अपने पैसेपन को अब जरा दबा दिया है। इसका कारण मैं तुम्हें अभी ही बतला चुका हूँ। मेरा हर हवाई किला जब पैसे की तोप से मिस्मार होने लगा, पैसा मेरा प्रभु बनने लगा तो आत्माभिमान को ठेस पहुँची। मैं पैसे का प्रभुत्व व्यावहारिक दृष्टिकोण से मानता हूँ और मेरा उद्दाम, उदंड स्वाभिमानी लेखक उससे उतना ही चिढ़ता है। यह बड़े मजे की बात है, ज्ञान। अच्छा, और इसके ऊपर तुर्रा यह कि मेरा लेखक चाहता है पूरा आराम। जब लिखूँ तो एक सहकारी हो, नशा हो, पान हो, सिगरेट हो, मूड बनाने के बहाने रसिकता का पोषण करनेवाले सारे सामान हों—इन सब आराइशों की बैक ग्राउंड में पैसा है। फिर भी मेरा लेखक पैसे का बड़प्पन अपने को गिराकर स्वीकार नहीं कर सकता।

'मैं शायद तुम्हें बता भी चुका हूँ, मेरे दो व्यक्तित्व हैं आदमी और लेखक। ये दोनों आपस में खूब बातें करते हैं, बचपन से आदत है। पढ़ने के ऊपर या और किसी बात पर दादाजी जब मुझे डाँटते थे तो मैं हमेशा यही सोचा करता था कि ये बैंक के मैनेजर हैं। इनका इतना रोब है—सब लोग इन्हें हाथ जोड़ते हैं। इनकी मेज पर टेलीफोन लगा है, इसीलिए ये मुझे डाँट सकते हैं। मैं तभी से बड़ा आदमी बनने का स्वप्न देखा करता था। जो शान दादाजी की थी, वही अपने लिए भी चाहता था। बस यहीं से मेरा दोहरा व्यक्तित्व शुरू होता है। यह सब शान मैं तब इसलिए चाहता था कि दादाजी के बराबर का बनकर डाँट-फटकार का बदला लूँ। शान की कल्पना करते-करते अम्माजी की कहानियाँ मुझे बहुत दूर उड़ा ले जाया करती थीं। उतनी बड़ी बैंक की कोठी में मेरे सिवाय और कोई मेरा साथी न था। बाहर लड़कों से मिलने नहीं पाता था। एक छेदा चपरासी का हमउम्र लड़का सदन था, जिसके साथ खेलने की मनाही थी। अपना साथी मैं खुद ही था। और बातों का विषय अम्माजी से सुनी हुई कहानियों से तथा तब के दैनिक जीवन की छोटी-छोटी बातों से ही चुनता था। इसलिए हर बात सोचने और निरीक्षण करने की आदत मुझे तभी से पड़ गई। आज भी उसी के कारण मैं खुद अपने से ही बातें करके बहुत सुखी होता हूँ।

'इस तरह से तुम देख रहे तो कि पैसा मेरा काल्पनिक दुनिया में कब से राजा बन बैठा है। लेकिन मेरी स्वाभिमानी स्पिरिट ने मुझे पैसे के आगे हार नहीं मानने दी। पैसे को मैंने बराबरी का स्थान दिया, न अपने से कम और न ज्यादा। आज इसीलिए मैं अपने सुख और आवश्कयताओं को हर साइज की थैली में आराम से 'एकमोडेट' कर सकता हूँ। संतोष आदमी के लिए बहुत जरूरी चीज है। ब्रेक

का काम करती है, खासतौर से हमारे तुम्हारे जैसे भावुक कल्पनावादी महत्त्वाकांक्षी आदमियों के लिए।

'मैं समझता हूँ, मेरा यह बयान तुम्हें अपना पैसा कांप्लेक्स सही रास्ते पर लाने के प्रयत्न में शायद इंसपायर कर सके। और जब तुम अपने को ठीक-ठीक एनालाइज करके अपनी इस कमजोरी को अपनी बुद्धि के अधीन कर लोगे तब तुम्हें बहुत संतोष प्राप्त होगा।

'पैसे की कल्पना हर चीज के आदान-प्रदान को सुगम करने के हेतु की गई थी। हर चीज को खरीदने-बेचने (साहित्यिक शब्दों में कहूँ पाने-गँवाने) के लिए हर इनसान को पैसे का सहारा लेना पड़ा। ज्यों-ज्यों इनसान की जरूरतों की लिस्ट में इजाफा होता गया, पैसा मूल्यवान होता गया। अधिकार प्राप्त करना मनुष्य की पहली और अंतिम आकांक्षा रही है और चूँकि दुनिया की हर चीज (नहीं बल्कि यों कहो अधिकतर, 99 प्रतिशत चीजें) पैसे के द्वारा 'पजेस' की जा सकती है[1], इसलिए पैसे पर अधिकार प्राप्त करने की लालसा आदमी में जागृत हुई। सीधी सी बात है, यह तो तुम भी अच्छी तरह जानते हो। और यह जानकर तुम क्षणिक दुखावेग में आकर इस नपुंसक फिलॉसफी में विश्वास करने लगते हो कि दारा, पुत्र, माता-पिता, कुटुंब-कबीला—सब पैसे के साथी हैं। तुम इस बात को क्यों भूल जाते हो कि पैसे से बहुत पहले आदिम युग में अधिकार प्राप्त करने की धुन में आदमी ने सबसे पहले इनसानियत को 'पजेस' किया था। पैसा प्रधान हो जाने के बाद भी अपनी सबसे पहले प्राप्त की हुई चीज इनसानियत (अर्थात् कोमल भावनाएँ दिल जिनका केंद्रस्थल माना गया है) को नहीं खोया। हर रिश्ते इनसानियत से बँधे हैं, पैसे से नहीं।

'समझदार की मौत दो बार होती है—पहले उसका कलाकार मरता है। कलाकार का 'कलाकार' मर जाए और आदमी जीवित रहे इससे बढ़कर मानसिक क्लेश कलाकार मनुष्य के लिए दूसरा नहीं। तुम समझदारी से काम लो और अपने कलाकार को मरने से बचाओ। आदमी के शरीर का यदि कोई अंग सड़ जाता है तो उसे ही काटकर फेंक देता है, यह नहीं कि अपने को ही मार डाले। बुद्धिमानी भी यही है और भलाई भी इसी में है।

अच्छा, अब इतिश्री गुरुडम पुराणे, उपदेशाध्याय समाप्तः। सुना साहब, हम आजकल देवदास हो रहे हैं। बहुत-सी बीमारियाँ तो थी हीं, यह भी एक पाल ली है, बल्कि यों कहो, ख्वाहमख्वाह पल गई है। मुझे आजकल वियोग शृंगार लिखनेवाले कवि बहुत भाते हैं। बकौल *सेठ बाँकेमल* के "जब से मैं आसक हुआ हूँ, उस बुते बेपीर का। और वास्सा मैं बन गया हूँ इश्क की जागीर का," और इश्क की

---

1. पैसा हर इनसान को प्यारा है, व्यावहारिक जगत् में बरतते समय यह बड़ी प्यारी चीज अकसर इनसानियत को चकमे में डाल देती है, लेकिन ज्यादातर (90 प्रतिशत) चकमा देती नहीं।

जागीर में दर्द मिलता है, गम मिलता है, दिल जाता है, जान जाती है, नींद जाती है; करवटें बदलने में ही शबे-हिज्रां का मजा मिलता है। हाय, अव मैं समझता हूँ कि क़ैस, फरहाद, रोमियो और देवदास का दर्द का राज क्या था। मगर वह राज मैं तुम पर किस तरह अयाँ करूँ, ज्ञान ? जब इश्क के ये इतने बड़े जागीरदार उस दर्द का राज न बता सके तो फिर मैं किस तरह उस कानूने-आशिक को तोड़कर तुम्हें अपने दर्द की दास्तान सुना दूँ। तुम पूछना भी मत। बकौल गालिब–

न पूछ उजड़े नशेमन की दास्ताँ पूछ,
ये चार तिनके मगर नाम आशियाना था।

···बस, इसी से समझ लो किस बुरी तरह से खासा देवदास बना हुआ हूँ आजकल।

'हाँ, मैं अक्टूबर में उधर आ रहा हूँ। तारीख बाद में लिखूँगा। महत्त्वाकांक्षाएँ बढ़ गई हैं। लड़ाई के बाद मैं अपनी फिल्म कंपनी खोलने का आयोजन कर रहा हूँ। यू.पी. में उस वक्त फिल्म कंपनी बहुत फलेगी। पैसे के अलावा और दूसरी टीमटाम में अभी से ही थोड़ा-बहुत लग गया हूँ। फाइनेंसियर की तलाश में अब जाल फेंकना शुरू कर दिया है। एक काम तो शुरू कर दिया कार्टून फिल्म का। हिंदुस्तान में यह कला अभी तक उपेक्षित है। अब फिल्म पर 11 हजार फीट का निमंत्रण हो जाने से दो रीलोंवाली फिल्म की डिमांड बढ़ रही है। ऐसे में अच्छे कार्टून फिल्म खूब खपेंगे। पहली पिक्चर का श्रीगणेश कर दिया है। कहानी मॉडर्न फिल्मी कहानियों पर एक तगड़ा व्यंग्य है। एक ताँगे का घोड़ा एक इक्के की घोड़ी के पीछे देवदास बनकर शहीद हो जाता है। आऊँगा, तव सुनाऊँगा या अगले पत्र में।'

अमृतलाल का अक्टूबर में आना नहीं हो सका। एक कंपनीव्रती होने के वाद आचार्य आर्ट प्रोडक्शन लि. के लिए कार्य कर रहे हैं। उनकी फिल्म *आगे कदम* बन रही थी। नवंबर में लिखा–अभी एकाध महीने आने का रास्ता नहीं दिखता।

4

नववर्ष में बंबई से प्रकाशित पश्चिम भारत के एक प्रमुख सिनेमा प्रधान हिंदी साप्ताहिक *रंगभूमि* के लेटरहेड पर लिखा एक पत्र मिला। पत्र के स्वामी मंगला गौतम ने *रंगभूमि* के नववर्षांक का संपादन भार अमृतलाल को सौंपा था। उन्होंने विशेषांक को निकालने में सहयोग के लिए लेखकों के नाम एक गश्ती पत्र लिखा था। उसकी एक प्रति मुझे भी भेजी थी। हिंदी फिल्मों की भाषा भ्रष्ट क्यों होती है ? उनमें कामुकतापूर्ण दृश्यों की भरमार क्यों की जाती है ? इन प्रश्नों का विवेचन

करते हुए पत्र में लिखा था—

'बोलपटों की भाषा मुख्यतः हिंदी-हिंदुस्तानी या उर्दू-हिंदुस्तानी है। बंबई के फिल्म निर्माता अधिकतर गुजराती भाषा-भाषी हैं। मराठी भाषा-भाषियों का भी वहाँ अच्छा प्रभाव है। वे लोग न तो उर्दू को ही जानते हैं, न हिंदुस्तानी को। 'पंडितजी' या 'मुंशीजी' जो कुछ भी लिख देते हैं, उसे यह हिंदी के नाम से ही पुकारते हैं।

''पिताजी आप मेरी उम्मीदों की मजार पर अपने जिद की शमा को रोशन कर रहे हैं।''

''बेटा, माँ के परनाम (प्रणाम) को माँ का हिरदे (हृदय) ही समझ सकता है। यह दुष्टिनी तुझे मुझसे छीने ले रही है।''

उदाहरण के लिए मुंशीजी की 'हिंदी' के दो-एक नमूने दे दिए।

'पिछले तीन बरसों से मैं फिल्म के क्षेत्र में काम रहा हूँ। कई फिल्म निर्माता और निर्देशकों के साथ काम करने का अवसर मुझे मिला है। उनकी यह धारणा है कि उपरोक्त भाषा ही हिंदी है। मुंशीजी ने उनकी दिलजमई कर दी है, नार्थ (उत्तर भारत) में संसकीरत नहीं चलती। व्यावसायिक सुविधा के लिए भारतवर्ष को पाँच टुकड़ों में बाँट दिया गया है—

1. उत्तर भारत (यू.पी., देहली, पंजाब और सरहद)
2. बंगाल (बिहार, बंगाल और आसाम)
3. बंबई, मध्य प्रांत, और मध्य भारत
4. सिंध और बिलोचिस्तान
5. दक्षिण भारत।

'इनमें सबसे अधिक पैसा उत्तर भारत से आता है और उसमें भी सबसे अधिक पैसा देनेवाला प्रांत पंजाब माना जाता है। फिल्म वितरक और निर्माता इसीलिए पंजाब की रुचि का ध्यान विशेप रूप से रखते हैं। अपनी रोटी की रक्षा के लिए अधकचरी संस्कृति में फेल, अर्द्धशिक्षित या अशिक्षित निर्देशक, अभिनेता और लेखक वर्ग ने फिल्म निर्माताओं को यह विश्वास दिला दिया है कि उत्तर भारत में भद्दे मजाक और कामोत्तेजक नृत्य खूब पसंद किए जाते हैं। निर्माता रोजगारी आदमी ठहरा। वह जिसमें चार पैसे की आमदनी देखता है, वही करना चाहता है। चलती हुई चीज से दिल बहलानेवाली सभी जगह हैं। क्या शिक्षित, क्या अर्द्धशिक्षत, क्या अशिक्षित—सभी कुछ देर के लिए बह जाते हैं।

'फिल्मों के प्रचार और प्रभाव को हम अपने घरों में देख रहे हैं। शहरों की सड़कों और गलियों में हमें सिनेमा के गीत सुनाई पड़ते है। देश आजाद होना चाहता है। सिनेमा, मेरी भापा के लिए मुझे क्षमा किया जाए, सजनी की चोली में आजादी ढूँढ़ रहा है। फिल्म के इस बढ़ते हुए प्रभाव को न तो हम रोक सकते हैं और न इसकी ओर से हम आँख मूँदकर बैठ ही सकते हैं।

'पश्चिमी शिक्षा और संस्कृति में हमारी सदियों से सोई विवेचन शक्ति ने

आँख खोली है, यह तो हमें मानना ही पड़ेगा। विलायती शिक्षा के परिणामस्वरूप हमने अपने 'धरम और कल्चर' से घृणा करना सीखा है। जहाँ तक मैंने पढ़ा, देखा और समझा है, मैं समझता हूँ, इसका कारण पुरानी पीढ़ी का अंध-विश्वास और नई पौध की जागी हुई विरोधी भावना है। इन दोनों के संघर्ष में नुकसान आज के हिंदुस्तान का हो रहा है। लकीर के फकीर बनने से हम साफ इनकार करते हैं और पश्चिमी संस्कृति एक हद तक जाकर हमारे आत्मविश्वास का साथ छोड़ देती है। अपने मन की अस्थिरता से उलझते-उलझते हम घबरा उठे हैं। मन को शांत और स्थिर करने के लिए ही हमने मनोरंजन का मार्ग चुना है।

'मनोरंजन यदि स्वस्थ हो तो हम, धीरे-धीरे फिर सही रास्ते पर आ जाएँगे। *दुनिया न माने, आदमी, विद्यापति, अपना घर* और *रामराज्य* ऐसे चित्रों को देखकर सिनेमा हॉल से बाहर निकलते हुए लोगों के रिमार्क मेरे इस विचार की पुष्टि करते हैं। लेकिन ऐसे चित्र बहुत कम बनाए जाते हैं। पौराणिक, धार्मिक और ऐतिहासिक चित्र बनते तो हैं, लेकिन अधिकांशतः वे गैर-जिम्मेदार लोगों के हाथों में पड़कर कसाईखाने की बकरियों की तरह हलाल किए जा रहे हैं।'

अमृतलाल ने फिल्मों के क्षेत्र में कार्य करते हुए *रंगभूमि* के विशेषांक का संपादन भार इसी ध्येय से स्वीकार किया था कि फिल्मों की भाषा और उनकी उच्छृंखलता पर अंकुश लगाने की दिशा में अनुकूल जनमत का वातावरण तैयार करने में अपना योगदान कर सकें, भाषा की उन्नति और देश के उत्थान में फिल्म के माध्यम की उपयोगिता को रेखांकित कर सकें तथा मराठी-गुजराती के देश में बँगला और उर्दू से प्रभावित क्षेत्र में हिंदी को उसका उचित स्थान दिला सकें।

जहाँ तक मुझे याद पड़ता है, विशेषांक प्रकाशित नहीं हुआ।

विशुद्ध साहित्यिक जीवन बिताने का विचार

जून 1944 के तीसरे सप्ताह में अमृतलाल जब लखनऊ आए तो एक उपन्यास का मसाला साथ में लाए थे। 1943 में बंगाल में भीषण अकाल पड़ा था, जिसने सारे देश को हिला दिया था। यह अकाल मानव-निर्मित था और युद्धकाल की ब्रिटिश नीतियों का परिणाम था। उसमें लाखों लोग भूख से तड़प-तड़पकर मर गए, हजारों गृहिणियाँ वेश्या बनीं और बच्चे गुलामी की तरह जिंदगी बिताने के लिए दो मुट्ठी चावल के बदले में बिक गए। अमृतलाल ने बंबई में कम्युनिस्ट पार्टी के दफ्तर राजभवन में चित्ताप्रसाद द्वारा अभावग्रस्त क्षेत्रों में खींचे गए सैकड़ों चित्र देखे और भुखमरी की हृदयद्रावक कथाएँ सुनीं। जैनुल आब्दीन के बनाए रेखाचित्र भी देखे।

वह 1945 के अंत में एक फिल्मी टोली के साथ कलकत्ता गए थे। वहाँ की सड़कें दो मुट्ठी चावल के लिए भटकती पूर्वी बंगाल की त्रस्त जनता से पटी थीं। सियालदह स्टेशन पर उन्होंने भूखे लोगों की अपार भीड़ देखी। फुटपाथों पर बीभत्स करुणा से भरे दृश्य देखे। चौरंगी के एक रेस्तराँ में जब भोजन करने बैठे तो शीशे के बाहर हजारों भूखी आँखें उन्हें यों घूर रही थीं जैसे शाप दे रही हों। उस स्थिति में उनके लिए भोजन गले से नीचे उतारना कठिन हो गया। लौटकर आए तो मन कलकत्ता में देखे दृश्यों से इतना भरा था कि चार दिन स्वेच्छा से उपवास किया और उपन्यास के आरंभिक नोट्स तैयार किए।

लखनऊ में कुछ दिन रहने के बाद आगरा गए और 15 जुलाई को लिखा—कि आज से उपन्यास लिखने के लिए बैठा हूँ। परंतु उपन्यास का श्रीगणेश नहीं हो सका। अगले महीने लौटने पर लिखा—'शिथिलता खल रही है। जमकर लिख नहीं पाता, इसका दुख है। अपना 95 प्रतिशत समय बेकार में गँवाता हूँ। मन में सन् 1942 के अगस्त आंदोलन पर उपन्यास लिखने का विचार भी उठा। उसमें दिखाना चाहते थे कि सत्य, अहिंसा के सिद्धांत के अनुसार हम अपने शत्रुओं से लड़ते हुए असफल क्यों हुए ? असफलता हमारी कमजोरियाँ दर्शाती हैं। असफलता के कारणों की खोज करना ही उपन्यास लेखन का मुख्य ध्येय था।'

परंतु मन बंगाल के परम दयनीय और चरम दानवता के दृश्यों से भरा था। सितंबर में उपन्यास का लेखन आरंभ हुआ। उसका नाम अस्थायी रूप से *बंगाल*

रखा। सभ्यता की नींव या कुछ इसी तरह का नाम और उसका समर्पण विश्व के मुनाफाखोरों और महाजनों को सादर, सविनय उनकी आँखें खोलने के लिए करने का विचार मन में उठा। तभी रतन का पत्र आया—आपकी लिखी आचार्य आर्ट प्रोडक्शन की फिल्म *आगे कदम* को बंबई में आपके संवादों से आशातीत सफलता मिल रही है। बाजार में आपका नाम हो रहा है। ऐसे अवसर पर बंबई में आपका रहना जरूरी है। अमृतलाल उपन्यास के कागज समेटकर बंबई ले गए।

आगे कदम में मोतीलाल की मुख्य भूमिका थी। मोतीलाल के बारे में प्रसिद्ध था कि फिल्मों की स्क्रिप्ट में लिखे डायलॉग नहीं बोलते। अपने लहजे के अनुसार उसमें परिवर्तन कर लेते हैं। वह दिल्ली के थे। उनका खयाल था कि फिल्मों में संवाद लिखनेवाले 'पंडितजी' और 'मुंशीजी' को जबान नहीं आती। अमृतलाल के लिए *आगे कदम* की स्क्रिप्ट लिखते समय लखनऊ की नाक का प्रश्न उपस्थित हो गया। मन ने कहा—नागर, अगर तूने मोतीलाल से चिलम नहीं भरवाई तो तेरे लिखने का फायदा क्या ? उन्होंने मोतीलाल की कई फिल्में देख डालीं और उनके बोलने का लहजा, उनके शब्दों का चुनाव मन में अच्छी तरह बिठा लिया। इसके बाद उन्होंने मोतीलाल के लिए जो संवाद लिखे, उन्हें सुनकर उनकी समझ में नहीं आया कि उसमें परिवर्तन करें तो कहाँ करें। उस दिन से मोतीलाल अमृतलाल के फिल्मी यार बन गए।

संवाद लेखन के क्षेत्र में अमृतलाल ने अपनी लेखनी का सबसे बड़ा कमाल डबिंग के क्षेत्र में दिखाया। उन्हें जब सोवियत संघ में बनी फिल्म *नासिरुद्दीन इन बुखारा* की हिंदी में डबिंग का कार्य मिला तो उन्होंने सबसे पहले फिल्म अभिनेताओं के ओष्ठ परिचालन का सूक्ष्म अध्ययन किया और शीशे के सामने बैठकर अपने लिखे संवाद बोलकर देखा कि ओष्ठ परिचालन मिलता है या नहीं। जहाँ नहीं मिलता था, शब्द बदल दिए। उनकी डब की हुई फिल्म को देखकर दर्शकों को यह नहीं लगा कि उसके डायलॉग रूसी भाषा में बोले जा रहे हैं, हिंदी में नहीं। इस दिशा में रूसी फिल्म *ज़ोया* की डबिंग का उनका प्रयोग और भी सफल रहा और खूब सराहा गया।

बंबई में भी भूखा बंगाल अमृतलाल के मन पर छाया रहा और उनका उपन्यास लेखन रुका नहीं। 30 अक्टूबर को उसका पहला चैप्टर पूरा कर लिया। नरेंद्र शर्मा को सुनाया तो वह चारों ओर उपन्यास का ढिंढोरा पीटने लगे। प्रगतिशील लेखक संघ की दो बैठकों में भी उपन्यास के अंश सुनाए और खूब सराहना मिली। इससे उनके मन में यह बात तेजी से उठने लगी कि नागर, अब तू बालू पर लिखना छोड़ और लखनऊ चलकर उपन्यास और कहानियाँ लिखने का सर्जनात्मक साहित्य रचना का कार्य कर। उन्होंने नवंबर में मुझे लिखा—'मेरा लिखना अब बंद न होगा, निसाखातिर रहो। हाँ, सिनेमा से तबियत ऊब गई है। लेकिन जब तक कम-से-कम 500 रुपए प्रतिमाह का कोई दूसरा प्रबंध न कर सकूँ, मुझे मजबूरन कुछ-न-कुछ करना ही होगा।' दिसंबर तक बंगाल पर अपना उपन्यास लिखकर पूरा करने का

विचार है। आगे भगवान की मर्जी।'

उन दिनों किशोर साहू की *वीर कुणाल* बन रही थी। उसमें व्यस्त रहने से बीच-बीच में उपन्यास की गाड़ी रुक जाती थी। मुझे लिखा—'मन में बहुत सी रचनात्मक कल्पनाएँ उठ रही हैं। एक वाक्य में कहूँ, आजकल मैं अपने मन को तोलने में निरंतर लगा रहता हूँ। पैसे का मोह अपने जीवन से दूर करने का प्रयत्न कर रहा हूँ। किसी हद तक उसमें सफल हुआ हूँ, किंतु वह कोई बड़ी सफलता नहीं। मैं यथासमय अपने को हर गिरफ्त से खींचकर साहित्य के लिए स्वाधीन होने का अहिर्निश प्रयास कर रहा हूँ। मैं यह अनुभव करने लगा हूँ, अन्य बहुत सी दुनियाबी चीजों के विना भी मैं जीवित रह सकता हूँ, किंतु अपने विचारों, अपनी कलम, अपने कर्म के विना मैं जीवित नहीं रह सकता। अतएव मुझे अपने कर्म को पाने के लिए हर तरह से, हर तरफ से वचना ही होगा।'

'उपन्यास दिसंबर 1944 तक पूरा कर देने का विचार पूरा न हुआ। करीब-करीब 1945 का पूरा वर्ष उपन्यास लिखने में लगा। फिर भी उपन्यास जैसे-जैसे बढ़ता जाता था, वैसे-वैसे साहित्य सेवा में अर्पित जीवन बिताने का संकल्प दृढ़ होता जाता था। अपने एक पत्र में उन्होंने अपने 29 वर्षों के जीवन का लेखा-जोखा लगाया और पाया संकल्प-विकल्प में ही इतना जीवन निकल गया। देखा, हाथ कुछ भी नहीं आया। सहज प्रश्न उठता है क्यों ? इस 'क्यों' में ही मेरे जीवन के उनतीस वर्षों का इतिहास है जो तुमसे छिपा नहीं।

'मन तभी अस्वस्थ होता है जब वह अपने को धोखा देते-देते हारकर अंत में सत्य को छूने के लिए वाध्य होता है। आज के जीवन में हम चारों ओर से असत्य द्वारा घिरे हुए हैं। उस असत्य का हमें बड़ा मोह हो गया है, इतना कि हम मनसा, वाचा, कर्मणा से सारी शक्ति लगाकर उस असत्य को ही सत्य सिद्ध करने में आनंद मान वैठे हैं। आनंद सत्य में है। सत्य ही जीवन है। जीवन को धोखा देकर आनंद प्राप्त नहीं हो सकता। इसी सत्य को छूकर जब हमें अपने असत्यमय वंधन का भास होता है, तभी हमारा मन अस्वस्थ होता है।

'मोटी बात है। मैंने इसे ही अपना लिया है। जीवन को यथाबुद्धि, यथाशक्ति और यथासंभव सरल वनाकर अपनी कमजोरियों पर विजय प्राप्त करने का ही संकल्प इस बार किया है। वस, यही मेरे जीवन का अंतिम स्वप्न है। यदि इसे पा गया तो जी गया, वरना अव तो कफस में आ ही गया हूँ, पंख फटफटाकर मृत्यु से ही शांति पाऊँगा।

'मन अव भी अस्वस्थ होता है, पर अव एक अंतर आ गया है। पहले अपनी कमजोरियों को शक्तिशाली मानकर अपनी पराजय में छटपटाता था, अव अपनी आत्मा को शक्तिशाली मानकर सत्य के प्रयोगों में जहाँ कहीं कमी अखरती है उस पर गुस्सा आता है।

'बहुत लड़ता हूँ, ज्ञान ! कभी-कभी ये लड़ाई थका डालती है। लेकिन अव

मैदान छोड़कर भी जाने का चारा नहीं। हिम्मत हारने पर मृत्यु है जो अभी नहीं चाहता। मृत्यु के भय पर विजय प्राप्त कर मैं शरीर छोड़ने में भी जीवन का आनंद पाना चाहता हूँ।

'लड़ने के लिए प्रेरणा गीता के कर्मयोग से ले रहा हूँ। मन व्यर्थ की चिंता में लगा लो, वही मन काम में लगा लो। काम से आनंद मिलता है, चिंता में उसके विपरीत दुख। चिंता हमारे दैनिक व्यवहार और दुनियादारी से टक्कर लेने से उत्पन्न होती है। उससे बचने की कोशिश करता हूँ। लेकिन अभी पूरी तौर पर उससे बचने योग्य आत्मबल नहीं मिला। पर वह मिलेगा ही। जब तक पूर्णरूप से आत्मबल नहीं मिलता तब तक प्रार्थना बल है। अपनी प्रार्थना मैं स्वयं ही सुनता हूँ और उससे सचेत होकर आत्मबल पाता हूँ।

'मैंने गांधी के पदचिह्नों का अनुसरण करना ही अपने जीवन का लक्ष्य बना लिया है। या कर्म के द्वारा सत्य के दर्शन, अथवा पराजय भरी मृत्यु। देखना है, क्या पाता हूँ। कबीर ने भी अनुभव किया था–

> जूझेंगे तब कहेंगे अब ही कहा न जाए।
> क्या जानै मन मसखरा लरै किधों भगि जाए॥

मसखरा मन जूझ पड़ा है, आगे देखना है।

'उस असत्य के संघर्ष से, सत्य का पक्ष लेकर मन से युद्ध करने में अधिक आनंद है, अब तक यही जाना है। इससे विमुख हुआ तो मुझ-सा मूर्ख कोई नहीं। जिस दिन मुझे अपनी मूर्खता का विश्वास हो जाएगा उसी दिन मेरी मृत्यु भी निश्चित है। बीच का जीवन त्रिशंकु के समान अब नहीं बिताऊँगा। अपने से पराजित होनेवाले के लिए मुँह छिपाने का कहीं ठौर नहीं। देखना है।

'पिछले डेढ़ वर्ष से जीवन में परिवर्तन लाने की आंतरिक प्रेरणा पा रहा था। अब उसे स्वरूप मिल रहा है। भविष्य ईश्वर के हाथ में है।

'दैनिक जीवन सरल कर लिया है–(1) सादा आहार और ब्रह्मचर्य। यह ब्रह्मचर्य अभी अस्थायी है। यह ब्रह्मचर्य अभी एक वर्ष का संकल्प है। यदि इसमें सफल हो गया तो अगले वर्ष आजीवन के लिए। प्रतिभा को भी साथ ही लेकर प्रयोग कर रहा हूँ।

(2) पेट का धंधा एक हद तक। अधिक समय साहित्य द्वारा सत्य का अनुसंधान।

(3) धर्म और वर्ण को छोड़ दिया है। केवल मनुष्य हूँ। इसे कर्म द्वारा जीवन में अपनाऊँगा। यहाँ घर में ही मतभेद होगा, यह मैं जानता हूँ। परंतु उसका सामना करने के लिए मैंने अपने को पूर्णरूप से तैयार कर लिया है।

(4) अपने संपूर्ण मानसिक, वाचिक और कायिक कर्मों का ईश्वर में समर्पण।

'बस इसी चौथे स्थल पर मेरा युद्धक्षेत्र है। काया और वचन पर भी अंकुश

बैठ जाता है, अभी पूरी तरह नहीं। परंतु मन अभी हाथ में नहीं आया, देखना है।

'मेरी महत्त्वाकांक्षा का यह अंतिम स्वप्न है, ज्ञान ! टूटा तो मैं टूटा। बचा तो मैं 'मैं' को पाऊँगा ही।'

2

बंबई में भगवतीचरण वर्मा और नरेंद्र शर्मा पहले से थे, भगवतीप्रसाद वाजपेयी भी अपनी किस्मत आजमाने वहाँ पहुँच गए। जनवरी 1945 में माते भी बंबई पहुँच गईं। नववर्ष में अमृतलाल ने मुझे लिखा—'अपनी कुछ कमजोरियां पर आज विजय पा चुका हूँ, फिर भी अनेक मुझमें अभी बाकी हैं। और उनमें सबसे बड़ी कमजोरी है मेरा आलस्य। आलस्य मेरा सबसे बड़ा शत्रु है। आजकल उसी से लड़ने के लिए मैं अपने को बराबर जगा रहा हूँ। कर्ममार्गी के लिए यह सबसे बड़ी बाधा है। आलस्य में गैर जिम्मेदारी की भावना कूट-कूटकर भरी होती है। आलस्य अहं का पोषण करता है और अहं सत्यपथ का रोड़ा है।

'आज एक मुख्य समस्या जो मेरे सामने है उसे मैं बहलाकर टाल नहीं सकता। पैसे के लिए मुझे यहाँ फिल्म में 'हैकवर्क' करना पड़ रहा है। पैसे के प्रति मेरा मोह अब रुपए में चार आने भर ही है। पर माँ मुझसे लखपति बनने की आशा रखती है। यदि मैं यहाँ बराबर काम करता हूँ, तो मेरी विचारशक्ति क्षीण होती है। दूसरे (यहाँ) बहुत-सी कमजोरियाँ, जिन्हें मैं जानते हुए भी अपने वश में नहीं कर पाया, मुझे अपना समय नष्ट करने में बहुत सहायता दे रही हैं। इससे मैं अपने साहित्य-ब्रह्म के साथ योग नहीं कर पाता। मैं आजकल ज्ञान की चेतना लिये हुए मोहांधकाराच्छन्न मार्ग से गुजर रहा हूँ।

'मुझे शीघ्र ही इन सब कमजोरियों पर विजय पानी ही होगी। मैं उन पर विजय पाकर ही रहूँगा। ईश्वर मेरी सहायता करेंगे।

'मन की कमजोरियों को रोकने के लिए वाणी का संयम अत्यावश्यक है। कई प्रयत्न करने पर भी अभी मैं उस पर विजय प्राप्त नहीं कर पाया। परंतु जितना ही असफल होता हूँ उतनी ही खीज आती है और एक दिन इस पर बंधन डालना ही होगा।

'यह पत्र तुम्हें लिख रहा हूँ—मन से बातें कर रहा हूँ। आज जिस स्टेज पर मैं पहुँच गया हूँ वहाँ जाकर मन को ढोंगी बनने की प्रेरणा मिलती है। हर प्रकार के ढोंग से मुझे अपने को बचाना है, अन्यथा जितना मैं पहले गिरा था, उससे अधिक भयानक गर्त में इस बार गिरूँगा।

'मुझे वाणी में संयम के लिए अपने को कठोर बनाना ही होगा।'

फरवरी में अमृतलाल ने आगरा और फिर इलाहाबाद का चक्कर लगाया। निराला से बहुत दिनों से नहीं मिले थे। उन दिनों निराला दारागंज में कमलाशंकर तथा उमाशंकर सिंह के छोटे-से कमरे में रहते थे। देह पुष्ट हो गई थी। मन यथार्थ

और स्वप्न दोनों से लड़ रहा था। कभी शेरों से लड़ते और कभी—

लू के झोकों झुलसे हुए थे जो हरा दौंगरा उन्हीं पर गिरा,
उन्हीं बीजों के नए पर लगे उन्हीं पौधों से नया रस झिरा।

जैसी तगड़ी गजलें लिखते थे। एक कुलपति के रूप में जब पुत्र की गृहस्थी, दूरस्थ परिवार के सदस्यों की चिंता में ग्रस्त होते तो मालूम भी नहीं पड़ता था कि वे मानसिक रूप से अस्वस्थ हैं। दारागंज में उनके एक पुराने साहित्यिक मित्र का परिवार रहता था। उनके यहाँ चले जाते तो बिलकुल घर की तरह व्यवहार करते थे। गृहिणी जब मंजन मलने, नहाने अथवा खाने को कहतीं तो एक आज्ञाकारी बालक की भाँति चुपचाप उठकर सब काम करने लगते थे। गृहिणी साहित्यिक अभिरुचि की थीं। मुझसे पूछतीं—"क्या आपको निरालाजी का व्यवहार पागलों जैसा लगता है !"

अमृतलाल को देखकर निराला उनका आतिथ्य सत्कार करने के लिए व्यग्र हो उठे। उमाशंकर सिंह से बोले—"जानते हो, बंबई से आए हैं। इनकी तगड़ी खातिरदारी होनी चाहिए।" फिर उन्हें खुद बाजार में एक हलवाई की दुकान पर ले गए, जहाँ उनका हिसाब चलता था। उसकी दुकान पर रबड़ी अच्छी बनती थी। लखनऊ में निराला जब अमृतलाल के यहाँ जाते थे तो वह उन्हें गोलदरवाजे के पास की एक प्रसिद्ध दुकान की रबड़ी खिलाते थे। यह उनको याद था। रबड़ी खिलाने के बाद अमृतलाल से पूछा—"उसके टक्कर की है या नहीं।" इक्के पर सवार होकर जब हम दोनों दारागंज से वापस लौटे तो मैं उन्हें निराला के इलाहाबाद प्रवास के अनेक चुटकुले सुनाता रहा।

हिंदी के तीन कवि लंबे बाल रखते थे। निराला ने अपनी पहली पुत्रवधू के शोक में अपने बाल कटा दिए थे। सुमित्रानंदन पंत अब भी अपने बाल रखे हुए थे। तीसरे इलाचंद्र जोशी थे जो कभी कविताएँ लिखते थे, फिर आलोचना-उपन्यास आदि लिखने लगे। अमृतलाल उन्हें दो चोटी का कलाकार कहते थे। उन दिनों आर्थिक कारणों से *भारत* के संपादकीय विभाग में कार्य कर रहे थे। गंगाप्रसाद पांडेय, महादेवी वर्मा और निराला के साथ-साथ इलाचंद्र जोशी के भी भक्त थे। प्रतिदिन शाम को *लीडर प्रेस* आ जाते थे। वाचस्पति पाठक के यहाँ बैठक जमती थी।

भारत संपादक बलभद्रप्रसाद मिश्र हिंदी साहित्य सम्मेलन के प्रधान मंत्री चुन लिये गए थे। जनवरी में जब बंबई गए थे तो अमृतलाल के यहाँ ठहरे थे। उनके फक्कड़ और मौजी स्वभाव के कारण अमृतलाल उनसे घनिष्ठता स्थापित होने पर उतने ही प्रसन्न हुए थे। जितना प्रसन्न वाचस्पति पाठक से मिलने पर हुए थे। बलभद्रप्रसाद मिश्र उन दिनों *भारती भंडार* सहित *लीडर प्रेस* के प्रकाशन का कार्य भी देखते थे। वह अमृतलाल को कृष्णाराम मेहता से मिलाने ले गए जो सी.वाई.

चिंतामणि के काल से *लीडर* का सारा कार्य देखते थे। अमृतलाल के सम्मान में अपनी भैंस के गाढ़े दूध में बनी ठंडाई की दावत सबको दी।

भारत के भूतपूर्व संपादक और *लीडर* के सहायक संपादक केशवदेव शर्मा *लीडर* में दूसरा अग्रलेख और कभी-कभी पहला अग्रलेख लिखते थे। हाई स्कूल पास होने पर भी अंग्रेजी पर इतना अधिकार था कि इलाहाबाद विश्वविद्यालय के अंग्रेजी विभाग के प्रोफेसरों के अंग्रेजी के लेखों की गलतियाँ शुद्ध करते थे। हिंदी गद्य पर भी समान अधिकार था। स्वांतःसुखाय पालग्रेव की *गोल्डेन ट्रेजरी* के ढंग पर हिंदी की प्राचीन काल से आधुनिक काल तक की श्रेष्ठ कविताओं का संकलन किया। जब किसी कवि की कोई नई कविता ज्यादा पसंद आती अथवा पुराने कवि का कोई छंद अधिक तगड़ा नजर आता तो अपनी पांडुलिपि में बराबर संशोधन करते रहते थे। संग्रह स्वांतःसुखाय किया था, इसलिए उसके प्रकाशन की कभी इच्छा नहीं की। हिंदी के एक पुराने साहित्य और कला मर्मज्ञ, लेखक और आलोचक, हिंदुस्तानी एकेडेमी के सचिव रामचंद्र टंडन उनके घनिष्ठ मित्र थे। प्रतिदिन सायंकाल उनके यहाँ आते थे। और दोनों साथ घूमने जाते थे।

भारत के संपादकीय विभाग में हिंदी के अनेक पुराने सेवी कार्य करते थे। सहायक संपादक शंकर दयालु श्रीवास्तव कभी *चाँद* में नवजादिकलाल श्रीवास्तव के सहयोगी थे। रामकिशोर मालवीय *अभ्युदय* के संपादक रह चुके थे। प्रद्युम्नकृष्ण कौल *हिंदू पंच* के संपादक रह चुके थे। जब हम दोनों ने *सुनीति* निकाली थी तो *भारत* में उसकी प्रशंसात्मक समालोचना उन्होंने लिखी थी। विश्वम्भरनाथ जिज्जा किसी समय प्रसाद के स्नेह पात्र थे और कहानियाँ लिखते थे। *केसरी, भारतमित्र, श्रीकृष्ण संदेश, विश्वमित्र, हिंदी मिलाप* आदि हिंदी के अनेक पुराने दैनिकों में कार्य कर चुके थे। बर्मा से निकलनेवाले एक हिंदी दैनिक के संपादक रहे थे। इलाहाबाद की साहित्यिक मंडली से मिलकर अमृतलाल अपने मन में बहुत ताजगी अनुभव करने लगे।

बंबई वापस लौटने पर अप्रैल में सूचना दी कि उनका उपन्यास आधा लिखा जा चुका। मई में दक्षिण भारत की यात्रा की। यात्रा के दौरान 8 मई, 1945 को जर्मनी के आत्मसमर्पण के साथ द्वितीय महायुद्ध का अंत हो गया। मुझे बंगलौर से लिखा—

'यह दक्षिण भारत है। मैसूर, श्रीरंगपट्टम तथा बंगलौर के प्रवास ने मुझे नई कल्पनाएँ और नया बल दिया है। मुख्यतः एक बात मुझे स्फूर्ति देती रही—मनुष्य सब जगह एक है। मुझे तो अपने प्रांत के आदमियों से यहाँ के आदमी जरा भी भिन्न नहीं दिखाई दिए। भाषा और पहनावा आदि स्थूल भेद मेरे ऊपर जरा भी प्रभाव न डाल सके। एक बड़े आश्चर्य की बात यह है ज्ञान, कि इधर आकर जब मैंने गोरे लोगों को देखा तो मुझे वही प्रसन्नता हुई जो अपने प्रांत के आदमियों को देखकर होती है। मुझे सचमुच बड़ा आश्चर्य हुआ। अपने में कारण खोजा—क्यों ? उत्तर पाया—सदा से ही अपने प्रांत में, बंबई में, हर जगह वह एक

से ही, एक ही संस्कृति के दिखाई पड़े हैं। उन्हें देखते-देखते मन और बुद्धि उतनी ही अभ्यस्त हो गई है जितनी कि अपने आदमियों से। वे मुझे पराए न लगे। दक्षिण यात्रा ने मुझे मन और विचारों से मानवता के अति निकट ला दिया। यहाँ प्रकृति का राज्य है। मैसूर स्टेट ने भी बागीचे, इमारतें और पक्की सड़कों तथा बिजली से शहर को अप-टु-डेट बनाकर अपनी शोभा बढ़ाई है। मेरे मन में बराबर यही होता था कि लखनऊ भी ऐसा ही सुंदर बन जाए। नई दिल्ली को मात कर दिया है। मैसूर का वृंदावन उद्यान दर्शनीय है। श्रीरंगपट्टम में टीपू और हैदर अली की समाधियाँ देखीं। गुलामी याद आई।

'लौटकर 'विजय' की ऐतिहासिक खबर सुनी। अपनी गुलामी पर तमाचा पड़ा। यह जीत रूस की जीत है, जनता की जीत है। इस तहर से मन में एक स्फूर्तिदायिनी भावना उठती है। पर जितना ही सोचता हूँ, लगता है, मानवता अभी नहीं जीती। महायुद्ध समाप्त हुआ, यह भूमिका मात्र है। महायुद्ध आज से आरंभ हुआ—स्वार्थ और मानवता का। देखो, कब जीत होती है।

'मेरा मन गंभीर है, पर यह गंभीरता ठोस नहीं, इसमें शांति नहीं। मैं अपने को तोल रहा हूँ। कर्म-क्षेत्र में मेरे पाँव बढ़ाने के दिन आ रहे हैं। मेरी परीक्षा का समय आ गया है। और मैं अभी भी अपने को पहचान नहीं पाया।'

3

अमृतलाल बराबर अपने को तोल रहे थे। अपने को पहचानने और अपनी कमजोरियों को ढूँढ़ निकालने का प्रयत्न कर रहे थे। दक्षिण यात्रा से बंबई लौटने पर लिखा—'उद्देश्य रहते हुए भी मेरा जीवनक्रम आजकल निरुद्देश्य-सा लग रहा है। महत्त्वाकांक्षाएँ रहते हुए भी उसके लिए प्रायः कर्महीन हूँ। अगर कहो कि काम कर रहा हूँ, तो बिलकुल वैसे ही जैसे बहाव में नाव डालकर माँझी बैठ गया हो। खोज नहीं पा रहा हूँ अपने को। यदि यही हालत रही तो मुझे लगता है, मेरे में निकट भविष्य में ही कोई और बड़ा परिवर्तन आ रहा है। अच्छे के लिए ही होगा, बहुत अच्छे के लिए होगा। मेरा मन अभी झकोलों से भरा नहीं है। अनुभवों की झोली भरकर बहुत दूर जाना चाहता हूँ, दूसरे शब्दों में, अपने को पाना चाहता हूँ।

'रोड़ा है मेरा आलस्य। इतना आलस्य मुझमें क्यों है, यह जानता हूँ। लेकिन अब भी क्यों, यह नहीं जानता। वह चिनगारी कहाँ है जिसकी आग, जिसकी हलकी-सी गर्मी मैं अपने में महसूस कर रहा हूँ। अभी तक उसने मुझे तपाया नहीं। मैं तपना चाहता हूँ, चौबीसों घंटे तपते ही रहना चाहता हूँ।

'अब भावुकता नहीं रही, ज्ञान ! जो कुछ है भी, उसे शुद्ध कर बौद्धिक रूप दे दिया है। कहीं ऐसे गहरे में जाकर सो गया हूँ जहाँ अभी मैं अपने को खोजते-खोजते पहुँच नहीं पाया। भूलभुलैया में अपनी कायरता को आलस्य का जामा

पहनाकर थककर बैठ गया हूँ और सोच रहा हूँ, मेरी मंजिल मुझे मिल जाए। आजकल अपने ही आगे मेरी नजरें शर्म से झुकी रहती हैं।'

वर्ष 1945 के उत्तरार्ध में *बंगाल* उपन्यास के लेखन के अतिरिक्त त्रैमासिक *नया साहित्य* का संपादन उनके साहित्यिक मन को स्फूर्ति देता रहा। *नया साहित्य* की योजना रामविलास शर्मा की 1943 की बंबई यात्रा के दौरान बनी थी, किंतु उसके क्रियान्वयन में दो साल लग गए। *नया साहित्य* हिंदी के पुराने साहित्यकारों को नवलेखन से जोड़ने और एक साहित्यिक मंच पर लाने का अभिनव प्रयास था। *नया साहित्य* के प्रथम अंक में पत्र के मुख्य शीर्षक के नीचे उपशीर्षक दिया गया था—देश की नई साहित्यिक चेतना का प्रतिनिधि। संपादक के रूप में नरेंद्र शर्मा, अमृतलाल नागर और रमेश सिन्हा का नाम दिया गया था। बाद के अंकों में चौथा नाम शमशेर बहादुर सिंह का जोड़ दिया गया। संपादक मंडल में यशपाल, रामविलास शर्मा, शिवदानसिंह चौहान, प्रकाश चंद्रगुप्त तथा पहाड़ी का नाम गया था। पत्र के 6 अंक निकले। अमृतलाल उसके संपादन से 3 अंकों तक सक्रिय रूप से जुड़े रहे। पहले अंक में जापान के हिरोशिमा नगर पर 6 अगस्त, 1945 को अमरीकी एटम बम-वर्षा की दिल दहला देनेवाली घटना को आधार बनाकर लिखी गई अमृतलाल की कहानी *एटम बम* प्रकाशित हुई। जहाँ तक मुझे पता है, हिंदी में ही नहीं, भारतीय साहित्य में यह पहली कहानी थी जिसमें उस बर्बर ध्वंस लीला के विरुद्ध मनुष्यता की आवाज उठाई गई थी। निराला की स्वर्णजयंती पर पत्र का तीसरा अंक *निराला अंक* के रूप में निकला।

सितंबर में अमृतलाल ने सूचित किया—'निश्चित रूप से मेरा बंबई में रहने का यही आखिरी साल है। फिर अपनी नैया को अँधेरे भविष्य में आगे बढ़ने के लिए ठकेल रहा हूँ। इस बार साहित्य की पतवार हाथ में लूँगा।' दूसरे दिन एक लंबा पत्र लिखा—'साहित्यिक जीवन का स्वप्न यथार्थ में बदलना चाहता हूँ। और जब 'यथार्थ' शब्द दिमाग में आता है तो उसकी सारी उलझनें और समस्याएँ भी नजरों के सामने आती हैं। एक बात और स्पष्ट कर दूँ, फिल्म छोड़कर साहित्यिक जीवन बिताने की कल्पना इस कृत्रिम जीवन की प्रतिक्रिया नहीं है। वह मेरे अंतस की पुकार है।

'सिनेमा में एक लेखक के नाते मैं ख्याति और प्रतिष्ठा की जिस सीमा पर पहुँच सकता था, पहुँच गया। निर्देशक और निर्माता बनने की आकांक्षा कभी भी महत्त्वाकांक्षा के रूप में मेरे सामने नहीं आती।

'इस वर्ष के आरंभ में, मेरा साहित्यकार जिस प्रकार से जागरूक होकर मेरे सामने आया था, उसने मेरी सदा की महत्त्वाकांक्षा को स्वस्थ और प्रबल प्रोत्साहन दिया। हो, न हो, साहित्यकार के नाते अपनी महत्त्वाकांक्षा के अंतिम बिंदु को पाना मेरे जीवन का स्वप्न है; लक्ष्य है। पिछले दो वर्षों से मेरी मनोवृत्तियों में जो रूपांतर आया है और आ रहा है उससे मुझे और बल मिलता है। मैं झटके के साथ बड़े-बड़े

बंधनों को तोड़ने की हौंस लेकर आगे बढ़ रहा हूं। अपने 30 वर्षों के जीवन में मैंने यह देखा भी है कि इच्छा करने पर मैं अवश्य आगे बढ़ सका हूं।

'दूसरी बात, यह ठीक है कि पैसे के बिना कोई काम नहीं होता। पैसे पर सारी बातें ठंडी पड़ जाती हैं। यह भी जानता हूँ कि मुझे पैसे की तकलीफ कभी बहुत उलझनों में भी डाल सकती है। पर दूसरी बात मैं अपने से पूछता हूँ—कलम छीनकर तुम्हारे हाथ में यदि एक लाख की थैली पकड़ा दी जाए तो क्या तुम आजीवन संतुष्ट रह सकोगे ? इस प्रश्न पर मेरा लोभी मन हिचकिचाकर रह जाता है। वह उत्तर नहीं दे पाता।

साहित्य के जिस स्वप्न को अब तक मैं हठपूर्वक यथाशक्ति स्थूल रूप देता चला आया हूं। वह मेरे चरित्र-निर्माण में नींव का पत्थर है। उसे उखाड़ना अब सहज नहीं है।

संसार व्यवहार चलाते हुए साहित्य को भी देखना तथा उसमें लीन रहना मुझे दो नावों पर पैर रखकर चलने के समान दिखाई पड़ता है। मैं क्रमशः इस निश्चय पर पहुँचा हूँ कि साहित्यिक जीवन बिताने के लिए संन्यासी बनना आवश्यक है। मेरा यह विश्वास उत्तरोत्तर बढ़ते-बढ़ते अब प्रायः पत्थर की तरह सख्त हो चला है। यद्यपि अभी भी मेरे में कच्चापन है, परंतु सत्य को मैं अपनी दुर्बलता की आड़ में छिपाना नहीं चाहता। यदि मुझे विशुद्ध साहित्यिक जीवन बिताना है तो मुझे दूसरे मोह छोड़ने पड़ेंगे। आज मैं ऐसे स्थल पर खड़ा हूं जहाँ मोह के द्वंद्व में अधिक दिन रहना मेरे लिए हानिकर है। अपने को उठाते हुए जिस प्रकार के झटके मैंने पिछले एक वर्ष में अपने परिवार को दिए हैं, उनसे विपरीत जाना सबको अनास्था के झकोलों में छोड़ देने के समान है : मेरे चरित्र निर्माण में मेरे परिवार के प्रत्येक सदस्य का चरित्र पूर्णता को प्राप्त करने के लिए बढ़ेगा।

'आज सात-आठ मास से मैंने जिस तरह से अपनी चेतना को बेहोश किया है, वह मेरी सफलता कदापि नहीं कही जा सकती। हाँ, यह मैं अवश्य कहूँगा कि आर्थिक उलझनें सुलझाने में किसी हद तक (रुपए में एक आना भर) अवश्य सुधार कर सका हूँ। परंतु मेरी चेतना जो कि निश्चित दिशा की ओर बढ़ गई है, इस तंद्रावस्था में मुझे शांति से नहीं रहने देती। ऐसी दशा में मेरा एक ओर झुक जाना ही मेरे और सबके लिए श्रेयस्कर है।

'ज्योतिषियों ने बताया है, मेरे आगामी तीन वर्ष धन और कीर्ति के उपार्जन में लगेंगे। यदि यह सत्य भी हो तो भी क्यों न मैं साहित्य के माध्यम द्वारा ही उन वांछनाओं को प्राप्त करूँ। यदि नहीं है, तब भी मैं अपना काम तो करता ही रहूँगा।

'पैसा मेरे जीवन से, मन से निकल रहा है। पैसा माँ के काम आ सकता है, भाइयों और बच्चों के काम आ सकता है, बहुत बढ़ूँ तो देश और मानवता के काम आ सकता है। मुझे अपनी दैनिक और शारीरिक आवश्यकताओं के लिए उसकी एक सीमा से अधिक जरूरत नहीं रही।

'मुझे बढ़ने दो, ज्ञान ! मैं बढ़ूँगा। मेरी महत्त्वाकांक्षाओं का कोई अंत नहीं है। मैं जीवन से लेकर जीवनी शक्ति के आदि स्रोत तक के दर्शन करना चाहता हूँ। मानव के रूप में मैं सारे विश्व के मानव समाज को अपने में मिला लेना चाहता हूँ। प्राण के रूप में मैं प्राण के बीज सच्चिदानंद में समाकर एक हो जाना चाहता हूँ। यदि यह पागलपन है तो भी मैं उसके अंत को देखूँगा ही, चाहे वह कैसा भी हो। लेकिन मेरा विश्वास है, यह पागलपन नहीं है। और इसीलिए विशुद्ध साहित्यिक जीवन बिताऊँगा। प्रतिभा मेरे साथ तैयार हैं। हम बढ़ेंगे।

'जनवरी '46 में नवजीवन आरंभ करने का विचार है। यू.पी. में ही बसने की सोच रहा हूँ।'

दिसंबर 1945 में अमृतलाल ने प्रतिभा के साथ पुणे की यात्रा की। वहाँ सदाशिव पेठ में भारतीय दर्शन के एक सुख्यात विद्वान् तथा तंत्रविद्या विशारद् रहते थे। नाम था डॉ. ढुँढिराज गोविंद विनोद, अमृतलाल उन्हें अप्पा साहब पुकारते थे। इस यात्रा में उन्होंने पत्नी सहित उनसे विधिवत् मंत्र-दीक्षा ली। उनसे बीज मंत्र प्राप्त करने के लिए उनके सामने परस्त्रीगमन के आजीवन परित्याग की प्रतिज्ञा ली। उनके व्यक्तित्व के विकास में बाबा रामजी के साथ-साथ अप्पा साहब का सबसे अधिक प्रभाव रहा। उनसे प्राप्त बीज मंत्र का प्रतिदिन जाप उनकी दैनिक जीवनचर्या का अभिन्न अंग बन गया। बाबा रामजी ने जहाँ उन्हें अपने को वर्ण, धर्म, जाति से ऊपर उठाकर केवल मनुष्य के रूप में देखने के पथ पर आगे बढ़ाया, वहाँ अप्पा साहब ने ध्यान योग के पथ पर अग्रसर किया। उनकी लेखकीय साधना पर इसका अच्छा असर पड़ा, यह मैं अपने अनुभव के आधार पर कह सकता हूँ। हमारी दीर्घकालीन मैत्री में ऐसे अनेक अवसर आए हैं जब उनके उपन्यास की गाड़ी अटक जाती थी और उसे आगे बढ़ाने के लिए मैं उनका लेखक बन जाता था। उन अवसरों पर मैं देखता था कि उनके जप-ध्यान में बैठने की मुद्रा में और व्यासपीठ पर लेखन मुद्रा में बैठने में कोई अंतर नहीं होता था। जब वह अपनी रचना प्रक्रिया में प्रवृत्त होते थे तो अपने को बाहरी दृश्यों और ध्वनियों से पूर्ण रूप में विलग कर लेते थे और अपने रचना-संसार में डूब जाते थे। उनके डिक्टेशन देने के समय ऐसा बोध होता था जैसे उनका संपूर्ण रचना-संसार उनके मानसपटल पर उमड़ता चला आ रहा है और वह अपने अंतर के बिंबों को ही शब्द देते जा रहे हैं।

दिसंबर 1945 उनके लेखकीय जीवन का भी एक महत्त्वपूर्ण पड़ाव था। उन्होंने बंगाल पर अपने जिस उपन्यास का लेखन सितंबर 1944 में लखनऊ में आरंभ किया था, उसका पहला प्रारूप 'सेरा विला', बंबई में 13 दिसंबर, 1945 को रात में 1.55 पर समाप्त किया। इसके बाद उसके अंतिम अंश का पुनर्लेखन करके उसे 12 जनवरी, 1946 को रात में 2.35 पर अंतिम रूप प्रदान किया। मेरे पास उनके उपन्यास की पांडुलिपि सुरक्षित है और उसके फटे हुए अंतिम पृष्ठों पर दोनों तिथियाँ अंकित हैं।

मद्रास प्रवास

अमृतलाल ने जनवरी 1946 में अपना फिल्मी जीवन समाप्त कर शुद्ध साहित्यिक जीवन बिताने के लिए यू.पी. लौटने का निश्चय किया था। असबाब भी बँध चुका था। तभी अकस्मात सुमित्रानंदन पंत का तार पाकर उन्हें नटराज उदयशंकर की *कल्पना* के संवाद लिखने के लिए मद्रास जाना पड़ा। उन्होंने मद्रास पहुँचकर जो पहला पत्र लिखा उसमें अपना पता मार्फत सुमित्रानंदन पंत दिया था।

सुमित्रानंदन पंत 1944 के जाड़ों में दिल्ली में टायफाइड से ग्रस्त होकर सख्त बीमार पड़ गए थे। नटराज उदयशंकर कला फिल्म बनाने का विचार कर रहे थे और फिल्म के गीत लिखने के लिए उन्हें पंत से अधिक प्रसिद्ध और कौन दूसरा नाम मिल सकता था। स्वस्थ होने पर पंत उनके साथ रहने लगे। उनके बंबई आने पर अमृतलाल पहली बार उनसे मिले। उस समय तक नरेंद्र शर्मा बंबईवासी हो चुके थे। वह पंत के भक्त थे और पंत भी उनसे स्नेह करते थे। उनके अनुरोध पर दूसरी बार बंबई आने पर उनके साथ तीन-चार महीने रहे। उनके इस प्रवास काल में अमृतलाल भी उनके बंधु बन गए। 'सेरा विला' चौपाटी के समुद्रतट के निकट था, वहाँ से समुद्र दिखाई पड़ता था। पंत शाम को 'सेरा विला' आ जाते और फिर अमृतलाल की बाँह पकड़े समुद्र के किनारे सैर करने निकल जाते। दोनों हमजोलियों की तरह सुख-दुख की बातें करते हुए चौपाटी के एक छोर से दूसरे छोर तक चार-छह चक्कर लगाते।

उदयशंकर ने पंत को मद्रास बुला लिया। *कल्पना* के संवाद लेखन की बात चली तो पंत ने अमृतलाल का नाम सुझाया। *कल्पना* के सहयोगी निर्देशक पार्श्वनाथ आल्तेकर अमृतलाल की संवाद लेखन क्षमता से परिचित थे। उन्हें फौरन मद्रास चले आने का तार दिया गया। पंत ने नरेंद्र शर्मा को भी पत्र लिखा। अमृतलाल धर्मसंकट में पड़ गए। वह फिल्मी जीवन छोड़ना चाहते थे। नरेंद्र शर्मा ने समझाया—'बंधु, पंतजी का स्वास्थ्य अभी पूर्णरूप से सुधरा नहीं है। आपके जाने से उन्हें सहारा हो जाएगा। आप रहेंगे तो उनकी देखभाल होती रहेगी। उनके साथ रहने से आपके दिन भी बड़े अच्छे बीतेंगे।' अमृतलाल ने सोचा—भगवान्, चलते-चलते इसी बहाने मेरी एक साल की रोटियों की व्यवस्था कर रहे हैं। नरेंद्र

शर्मा ने पंत को लिख दिया—नागर एक पखवारे में पहुँच जाएँगे।

पंत मद्रास में *कल्पना* के संगीत-निर्देशक विष्णुदास शिराली के साथ पीटर्स रोड पर एक बड़े बँगले में रहते थे। बँगले का नाम 'सीना' था। अमृतलाल के पहुँचने पर पंत एक छोटे कमरे में रहने लगे और बंगले का अपना हिस्सा खाली कर दिया। अमृतलाल पत्नी को साथ ले गए थे। अचला की उम्र स्कूली शिक्षा लायक हो गई थी। उसे समझाया गया—मद्रास में रहने से तू काली हो जाएगी। नानी के पास आगरा भेज दिया गया। अमृतलाल को विवाह के चौदह बरस बाद प्रतिभा के साथ एकांत जीवन बिताने का पहला अवसर मिला। वह उसे अपने वैवाहिक जीवन का पहला 'हनीमून' कहते थे। फिल्मी जीवन त्यागकर शुद्ध साहित्यिक जीवन बिताने का संकल्प कर लेने पर वह प्रतिभा को भी अपने साँचे में ढालने और अपना सच्चा दोस्त बना लेने का प्रयत्न कर रहे थे। उन्हें भी साहित्य का अध्ययन करने और लिखने का अभ्यास डालने के लिए प्रेरित कर रहे थे। प्रतिभा ने 23 जून, 1939 को जो पहला लेख लिखा, वह मेरे कागजों में सुरक्षित है। यह लेख शरत्चंद्र चट्टोपाध्याय के उपन्यासों पर था। बंबई प्रवास में अमृतलाल ने उन्हें हिंदी ग्रंथ रत्नाकर से प्रकाशित शरत् ग्रंथावली खरीदकर भेंट की। प्रतिभा ने गुजराती के प्रसिद्ध उपन्यासकार रमणलाल देसाईकृत *आम्रपाली* का अनुवाद किया। अमृतलाल ने उसकी पांडुलिपि संशोधन के लिए मेरे पास भेज दी। मद्रास प्रवास में अमृतलाल ने प्रतिभा को अंग्रेजी पढ़ाने के लिए एक शिक्षक रख दिया, स्वयं उन्हें बंगला सिखाने लगे।

प्रतिभा जब से गौने में आईं, तब से देख रही थीं कि उनके पति को सबसे अधिक सुख लेखन से मिलता था। रोटी कमाने के लिए वह बीवी-बच्चों से दूर बंबई में पड़े थे। जब बंबई में रहीं तो देखती थीं कि पति लेखन छूट जाने से बड़े अशांत रहते थे। फिल्मी-जीवन त्यागकर और यू.पी. लौटकर शुद्ध साहित्यिक जीवन बिताने के लिए छटपटाते थे। प्रतिभा ने उनको आश्वासन दिया--तुम चिंता न करो। जिसमें तुम्हें सुख मिले, वही करो। गृहस्थी मैं सँभाल लूँगी। प्रतिभा बड़े जीवट की महिला थीं। उनमें अपने पति से कहीं अधिक चारित्रिक दृढ़ता थी। जो निश्चय कर लेती थीं उसे पूरा करके ही छोड़ती थीं। अमृतलाल अपने जीवन को बदलने, उसे सादा, सरल और पवित्र बनाने, अपनी चारित्रिक कमजोरियों पर विजय प्राप्त करने के लिए उपवास, रस-त्याग आदि के जो गांधीवादी प्रयोग कर रहे थे, उसमें वह उनकी सहयोगिनी बन गई थीं। वे जो व्रत, उपवासादि करते उसमें सम्मिलित हो जातीं। अमृतलाल जहाँ अपने व्रत में डिग जाते थे, वहाँ वे अचल रहती थीं। पति के साथ उन्होंने भी अप्पा साहब से विधिवत् मंत्र-दीक्षा ली थी। पति की भाँति वह भी बाबा रामजी को प्रभुजी कहती थीं। प्रभुजी उन्हें रामभगतिनिया पुकारते थे। मद्रास प्रवास काल में जब अमृतलाल ने 28 दिन तक अन्न त्याग दिया तो सुमित्रानंदन पंत ने उनका हठ तुड़वाया।

मद्रास प्रवास काल में पंत अमृतलाल के घर के देवता बन गए। प्रतिभा ने उन्हें अपना राखीबंद भाई बना लिया। वह भी उन्हें छोटी बहन जैसा स्नेह देने लगे। बँगले की सीढ़ियों पर बैठकर दोनों में खूब घरेलू बातें होतीं। पंत उन्हें अपने घरेलू संस्मरण सुनाते। उन्हें सलाह देते—आप बंधु से अपने पैरों में महावर लगवाया करिए। अमृतलाल और प्रतिभा में झगड़ा होता तो पंत अपने बंधु के औद्धत्य को शांत करते। पंत के व्यक्तित्व की जिस विशेषता ने अमृतलाल को सबसे अधिक आकर्षित किया, वह थी उनका सदा अपने सहज स्वरूप में स्थित रहना।

अमृतलाल जब मद्रास पहुँचे तब उनका खयाल था कि वहाँ का काम पंद्रह-बीस रोज में निपट जाएगा। किंतु वहाँ जाने पर वह द्रौपदी के चीर की तरह बढ़ता गया। सुमित्रानंदन पंत के दिन-रात के सान्निध्य में बीते मद्रास में उनके 5-6 महीने उनके जीवन के अनमोल दिन थे। उन्होंने पंत के मुख से बंबई में कालिदासकृत *रघुवंश, कुमारसंभव* और *मेघदूत* के अनेक अंश सुने थे। मद्रास में उनसे अरविंद दर्शन पर चर्चा होती। पंत अरविंद के दर्शन कर आए थे और उनके रंग में रँग चुके थे। अमृतलाल ने कुछ महीने पहले पुणे में अप्पा साहब से मंत्र-दीक्षा ली थी। उनसे प्राप्त बीज-मंत्र का जाप प्रतिदिन करते थे। पंत की संगत में वह भी अरविंद-दर्शन को आकर्षित हुए।

मद्रास पहुँचने पर 30 जनवरी को प्रतिभा के साथ महात्मा गांधी के दर्शन किए और उनकी प्रार्थना सभा में भाग लिया। उन्होंने 1 मार्च से प्रतिदिन ध्यान के बाद अपनी डायरी लिखनी आरंभ कर दी। मैंने उनकी डायरी पढ़ी थी। उसमें उनके मन की छटपटाहट और दिशा पाने की व्यग्रता अंकित थी। डायरी में अंकित उनके कुछ उद्‌गार मेरी कॉपी में नोट हैं।

'प्रभुजी, तुम चंदन हम पानी'—रैदास भगत थे। उनका अहं पानी की तरह तरल होकर चंदन में मिल गया। मैं जल बनने की इच्छा करता हूँ और पत्थर बन जाता हूँ। मैं तुमसे कैसे मिलूँ ? साथी, इस पत्थर पर तुम अपनी मूर्ति गढ़ दो। (1.3.46)

तुम्हारा शृंगार किया है। फूलों-पत्तियों से तुम्हें सजाया है। सुगंधिमय लेखन, धूप और चंदन के धुएँ की लकीरें ऊपर उठकर आकाश में विलीन हो रही हैं। तुम्हारी इस सजावट से मैंने अपने को खुश किया है। तुम तो निमित्त मात्र हो, यह प्रसन्नता, यह सजावट मेरी है। मेरी खुशी देखकर तुम खुश हो। तो मेरा प्रिय करो। मैंने नगर-ग्राम तो सब सजा दिए, लेकिन यह मंदिर जिसमें तुम रहते हो, वह मंदिर जिसके कारण ही इस नगर-ग्राम की महिमा है, मैला पड़ा है। मैं थक गया हूँ। अपने मंदिर को तुम साफ करके सजा दो। मैं तब हर घड़ी तुम्हारे मंदिर को निहारा करूँगा और बैठकर तुमसे बातें किया करूँगा। अभी तो मेरे और तुम्हारे बीच में गंदगी का मार्ग है। (8.3.46)

ध्यान ऐसा मित्र है, जो पहले तो दूर ही रहना पसंद करता है, किंतु एक

बार मनुष्य की परीक्षा कर लेने पर, एक बार अपने प्रति उसकी लगन जाँच लेने पर प्रतिपल मनुष्य की सहायता करने के लिए तत्पर रहता है। ध्यान अभीष्ट सिद्धि का पथप्रदर्शक है। ध्यान, मुझे सत्य की कठिन राह पर प्रतिपल आगे बढ़ाता चल। मुझे मार्ग की प्रत्येक छोटी-से-छोटी वस्तु का परिचय देता चल। (26.3.46)

मेरी चेतना की नींद में तुम साँस बनकर उसे जीवन की गति दे रहे हो। सोनेवाले को अभी इसकी क्या खबर है। वह तो जब जागेगा, तब यह अनुभव करेगा कि वह मरा नहीं था, नींद में था। नींद में मेरे पहरेदार साथी, सवेरा होने से पहले ही मुझे जगा देना अवश्य, ताकि मैं सवेरे की लाली तक तैयार होकर अपने काम में लग जाऊँ। (27.3.46)

हे प्रभो ! मैं जो कुछ भी कर रहा हूँ, उसे देखते चलो, सुधारते चलो, नया रास्ता दिखाते चलो। बढ़ाते चलो। (28.3.46)

मैं गेंद की तरह आसमान पर तेजी से जाकर फिर उतनी ही तेजी से जमीन पर आ जाता हूँ। (20.4.46)

थाह नहीं मिलती। कहीं बहुत गहरे में मेरी असलियत कैद है। मैंने उसे एक बार अच्छी तरह देखा था, उसके सहवास से पवित्रता में स्नान किया था। आज वह कहीं दूर है। आभास पाता हूँ, पर बुला नहीं सकता। प्रभो, मुझे अपनी शरण में लो। (30.4.46)

मार्ग सुझाया, उस पर बढ़ा भी रहे हो—यही कृपा रखना। इस मार्ग से अधिकाधिक परिचित कराना। इस मार्ग पर अधिकाधिक अग्रसर करना। तुम सब जानते हो। (15.5.46)

अमृतलाल ने अपने मद्रास प्रवास काल का उपयोग तमिल सीखने में किया। एक मास्टर रख लिया। कुमारस्वामी मुदलियार कुछ वर्षों तक काशी के सेंट्रल स्कूल में अध्यापक रहे थे। वह उन्हें प्रतिदिन तमिल पढ़ाने के लिए घर पर आने लगे। उन्होंने तमिल सीखना शुरू करने के बाद फरवरी में मुझे लिखे गए पत्र में मेरा नाम तमिल में लिखा और अपने हस्ताक्षर तमिल में किए।

कल्पना के लिए गीत लिखते समय सुमित्रानंदन पंत को इलाहाबाद में खेले गए शौकिया नाटकों के लिए लिखे अपने गीतों की याद आई। बेली रोड पर रहनेवाले संगीतकार किरण कुमार मुखर्जी (नीलू बाबू) ने उन गीतों की स्वरलिपि तैयार की थी। बहुत से गीत उनकी किताबों में छप गए थे, बहुत से उनकी नोट बुक में लिखे होंगे। अमृतलाल ने मुझे लिखा कि मैं अपनी जासूसी बुद्धि लगाकर नीलू बाबू को पता लगाऊँ और उनसे गीतों की प्रतिलिपि प्राप्त करके भेज दूँ। उन गीतों में से अच्छे गीत छाँटकर उनका संग्रह प्रकाशित करने का विचार था। उन्होंने पत्र पर बहुत जरूरी लिख दिया था।

2

अमृतलाल बंगाल के अकाल पर अपना उपन्यास पूरा करने के बाद अनुभव कर रहे थे कि उनका मन अब एक नए दायरे में घूमने लगा है। मुझे लिखा—'मन कहाँ गिरता है, कैसे गिरता है, यह भी तुम्हें कैसे बतलाऊँ। हाँ, एक नए दिमागी दायरे में पैर घूम रहे हैं, इसका एहसास जरूर होता है। दो साल पहले दिमागी झटका इतना अचानक और तीव्र गति से लगा था कि एक बार चकरा गया, मगर फिर शांत होकर काम में लग गया। उससे जो पाया वह यह उपन्यास है। इसी में मेरा प्रथम आत्मदर्शन का दौर है। अब नए दायरे में हूँ। गति इतनी धीमी है कि घबरा गया हूँ, अंदर-ही-अंदर घुट रहा हूँ। मगर मेरा मस्तिष्क बड़ा ही संतुलित है। फिर भी झटके बरदाश्त नहीं हो रहे। क्या करूँ ? इस चक्र को कौन रोक सकता है ?

वह अपने उपन्यास को छपवाने के लिए उतावले हो रहे थे। उपन्यास की पूरी पांडुलिपि, 23-24 पन्नों को छोड़कर अपने हाथ से लिखी थी। वह जगह-जगह कटी-पिटी थी। उन दिनों कागज की तंगी थी। मेरे पास अमरीकी सूचना विभाग की ढेर सारी प्रेस विज्ञप्तियाँ आती थीं। उनकी पीठ सादी होती थी, कागज मोटा होता था। अमृतलाल जब इलाहाबाद आए थे तो मैंने उन्हें इकट्ठा करके कागजों का एक गट्ठर दे दिया था। उसी पर उपन्यास लिखा गया था। छपवाने के लिए उसकी प्रेस कॉपी जरूरी थी। उपन्यास जब लिखा जा रहा था तो पिछली जुलाई में बंबई के एक प्रकाशक से उसका अंग्रेजी अनुवाद छापने का अनुबंध कर लिया था। हिंदी संस्करण न छपने से अंग्रेजी में अनुवाद भी रुका हुआ था। उन्होंने बंबई में उपन्यास की एक प्रेस कॉपी और तैयार कराई थी। वह मूल से भी अधिक अशुद्ध थी। उसमें जो पैसा लगा डूब गया।

मार्च में उन्होंने उपन्यास की प्रेस कॉपी तैयार करने के लिए उसे इंश्योर्ड पार्सल से नरोत्तम नागर के पास इलाहाबाद भेज दिया। उसका नाम *भूखा बंगाल* रख दिया। खुद से जल्दी और कौन छाप सकेगा, यह सोचकर उसे स्वयं प्रकाशित करने का निश्चय किया। लखनऊ में यशपाल के उदाहरण से प्रेरित होकर अपनी पुस्तकें स्वयं प्रकाशित करने की एक योजना भी बना डाली।

सेठ बाँकेमल को भी स्वयं प्रकाशित करने का निश्चय किया। वह 1941 में अवतरित हो गए थे, पर अभी तक अप्रकाशित थे। उन पर साढ़े साती लगी थी। उन्हें छापने के लिए मुफ्तिया पुस्तकें छापनेवाले कई प्रकाशकों के नाम मन में आए, किंतु उनमें से कोई नाम उपयुक्त नहीं जँचा। छह-सात साल पहले जब *नवाबी मसनद* छपी थी, अमृतलाल कड़की में थे। उस समय उनके मन में विचार उठा था, क्यों न उसे हिंदुस्तानी एकेडेमी की पुरस्कार योजना में भेज दिया जाए। जैनेंद्रकुमार को अपने पहले उपन्यास *परख* पर हिंदुस्तानी एकेडेमी से 500 रुपए पुरस्कार मिला था। इसी से मन में विचार उठा था कि उस समय उनके लिए

500 रुपए डूबते को तिनके का सहारा के समान होते। परंतु मैंने सम्मति नहीं दी, इसलिए विचार त्याग दिया। मैंने उन्हें समझाया था, तुम अभी जमकर लिखो और साहित्य के क्षेत्र में इतना नाम कमा लो कि पुरस्कार तुम्हारे पीछे दौड़े। तुम्हें स्वयं अपनी पुस्तक पुरस्कार के लिए न भेजनी पड़े।

सेठ बाँकेमल के अप्रकाशित रहने से मेरे मन में विचार उठा, क्यों न उसकी पांडुलिपि हिंदुस्तानी एकेडेमी की पुरस्कार योजना के लिए भेज दी जाए। यह सोचते समय मेरे मन के कोने में कहीं पर अमृतलाल ने एक समय *नवाबी मसनद* को पुरस्कार योजना में भेजने की जो इच्छा व्यक्त की थी, शायद वह थी। हिंदुस्तानी एकेडेमी बोलचाल की भाषा में रचना करने के लिए लेखकों को प्रोत्साहन देने हेतु ऐसी रचनाओं की पांडुलिपियों पर 500 रुपए पुरस्कार देती थी। आगरे की जिस बोली से मानक-हिंदी तथा मानक-उर्दू का उद्भव और विकास हुआ, उस बोली में *सेठ बाँकेमल* की रचना अपने ढंग का एक नूतन और अनूठा प्रयोग था। मैंने सोचा, यह रचना अपनी मैरिट के आधार पर पुरस्कार के निर्णायकों का ध्यान आकर्षित करेगी। इस बात को भुला दिया कि हिंदुस्तानी एकेडेमी एक सरकारी संस्था थी और सरकारी तंत्र में अधिकांश निर्णय पहुँच, सिफारिश, प्रभाव आदि के आधार पर लिये जाते हैं, मैरिट के आधार पर नहीं। अमृतलाल की सम्मति से *सेठ बाँकेमल* की दो प्रतिलिपियाँ तैयार कराकर 31.7.44 को हिंदुस्तानी एकेडेमी की पुरस्कार योजना के निमित्त भेज दीं।

जुलाई 1944 में अमृतलाल लगभग एक महीना आगरा में रहे। एक दिन सेठ बाँकेमल के पिता सेठ सुर्रोमल उनके यहाँ पहुँचे। सेठ बाँकेमल का चरित्र-चित्रण करने में अमृतलाल ने अपने ससुराली मकान के सामने रहनेवाले सेठ सुर्रोमल (सूरजमल) को मॉडल बनाया था, अतएव उन्हें सेठ बाँकेमल का 'पिता' कहते थे। उनके लँगोटिया यार चौबेजी का धेवता होने के कारण वह अमृतलाल को अपना धेवता मानते थे। उन्होंने सुना था कि उनके धेवते ने चौबेजी से उनकी मिताई की दास्तान लिखी है। उस किताब में उनका धेवता उनकी फोटू भी छापेगा। अमृतलाल से बोले—'भैयो, मेरी फोटू किताब में छाप रैया है। मैनो कही, जरा देख-सुन आऊँ। जरा गौर तो करूँ कि किताब का मजमून क्या है। अमृतलाल ने सेठ बाँकेमल की पांडुलिपि मेरे पास भेज दी थी, अतएव उनसे कहा—किताब तो छपने गई, वरना उसका मजमून आपको सुनाता। इस पर वह बोले, खैर, कोई फिकर की बात नई। जब छप जाएगी तब देख लेंगे साली को। और भैयो, हम तो वैसे भी खत का मजमून भांप लेते हैं लिफाफा देखके। क्या कई ? उस रात देर तक अपनी दास्तानें सुनाते रहे। मोहल्लेवालों से कहते थे—ऐसा लायक धेवता जो फोटू खिंचवा हजारों किताबों में छपवा दे, सात जनम में मिले है। साब किताब लिखना भी बड़े दिमाग का काम है। चौबेजी की आत्मा तरकैट हो जाएगी।'

किताब में छपवाने के लिए जिस दिन फोटो खिंचवाने का कार्यक्रम तय हुआ,

सेठ सुरीमल सुबह-ही-सुबह अमृतलाल के मकान पर पहुँचे। पूछा—'अंगरखा पगड़ी पेन लूँ, भैयो ?' फिर बोले—'अरे, ऐसे भी फोटू ऐसी आवेगी कि ससुरा गेंडा भी फोक्स हो जाए, मेरा यार। देख लो, सिक्टीफोर हूँ, पर आज भी देख के लोग ये ही कैवें हैं कि प्यारे फॉट्टी-फिफ्टी, तुम्हारी कसम भैयो। *सेठ बाँकेमल* के पिता सेठ सुरीमल की फोटू मैंने अमृतलाल के पास देखी थी, उसे बड़े जतन से रखते थे। किंतु जिस प्रकार *सेठ बाँकेमल* लिखे जाने के बाद 14 साल तक सूली पर लटके रहे, प्रकाश में न आ सके, उसी प्रकार उनकी 'फोटू' भी सूली पर लटक गई, प्रकाशक के यहाँ से गुम हो गई।

सेठ बाँकेमल की पांडुलिपि जब हिंदुस्तानी एकेडेमी के कार्यालय में 6 महीने पड़ी रही, पुरस्कार समिति के निर्णायकों को पांडुलिपि पर नजर तक डालने की फुरसत नहीं मिली तो अमृतलाल खिझला उठे। मुझे 23.12.44 को बंबई से लिखा—'हिंदुस्तानी एकेडेमी से पांडुलिपि वापस लौटा लो। पुरस्कार न हुआ, अपने हिसाब किसी महाजन की कोठी के नीचे बँटनेवाला सदावर्त हुआ। ऐसा पुरस्कार मुझे नहीं चाहिए, भाई।''

अमृतलाल ने जब अपनी पुस्तकों का स्वयं प्रकाशन करने की योजना बनाई तो निश्चय किया *भूखा बंगाल* के हिंदी संस्करण से जो आय होगी उसे एक लेखक फंड में दे देंगे, क्योंकि उस उपन्यास को अपने पुण्य की कमाई समझते थे, किंतु *सेठ बाँकेमल* के प्रकाशन से जो आय होगी, उससे उनके नए जीवन का श्रीगणेश होगा। उन्होंने मुझे लिखा—'मैं समझता हूँ कि तुम स्वयं मेरे प्रकाशन करने के विरोधी हो। लेकिन अगर मैं नजदीक होता तो तुम्हें समझा देता। मेरा यह पक्का विश्वास है कि आज के ये पेशेवर प्रकाशक नए समाज के लिए घातक हैं। स्वार्थ की अंधी छाया का अनुसरण करते हुए वास्तविक रूप की ओर इनका ध्यान नहीं जाता। मैं यदि पैसे से बिलकुल मजबूर हो जाता तब तो अवश्य ही इनकी शरण में जाना ही पड़ता। परंतु अब देखता हूँ कि ईश्वर ने इस समय मुझे खड़े होने के लिए एक मौका दिया है अब झूठा अवलंब क्यों लूँ। इसके अतिरिक्त केवल मैं ही नहीं, उपन्यास की आय का पैसा अनेक के जीवन को गति देने के काम आएगा। ईश्वर मुझे निरभिमानी रखकर निस्वार्थ भाव से सेवापथ पर आगे बढ़ने का तरीका भी सिखा रहे हैं। मैं सीखना भी चाहता हूँ।

नरोत्तम ने उपन्यास का तखमीना भेजा—छपाई 550 रुपए, जिल्द 600 रुपए फुटकर 100 रुपए। अमृतलाल ने इंश्योर्ड लिफाफे में मेरे पास 600 रुपए भेज दिए। सुमित्रानंदन पंत और नरेंद्र शर्मा प्रकाश गृह से *रूपाभ* निकालते थे, उसके नाम से कागज का कोटा पहाड़ी के पास था। अमृतलाल ने नरेंद्र शर्मा से पहाड़ी के नाम पत्र लिखवा दिया और मुझे लिखा कि मैं पहाड़ी से 30 रिम कागज (मूल्य 350 रुपए) लेकर रख लूँ। पहाड़ी ने एक प्रेस खोल रखा था। उन्होंने आश्वासन दिया कि वह उपन्यास एक महीने में छाप देंगे, पाँच फर्मे का टाइप उपन्यास के

लिए अलग कर देंगे। अमृतलाल ने हिसाब लगाया कि नरोत्तम प्रेस कॉपी तैयार करके एक-एक फार्म का मैटर प्रेस में देते जाएँगे, उपन्यास साथ-साथ कंपोज होगा और छपता भी चलेगा। इस तरह दो फार्म रोज छपेगा तो एक महीने में आसानी से छप जाएगा। और उपन्यास अप्रैल-मई तक प्रकाशित हो जाएगा। मुझे लिखा कि मैं देखता रहूँ कि किताब जल्दी और अच्छी छपे। गेटअप आदि सुंदर हो। कागज खराब न हो। प्रूफ मे गलतियाँ न रहें। अगर मैं जरूरी समझूँ तो एक स्पेशल प्रूफ रीडर की व्यवस्था कर दूँ, ताकि प्रूफ की वजह से किताब लेट न हो।

3

अप्रैल में अमृतलाल सपत्नीक सुमित्रानंदन पंत और नरेंद्र शर्मा के साथ अरविंद-दर्शन के लिए दर्शन दिवस (24 अप्रैल) पर पांडिचेरी गए। छपे हुए चित्रों में अरविंद काले लगते थे, परंतु जब दर्शन किए तो वे चमचमाते हुए ताँबे के रंग के नजर आए। सिर और दाढ़ी-मूँछों के बाल एकदम सफेद। श्री माँ अपने गुरु श्री अरविंद के स्वप्न दर्शन के आधार पर सन् 1914 में भारत आई थीं। वह श्री अरविंद की योग साधना में शक्ति स्वरूपा बन गई थीं। वे उनके दाहिनी ओर विराजमान थीं। श्री अरविंद जब प्रत्येक दर्शनार्थी को भर नजर देखते तो उसे यही अनुभव होता कि उनकी आँखों से ज्योति के फूल झड़ रहे हैं।

अमृतलाल ने अरविंद-दर्शन के बाद श्री अरविंद आश्रम, पांडिचेरी से लिखा— हमने दूसरी बार दर्शन किए थे। पंतजी उससे भी पहले 24 नवंबर को दर्शन कर चुके थे। योगीश्वर के दर्शन का प्रभाव चामत्कारिक रूप से हमारे मानस पर होता है। क्रमशः बुद्धि पर हम उस प्रभाव को देखते हैं। यों दर्शन के समय बाह्य चेतना तो मुग्ध होती ही है।

आश्रम का वातावरण आधुनिक और पुरातन का सुंदर समन्वय है। मैं यों देखता हूँ, जैसे आधुनिक में चिर पुरातन की आत्मा निवास करती है। केवल यही नहीं, वह जगाई हुई आत्मा है। व्यवस्था में कहीं कमी नहीं। व्यवस्था ही तो साधना है। श्री अरविंद का यह सिद्धांत—सारा जीवन ही योग है, अमृतलाल को बहुत प्रिय लगा। अरविंद-दर्शन के बाद जब वह ध्यान में बैठे तो पहली बार ध्यान केंद्रित हुआ और मन को बहुत अच्छा लगा। उसी दिन ध्यान के बाद उनके मन में अपने उपन्यास के लिए *बूँद और समुद्र* नाम चमका। उनको लगा, इस नाम में 'एकोऽहं बहुस्यामि' की भावना पूर्ण रूप से झलकती है। उसमें सत्यं, शिवं और सुंदरं तीनों गुणों का समावेश है, जिससे वह कलात्मक लगता है और उपन्यास के लिए उपयुक्त है। अमृतलाल ने मुझे लिखा तुम यह नरोत्तम को बता देना। परंतु नरेंद्र शर्मा को वंग दुर्भिक्ष उपन्यास के लिए यह नाम पसंद नहीं आया। उन्होंने कहा यह आपके दूसरे उपन्यास का नाम है। अमृतलाल के मन में दूसरा उपन्यास मार्च में ही जन्म

लेने लगा था। मुझे लिखा था--दूसरा उपन्यास दिमाग में अपना बीज बो रहा है; विचारों और लेखन शैली में नए और ज्यादा सीधे और सधे हुए प्रयोग होंगे। उन्होंने *भूखा बंगाल* नाम बदलकर *बूँद और समुद्र* रखने का विचार त्याग दिया और नरेंद्र शर्मा की राय से उसका नाम रखा--*मसान और फूल*।

दूसरे दिन वह और नरेंद्र शर्मा एक दलाल के साथ पांडिचेरी के कस्बाई बाजार में उपरत्नों की खरीद के लिये गए। अमृतलाल तमिल की तीन किताबें पढ़ चुके थे, कुछ-कुछ तमिल समझ लेते थे। दलाल और जौहरी की इशारों की बातचीत पूरी तरह तो समझ नहीं सके, लेकिन अपने नगर के चौक सर्राफा बाजार के दलालों की सांकेतिक भाषा का थोड़ा ज्ञान था। ''लाला सांतूमल का ज्ञान है'' दलालों की बोली में इसका अर्थ होता था कि इस सौदे में रुपए में इकन्नी कमीशन मेरा भी जोड़ लेना। उस समय पांडिचेरी का कस्बाई बाजार लखनऊ के सर्राफा बाजार से बहुत छोटा था, लेकिन अमृतलाल ने देखा--भाषा अलग, खाने-पीने का तौर तरीका अलग-अलग होने पर भी लखनऊ का दलाल और सुदूर पांडिचेरी कस्बे का दलाल एक है--दलाल के साथ दो खरीदारों को आता देखकर जौहरी ने 'इल्लैड़ इल्लैड़' कहकर उनका स्वागत किया। इसके बाद जौहरी ने अपनी खोपड़ी खुजाई और दलाल ने अपनी नाक। इस इशारेबाजी से अमृतलाल ने समझ लिया कि दोनों में कमीशन तय हो गया। उनके मन में सहसा यह बात कौंधी कि लखनऊ से पांडिचेरी तक सारा भारत अलग-अलग भाषाओं, अलग-अलग खान-पान, अलग-अलग रीति-रिवाजों के बावजूद एक है।

इस एकता की और तीव्रता से अनुभूति पत्नी के साथ कपालेश्वर के मंदिर में दर्शन के लिए जाने पर हुई। मंडप में एक पुराणवाचक तमिल भाषा में कथा सुना रहा था। उसके कथा कहने के ढंग में उन्हें अपने नगर के कथावाचकों के लटके-झटके दिखाई पड़े। मौज में आकर वहीं पर खड़े हो गए। पुराणवाचक ने जब 'एकदानैमिषारण्यतिल' कहा तो उनकी आँखों के आगे अपने नगर से लगभग सवा सौ किलोमीटर की दूरी पर गोमती के तट पर बसे नैमिष तीर्थ का चित्र आ गया। उनके मन में उस कथावाचक के प्रति अपनेपन की फुरफुरी दौड़ गई। उन्हें अनुभव हुआ कि जिस नैमिष तीर्थ में कभी चौरासी हजार संतों का सम्मेलन हुआ और पुराण, भागवत्, महाभारत आदि का वाचन हुआ, वहाँ के कथावाचकों ने इन कथाओं का सारे देश में प्रचार-प्रसार करके एक राष्ट्रीय महत्त्व का कार्य किया। उन्होंने सारे देश को राष्ट्रीय एकत्व के सूत्र में बाँध दिया और समस्त देशवासियों में भिन्न भाषा, पहनावा, खान-पान और रीति-रिवाज होने पर भी एकता की भावना जगा दी।

अरविंद-दर्शन ने उन्हें अपने मन की गहराइयों में उतरकर अपना आत्म-विश्लेषण करने को प्रेरित किया। उन्होंने बुद्धि की खुर्दबीन लेकर आदर्श जीवन की कल्पना तथा यथार्थ जीवन के टकराव से उत्पन्न होनेवाली अपनी मानसिक उलझनों का विवेचन किया। पांडिचेरी से लौटकर फुलस्केप साइज के 7-8 पन्नों का लंबा पत्र

लिखा और अपनी गहरी मानसिक अशांति के कारणों को मेरे निकट स्पष्ट करने के लिए, पिता के न रहने पर पिछले दस वर्षों में उनकी घरेलू जीवनधारा जिस रीति से वही थी, उसकी संपूर्ण पृष्ठभूमि प्रस्तुत की। लिखा—

'मेरी मानसिक अशांति निस्संदेह बहुत जोर पकड़ रही है। यह समस्या जरा साफ दृष्टि से देखते ही असत्य और निराधार सिद्ध हो जाती है। मेरे मन के सपने रोमांटिक होते हैं। इस रोमांस से विपरीत जानेवाली दैनिक जीवन की गति झकोले देने लगती है। हलचल की इन वेदनाओं को गंभीर कहना गलत होगा।

'बुद्धि की खुर्दबीन से देखने पर मेरी मनःस्थिति का एक पहलू यह बनता है। अब प्रश्नमाला बनती है : (1) जब यह गलत है तो फिर मैं वेदना का शिकार क्यों बनता हूँ ? (2) क्या मेरे आदर्श जीवन की रूपरेखा केवल कोरी रोमांटिक कल्पना ही है ? (3) क्या मेरा आज का जीवन ही मेरे लिए सही है ? यदि सही है तो अपनी निर्मूल वेदना को दबाकर उसे स्थायी रूप क्यों न दिया जाए ? (4) यदि यह दैनिक जीवन और वह आदर्श कल्पना गलत है तो सही क्या है ? मोटे और सीधे तौर पर यह चार प्रश्न मेरे सामने हैं।

'पहली बात। आदर्श जीवन की कल्पना गलत नहीं। उस कल्पना को साकार करने की जल्दबाजी और अधीरता गलत है। कल्पनाशील होने के नाते मैं फौरन ही अपने आदर्शों के अतराफ अपनी कहानी बनाकर उसे देखने लगता हूँ। रोमांच यहीं शुरू हो जाता है और दिमागी रोमांस और स्थूल परिस्थितियों की समानांतर रेखाएँ लंबी खिंचते-खिंचते अपनी अनंत और कभी न मिल सकने की भावना से दिल घुटाने लगती हैं। मन की उलझनें मेरे बाह्य जीवन के घेरे में आकर हर तरफ मेरे लिए उलझनें पैदा कर देती हैं। परेशानी दूनी लगने लगती है। मेरा मिजाज चिड़चिड़ा जाता है।

'दूसरी बात। तुम या मैं खुद भी अपने से पूछ सकता हूँ। फिर मियाँ तस्लीम, ऐसी कल्पना ही क्यों करते हो। उस आदर्श जीवन को ताक पर धर दो जो केवल औपन्यासिक कल्पना ही है। जवाब मेरे पास है। मेरा आदर्श कोरी कल्पना ही नहीं, मेरे वर्तमान जीवन की अगति में सिर्फ वही एक गति है। इसे समझाने के लिए मुझे अपनी घरेलू बैकग्राउंड का जिक्र तुमसे करना ही होगा।

'बाबूजी को मरे दस बरस हो गए। महत्त्वाकांक्षा और उसे पूरा करने की जिद और ताकत मुझमें इतनी रही कि मैं शरीफ, मध्यवर्गीय परंपरा के अनुसार अपने को क्लर्क बनाए जाने से रोक सका। मैं उस समय भी बड़ा बनना चाहता था और आज भी वही जिद है। सिर्फ तब और अब के मेरे दृष्टिकोण में फर्क है। फर्क बचपन और जवानी का-सा है, आदमी एक है।

'यह बड़प्पन की भावना मैंने अपने दादा से उनके गौरव को देखकर पाई। यह भावना स्वार्थ से संकीर्ण होने पर भी विकासोन्मुख थी। बाबूजी की मृत्यु के बाद घर का बड़ा बन जाने से मेरा बड़प्पन बढ़ा। लेखक जो पहले तुम्हारे साथ-ही-साथ पनपने लगा था, इस घरेलू बड़प्पन के जोर से बड़ा बनने लगा। पहला बड़प्पन *चकल्लस* का

मालिक और संपादक बनकर पाया। रतन और मदन छोटे थे। उनका मुझसे और मेरा उनसे अतीव प्रेम है, तुम जानते हो। उन्हें बड़ा बनाने की जिम्मेदारी भी मेरे ही बड़प्पन में शामिल थी। लेकिन उस समय तो मैं खुद ही बड़ा बनने का प्रयत्न कर रहा था। उस बड़प्पन में रियासत का खयाल बड़ा था।

'प्रतिभा पैसेवाले घराने से अपनी इकलौती होने की महत्ता को लेकर हमारे पास आई थी। मोहल्ले के दबे हुए वातावरण की सारी संकीर्णता भी उसके साथ थी। हमारे घर में वह मेरे सिवाय और किसी को भी अपना न समझ सकने के लिए इसी कारण मजबूर थी। मैं अपने घर से प्रेम करता था, वह सिर्फ मुझसे ही प्रेम करती थी, हम दोनों के दृष्टिकोण अलग-अलग थे। फिर भी घर के एक कोने में हम एक भी थे। यह द्वंद्व बड़े ही विचित्र रूप में जड़ पकड़ रहा था। बाबूजी के जीवनकाल में ही आरंभ हो गया था, उसके बाद परिस्थितियों ने हमारी समस्या और भी जटिल बना दी।

'माते जो किसी समय प्रतिभा को बहुत चाहती थीं, परिस्थितियों से उत्पन्न प्रतिक्रिया के कारण बहुत नफ़रत करने लगीं।

'मेरी सास साहिबा आगरे में अकेली थीं। बेटी के अधिक समीप रहने के लिए लखनऊ आ गईं। मैं दो जगहों में बँट गया। अपने घर अपनी दादी, अपनी माँ और अपने भाइयों के इस 'अपनेपन' का खिंचाव एक तरफ पूरे जोर पर था। दूसरी तरफ प्रतिभा मेरी थी और मेरे बच्चों की माँ बन चुकी थी। मेरी सास भी मुझे बहुत ही चाहती थीं, लेकिन मेरे साथ-ही-साथ, बल्कि स्वाभाविक रूप से मुझसे ज्यादा अपनी बेटी को चाहती थीं।

'घरेलू दुनियादारी की फाँस निकल न सकी। उसे निकालने की सदिच्छा (जो दोनों तरफ से प्रेम के खिंचाव के कारण थी। मेरी अबुद्धि और बचपन के कारण सध न पाई। दिल फटने लगा। मैं अपनी दोनों तरफ की मजबूरी से बँधा खिंचने लगा। चिढ़ प्रतिभा के प्रति अधिक थी। वह मेरी होकर भी मेरी न बन सकी।

'मेरी अनुभवहीनता ने *चक्कलस* और घर की प्राइवेट बैंकिंग को डुबा दिया। पैसे मार में पड़ गए। हमने गरीबी को बहुत नजदीक से अनुभव किया। रियासती बड़प्पन का सपना झकोले खाने लगा। बैंक का कर्ज भी था कुछ बाहरी कर्ज भी था। मैं घर और बाहर भी अशांत था। *चकल्लस* से साहित्यिक बड़प्पन का बोध शुरू हो गया था। मैं जिस क्लर्की से जबरदस्ती पीछा छुड़ाकर भागा था, उसे अब तो किसी हालत में भी स्वीकार नहीं कर सकता था।

'रूपनारायणजी पांडेय तीर्थयात्रा को जा रहे थे। मुझे *माधुरी* सुपुर्द करके चले गए। वह अस्थायी काम था।

'अम्माजी का स्वर्गवास हो गया। जिस मुसीबत और गरीबी में मेरे दादाजी की पत्नी का देहांत हुआ, उसे मेरे दादाजी भी शायद बर्दाश्त न कर सकते। मेरे बाबूजी के लिए अम्माजी पूजा और भक्ति की वस्तु थीं। उनकी मृत्यु ने मुझे बहुत हिलाया।

'प्रदीप बॉम्बे टॉकीज में हो गया था। सिनेमा बड़प्पन और पैसे की समस्या को हल कर देगा। राजू सिनेमा का अनन्य भक्त मुझे सदा प्रेरणा तो दिया ही करता था। क़िस्मत से टक्कर लेकर मैं भविष्य के अंधकार में कूद पड़ा। अज्ञान और अनुभवहीनता साहस दे रही थी। बंबई गया। बड़ा शहर, कोई मुझे नहीं जानता। मैं किसी को नहीं जानता। धर्मशाला में उतरकर फिर प्रदीप के घर मेहमान हुआ। स्वाभिमान इतना था कि उसे भी अपनी गरज न बतला सका। एक झूठे बहाने को अपने बंबई आने का कारण बताया।

'प्रदीप ने अपनी पहली फिल्म *कंगन* में सफलता के झंडे गाड़ दिए थे। प्रदीप की बड़ी प्रतिष्ठा थी। मैं कुछ भी नहीं था, साहित्य में भी कोई बड़ी धाक नहीं जमी थी। लखनऊ में मैं *चकल्लस* का मालिक था और प्रदीप एक साधारण उगता हुआ कवि। यहाँ मैं कुछ नहीं और प्रदीप सबकुछ था। प्रदीप ने मुझे आदर से अपने कमरे में जगह दी। खाने का प्रबंध मैंने अपना ही किया। कुछ रोज बाद उसी मकान में प्रदीप के सामनेवाला कमरा खाली हुआ। मैंने उसे किराए पर ले लिया। लेकिन काम कहीं नहीं। बड़े शहर में मैं अकेला। स्वाभिमान इतना कि नौकरी के लिए किसी के सामने हाथ पसारते न बने। फिर भी दो-एक दफ्तरों में बेकार कोशिश की। निराशा ने मुझे खूब रुलाया। घर भी किस मुँह से वापस जाऊँ। पैसे बहुत कम बचे थे। घर से ज्यादा लाया भी नहीं था।

'ईश्वर मेरी सहायता के लिए आए। एक दिन बात ही बात में प्रदीप ने इंडिया आर्टिस्ट' और रामनाथ डागा का जिक्र किया। डागा की अतुल धनराशि का सहारा लेकर 'इंडिया आर्टिस्ट' खुली थी। बॉम्बे टॉकीज से नाता तोड़कर हिमांशु राय बनने की महत्त्वाकांक्षा लिये हुए किशोर (साहू) ने उसे शुरू किया था। दोनों संस्थाओं में वैमनस्य था। प्रदीप ने डागा का, उनकी फिल्म कंपनी का ताने के साथ जिक्र किया। मुझे अपने लिए राह मिल गई।

'रामनाथ *चकल्लस* के ग्राहक थे। यहाँ कम-से-कम मेरा स्वाभिमान सुरक्षित रहेगा। इस आशा से मिलने की कोशिश की। मिला। मेरी जिंदगी बदल गई। रामनाथ और उनके साहित्य प्रेमी भतीजे द्वारकादास ने मुझे बड़ी इज्जत दी। स्वाभिमान ने यहाँ भी साथ न छोड़ा। जिसने मुझे बड़ा माना उसके सामने छोटा बनकर नौकरी के लिए कैसे हाथ फैलाऊँ। ईश्वर फिर सहायता को आए। द्वारका ने खुद मुझसे 'इंडिया आर्टिस्ट' में शामिल होने को कहा। प्रदीप को 200 रुपए मिलते थे। मैंने भी उतने ही माँगे। ज्यादा माँगता तो और मिलता।

'लेकिन यह सौभाग्य ज्यादा टिकाऊ न रहा। किशोर की अहंमन्यता से चिढ़कर डागाओं ने कंपनी बंद कर दी। लेकिन मैं कहाँ जाऊँ ? अकेलापन, आधारहीन, अनजाना मैं। मुसीबत, भूख, गरीबी ने बड़े झकोले दिए। लेकिन स्वाभिमानी किसी के पास नौकरी के लिए हाथ पसारने न जा सका। एक बार रणजीत (मूवीटोन) गया। बहुत मजबूरी थी। लौटा तो आँसुओं की गंगा लेकर।

'ईश्वर फिर उबारने आए। *नवयुग* का अचानक ऑफर मिला। वहाँ से नया दौर शुरू हुआ।

'घर तेरह-तीन। प्रतिभा अफवाहों का शिकार होकर आगरे में तड़प रही थी। लोग कहते थे, सास ने निकाल दिया। रतन क्लर्क बनकर इलाहाबाद बैंक की देहरादून ब्रांच में था। मेरा भाई क्लर्क बने, यह मुझे चुभ रहा था। प्रतिभा को गलतफहमी से उबारने की इच्छा थी। धीरे-धीरे फिर से जमा। रतन और प्रतिभा को बंबई बुलाया। मदन चित्रकार बना। यह भी मेरी ही प्रेरणा थी, मेरे ही स्वार्थ के लिए थी। मैं मेरे भाई सब बड़े बने। सपने तो देखता था, सारी दुनिया को बड़ा बना सकूँगा।

'बंबई के व्यावहारिक जगत् के अनुभव यहाँ न लिखूँगा। बड़े धोखे उठाए। बड़ा हारा। लेकिन स्वाभिमान से जीता रहा।

'बाहरी दुनिया यों बनी। घर अभी नहीं बना। प्रतिभा तब से अब बहुत बदल गई है। लेकिन फिर भी दूर है। माते तो बदल नहीं सकतीं। मैं सबको एक जगह नहीं रख सकता।

'बच्चे आगरे में है। मेरी सास की गंभीरता, बुद्धिमत्ता उनके नेकदिल को बड़ा बना देती है। माते का नेकदिल गंभीरता और बुद्धिमत्ता से शून्य है। यही हाल प्रतिभा का भी है। दर्द दोनों में है। मेरा घर बँटा हुआ है। मेरा घर कहीं नहीं है। मैं बंबई, लखनऊ और आगरा इन तीनों जगहों का एक आदरणीय मेहमान हूँ। यह अकेलापन भी मेरे स्वभाव के वैराग्य की पृष्ठभूमि बनता है।

'दुनिया के झकोलों ने बुद्धि के द्वारा सत्य के दर्शन कराए हैं। छोटा घर न पाकर बड़ा घर बनाया (फिलहाल ज्यादातर दिमाग में ही है।)।

मैं ऐसी परिस्थितियों में आदर्शों को छोड़कर अपने जीवित रहने के हक को सिद्ध भी तो नहीं कर सकता। कल्पना रोमानी आदर्शों के सपनों में इसलिए चिपकी है कि जिस सत्य को बुद्धि ने देख लिया है। उसे भावुक मन विकसित होकर ग्रहण नहीं कर रहा। उसे विकसित करने के लिए यह जरूरी है कि मैं कल्पना को साकार बनाऊँ। इसके लिए यह जरूरी है कि मैं अपना यह संकीर्ण जीवन क्षेत्र छोड़कर साहित्य के मुक्त आकाश में आऊँ। जीवन को अपने आदर्शों में ढालूँ।

'पारसाल इसके लिए ज़ी-तोड़ कोशिश की। जी-तोड़ मेहनत की, जिससे रुपया जमा हो और मैं घर की रोटी की चिंता से कम-से-कम एक साल के लिए मुक्त होकर अपने को नए साँचे में ढाल पाऊँ। लेकिन ईश्वर अब मेरी परीक्षा ले रहे हैं। रुपया हर जगह डूब गया। किशोर ने बड़ा धोखा दिया। पहले गंभीरता के साथ सहने की कोशिश की। फिर मन हारने लगा। अस्थिरता ने आसन जमाया।

लेकिन इस बीच में मेरा खोया हुआ लेखक नई बुद्धि, नए अनुभव और नए जोश के साथ जाग चुका था। यह उपन्यास पूरा किया। सोचा, पैसे के लिए

अब न रुकूँगा। इस बार यदि मैंने अपने लेखक को दबाकर उससे व्यवसाय कराया तो फिर मैं कहीं का न रहूँगा। और मैं लेखक के सिवाय अब कहीं अपनी गति नहीं पाता। सफल व्यवसायी तो कभी बन ही नहीं सकता। सोचा, साल में एक या दो फिल्म लिखने के लिए बंबई आया करूँगा। बाकी समय अपनी लेखन कला की साधना में दूँगा।

'असबाब बँध चुका था। दिसंबर में मैं यू.पी. के लिए तैयार हो चुका था। सहसा पंतजी का पत्र आया। उदयशंकर की *कल्पना* के संवाद लिखने थे। दो महीने की बात है। मुझे जाना ही चाहिए।

'प्रतिभा को अपने साँचे में ढाले बगैर काम नहीं चलेगा। बहुत कुछ ढाल भी लिया है। इसलिए उसे अपने पास ही रखना चाहा। 14 वर्ष के वैवाहिक जीवन में उसे इतना समय देने का मौका पा रहा हूँ। उसके साथ अच्छे प्रयोग कर सकूँगा। इसलिए उसे भी ले आया। हम निकट आ रहे हैं।

'यहाँ आकर देखा, समय का अंत नहीं। अधिक समय के लिए, पैसे के लिए भी अपने आदर्श जीवन से दूर रहना मुझे बहुत खल रहा है। बंधन ऐसा है कि सहसा तोड़ भी नहीं सकता। यहाँ आ जो गया हूँ। मेरे सारे प्रोग्राम बिखर गए हैं। पंतजी सहसा बंबई चले गए हैं। यहाँ का काम इतना ढीला है कि कब पूरा होगा, यह कह नहीं सकता।

'यह कैद और मेरी कल्पना उलझ रही है। अस्थिरता का पूछना ही क्या। थक-थककर दम साध रहा हूँ। अपने को स्थिर करने का हर चंद प्रयत्न करता हूँ और बिखर जाता है।

'तीसरे प्रश्न का उत्तर मेरी तसवीर में तुम्हें आप ही मिल जाएगा। मेरा आज का जीवन सही हो सकता है, पर वह मेरे लिए नहीं है। रतन और मदन जम तो चले हैं, लेकिन अभी अपने पैरों पर नहीं खड़े हुए। मेरा रुपया कमाना जरूरी है। सोचा, यशपाल सिर्फ अपनी पुस्तकें छापकर मजे में अपना जीवन चला रहे हैं। मैं भी इसके लिए ही प्रयास करूँ।

'यह उपन्यास मेरे भावी और वर्तमान जीवन को साध सकता है। इसका प्रकाशन मुझे लेखक के रूप में जमा देगा, यह मेरी धारणा है। इस उपन्यास की मैंने इतनी प्रशंसा सुनी है कि अपने प्रति विश्वास जम चला है। इसकी कमाई मेरे बड़े परिवार के प्रयोगों में काम आएगी। इसका प्रकाशन मेरे छोटे परिवार के खर्च के लिए राह खोलेगा, यह सब मैं सोचता हूँ। *सेठ बाँकेमल* छोटे परिवार के लिए छपवाऊँगा। उससे मेरी घर की कमाई का सिलसिला शुरू होगा। साल में दो उपन्यास ही लिखूँगा। अपनी काम करने की क्षमता पर मुझमें अब विश्वास हो चला है।

'चौथे प्रश्न का जवाब ऊपर के पैराग्राफ में आ जाता है। दो पटरियाँ समानांतर हैं। इसी पर जीवन की ट्रेन का ड्राइवर भी बनूँगा और गार्ड भी। मेरा विश्वास है, मैं इसमें सारी दुनिया को लेकर चल सकूँगा। व्यक्ति को, समाज को

साथ लेकर चलना ही होगा, हर व्यक्ति को अपनी जिम्मेदारी महसूस करनी ही होगी। इसे महसूस करने में, इसे कार्यरूप परिणत करने में देर करना या गफलत करना अपने ही हक में गलत साबित होगा।

'बच्चे बड़े हो रहे हैं। इनकी जिम्मेदारी इस वक्त मुझे लेनी ही होगी। समझदारी का तकाजा है कि मैं उनके पास भी रहूँ। आगरा और बंबई रहा करूँगा। आठ या दस महीने इन दोनों जगहों में और सुविधानुसार दो या चार महीने में देश भ्रमण में बिताने की सोचता हूँ।

'अपनी अनुभवहीनता और दुनिया से गलत तरीके से लड़ते-लड़ते दस बरस बीत गए। प्रभु ने प्रेरणा दी है तो उस राह पर चलाएँगे भी जरूर। हाँ, परीक्षाएँ तो अब शुरू हो गई हैं।

'स्कूल में, तुम्हें याद होगा, सदा प्रमोटेड होकर आगे बढ़ा। जीवन में यही हो रहा है। लेकिन इच्छा होती है कि जीवन की परीक्षाएँ अब अच्छे नंबरों से इज्जत के साथ पास करूँ। बुद्धि और शक्ति कम है। लेकिन ईश्वर से फिर भी यही माँगता हूँ, मेरी कठिन-से-कठिन परीक्षा लो, कड़ी-से-कड़ी आँच में तपाओ। लेकिन उसके साथ-ही-साथ मुझे पर्याप्त शक्ति भी दो, जिससे मैं अच्छे नंबरों से पास होता चला जाऊँ। अब बड़प्पन की महत्त्वाकांक्षा इस रूप में आ गई है, बस।

'अस्थिर अभी भी हूँ, लेकिन उसका सहारा है।

'किताब जल्द छपे, बहुत अच्छी छपे। यह दोनों मोह मेरे अब भी कायम हैं। परिस्थितियाँ देर कराती जा रही हैं। मैं क्या करूँ ? यहाँ बैठे-बैठे बंधन में कसकर फड़फड़ाया तो बहुत, लेकिन कोई लाभ नहीं हुआ। जब यहाँ आ गया तो किताब को प्रेस कॉपी और छपाई के लिए तुम दोनों के जिम्मे किया। सोचा था, अप्रैल के अंत तक या मई के पहले दूसरे सप्ताह में तैयार हो जाएगी। लेकिन ईश्वर को यह उचित नहीं लगा। मैं क्या कर सकता हूँ। हारकर चिंता छोड़ रहा हूँ। जो उसे मंजूर होगा, होगा ! परिस्थितियों को देखते हुए तुम लोग यदि कुछ कर सकोगे तो अच्छा है। नहीं तो ईश्वर की इच्छा ही होने दो। मैं यहाँ का काम निबटाऊँ।'

मई में अमृतलाल ने अपना उपन्यास स्वयं प्रकाशित करने का विचार छोड़कर उसे *जन प्रकाशन गृह,* बंबई को दे देने का निश्चय किया। नरोत्तम ने उन्हें लिखा था कि पुस्तक को जल्दी छपाने में प्रेस से अड़चनें आ रही हैं। इसका उल्लेख करते हुए मुझे लिखा—'कल नरोत्तम के कार्ड से प्रेस की अड़चनों का हाल सुना। दूर रहने के कारण मैंने परिस्थिति को इतना कठिन नहीं समझा था। बहरहाल अब कागज आदि मत खरीदना। किताब मैं *जन प्रकाशन गृह* को दे रहा हूँ। मैंने उन्हें स्वीकृति का पत्र अभी ही लिख दिया है। *जन प्रकाशन गृह* को देने में राजनीतिक संकोच था। उसे अब मैं नहीं मानूँगा। व्यावसायिक दृष्टिकोणवाले वह नहीं। उन्हें देने में मुझे संकोच नहीं होना चाहिए, यह मैंने अब तय कर लिया है। कम्युनिस्ट

साहित्य न होने पर भी कम्युनिस्ट प्रकाशन संस्था से यह उपन्यास छपे, यह हम दोनों के लिए ही अच्छी बात है।'

जून में सूचित किया—'फिल्म स्थायी रूप से मेरा जीवन नहीं बन सकती। मैं इसे छोड़ रहा हूँ। साल में एक या दो पिक्चरों से ज्यादा न करूँगा। अतः फिल्म में रहकर प्रकाशन के लिए पैसे कमाने की कल्पना व्यर्थ है।'

जुलाई में वह मद्रास का काम निपटाकर प्रतिभा के साथ आगरा आए। उस समय तक उनका स्वास्थ्य फिर से बहुत अच्छा हो गया था। पहले की तरह चेहरा फिर लाल बूँद हो गया था। वह लगभग तीन महीना बच्चों के साथ रहे। उस समय कुमुद 11 वर्ष, शरद् 9 वर्ष और अचला 7 वर्ष की थी। उन्होंने बच्चों में अनुशासन की भावना उत्पन्न करने, उनमें देश-विदेश की समस्याओं के प्रति जागरूकता उत्पन्न करने तथा अपने अवकाश के क्षणों को रचनात्मक कार्यों में लगाने के उद्देश्य से उन्हें 'गृहसमाज' की स्थापना करने के लिए प्रेरित किया। उसकी ओर से एक हस्तलिखित पत्रिका *घर-संसार* निकालने, कवि सम्मेलन करने तथा अपनी दस्तकारी की वस्तुओं की नुमाइश लगाने के सुझाव दिए।

सितंबर तक अमृतलाल के उपन्यास के मुश्किल से एक-दो फार्म छपे थे। मैंने उन्हें जब यह सूचना दी तो उन्होंने रामविलास शर्मा से पहाड़ी को एक पत्र लिखवाया। पहाड़ी ने सफाई दी कि पांडुलिपि साफ नहीं है। चार-चार, पाँच-पाँच बार प्रूफ करेक्शन होता है। उनकी यह शिकायत सही थी। नरोत्तम ने दूसरी साफ पांडुलिपि तैयार करने के बजाय मूल पांडुलिपि में संशोधन कर दिया था। जो पेज ज्यादा कटे-पिटे थे उन्हें फिर से लिख दिया था। इससे प्रूफ की अशुद्धियाँ बहुत ज्यादा निकल रही थीं। पहाड़ी की दूसरी शिकायत थी कि दो फार्म छपने के बाद उपन्यास का शीर्षक बदल दिया गया। *भूखा बंगाल* शीर्षक अपनी सामयिकता खो चुका था, अतएव अमृतलाल ने नरेंद्र शर्मा के सुझाव पर उसका नया शीर्षक *मसान और फूल* कर दिया। पहाड़ी ने लिखा—इस तरह उपन्यास में संशोधन और परिवर्द्धन होते रहे तो उसे एक साल में भी छापने की गारंटी नहीं दी जा सकती। इससे अमृतलाल खिझला उठे। उन्होंने अक्टूबर के शुरू में पहाड़ी को लिख दिया कि उपन्यास की पांडुलिपि वापस लौटा दो और उपन्यास की अभी तक की छपाई, कागज आदि में जो कुछ खर्च हुआ है, उसकी भरपाई मैं *जन प्रकाशन गृह* को कर दूँगा। इस प्रकार वह पिछले आठ महीने से उपन्यास को शीघ्र-से-शीघ्र छपाने की जो कोशिश कर रहे थे, व्यर्थ गई।

वह अक्टूबर के दूसरे सप्ताह में बंबई वापस लौट गए, उपन्यास की पांडुलिपि अपने साथ ले गए। उन्हें स्वर-साम्राज्ञी एम.एस. सुब्बुलक्ष्मी (शुभलक्ष्मी) की तमिल फिल्म *मीरा* की हिंदी में डबिंग का नया कार्य मिल गया था। डबिंग के कार्य से जो समय बचता था उसका उपयोग वह अपने उपन्यास की अपने हाथ से नई प्रेस कॉपी तैयार करने में करते थे।

बालू पर लेखन समाप्त करने का संकल्प

बंबई ने अमृतलाल को बहुत कुछ दिया। खूब तपाया भी और चमकाया भी। अच्छे दिन भी दिखाए और बुरे दिन भी। भूख, बेकारी और गरीबी के जीवन को बहुत निकट से देखा। वे दिन भी देखे जब उनकी फिल्मी कमाई ढाई-तीन हजार रुपए महीने थी। गरीबी की दुनिया भी देखी और अमीरों की वह दुनिया भी देखी जिसमें जिंदगी की सारी आराइशों के रहते 'सुख' की अनुभूति नहीं होती। उन्हें जीवन की पाठशाला में अनुभवों के मोतियों की लड़ियाँ बटोरकर अपने को खूब मालामाल बनाने का अवसर मिला।

बंबई में उनके मानसिक और बौद्धिक क्षितिज का विस्तार हुआ। मार्क्सवाद के साथ-साथ भारतीय दर्शन और साहित्य के अध्ययन से उनके चिंतन में नए आयाम जुड़े। उनकी मानवतावादी जीवन-दृष्टि का विकास हुआ। बंगला के साहित्य तथा साहित्यकारों से परिचय पहले से था। मराठी, गुजराती, तमिल आदि भाषाओं के साहित्यकारों तथा साहित्य के संपर्क से हिंदी साहित्य को समग्र भारतीय साहित्य के परिप्रेक्ष्य में परखने तथा समाज में साहित्यकार की केंद्रीय भूमिका को समझने की दृष्टि मिली। दक्षिण भारत की यात्रा से भारत की मूलभूत राष्ट्रीय तथा सांस्कृतिक एकता का बोध हुआ।

बंबई में वह जन संचार के एक शक्तिशाली माध्यम—सिनेमा के निकट संपर्क में आए। चार आनेवाले दर्जे से लेकर सबसे ऊपर के दर्जे के विविध श्रेणियों के दर्शकों के बीच बैठकर जन-रुचि के विविध स्तरों का अध्ययन करने का अवसर मिला। उन्हें रचना में रोचकता लाने के गुर मिले। उनके अंदर इस समझ का विकास हुआ कि साहित्यकार किस प्रकार अपनी रचना में रोचकता लाने के साथ-साथ अपने को ऊपर उठाते हुए जन-रुचि के स्तर को भी ऊपर उठा सकता है। सिनेरियो लेखन कला की पकड़ हो जाने से उनके कथाकार को कथा-शिल्प में नए-नए प्रयोग करने की प्रेरणा मिली।

अमृतलाल ने जवाहरलाल नेहरू की *मेरी कहानी* लखनऊ में ही पढ़ी थी। उनका एक वाक्य—'सक्सेस आफेन कम्स टू दोज हू डेयर एंड ऐक्ट' उनके हृदय पटल पर नक्श हो गया था। उनमें भी 'डेयर' और 'ऐक्ट' करने की प्रवृत्ति थी,

अन्यथा *चकल्लस* न निकालते, बंबई न जाते। बंबई में स्टालिन का एक वाक्य पढ़ा—'विल पेंशनेटली एंड यू एचीव' जिस चीज की कामना अपने सर्वांग से करोगे, अवश्य प्राप्त होगी। यह वाक्य भी उनके हृदय-पटल पर नक्श हो गया। छत्रपति शिवाजी ने गुरु समर्थ रामदास स्वामी का उद्‌बोधन पढ़ा—'वाह्नि तो चेतवावा रे। चेतवीताँ च चेततो ! केल्या न होत आहेर। आधीं केहाँच पाहिजे।' आग तो चेताओ रे। वह बराबर चेताते रहने से ही चेतती है। करने से होता है रे। पहले करना ही चाहिए। 'करने से होता है, पहले करना ही चाहिए' यह वाक्य भी उनके हृदयपटल पर शिलालेख की भाँति अंकित हो गया। इन तीन मंत्रों ने उनकी जीवन-दिशा निर्धारित की। हृदय में साहित्य की अग्नि किशोरावस्था में प्रज्वलित हो गई थी। उसे बराबर चेताते रहे। सर्वांग से उसकी कामना करते रहे। बंबई की फिल्मी दुनिया में अत्यंत प्रतिकूल परिस्थितियों में भी उस अग्नि को बुझने नहीं दिया।

बंबई की फिल्मी दुनिया में अमृतलाल को वही अनुभूति हुई जो प्रेमचंद को हुई थी। दोनों ने माना कि अच्छे विचारों और आदर्शों के प्रचार के लिए सिनेमा से बढ़कर दूसरा शक्तिशाली माध्यम नहीं। किंतु इसके साथ ही यह अनुभव भी किया कि सिनेमा कुपात्रों के हाथ में हैं। साहित्यकार का साहित्य-सृजन में मुख्य उद्देश्य धन नहीं होना यश भले ही हो। उसका उद्देश्य जीवन को बल और स्वास्थ्य प्रदान करना होता ह। फिल्म निर्माता का मुख्य उद्देश्य पैसा पैदा करना होता है, भले ही यह पैसा समाज में कुरुचि का प्रचार करके प्राप्त हो। अतएव प्रेमचंद की भाँति उनमें भी सिनेमा क्षेत्र में पदार्पण करने के बाद ही प्रतिक्रिया हुई—'फिल्म मेरी लाइन नहीं।' अपनी कलम को वह अपनी गृहलक्ष्मी मानते थे। उससे वेश्यावृत्ति कराना अर्थात् पैसे का उद्देश्य सामने रखकर लिखना उनकी आत्मा को असह्य था। उनमें 'डेयर एंड ऐक्ट' की प्रवृत्ति थी। इसलिए वह जब अपने फिल्मी जीवन में सफलता के शिखर पर थे, तभी फिल्मी जीवन त्यागकर शुद्ध साहित्यिक जीवन बिताने का निश्चय कर लिया।

अमृतलाल जब से बंबई गए थे, मेरे मन में बंबई जाने की बलवती इच्छा थी। अमृतलाल भी अपने पत्रों में मुझसे बराबर बंबई आने का आग्रह करते रहते थे। सितंबर 1945 में तार भी दिया था। मेरा बंबई जाने का कार्यक्रम कई बार बना, किंतु परिस्थितिवश जाना नहीं हो पाया। बंबई जाने का कार्यक्रम तब बना जब वह बंबई छोड़ने का मन बना चुके थे। जहाँ तक याद पड़ता है, मैं बंबई दिसंबर 1946 के अंत में अथवा जनवरी 1947 के शुरू में गया था और वहाँ लगभग चार सप्ताह ठहरा था। अमृतलाल ने मुझे पहले से दादर स्टेशन का टिकट लेने के लिए लिख दिया था। स्टेशन पर वह मेरा स्वागत करने को उपस्थित थे और हम दोनों 'विक्टोरिया' पर सवार होकर उनके निवास स्थान 'सेरा विला' पहुँचे।

'सेरा विला' शिवाजी पार्क रोड नंबर 2 पर स्थित एक दोमंजिला कॉटेज था, जिसमें दो-दो कमरेवाले चार फ्लैट नीचे की मंजिल में और इतने ही ऊपर की मंजिल पर थे। मकान के बीचोबीच में चारों फ्लैटों में जाने का एक कॉमन पैसेज और ऊपर जाने का जीना था। अमृतलाल का फ्लैट सबसे पहला और सड़क के किनारे था। उनके मकान से चौपाटी का समुद्रतट दिखाई पड़ता था। द्वार पर उनके और रतन के नाम की तख्ती लगी थी। बंबई में पूरी गृहस्थी को किस छोटी-सी जगह में गुजर-बसर करनी पड़ती है। इसका आभास उनके फ्लैट में प्रवेश करते ही हुआ। उस समय उनके परिवार के चार सदस्य माते, रतन, रतन की बहू साधना और अमृतलाल वहाँ रहते थे। उनके परिवार में एक सदस्य और जुड़ गया था—उनका पालतू तोता। एक दिन कहीं से उड़ता हुआ आ गया था। अमृतलाल उसे 'बेटू' पुकारते थे और उससे बहुत लाड़ लड़ाते थे। 'बेटू' भी उनसे खूब लाड़ लड़ाता था। उन्हें देखते ही अपनी लंबी दुम हिला-हिलाकर फुदकने लगता था। जब कहीं बाहर से आते तो उन्हें पुकारना शुरू कर देता था और जब तक वह उनसे बोल न लें, पुकारता रहता था। उनके खाना खाते समय वह भी उनके भोजन की थाली के पास बैठकर फुदक-फुदककर भोजन करता था।

अमृतलाल के फ्लैट में आगे-पीछे दो कमरे थे। आगे का कमरा सड़क से लगा था। उसी में परिवार के सब सदस्यों का उठना-बैठना और सोना होता था। कमरे से लगी एक छोटी-सी कोठरी में किचन, बाथरूम और नल था। पीछे का कमरा दिन में अमृतलाल का ड्राइंग रूम और लेखनकक्ष रहता था, रात में शयनकक्ष बन जाता था। आगंतुकों के लिए उसका एक द्वार कॉमन पैसेज से था। उस द्वार के ठीक सामने ऊपर जाने का जीना था। कमरे में हवा और प्रकाश के लिए सड़क की ओर कंधे की ऊँचाई पर तीन पल्लों की एक बड़ी खिड़की थी। अमृतलाल बड़ी सादगी से रहते थे। उनके कमरे में एक मोटा गद्दा बिछा था, जिसकी सफेद चादर वह रोज बदल देते थे। गद्दे पर पाँच-छह गाव तकिये पड़े रहते थे। उसी कमरे में वह फिल्मी दुनिया की बड़ी-से-बड़ी हस्तियों और हिंदी, मराठी, तमिल आदि भाषाओं के दिग्गज साहित्यकारों तथा चोटी के पत्र-संपादकों तथा विद्वानों से मिलते थे।

अमृतलाल अपने साहित्यकार की मान-मर्यादा की रक्षा के प्रति अत्यंत सजग रहते थे। उन दिनों फिल्मी दुनिया में फिल्मी कहानी, संवाद तथा गीत लिखनेवाले ऐसे जीवों की भरमार थी, जो अशिक्षित अथवा अर्द्धशिक्षित थे, मुंशीजी और पंडितजी पुकारे जाते थे और मुख्य रूप से खुशामद, दरबारदारी और भड़ैती से अपनी जीविका चलाते थे। मैंने देखा, अमृतलाल ने अपनी पहचान अलग बनाई थी। सभी उनके प्रति आदर भाव प्रदर्शित करते थे। वह सबसे बराबरी के स्तर पर मिलते थे। निराला गरीबी में भी कभी किसी के आगे हाथ नहीं पसारते थे। उनका स्वाभिमान इसकी इजाजत नहीं देता था। कहते थे—हाथ अस रखे चाही और हथेली उलट देते थे। फिर हथेली

सीधी करके कहते थे—अस नाहीं। अमृतलाल भी उसी परंपरा के पालक थे। वह फिल्मी दुनिया के बड़े-से-बड़े निर्माता या निर्देशक के पास कभी काम माँगने की गरज से नहीं जाते थे। जिन्हें उनकी जरूरत होती थी वे खुद उनके दरवाजे पर आते थे।

मैंने देखा, लखनऊ की भाँति बंबई में भी अमृतलाल ने अपनी खुशमिजाजी, नेकी, दरियादिली, हरदिल अजीज स्वभाव और मीठे व्यवहार से *श्री साउंड* फिल्म स्टूडियो में काम करनेवाले कुलियों और छोटे-बड़े टेक्नीशियनों से लेकर बड़े-बड़े नामी अभिनेताओं, अभिनेत्रियों, डायरेक्टर, असिस्टेंट डायरेक्टर, कैमरामैन, असिस्टेंट कैमरामैन, साउंड रिकार्डिस्ट सभी को अपना दोस्त बना लिया था। बंबई में उत्तर भारत के निवासियों को भैया पुकारा जाता था। भैया लोगों में वह बड़े लोकप्रिय थे। *श्री साउंड स्टूडियो* के फाटक पर बैठनेवाला भैया पानवाला उनका भक्त था। वह उनके लिए विशेष रूप से असली मगही पान की ढोली अलग रखता था। अमृतलाल बड़े-बड़े नामी अभिनेताओं और अभिनेत्रियों को डायलॉग डायरेक्शन देने के साथ मगही पान कपड़े पर कत्था टपकाए बिना किस प्रकार खाया जाता है, इसका डायरेक्शन भी देते थे। उनकी भाँग पार्टियाँ फिल्मी दुनिया में मशहूर थीं। मैंने फिल्मी दुनिया की कई हस्तियों को उनके यहाँ छनी बादाम, पिस्ता, मुनक्का तथा खरबूजे के बीज के साथ घुटी केसर मिश्रित, गुलाबजल अथवा केवड़ाजल से सुवासित स्वादिष्ट ठंडाई की याद चटखारे लेकर करते पाया।

जिन दिनों मैं बंबई में था, अमृतलाल शुभलक्ष्मी की *मीरा* फिल्म का कार्य कर रहे थे। उसके तमिल संवादों की हिंदी में डबिंग का अधिकांश कार्य पूरा हो गया था। उसके हिंदी के गीत नरेंद्र शर्मा ने लिखे थे। उन गीतों की रिकार्डिंग का कार्य शेष था। शुभलक्ष्मी और उनके पतिदेव सदाशिवम् के साथ उनके पारिवारिक संबंध स्थापित हो गए थे। मेरे प्रवास काल में एक बार शुभलक्ष्मी परिवार के साथ अमृतलाल के घर आईं। बड़ी देर तक बैठीं। नरेंद्र शर्मा के लिखे एक गीत के रिहर्सल में सदाशिवम् ने अमृतलाल और नरेंद्र शर्मा के साथ अमृतलाल के मित्र तथा अतिथि के रूप में मुझे भी अपने बंबई निवास पर आमंत्रित किया। जवाहरलाल नेहरू ने शुभलक्ष्मी को स्वर-साम्राज्ञी की संज्ञा प्रदान की थी। उस दिन मुझे उस स्वर-साम्राज्ञी की स्वर लहरियों में डूबकर रस-प्लावित होने का प्रथम अवसर मिला। सचमुच उनका स्वर माधुर्य और कला नैपुण्य श्रोताओं को एक अपार्थिव लोक में पहुँचाकर लोकोत्तर आनंद प्रदान करने की क्षमता रखता था। बाद में उस गीत की जब *श्री साउंड स्टूडियो* में रिकार्डिंग हुई तो मैं उपस्थित था। अमृतलाल ने मुझे साउंड रिकार्डिस्ट चंद्रकांत पांड्या के कक्ष में बिठा दिया। शुभलक्ष्मी के स्वर माधुर्य से चंद्रकांत झूम उठे। बोले—मैंने ऐसा जादू भरा स्वर आज तक नहीं सुना। हिंदी में यह फिल्म तो केवल शुभलक्ष्मी के गीतों के कारण धूम मचा देगी।

मैंने बंबई प्रवास में *श्री साउंड स्टूडियो* में रतन की एक फिल्म की शूटिंग भी देखी। रतन अब धीरे-धीरे एक नामी कैमरामैन बन गया था। उसने अशोक

कुमार तथा सुरैया की अनेक फिल्मों का छायांकन किया। सुरैया की नानी रतन से बहुत खुश थीं। उसने सुरैया के जितने सुंदर क्लोजअप लिये थे, वैसा सुंदर चित्रांकन और कोई कैमरामैन नहीं कर पाया था। महेश कौल निर्देशित *छोटा भाई* तथा अन्य कई फिल्मों का चित्रांकन भी उसी ने किया था। उसका एक मित्र लछमन कपूर भी उन दिनों बंबई में था, असिस्टेंट कैमरामैन की ट्रेनिंग ले रहा था। 'सेरा विला' में जगह की तंगी की वजह से अमृतलाल के साथ मैं रात में उसी के फ्लैट में जाकर सोता था। उसका फ्लैट 'सेरा विला' से दस कदम की दूरी पर समुद्र के नजदीक था। कमरे की खिड़कियाँ खोल देने पर बड़ी मस्त हवा आती थी। समुद्र की लहरों का नर्तन पृष्ठ-संगीत का काम करता था।

प्रसाद की पंक्ति है—वे दिन कितने सुंदर थे, इन आँखों की छाया भर थे। बंबई में अमृतलाल के साथ बीते दिनों की याद करता हूँ तो सहसा प्रसाद की पंक्ति स्मरण हो उठती है। बंबई प्रवास में मुझे अमृतलाल पर दूसरे प्रभाव का प्रथम आभास मिला। सुमित्रानंदन पंत और नरेंद्र शर्मा से औपचारिक परिचय तो पहले से था, किंतु उनको समीप से देखने का अवसर बंबई में मिला। पंत उन दिनों बंबई में थे और नरेंद्र शर्मा के साथ रहते थे। नरेंद्र शर्मा का फ्लैट 'सेरा विला' से लगभग एक फर्लांग के फासले पर था। हम लोग नियमपूर्वक प्रतिदिन वहाँ जाकर कई घंटे सुमित्रानंदन पंत के सान्निध्य में बिताते थे। मैं अपने जीवन का सौभाग्य मानता हूँ कि मुझे केवल उपन्यास सम्राट् प्रेमचंद के दर्शन का अंवसर ही नहीं मिला, छायावादी काव्य की तीनों विभूतियों प्रसाद, पंत और निराला का निकट से दर्शन करने का अवसर मिला। मुझे बंबई में पंत के सुकुमार कवि व्यक्तित्व और उस व्यक्तित्व की मधुरता के साथ-साथ उसकी ऊँचाई का प्रथम बार आभास मिला। मैंने उनके श्रीमुख से उनकी *स्वर्ण-किरण* तथा *स्वर्ण-धूलि* की अनेकानेक कविताओं का पाठ सुना। उनके काव्य पाठ करते समय उनके स्वर के आरोह-अवरोह से उन कविताओं का सारा सौंदर्य मूर्तिमंत हो उठता था। सारा वातावरण काव्यानंद की अनुभूति से भर उठता था। उनके सुनहरे बालों की केशराशि से रंजित उनका मुखमंडल एक दिव्य आभा से आलोकित हो उठता था।

बंबई प्रवास में नरेंद्र शर्मा अमृतलाल के ही नहीं, मेरे भी बंधु बन गए। उन दिनों उनका कवि हृदय मोहमयी मुंबई नगरी के एक सद्गृहस्थ गुजराती परिवार की सुशिक्षिता, सुसंस्कृता, तरुणी कुमारी कन्या के प्रणयपाश में बँध चुका था। उनके हाव-भाव से पता चल गया था कि हमारे बंधु के प्रणय-व्यापार की चरम परिणति इस बार परिणय बंधन में होनेवाली है। चिरकुमार सुमित्रानंदन पंत को विश्वास नहीं होता था कि उनकी चिरकुमार सभा का एक सदस्य और उनका स्नेहपात्र विवाह-बंधन में बँधेगा। परंतु हम दोनों को इसका पूर्वाभास था। इसलिए इलाहाबाद लौटने पर मुझे जब सुमित्रानंदन पंत के हस्ताक्षर से युक्त नरेंद्र शर्मा के विवाह का निमंत्रण पत्र मिला तो तनिक भी आश्चर्य नहीं हुआ। बाद में मुझे

अमृतलाल से विवाह समारोह का सारा वर्णन सुनने को मिला। पंत ने वरपक्ष की ओर से समधी की भूमिका अदा की। शुभलक्ष्मी की नई खरीदी कार को सजाकर उसमें दूल्हे के रूप में नरेंद्र शर्मा को बिठाया गया। दूल्हे के बगल में पंत विराजमान हुए। अमृतलाल ने विवाहोपरांत नवदंपति के स्वागत समारोह का आयोजन 'सेरा विला' के ऊपर क़ी लंबी-चौड़ी छत पर शामियाना लगाकर किया, जिसमें फिल्म जगत् की अनेक हस्तियों ने भाग लिया।

बंबई प्रवास में मैंने भगवती बाबू (भगवतीचरण वर्मा) का माटुंगा स्थित निवास स्थान देखा, नंदिताजी के प्रथम दर्शन हुए। अखिल भारतीय हिंदी साहित्य सम्मेलन का बंबई अधिवेशन मेरे बंबई प्रवास काल में महापंडित राहुल सांकृत्यायन के सभापतित्व में हुआ। भगवती बाबू, नरेंद्र शर्मा और अमृतलाल के साथ मैं भी उसमें सम्मिलित हुआ। अधिवेशन में मुख्य अतिथि के रूप में शंकराचार्य महाराज अपने राजसी वैभव के साथ पधारे थे। उनका सोने का छत्र लिये हुए एक सेवक मंच के पास खड़ा था। एक सेवक उनकी स्वर्ण पादुका की रखवाली कर रहा था। सम्मेलन में प्रयाग के वहुत से कवि पधारे थे। उन्हें सबसे अधिक चिंता अपना रेलभाड़ा वसूल करने की थी जिसके लिए वे कवि सम्मेलन के संयोजक महोदय के इर्द-गिर्द चक्कर लगा रहे थे। ऐसे कवियों में से एक कविजी मंच पर हम लोगों से कुछ फासले पर बैठे थे। भगवती बाबू के साथ-साथ मेरे भी सुपरिचित थे। भगवती बाबू ने मेरे कान में कहा—"उनसे जाकर कह दो, रेलभाड़ा नहीं मिलनेवाला है। कोई तिकड़म करके शंकराचार्य महाराज की स्वर्ण पादुका उड़ा दें। उससे उनका साल भर का खर्चा-पानी निकल आएगा।"

जब मैं बंबई पहुँचा अमृतलाल अपने बंग दुर्भिक्ष संबंधी उपन्यास की पांडुलिपि के 117 पृष्ठ अपने हाथ से फेयर कर चुके थे। मैंने सलाह दी कि वह अपना उपन्यास *भारती भंडार* को प्रकाशनार्थ दे दें। मैं उसे जल्दी-से-जल्दी छपवाने का उद्योग करूँगा। उन्होंने मेरी सलाह मान ली। इस बीच उन्होंने हिंदू-मुसलिम समस्या पर एक नया उपन्यास लिखना शुरू कर दिया था। 1946 में केंद्र में जवाहरलाल नेहरू की अध्यक्षता में अंतरिम सरकार बनने के बाद मुसलिम लीग ने सारे देश में भयंकर हिंदू-मुसलिम दंगे भड़का दिए थे। सितंबर में जिन दिनों अमृतलाल आगरा में थे वहाँ भयंकर दंगा हुआ था। अमृतलाल रात-रात भर जागकर दंगाइयों से मोहल्ले की रक्षा के लिए मोहल्लेवालों के साथ पहरा देते थे। उन दिनों के अनुभवों के आधार पर उनके मन में *हिंदू-मुसलमान* शीर्षक से एक छोटा उपन्यास लिखने की इच्छा जागी। बंबई पहुँचकर दिसंबर में उसका पहला चैप्टर लिख डाला। मुझे सुनाया। उपन्यास का आरंभ अगस्त क्रांति के एक स्थानीय कांग्रेसी नेता के जेल से छूटने के बाद अपने घर वापस लौटने के दृश्य से किया था। उन्होंने बताया कि इसे फरवरी तक पूरा कर दूँगा।

आगरा में उन्होंने एक और महत्त्वपूर्ण कार्य किया था। मुंबई के ठाणे जिले

के पेणा ताल्लुके बरसई गाँव के रहनेवाले वेदशास्त्र के पंडित पुरोहिताई का पेशा करनेवाले भिक्षाजीवी आचारनिष्ठ गोडसे ब्राह्मण विष्णु भट्ट ने अपने काका के साथ गदर के समय उत्तर भारत की यात्रा की थी। वे लखनूर (लखनऊ) भी आए थे। जिस समय झाँसी में विप्लव आरंभ हुआ, वहीं थे। उन्होंने अपनी आँखों से झाँसी का विप्लव देखा। कानपुर, कालपी और ग्वालियर की लड़ाइयों का हाल सुना। विष्णु भट्ट गोडसे के एक यजमान प्रसिद्ध इतिहासकार चिंतामणि विनायक वैद्य थे। उनके अनुरोध पर उन्होंने गदर के काल का अपना यात्रा वृतांत मराठी में *माझा-प्रवास* (मेरा प्रवास) शीर्षक से लिख डाला। पुस्तक पूना के *चित्रशाला प्रेस* से छपी। अमृतलाल को अपने मराठी भाषी साहित्यिक मित्र शामराव नीलकंठ से पुस्तक की सूचना मिली। उसमें गदर के दिनों का किसी चित्रपट की भाँति बड़ा ही सजीव और मार्मिक वर्णन था। 'खूब लड़ी मर्दानी, वह तो झाँसीवाली रानी थी' के शौर्य का जीवंत वर्णन अद्‌भुत था। झाँसी के विजन का वर्णन अत्यंत हृदयबेधक और रोमांचकारी था। अमृतलाल अपने मित्र रामविलास शर्मा को पुस्तक दिखाने के लिए आगरा ले गए। उन्होंने कहा—'तुम इसका हिंदी में अनुवाद बोलते जाओ, मैं लिखता जाऊँगा।' इस प्रकार गदर संबंधी इस अनूठी पुस्तक का हिंदी रूपांतर तैयार करके आगरे से लाए थे। मैंने पुस्तक पढ़ी तो मैं भी उस पर मुग्ध हो गया।

मैंने अपने बंबई प्रवास में अमृतलाल के बंग दुर्भिक्ष संबंधी उपन्यास की प्रेस कॉपी तैयार करने में उनको सहयोग दिया। उपन्यास की 354 पृष्ठ की पांडुलिपि के आधे से अधिक पृष्ठ मैंने फेयर किए। पांडुलिपि के प्रत्येक पृष्ठ पर 35 लाइनें और प्रत्येक लाइन में 12-13 शब्द के आधार पर मैंने हिसाब लगाकर उन्हें बता दिया कि उपन्यास छापने पर डबल क्राउन 16 पेजी साइज के 15-16 फार्म का होगा। चलते समय मैं *माझा प्रवास* (मेरा प्रवास) की पांडुलिपि अपने साथ लेता आया। उन्होंने उपन्यास की पांडुलिपि यह कहकर रोक ली कि इसके अंत की 4-5 पंक्तियाँ अपने हाथ से फिर से लिखना चाहता हूँ। तुम्हारे जाने के बाद ही यह कार्य पूरा कर दूँगा और पांडुलिपि तुम्हारे पास भेज दूँगा। इलाहाबाद लौटने के कुछ समय बाद ही मुझे उसकी पांडुलिपि मिल गई, किंतु प्रेस में दूसरी पुस्तकें लगी होने के कारण उसकी कंपोजिंग मार्च से पहले शुरू नहीं हो पाई।

निराला की स्वर्णजयंती के अवसर पर फरवरी 1947 से इलाहाबाद से एक नई साहित्यिक पत्रिका *लहर* का प्रकाशन प्रारंभ हुआ। जिसके संपादक मंडल में मैं, गंगाप्रसाद पांडेय और एक नवयुवक कहानी लेखक ओंकार शरद सम्मिलित थे। उसके पहले अंक में अमृतलाल नागर के प्रस्तावित उपन्यास *हिंदू-मुसलमान* का प्रथम परिच्छेद छपा। मार्च में अमृतलाल अपने दोनों चिरंजीवों—कुमुद और शरद् के यज्ञोपवीत संस्कार के प्रबंध में व्यस्त हो गए, जिससे उपन्यास को आगे नहीं बढ़ा पाए। बाद में उसे कहानी का रूप दे दिया और उसका नाम *जय-पराजय* रख दिया। उनके अप्रकाशित उपन्यास *सेठ बाँकेमल* का पहला परिच्छेद उपन्यासांश के रूप में

पहली बार *लहर* के मई के अंक में छपा। *माझा प्रवास* (मेरा प्रवास) का अनुवाद भी पहली बार पत्रिका के मई, जून तथा अगस्त के अंकों में छपा। बंबई से लौटने पर दैनिक पत्रकारिता में खो जाने से अपने को बचाने के लिए मैंने *स्त्री और पुरुष* शीर्षक से एक कहानी 10 वर्ष बाद लिखी। यह *लहर* के दूसरे अंक में छपी।

अमृतलाल के सात वर्ष के फिल्मी जीवन का अंतिम वर्ष भारी ऊहापोह में बीता। साहित्यिक मन उन्हें अपना फिल्मी जीवन समाप्त कर फिर से अंधकार में छलाँग लगाकर शुद्ध साहित्यिक जीवन बिताने के लिए प्रेरित कर रहा था, दुनियादार मन उनके पैर बाँध देता था। उनकी आर्थिक स्थिति अभी ऐसी नहीं थी कि फिल्मी लेखन की कमाई के बिना गृहस्थी की गाड़ी चल सके।

दोनों लड़कों के यज्ञोपवीत संस्कार संपन्न करने के बाद मेरे एक पत्र के उत्तर में अप्रैल में लिखा– '*मीरा* फिल्म की डबिंग अभी रुकी हुई है। शायद अगले महीने से चलेगी।'…नरेंद्रजी का साथ सचमुच मेरे लिए अमृत के समान है। आजकल पंतजी भी हैं। *कालिदास* की चर्चा होती है। अगले महीने संस्कृत अध्यापक रखकर संस्कृत पढ़ने और कालिदास साहित्य सुनकर समझने का विचार है। पंतजी से *रघुवंश* सुन रहे हैं। *कालिदास* को सुनाने का भी पंत जैसे महापुरुष और महाकवि को ही अधिकार है। पंतजी रोज-ब-रोज जितने निकट आते जाते हैं, मुझे उनके बड़प्पन की थाह मिलती जाती है।

'आजकल मैं उर्दू पढ़ रहा हूँ। तमिल का अभ्यास बढ़ रहा है। रवींद्रनाथ, बंकिम और शरत् के तमिल अनुवाद मेरे पास हैं, उनसे अभ्यास में रस उत्पन्न होता है। लिखना नहीं हो रहा। जीवन में परिवर्तन की प्रतीक्षा है। अंग्रेजी की कहावत 'तूफान से पहले का सन्नाटा' महसूस कर रहा हूँ।

'तुम्हारे सामने जो अनुभव[1] आरंभ हो चुका था वह दोनों ओर मन की गहराइयों में उतर चुका है। बाह्य रूप में उसकी गति असंभव है–यह बंधन एक ओर जहाँ वेदना को विद्रोही बनाकर शारीरिक रूप से जड़ बनाता है वहाँ दूसरी ओर इसी के द्वारा अंतर्चेतन में उपलब्ध ज्ञान का आभास भी पा रहा हूँ।

'नियति के चक्र को देख रहा हूँ। मेरी खोई हुई सरलता मूर्तिमान होकर मेरे सामने आई है। मन प्राण को समर्पित करना सीख रहा हूँ। सोचता हूँ, अच्छा है, यह अनुभव मुझे उम्र के पक जाने पर मिल रहा है। यह सहज आकर्षण मेरे जीवन की अमूल्य निधि है। सँभालकर रख सकूँ। इसकी चिंता है।

'प्रतिभा में तुमने जो परिवर्तन देखा है वह मुझे भी उनसे अधिक बाँधता है। प्रतिभा की आत्मशक्ति, उनकी चारित्रिक दृढ़ता, उनकी कर्मठता मुझसे आदर पाती है। पाँच बरस की उम्र से प्रतिभा मेरे सपनों की रानी रही हैं। उनके अभावों की आड़ लेकर मैं उनके प्रति कटु अथवा अकृतज्ञ नहीं हो सकता।

---

1. अमृतलाल ने *टुकड़े-टुकड़े दास्तान* (पृष्ठ 47) में अपने ऊपर 'दूसरे प्रभाव' की चर्चा की है। उसी की ओर संकेत है।

'हर चीज अपनी-अपनी जगह पर पा रहा हूँ। मुझे खुद को देना बाकी है। उसके लिए तैयार हो रहा हूँ।'

जून में कार्ड पर लिखा—'अपने को गहराई में खोज रहा हूँ।' फिर जुलाई में—'अभी बुझा हुआ हूँ। कोई राह नहीं पाई। क्या लिखूँ ? पढ़ने, बात करने या किसी किस्म की चर्चेबाजी से जी ऊबता है। शरीर और मन थके हुए हैं। फिल्म की एक कहानी पूरी की। मजबूरी का जीवन बिता रहा हूँ। अपने से लड़ने के लिए राह नहीं मिलती। अँधेरा है। भविष्य मुझे कैसे देखेगा, नहीं जानता। अपनी बिखरी हुई जिम्मेदारियों को समेटकर चलना चाहता हूँ—शीघ्र। और उपाय नहीं है। ईश्वराधीन हूँ।'

अमृतलाल अपने पत्रों में अपने उपन्यास के बारे में बराबर पूछा करते थे। उपन्यास 20 मार्च को प्रेस में दिया गया। मई तक उसके प्रूफ उनके पास पहुँचने लगे। पहला प्रूफ प्रेस में देखा जाता था, दूसरा मैं देखता था, तीसरा वह देखते थे। उसमें जो संशोधन करते थे वह मैं प्रिंट ऑर्डर देने से पहले मिला लेता था। उपन्यास के कुछ प्रूफ सुमित्रानंदन पंत ने देखे। वह प्रूफ देखने में अत्यंत कुशल थे। यही विशेषता मैंने प्रसाद में देखी। उपन्यास के चार फार्मों तक फोलियो में उसका नाम *मसान और फूल* गया। इसके बाद रामविलास शर्मा के सुझाव पर नाम बदलकर *महाकाल* कर दिया। यह नाम सुमित्रानंदन पंत और नरेंद्र शर्मा दोनों को पसंद आया। उपन्यास का कलापूर्ण आवरण उत्तर प्रदेश के एक नए उभरते हुए चित्रकार और अमृतलाल के अनुज मदनलाल नागर ने बनाया। मदन ने 1946 में चित्रकला में डिप्लोमा प्राप्त कर लिया था। बंबई की कला प्रदर्शनी में उसके बनाए पाँच चित्र प्रदर्शित हो चुके थे।

मई में अमृतलाल प्रतिभा के साथ हवाई जहाज से बंबई से आगरा आए। उनकी सास अस्वस्थ थीं। बच्चों के यज्ञोपवीत संस्कार में वह भी बंबई गई थीं। उस समय विचार था कि बच्चों की वार्षिक परीक्षा संपन्न हो जाने के बाद सब लोग बंबई में मकान लेकर रहेंगे। इसलिए उनकी सास गृहस्थी का सामान भी अपने साथ ले गई थीं। लेकिन बंबई में दूसरा मकान मिला नहीं, इससे विचार त्यागना पड़ा।

जुलाई तक *महाकाल* की कंपोजिंग पूरी हो गई। मेरा अनुमान था कि उपन्यास 15 अगस्त 1947 को स्वाधीनता दिवस पर प्रकाशित हो जाएगा। किंतु इस बीच प्रेस कुछ जरूरी काम में फँस गया, 15 अगस्त से संबंधित कुछ सरकारी काम भी आ गया, इससे उपन्यास की छपाई अटक गई।

अमृतलाल 15 अगस्त से पहले आगरा से बंबई वापस लौट गए। रोमन कैलेंडर के अनुसार नए दिन की शुरुआत आधी रात के बाद से मानी जाती है। इसीलिए भारत के स्वाधीनता समारोह का शुभारंभ 14 अगस्त की ठीक आधी रात के बाद आरंभ हुआ। उस दिन प्रेस में मेरी नाइट ड्यूटी थी। जैसे ही घड़ी की सुई बारह बजे से आगे बढ़ी, टेलीप्रिंटर मशीन खड़खड़ा उठीं—फ्लैश। फ्लैश-फ्लैश।

इंडिया इज फ्री। इंडिया इज फ्री। इंडिया इज फ्री। संपादकीय विभाग में बैठे हम सब लोग हर्ष से मेजें थपथपाने लगे और एक-दूसरे के गले मिलकर बधाइयाँ देने लगे। अमृतलाल उस रात नरेंद्र शर्मा के हाथ में हाथ डाले बंबई की सड़कों पर डोलते रहे। उस रात सभी बंबईवासी घरों से बाहर सड़कों पर निकल आए थे। बंबई दुलहन की तरह सजी थी। चारों ओर जश्न मनाया जा रहा था। उस रात अमृतलाल ने एक संकल्प किया। उन्होंने नरेंद्र शर्मा से कहा—'अब मैं बालू पर लकीरें खींचने का धंधा नहीं करूँगा।'' अब वह स्वतंत्र भारत में एक साहित्यकार के नाते अपनी लेखनी के माध्यम से समाज के नवनिर्माण में योगदान करेंगे।

जीवन के स्वप्न को यथार्थ में बदलने का संकल्प तो कर लिया, परंतु खर्च की व्यवस्था कर लेना आवश्यक था। आगरे में उनकी सास अस्वस्थ थीं। प्रतिभा निरंतर 100 डिग्री टेंपरेचर रहने पर भी माँ तथा गृहस्थी की देखभाल कर रही थीं। सितंबर में अमृतलाल आगरा आए और बंबई में मकान की तलाश का अंतिम प्रयत्न करने के लिए प्रतिभा को साथ ले गए। बंबई से मुझे लिखा कल (24 तारीख को) प्रतिभा के साथ यहाँ आया हूँ। मकान की तलाश है। दो-एक के लिए बातें भी शुरू हो गई हैं। अगर मकान मिल गया तो तुरंत ही दूसरी ट्रेन से हम दोनों आगरे जाकर घर यहाँ उठाने में लग जाएँगे। दिन बड़े काले हैं। किंतु बंबई में मकान नहीं मिला और अंत में जीवन का नया अध्याय आरंभ करने के लिए उन्होंने 3 अक्टूबर 1947 को बंबई छोड़ दिया।

यह एक विचित्र संयोग की बात है कि जिस उपन्यास के लेखनकाल में उनके मन में फिल्मी जीवन समाप्त कर फिर से शुद्ध साहित्यिक जीवन बिताने की इच्छा बलवती हुई, जिसके लेखन में तो एक वर्ष लगा, किंतु प्रकाशन में दो वर्ष लग गए जिसका नाम तीन-तीन बार बदला गया—पहले *भूखा बंगाल* फिर *मसान और फूल* और अंत में *महाकाल*। उसका प्रकाशन और उनका बंबई छोड़ना लगभग साथ-साथ हुआ। इस उपन्यास का जब प्रकाशन हुआ तब बंग दुर्भिक्ष की कहानी पुरानी पड़ चुकी थी और सांप्रदायिक समस्या देश की सबसे ज्वलंत समस्या बन गई थी। अमृतलाल ने मुझे लिखे एक पत्र में स्पष्ट किया था—उपन्यास में अकाल घटना है, समस्या नहीं। उपन्यास राजनीतिक दृष्टिकोण को लेकर नहीं लिखा गया था। आज आदमी कहाँ है, यही देखने और पाठकों को दिखाने के उद्देश्य से लिखा गया था। उन्होंने उपन्यास पाठकों को समर्पित करते समय अपने 'समर्पण' में भी यह बात स्पष्ट कर दी।

यह एक विचित्र संयोग है कि उपन्यास का नाम ही तीन-तीन बार नहीं बदला गया, उसका समर्पण भी तीन-तीन बार लिखा और पोस्ट किया गया। उन दिनों डाक की गड़बड़ी चल रही थी, इसलिए बंबई से एक कार्ड पर समर्पण लिखकर और इसके साथ उसकी एक प्रतिलिपि लिफाफे में भेजी, ताकि दोनों में एक अवश्य मिल जाए। संयोग से दोनों नहीं मिले। तब आगरे से तीसरी बार

लिखकर भेजा। उस समय 'समर्पण' की मूल प्रतिलिपि उनके पास नहीं थी, स्मृति से लिखा था, इसलिए शब्दों में कुछ हेर-फेर हो गया था। इस समर्पण पर गांधी जयंती 1947 की तिथि पड़ी थी और यही उपन्यास में छपा। संयोग से उसके छप जाने पर पहले के भेजे दोनों मूल 'समर्पण' भी मिल गए। उन पर 8 सितंबर, 1947 की तिथि पड़ी थी। उसमें उन्होंने उपन्यास लिखने के पीछे अपना उद्देश्य बड़े सुबोध और ओजपूर्ण ढंग से व्यक्त किया था। वह इस प्रकार था–

'वंग दुर्भिक्ष की कहानी आज पुरानी-सी लगती है। सांप्रदायिक समस्या ही आज की जलती हुई समस्या है। लेकिन मेरे मत से इस समस्या के पीछे भी पेट सवालिया निशान की तरह खड़ा है। सांप्रदायिक समस्या राजनीतिक दाँव-पेंचों की शक्ति पर हमारी बुद्धि और चेतना को 'हिप्नोटाइज' कर जन-मन की वास्तविक अशांति और उससे उत्पन्न घृणा को इस तरह झूठे रूप में भड़का रही है। आज की अमानुषिक, अनैतिक आर्थिक व्यवस्था, व्यक्ति का स्वार्थ मानव समाज को मृत्यु के पथ पर लिये जा रहा है। जीवनी शक्ति का उपयोग एटम की महान् क्रांतिकारी खोज को बम बनाने के काम में लाकर, जीवन का ही नाश करने के लिए हो रहा है। बुद्धि का यह विरोधाभास व्यक्ति के महामोह और गलत स्वार्थ की कहानी कहता है। एटम के युग में—स्वार्थपरता और आर्थिक गुलामी के युग में—यह भयंकर खून-खराबी, भूख का तांडव, यह अनाचार, यह प्रलय ही सर्वथा संभव और शोभन है। यदि कुछ असंभव है, अशोभन है तो विवेक, सद्बुद्धि, सद्ज्ञान, सदाचार, ऐक्य और प्रेम।

यह अशोभन और असंभव ही *महाकाल* के रूप में आपके कर-कमलों में समर्पित है।'

यह एक सुखद संयोग की बात है कि अक्टूबर के आरंभ में जिस समय अमृतलाल ने फिल्मी लेखन छोड़कर अपने साहित्यिक जीवन के नए अध्याय का श्रीगणेश किया, उसी समय मैंने भी *भारत* से त्यागपत्र देकर अपने पत्रकार जीवन का नया अध्याय आरंभ किया। स्वतंत्रता प्राप्ति पर लखनऊ से प्रकाशित होनेवाले अंग्रेजी दैनिक *नेशनल हेरल्ड* के संचालकों ने हिंदी में आधुनिक ढंग का मोनो पर कंपोज और रोटरी पर छपनेवाला दैनिक पत्र निकालने का आयोजन किया। स्वाधीनता संग्रामकाल में महात्मा गांधी के *नवजीवन* ने जन-जागरण में जो महत्त्वपूर्ण योगदान किया था, उसकी याद ताजा रखने के लिए दैनिक का नाम *नवजीवन* रखने का निश्चय किया गया। उस समय फीरोज गांधी संस्था के प्रबंध संचालक थे। उन्होंने समाचार संपादक के रूप में दैनिक के संपादकीय विभाग की व्यवस्था का भार सँभाल लेने का मुझे निमंत्रण दिया। मैं 6 अक्टूबर को लखनऊ आ गया और 1 नवम्बर 1947 से दैनिक *नवजीवन* का प्रकाशन आरंभ कर दिया।

फिर अँधेरे में छलाँग

बंबई से लौटकर अमृतलाल ने साहित्य की पतवार हाथ में लेकर एक बार फिर अपनी जीवन-नौका भविष्य के अंधकार में ढकेल दी। स्वतंत्रता प्राप्ति पर देश का विभाजन होने से सांप्रदायिक हिंसा और नफरत की आग से सारा देश जल उठा। हैवानियत का बोलबाला हो गया, इनसानियत हार गई। लाखों शरणार्थियों के आगमन से हिंदू-मुसलिम समस्या ने विकट रूप धारण कर लिया। संकीर्ण हिंदुत्ववादी शक्तियों को देश में पनपने के लिए जरखेज जमीन मिली। राष्ट्रीय स्वयंसेवक संघ की शाखाएँ तेजी से नगर-नगर में फैलने लगीं।

अमृतलाल बंबई से लौटने पर सास और पत्नी की बीमारी के कारण कुछ समय आगरा में रहे। शरणार्थी शिविरों में गए। उनके अंदर का साहित्यकार देश को पीछे की ओर ले जानेवाली सांप्रदायिक शक्तियों से जूझने के लिए तड़प उठा। उन्होंने नवंबर 1947 में 41 पन्नों की एक कहानी *आदमी, नहीं ! नहीं !!* लिखी। अपने व्यय से कहानी पुस्तिका की 2500 प्रतियाँ छपाईं और सुमित्रानंदन पंत और जोश मलीहाबादी के देश को सादर-सविनय समर्पित किया। पुस्तिका के चौथे कवर पेज पर कबीर का उद्धरण दिया—'हिंदुन की हिंदुवाई देखी, तुरकन की तुरकाई। अरे इन दोउन राह न पाई।' फिर प्रश्न किया—'तुलसी, सूर, कबीर, मीरा, मलिक मुहम्मद जायसी, रसखान और रहीम के देश में क्या अब प्रेम के बजाय घृणा के गीत गाए जाएँगे ?' कहानी पुस्तिका के प्रकाशन में उनका उद्देश्य था—'प्रेम और एकता का संदेश घर-घर में पहुँचा दो।' अपने दोनों पुत्रों कुमुद और शरद् को जिनकी अवस्था क्रमशः 12 तथा 10 वर्ष की थी, प्रेरित किया कि वे सड़कों पर घूम-घूमकर पुस्तिका बेचें। पुस्तिका के दो संस्करण छापे—अजिल्द अखबारी कागज पर दाम आठ आना, सजिल्द सफेद कागज पर दाम एक रुपया। घोषणा की, इस पुस्तिका की आमदनी का रुपया शरणार्थियों के हित के लिए अर्पित होगा।

देश में फैली अमानुषिक सांप्रदायिक हिंसा, लूट और दंगों ने उनके साहित्यकार के सामने महर्षि सुकरात की भाँति अनेक सवालिया निशान खड़े कर दिए। कहानी में उनका मन सुकरात का अवतार धारण कर देश भ्रमण करता है और दर्द से भरी टूटी आवाज में कहता है—मैं शरणार्थी हूँ। हैवानियत ने मुझसे

मेरी धरती छीन ली है। मेरा घर-बार छीन लिया है। मेरी माँ-बहनों को बेइज्जत किया। मेरे दुधमुँहे बच्चों को मौत के घाट उतारा है। हैवानियत ने मेरे लाखों-करोड़ों भाइयों का धर्म जबरदस्ती बदलकर उन्हें हैवान बना दिया है। हैवानियत ने इनसान की अक्ल को जला दिया है, दफना दिया है। हैवानियत अब मुझे भी हैवान बनाना चाहती है। मुझे हैवानियत से बचाओ। उनका सुकरात बना मन बार-बार दोहराता है—मैं आदमी हूँ, मैं आदमी हूँ, मैं आदमी हूँ, मेरा धर्म आदमियत है। मैं अपना धर्म नहीं छोड़ूँगा।

नवंबर के अंत में अमृतलाल ने लखनऊ का चक्कर लगाया। उनका छोटा भाई मदन अब नवोदित चित्रकार बन गया था। 24-25 साल का हो गया था। गंभीर होता जा रहा था और अपने पैरों पर खड़ा होने का प्रयत्न कर रहा था। अमृतलाल को यह देखकर प्रसन्नता हुई कि उसका कलाकार मेरे कलाकार से अधिक संतुलित है। अपने काम में रमा रहता है। मेरा मन अब भी झकोले खाता रहता है। अपनी डायरी में लिखा—'मेरा मन कच्ची नींव का महल है, प्रतिक्षण भूकंप। उच्चाकांक्षा चढ़ाती है, चढ़ता हूँ। परंतु एक-एक कदम उठाने में कितना परिश्रम, कितनी शक्ति व्यय होती है। भगवान् ने मुझे निष्ठा में कितना कमजोर बनाया है, अपने से ही नहीं पार पाता। जिन्हें बुद्धि से, चिंतन से पा चुका उन्हें निष्ठा की कच्चाई से खो बैठता हूँ। एक दिन खीज गया, फिर सँभल गया। ऐसे ही होता है, पर कब तक ?'

पत्नी से खीजकर लखनऊ चले आए थे, पर मन पत्नी में लगा था। उसके पत्रों के उत्तर में लिखा—'तुम्हारे पत्रों से तुम्हारे सूनेपन का बड़ा ही मार्मिक अनुभव होता है। मैं स्वार्थी हूँ। उस वातावरण में घुट गया था, सो लखनऊ चला आया। यहाँ एक प्रकार की शांति का अनुभव कर रहा हूँ। तुम्हारी बेबसी और छटपटाहट को मेरे सिवाय और कौन महसूस करेगा···भगवान् ने चारों ओर से मेरे पर कतर डाले हैं, आमदनी नहीं कि तुम्हें जोर से अपने पास खींच लेता, अपनी पूरी जिम्मेदारी आप उठाता। मैं तुम्हें कोई सुख नहीं दे सकता, दे सकता हूँ तो बस प्यार। सहे जाओ, तपे जाओ। लौ लगाओ कि तपन अच्छी हो। तुम्हारे इस तप में मैं अपनी ओर से केवल एक विश्वास दिलाकर तुम्हें कुछ बल दे सकता हूँ और वह विश्वास यह है कि तुम्हारा प्यार और मान, तुम्हारे मेरे अर्द्धांग का स्थान, उसका संपूर्ण गौरव और आदर, तुम्हारे प्रति मेरी चिरस्नेही मैत्री—इन तीनों भावों में सदा तुम मेरे हृदय में रहोगी।

'···मैंने तुमसे कई बार कहा है कि पत्नी के रूप में तुम और पति के रूप मैं एक दूसरे की कमजोरियों को ज्यादा सहन नहीं कर सकते, दोस्त कर सकते हैं। पति-पत्नी होकर हम जाने किस किस्म के खूँखार जानवर हो जाते हैं कि एक-दूसरे को नहीं सुहाते।···जब हम दोस्त हो जाएँगे, अपने-अपने दिलों को एक-दूसरे के सामने उलट देंगे, तब इस तरह की हमारी ऊपरी हलचलें मिट जाएँगी। हम

दिलों से निकट आएँगे, एक-दूसरे के दिल पहचानेंगे।...और जब दिल की पहचान खूब हो जाएगी तो सच्चा विश्वास जाग उठेगा।

'कुछ पता नहीं, बड़े अँधेरे में भटक रहा हूँ। ईश्वर इतने शून्य में ले जाकर क्या दिखलाना चाहता है, इसी की प्रतीक्षा है। मेरी किस्मत अब इसी भूमि से खुलेगी, अब मेरी लंबी हलचलों का अंत निकट है, ऐसा आभास होने लगा है।'

अमृतलाल ने अनुभव कर लिया था कि उनकी साहित्यिक किस्मत लखनऊ की धरती से ही खुलेगी। आगरा लौट जाने पर दिसंबर के अंत में मुझे लिखा—'मैं हस्बमामूल दुनिया देख रहा हूँ, अपने को पकड़ रहा हूँ। उम्मीद है, महीने-पंद्रह दिन में जल्दी ही किसी बड़े औपन्यासिक काम में नया महल चुनने लगूँगा। उसका छोटा नक्शा *पाँचवाँ दस्ता* कहानी में सधेगा, जिसके लिए आजकल दिमाग में मेहनत कर रहा हूँ। नोट्स खूब ले रहा हूँ।

बड़े औपन्यासिक काम से उनका आशय *बूँद और समुद्र* से था, जिसका नक्शा उनके दिमाग में *महाकाल* समाप्त करने के बाद से घूम रहा था। जब तक उपन्यास प्रस्फुटित न हो, उन्होंने *पाँचवाँ दस्ता* लिखने का मन बनाया। *पाँचवाँ दस्ता* शब्द द्वितीय महायुद्ध काल में खूब चल रहा था। आधुनिक राज्य के तीन स्तंभ माने जाते हैं—कार्यपालिका, विधायिका और न्यायपालिका। प्रेस (अखबार) चौथा स्तंभ माना जाता है। युद्धकाल में पाँचवाँ दस्ता शब्द देश के अंदर रहकर देश के शत्रुओं से मिलकर भीतरघात करनेवाले पंचमार्गियों और देशद्रोहियों के लिए प्रयुक्त होने लगा था। देश का विभाजन होने के बाद जो मुसलमान पाकिस्तान न जाकर देश में रह गए थे, उन्हें शक की निगाह से देखा जाने लगा था और हिंदुत्ववादी शक्तियाँ उनके लिए *पाँचवाँ दस्ता* शब्द का प्रयोग करती थीं।

अमृतलाल जनवरी के मध्य में जब लखनऊ दुबारा आए तो *पाँचवा दस्ता* के नोट्स अपने साथ लाए थे। उन्होंने उसमें एक परिवार की तीन पीढ़ियों की कहानी के माध्यम से देश में होनवाले सामाजिक और आर्थिक बदलाव, सम्मिलित कुटुंब की विशेषताएँ और खामियाँ तथा अहंकार युक्त ज्ञान अथा अहंकार युक्त अज्ञान के संघर्ष का चित्रण करने की मोटी रूपरेखा बनाई थी।

1948 के आरंभिक महीनों में उन्होंने मुख्य रूप से *नवजीवन* के माध्यम से समसामयिक समस्याओं पर अपने विचारों का प्रकाशन किया। उन दिनों वह गांधी को ईश्वर के अवतार की तरह मानकर उनकी भक्ति और पूजा करते थे। उन्होंने दो-ढाई कॉलम का लेख *युगावतार गांधी* लिखा जो 19 जनवरी के *नवजीवन* में छपा। इसके बाद 30 जनवरी को गांधीजी की हत्या ने सारे देश को हिला दिया। उनके द्वारा मुसलमानों का पक्ष लेने और उन्हें देशभाई समझकर उनके साथ मुहब्बत का बरताव करने की वकालत के कारण कुछ हिंदुत्ववादी चरमपंथी उन्हें युग के सबसे बड़े रावण की संज्ञा प्रदान कर रहे थे। अमृतलाल ने उनकी शहादत पर अपनी डायरी में लिखा—'' 'हिंदू धर्म रक्षक' ने 'युग के सबसे बड़े रावण' का

संहार आज किया। महीनों से आज की तिथि को लाने के लिए हिंदू पॉलिटिकल प्रचार हो रहा था। पाँच हजार वर्ष का भारत आज मर गया। हिंदू धर्म मर गया।'' बच्चों को लिखा—'नाथूराम गोडसे ने बापू को गोली नहीं मारी, बल्कि उस गोली से हमारे चालीस करोड़ देशवासियों के दिल घायल हो गए। उस गोली से धर्म, सत्य और इंसानियत की हत्या हो गई है। आज की दुनिया में हिंदूपन, मुसलमानपन और इसाईपन सबसे बड़ी मूर्खता, सबसे बड़ा पागलपन है। उन्होंने इस मूर्खता से लड़ने के उपाय बताए (1) जो दुख में हो उसकी सेवा करना। (2) किसी से भी नफरत न करना। नफरत सिर्फ बेईमानी, झूठ, बेवकूफी और बुराई से करना। (3) सबको प्यार करना—इनसानों को भी, अच्छी चीजों को भी।'

उन्होंने गांधीजी का एक भावपूर्ण शब्दचित्र *एक था गांधी* लिखा जो 9 फरवरी के *नवजीवन* में छपा। अपनी 9 वर्षीया पुत्री अच्चू (अचला) को लिखा—'मूर्खता ने बापू को मार डाला, मगर उनकी ईमानदारी, सच्चाई और उनके प्रेम को कोई भी नहीं मार सकता। मैंने तो मूर्खता से ताल ठोंककर लड़ने की सोची है, मैं अपनी कहानी, उपन्यासों, नाटकों और अपने सामाजिक कार्यों में इस मूर्खता का डटकर सामना करूँगा।'

उन्होंने राष्ट्रीय स्वयंसेवक संघ के तत्त्वदर्शन का विवेचन करते हुए एक लंबा लेख गांधीजी की शहादत से कुछ दिन पहले लिखा। उसमें संघ के संस्थापक डॉ. हेडगेवार की जीवनी तथा संघ की बौद्धिक कक्षाओं के लिए तैयार की गई एक मराठी पुस्तिका *संघठण बोधावली* के आधार पर दिखाया कि हिंदू राष्ट्र के प्रचारकों की अविकसित बुद्धि और भावना किस प्रकार राष्ट्रीयता और मानवता के सर्वांग रूप को नहीं देख पाती। ऋषि-मुनियों के आर्षवचनों–एकोऽहं बहुस्यामि, वसुधैव कुटुंबकम् और सर्वधर्मान्परित्यज्य से लेकर साम्यवाद और समाजवाद तक इनसान माना गया है। यही सत्य है। फिर इसे वातावरण की संकीर्णता से बाँध रखना क्या न्याय है ? उन्होंने सिद्ध किया कि डॉ. हेडगेवार के हिंदू राष्ट्र के संघटन का दृष्टिकोण एकांगी और संकीर्ण है। एक ओर तो डॉ. हेडगेवार खुद ही कहते हैं कि त्याग और प्रेम की दोनों भावनाएँ अमर्यादित रूप से वृद्धि को प्राप्त हो सकती हैं और दूसरी ओर इनके चारों तरफ हिंदूपन की मर्यादा जड़ देते हैं। उन्होंने दिखाया, डॉ. हेडगेवार के विचार पेशवाई के खंडहरों से ऊँचे नहीं उठ सके। उनका यह लेख *नवजीवन* के तीन अंकों में गांधीजी की शहादत के बाद राष्ट्रीय शोक काल में *गोलवलकर, ढोलवलकर, पोलवलकर* शीर्षक से छपा।

मदन का एक दोस्त दिलीप (दिलीप सिंह चौधरी) इलाहाबाद बैंकवाली कोठी में उनके मकान के बगल के हिस्से में रहता था, मदन की भाँति वह भी उन्हें भाई साहब पुकारता था। धीरे-धीरे वह उनका स्नेहभाजन बन गया। जब वह लिखने के मूड में होते तो स्वेच्छा से उनका लिपिक बन जाता। बड़ा ही पढ़ाकू और मेधावी था। मैंने उसे *नवजीवन* में लिखने के लिए प्रेरित किया। उसके कई लेख *नवजीवन*

में छपे। उसने अमृतलाल के शब्दचित्र *एक था गांधी* और राष्ट्रीय स्वयंसेवक संघवाले लेख का अंग्रेजी में भी अनुवाद किया।

शिवरात्रि के दिन वह आगरा वापस लौट गए। प्रतिभा अत्यधिक दुर्बल दिखाई पड़ीं। वह भी मन से क्षीण थे, तार-तार बिखरा हुआ। अपनी डायरी में लिखा—'इस बार सब कोई खोया-खोया मिला। बब्बन (कुमुद) का पढ़ने में ध्यान नहीं। शरद भी इस बार लापरवाह मिला। अच्चू भी खोई हुई। मैं जानता हूँ कि मेरा और प्रतिभा का खोयापन उनके मानस को खोने में सहायता पहुँचाता है। न तो अपने को सँभाल पाता हूँ, न प्रतिभा सँभलती है। बच्चों की जिंदगी कहीं चौपट न हो जाए। हे भगवान् ! बच्चों की रक्षा करो। मेरा उत्तरदायित्व शक्तिहीन मत करो।...चारों तरफ से खो रहा हूँ। समुद्र में डूब रहा हूँ। न डूबता हूँ, न उतराता हूँ। लहरों के थपेड़ों से थककर चूर-चूर हूँ। दम घुटता है।...शक्ति गूँगी, अपाहिज है। तुम्ही तारो प्रभु।'

श्री साउंड स्टूडियो के रजनीकांत पांड्या का पत्र पाकर अप्रैल में बंबई गए। रतन और साधना अब अपनी गृहस्थी स्वयं सँभाल रहे थे। माते भी उनके साथ रहती थीं। अमृतलाल को बंबई छोड़कर शुद्ध साहित्यिक जीवन बिताने का निर्णय लेने में रतन ने सब प्रकार से उनका हौसला बढ़ाया था। उन्हें आश्वस्त किया था—भाई, आप यहाँ की चिंता मत करिए। मैं यहाँ का बोझ सँभाल लूँगा। अमृतलाल ने सोचा था—रतन मेरे प्रतिनिधि के रूप में यहाँ रहेगा ही। जब तक पुस्तकों की रॉयल्टी इतनी न हो जाएगी कि मेरी गृहस्थी चल सके, तब तक साल में दो-एक बार बंबई आकर फिल्मी लेखन करता रहूँगा। अब वह बंबई का घर रतन का घर मानते थे। उसके घर में पहली बार आने पर मन को बड़ा अच्छा लगा। रजनीकांत का बताया काम पूरा कर दिया किंतु पैसे मिलने की कोई उम्मीद नहीं थी, इसलिए लगभग डेढ़ महीना रुककर एक फिल्मी कहानी का काम और पूरा किया।

मई में आगरा और फिर वहाँ से परिवार को लेकर लखनऊ आए। डॉ. भाटिया को दिखाने उनकी सास भी साथ में आईं। वह अभी पूर्ण स्वस्थ नहीं हुई थीं। ब्लडप्रेशर कभी-कभी बहुत ऊँचा पहुँच जाता था। डॉक्टर ने जीना चढ़ने से मना किया था। इलाहाबाद बैंकवाले मकान में जीना चढ़ना-उतरना पड़ता था, इसलिए ट्रेन से उतरते ही वह सीधे मोतीनगर अपने भाई के यहाँ चली गईं। उन दिनों उनके वयोवृद्ध पिताजी भी लखनऊ आए हुए थे। वापस लौटने से पहले रावतजी के आग्रह पर 7-8 दिन उनके घर पर रहीं। पंत मंत्रिमंडल में पहले सभासचिव फिर राज्यमंत्री और फिर मंत्री रहनेवाले जगनप्रसाद रावत आगरा के थे, परिवार के शुभचिंतक थे, उन्हें बहन की तरह मानते थे। स्कूल खुलने का समय निकट आने पर अमृतलालजी की सास शरद् के साथ आगरा वापस चली गईं। कुमुद और अचला माता-पिता के साथ रहे। अचला एक साल लखनऊ रहने के बाद आगरा

चली गई और पाँचवें दर्जे से उसकी सारी शिक्षा आगरा में हुई, शरद् की भी सारी शिक्षा आगरा में हुई। कुमुद हाई स्कूल तक अपने पिता के स्कूल कालीचरन में पढ़े, इंटर साइंस आगरा से किया, फिर बी.एस-सी. लखनऊ विश्वविद्यालय से। इसके बाद एम.ए. एंथ्रोलॉजी में किया। इस प्रकार अमृतलाल की गृहस्थी लखनऊ और आगरा में बँटी होने के कारण वह साल में तीन-चार चक्कर आगरा के लगा आते थे।

उनका तीसरा घर बंबई में था। इसलिए साल में दो-तीन चक्कर बंबई के भी लग जाते थे। आगरा में रामविलास शर्मा थे, घनश्याम अस्थाना, राजेंद्र यादव आदि की नवयुवक साहित्य मंडली थी। बंबई में नरेंद्र शर्मा और डॉ. मोतीचंद्र थे। बाद में धर्मवीर भारती भी वहाँ पहुँच गए। इसलिए दोनों स्थानों पर उनका मन साहित्यिक कोठे पर रहता था, मन का तार टूटता नहीं था। बंबई जाने पर महेश कौल जैसे फिल्मी यारों तथा *श्रीसाउंड स्टूडियो* के एकाध चक्कर लगा लेते थे, ताकि फिल्मी दुनिया में खबर फैल जाए कि नागरजी आजकल बंबई में विराजमान हैं। अगर कोई फिल्मी काम मिल जाता तो बंबई यात्रा सार्थक हो जाती, नहीं मिलता तो ईश्वरेच्छा मानकर संतोष कर लेते।

शुद्ध साहित्यिक जीवन बिताने का संकल्प करके लखनऊ वापस आने के बाद अमृतलाल के पाँच-छह साल जिस तंगदस्ती में गुजरे, उसका मैं मूक साक्षी रहा हूँ। प्रतिभा ने जिस रीति से गृहस्थी चलाने का सारा चिंताभार अपने ऊपर ले करके अमृतलाल को साहित्य सेवा के लिए स्वाधीन कर दिया था, उससे उनके जुझारू व्यक्तित्व के प्रति मेरे मन में आदर भाव जागा। अमृतलाल प्रतिभा को तीन-चौथाई अमृतलाल नागर गलत नहीं कहते थे। उनके सहयोग के बिना अमृतलाल अमृतलाल नागर न बने होते। किंतु यह भी सच था कि उस तीन-चौथाई अमृतलाल नागर का निर्माण अमृतलाल ने ठीक उसी प्रकार किया था जिस प्रकार कोई शिल्पी हथौड़ी से चोट कर-करके मूर्ति का निर्माण करता है। मेरे सामने प्रतिभा के दोनों रूप थे। उनका पहला रूप भी था जब वह गौने के बाद ससुराल आई थीं। बचपन से दोनों की सगाई हो जाने से दोनों के मन अबोधावस्था से एक दूसरे से बँध गए थे। यदि प्रतिभा अपनी सुंदरता के कारण अमृतलाल के सपनों की राजकुमारी थीं तो अमृतलाल प्रतिभा के सपनों के राजकुमार थे। उनकी दादी बड़ी दबंग और हठी थीं। प्रतिभा ने ये दोनों गुण अपनी दादी से पाए थे। उनकी दादी की एकमात्र इच्छा थी कि अपनी लाड़ली इकलौती बिना बाप की बेटी का विवाह अपनी आँख मुँदने से पहले कर जाऊँ। जब सगाई के बाद वर के पिता विवाह के लिए टाल-मटोल करने लगे तो उन्होंने चुपचाप दूसरा लड़का ढूँढ़ना शुरू कर दिया। प्रतिभा के बालमन ने जिसे अपना आराध्यदेव मान लिया था, उसे पति रूप में प्राप्त करने के लिए शिवजी को रोज 108 चावल चढ़ाकर उनकी आराधना शुरू कर दी।

उनमें एकाधिपत्य की जबरदस्त भावना थी। जिसे अपना सर्वस्व समर्पण कर दिया था, उस पर अपना पूर्ण आधिपत्य चाहती थीं। और अमृतलाल बचपन से अपने मन के बादशाह थे। उन्हें सहन नहीं था कि कोई दूसरा उन पर शासन करके उन्हें अपनी मर्जी के मुताबिक चलाए। पति-पत्नी में गौने के बाद से खटपट शुरू होने का एक कारण और था—प्रतिभा गोकुलपुरा के मोहल्लाशाही वातावरण में पली बढ़ी थीं। बचपन से ढोलक के गीतों के साथ 'चिर तोय चांवलिया भावे, घर में सुंदर नार बलम तोय परनारी भावे'—उनके मन में यह भाव बस गया था कि मर्द किसी एक स्त्री से बँधकर रह ही नहीं सकता, इसलिए मर्द पर कड़ी लगाम रखनी चाहिए। उसकी चिकनी-चुपड़ी बातों पर विश्वास न करे। और अमृतलाल को यदि किसी बात से चिढ़ थी तो इस बात से कि कोई उन पर विश्वास न करे, उनकी बात पर संदेह करे। अमृतलाल ने अपने गौने के बाद दो संतानों के पिता बन जाने पर 1938 में ही अपनी डायरी में नोट किया था—'मेरे प्रति पत्नी ने कुछ एक धारणाएँ बना ली हैं जिसे कि बार-बार छोड़ने की कोशिश करने पर भी वह छोड़ नहीं सकती। मैं कभी-कभी इस पहेली को सुलझाया करता हूँ, परंतु उसकी निरर्थक वाग्धारा में मुझे स्वयं उलझ जाना होता है।'

मैं कितनी बार पति-पत्नी के झगड़ों के समय मूक दर्शक बनकर उपस्थित रहा हूँ। उस समय मेरे मन में यही भावना होती थी कि आज मैं इधर न आता तो अच्छा था। किंतु उस समय मैं न तो कुछ बोल सकता था, न उठकर चला आ सकता था। मैं जानता था कि मेरे कुछ समझाने से उनका क्रोध और भड़केगा। क्रोध चढ़ने के बाद वह स्वयं महसूस करने लगते थे कि वह अपना होश खो रहे हैं। कहनी-अनकहनी बात बकने लगते थे। प्रतिभा की अश्रुधारा और सफाई उनके क्रोध को आहुति देती थी। मैं जानता था कि मेरे उठकर चले आने से उनका क्रोध और भड़केगा। मेरी उपस्थिति उन्हें अपना होश सँभालने में सहायता प्रदान करती थी। दूध के उबाल की तरह उनका क्रोध शांत हो जाने पर भी ठंडा होने में कुछ समय लगता था। वह प्रतिभा को अपना दूसरा रूप मानते थे। जब भी उनके मन में घुटन होती, कोई बात उनकी मर्जी के मुताबिक न होती तो उबल पड़ते। उनकी सारी रंगीनमिजाजी के बावजूद प्रतिभा ही उनके हृदय की स्वामिनी थी, वह प्रतिभा को बेहद चाहते थे, यह तो मैं जानता था, किंतु वह प्रेम लैला-मजनूँ की सीमावाला था, यह मुझे तब अनुभव हुआ जब प्रतिभा के न रहने पर उन्हें देखा। पति-पत्नी में एक-दूसरे के प्रति इतना समर्पण भाव मैंने कम देखा है। दोनों के व्यक्तित्व एक-दूसरे के पूरक बन गए थे। दोनों एक-दूसरे के बिना एक पल नहीं रह पाते थे। उनके व्यक्तित्व के अनगढ़ हिस्सों की रगड़ से जब-तब भले ही चिनगारियाँ निकलने लगती हों, लेकिन अंदर गहराई में दोनों में पूर्ण समरसता थी। प्रतिभा अमृतलाल की नकेल जिधर घुमा देती थीं, उधर घूम जाती थी। वह अमृतलाल पर शासन करती थीं तो उनके क्रोध के डर से थर-थर काँपती भी थीं।

एक जमाने में नाडिया की फिल्म *हंटरवाली* खूब चली थी। अमृतलाल प्रतिभा को अपनी हंटरवाली कहते थे।

प्रतिभा ने अपने पति के साहित्य-स्वप्न को यथार्थ की धरती पर उतारने के लिए जिस प्रकार अनेकानेक वर्षों तक कष्ट सहन करके, एक प्रकार से तपस्या करके उनकी गृहस्थी चलाई, उसे याद करके मेरे सामने कविवर नरोत्तमदास द्वारा *सुदामाचरित* में सुदामा की गृहस्थी का जो चित्रण किया है, उसके चित्र तैरने लगते हैं। मैंने उन्हें फटी धोती पहने घर में झाड़ू लगाते, बर्तन माँजते, कपड़े धोते, गृहस्थी की आवश्यकता की सारी चीजें बाजार से खरीदकर लाते, बैंक का सारा हिसाब-किताब रखते, लखनऊ में बैठे-बैठे आगरा की गृहस्थी की चिंता करते देखा है। वह उनकी छोटी-से-छोटी आवश्यकता का ध्यान रखती थीं, उनके पान का बिलहरा भरा रखती थीं, उनके बटुए में दाँत खोदने की तीलियाँ भी डिबिया में रख देती थीं। उनका कोई मेहमान आता तो घर में चाहे कितनी तंगी हो, उसकी शाही खातिरदारी की जाती थी। उन्हें कहीं मीटिंग में जाना होता तो उन्हें अपनी सारी पोशाक कलफ लगी और इस्तिरी की हुई तख्त पर सजी मिलती थी, रूमाल रखना कभी नहीं भूलती थीं, उनके कुर्ते की जेब में खर्च के लिए आवश्यक पैसे डाल देने में चूक नहीं करती थीं। अकसर ऐसा होता है कि जेब के सारे पैसे खर्च हो जाते और लौटते समय रिक्शा घर के सामने तक लाते और अंदर जाकर उसके किराए के पैसे प्रतिभा से भिजवाते। उन्हें कहीं बाहर जाना होता तो वहाँ उन्हें किन-किन चीजों की जरूरत पड़ेगी, इसका अनुमान पहले से लगाकर उनका सूटकेस तैयार करना प्रतिभा की जिम्मेदारी थी। अमृतलाल जब भी घर से बाहर जाते तो बता जाते कि फलाँ-फलाँ जगह जा रहा हूँ और फलाँ समय तक आऊँगा। उनकी यह आदत बचपन से थी। बचपन में माते को बता जाते थे। अब प्रतिभा को बताकर जाते थे।

अक्टूबर 1948 में अमृतलाल के निमंत्रण पर जब बाबा रामजी लखनऊ पधारे तो मैंने पहली बार अपने मित्र के प्रभुजी के दर्शन किए। सचमुच वह साधारण से लगनेवाले असाधारण पुरुष थे। समाज के उपेक्षितों की सेवा ही उनका योग था। गजब के कर्मठ थे। जितेंद्रिय थे। गोमती तट पर कुड़िया घाट के पास एक बारहदरी खाली पड़ी थी। वहीं उनका आश्रम स्थापित हो गया। वह सड़क पर इधर-उधर घूमनेवाले पागल स्त्री-पुरुष को इकट्ठा करके उनमें अपने गुरु के दर्शन करके दत्तचित्त होकर उनकी सेवा करने लगे। हम लोग संध्या काल को प्रायः आश्रम चले जाते। अमृतलाल तो कभी सुबह और कभी दोपहर वहाँ पहुँच जाते। उनकी शिक्षाओं से प्रेरित होकर अब नित्यप्रति व्यायाम करने का कार्यक्रम बनाते तो तारों की छाँह में उनके आश्रम में पहुँच जाते और उनके सामने व्यायाम करते। किंतु यह नियम सध नहीं पाता था। जब लेखन कर्म में व्यस्त होते तो व्यतिक्रम हो जाता और नियम छूट जाता। बाबा रामजी के आ जाने से पति-पत्नी दोनों को

अपने आर्थिक संकट के कठिन दिनों का सामना मध्यस्थ भाव से करने तथा मन को व्यक्तिगत चिंताओं के दायरे से निकालकर परहित चिंतन में लगाने का नया बल मिला। प्रतिभा दोपहर में गृहकार्यों से छुट्टी पाने पर आसपास के निर्धन बालक-बालिकाओं की निःशुल्क पाठशाला चलाने लगीं। जो बच्चे स्कूल जाने के नाम से रोते, फैल मचाते वे उनके वात्सल्य भाव से खिंचकर खुशी-खुशी उनकी पाठशाला में आने लगे। प्रतिभा अपने बच्चों के अतिरिक्त मोहल्ले भर के बच्चों की 'बा' बन गईं। प्रभुजी उन्हें समझाते राम भगतिनिया जीवन से जूझेगी नहीं तो तुझे रामजी कैसे दिखलाई पड़ेंगे। अमृतलाल से कहते—"रामजी, हजार हथौड़न की चोट खाय के पाथर शंकरजी बनन हैं, तब पूजा जात हैं।"

बहता पानी और रमता जोगी एक जगह टिकता नहीं। अमृतलाल के प्रभुजी कुछ दिन बाद चले गए, परंतु वह अपनी 90 वर्ष की आयु तक बराबर लखनऊ आते रहे और जब लखनऊ आते तो उनका कुड़िया घाट का आश्रम आबाद हो जाता। वह सर्दी में भी नंगेबदन रहते थे। जब सर्दी बढ़ती तो मेरे सामने आठ-दस दंड बैठक लगा देते, पालथी मारकर प्राणायाम करते और कहते—"देखो रामजी, मैंने एक बरानकोट पहन लिया।" उन्होंने अपनी मालिशकला के प्रयोग से संपादकाचार्य अंबिकाप्रसाद वाजपेयी, डॉ. संपूर्णानंद और राष्ट्रीय वनस्पति उद्यान के निदेशक कैलासनाथ कौल को भी चमत्कृत कर दिया। उन्होंने 94 वर्ष की आयु पाई। 90 वर्ष की अवस्था तक तनकर चलते रहे। कसरत कभी नहीं छूटी। अमृतलाल उनके देहावसान से कुछ पहले उनके गाँव जौनपुर भी गए थे।

सन् '50 के दशक में बाबा रामजी के चले जाने के कुछ समय बाद ही एक स्वामी प्रकाशानंद लखनऊ पधारे थे। हिंदू धर्म तथा भारतीय संस्कृति के अनन्य पुजारी थे। प्रतिभा के साथ-साथ अमृतलाल भी उनके भक्त बन गए। जब उनकी अनूदित पुस्तक *मेरा प्रवास* का दूसरा संस्करण *आँखों देखा गदर* नाम से हुआ तो उसे उन्हें समर्पित किया। मन्ना सोंधी के ठाकुरद्वारे में उनका गीता प्रवचन सुनने के लिए प्रतिभा प्रतिदिन जाती थीं। वहाँ निर्धन परिवार की एक विधवा युवती भी आती थी। 'वैष्णवजन तो तेने कहिए जो पीर पराई जाणे रे' वाला स्वभाव अमृतलाल के पूरे परिवार ने पाया था। प्रतिभा उस विधवा युवती की भी बा बन गईं और वह उनके पास घर पर भी आने लगी। एक दिन वह उनके सामने बिफर पड़ी। उसकी विधवा माँ घर की दरिद्रता के कारण उसे परपुरुप सेवा करके रोटी-पानी का खर्च चलाने के लिए मजबूर कर रही थी और वह इस मार्ग से घृणा करती थी। प्रतिभा ने उसकी दुखगाथा अमृतलाल को सुनाई और फूट-फूटकर रो पड़ीं। अमृतलाल ने उनको समाज की ऐसी बेसहारा स्त्रियों को सिलाई-बुनाई-कढ़ाई आदि सिखाकर अपने पैरों पर खड़ा होने योग्य बना देने की सलाह दी। प्रतिभा अपनी मोहल्ले की कुछ हमजोलियों के साथ बड़े उत्साह के साथ 'महिला उद्योग केंद्र' की स्थापना में जुट गईं। अपनी सिलाई मशीन केंद्र को सौंप दी। उनकी

देखा-देखी अन्य हमजोलियों ने भी अपनी-अपनी सिलाई मशीनें केंद्र को सौंप दीं।

देखते-देखते 'महिला उद्योग केंद्र' की सिलाई कक्षा जोरों से चल पड़ी। निर्धन परिवारों की अनेक लड़कियाँ उसमें आने लगीं। केंद्र को चलाने के लिए प्रतिभा ने चौक में घर-घर घूमकर चवन्नी महीना देकर केंद्र की सहायता करनेवाले सहायक इकट्ठा किए। वह मेरी पत्नी के पास भी आईं और यहियागंज मोहल्ले में उनके सभी संबंधियों के घर-घर जाकर सहायक इकट्ठा किए। बाद में वह संस्था को पंजीकृत कराकर कुछ सरकारी सहायता प्राप्त करने में भी सफल हो गईं। उन्होंने केंद्र को स्वावलंबी बनाने के लिए थोड़ी-सी नाममात्र की फीस रखकर संगीत, नृत्य और चित्रकला की कक्षाएँ खोलने की भी योजना बनाई। चित्रकला कक्षा तो नहीं चली, किंतु संगीत-नृत्य सिखाने की कक्षा में कई लड़कियाँ आने लगीं। उस कक्षा में अध्यापिका पद के लिए एक वेश्या पुत्री भी आवेदन पत्र लेकर आई। वह वेश्या जीवन से निकलकर नई जिंदगी शुरू करना चाहती थी। प्रतिभा ने अमृतलाल से सलाह ली और फिर अपनी हमजोलियों की सलाह से उसे वेश्या जीवन में रचनात्मक सहयोग प्रदान करते हुए केंद्र में अध्यापिका पद पर नियुक्त कर लिया। उसने जब तक अध्यापन कार्य किया अपने दायित्व का निर्वाह बड़ी शालीनता से किया। इस प्रकार प्रतिभा के स्कूल ने एक गरीब युवती को वेश्या बनने से बचाकर तथा एक वेश्यापुत्री को वेश्या जीवन से निकलने में रचनात्मक सहयोग देकर अमृतलाल समाज की नवरचना का जो स्वप्न देखते थे उसे साकार करने में क्रियात्मक योगदान किया।

सन् 1949 में अमृतलाल के परिवार में एक नए सदस्य की अभिवृद्धि हुई। अप्रैल-मई में वह बंबई में रहे। स्वतंत्रता प्राप्ति के बाद कम्युनिस्टों ने कांग्रेसी सरकार से असहयोग की नीति अपनाकर हिंसात्मक संघर्ष छेड़ दिया था। 'अहिंसावादी' कांग्रेसी सरकार भी गोलियाँ चलाकर जन-आंदोलन को कुचलने की नीति पर चल रही थी। अमृतलाल न तो कम्युनिस्टों की हिंसा का समर्थन करते थे और न जन-आंदोलन को दबाने के लिए 'अहिंसावादी' सरकार की गोली-बारी की नीति का। मई में वह जिस समय बंबई में थे, कम्युनिस्टों ने पुलिस के जुल्मों के खिलाफ हड़ताल का नारा दिया, किंतु हड़ताल सफल नहीं हुई। उन्होंने मुझे लिखा—'कम्युनिज्म भी, जैसा कि मैं बार-बार कह चुका हूँ, दूसरे सिरे पर वही है जो हमारी वर्तमान सरकार की 'अहिंसाइज्म'। भला इसमें कहीं मानवता का त्राण है। बंबई में उनके ऊपर के 'अत्याचार' भी देखे। मैं पूछता हूँ—ज्ञानचंद, मैं यदि तुम पर तेजाब फेंकूँगा, पत्थर मारूँगा तो क्या तुम हाथ नहीं उठाओगे ? (हाँ सच्चा अहिंसक यह करिश्मा भी कर सकता है।) तब किस न्याय पर कम्युनिस्ट पुलिस को अत्याचारी बताते हैं।'

अमृतलाल कम्युनिस्टों के ध्येय से तो सहमत थे, किंतु उनके द्वारा अपनाए गए हिंसात्मक मार्ग का समर्थन नहीं करते थे। उस समय मैं *नवजीवन* का कार्यवाहक संपादक था, इसलिए मुझे उपदेश दिया—'पत्रकार के नाते तुम्हारा यह कर्तव्य हो जाता है कि न्याय के स्केल को लेकर तटस्थ रहो। पत्रकार को अपनी

हरेक की स्वतंत्रता प्यारी है। न तो अमरीका के प्रोपेगैंडा के बहाव में आकर रूस की निंदा करो और न रूस के बहाव में आकर सारी दुनिया की। इसी तरह अपने देश को भी देखो। कम्युनिस्टों को घृणा नहीं, न्याय मिलना चाहिए। वे सचमुच इसके अधिकारी हैं, क्योंकि वे भी हमारे अपने ही अंग हैं। उनकी यह खीज, चिढ़ और हिंसा मनोवैज्ञानिक धरातल पर तोलने की चीज है और आत्मविश्वास के डंडे से ही हराई जा सकती है—सरकारी पुलिस के डंडे से कदापि नहीं।'

गृहस्थी चलाने के लिए वह बंबई फिल्मी काम की तलाश में गए थे। उसी पत्र में उन्होंने सूचना दी—'अभी कोई काम नहीं आया। ईश्वराधीन हूँ। शांताराम ने *शिवभक्ति* लिखने का निमंत्रण दिया, पर पैसे वहुत कम दे रहे थे, इसलिए अस्वीकार कर दिया।'

जून के अंत तक वह बंबई से लौटकर आगरा आए। शुरू जुलाई में मुझे सूचना दी—प्रतिभा अस्तपाल में है। जुलाई को 12.25 दिन में बेबी आई। माँ और बच्ची दोनों सकुशल हैं। अचला के जन्म के दस साल बाद उनके घर में फिर से बच्चे की कुँआ-कुँआ सुनाई पड़ी। पति-पत्नी के दांपत्य जीवन में एक नए रस का संचार हुआ। तैंतीस वर्ष की अवस्था तक पहुँचते-पहुँचते अमृतलाल चार संतानों के पिता बन गए थे। उनके तीन बच्चे धीरे-धीरे बड़े हो रहे थे और उनके बड़े होने के साथ-साथ उनके भविष्य निर्माण की चिंता तथा परिवार के प्रति अपने दायित्व-निर्वाह का उनका बोझ भी बढ़ता जा रहा था। वह अपनी स्थिति एक बोझा लदे बनजारे की भाँति अनुभव करते थे जो बोझा घसीटते-घसीटते हाँफने लगता है।

1949 में उनकी दो नई पुस्तकें प्रकाशित हुईं—*पाँचवाँ दस्ता* और *मेरा प्रवास*। *पाँचवाँ दस्ता* 1948 में लिखा गया। इसे उन्होंने एक लघु उपन्यास के रूप में आरंभ किया था। उपन्यास का उठान बड़ा सुंदर हुआ था। लेकिन लगभग 50 पेज लिखने के बाद गाड़ी अटक गई। उसी समय रायकृष्ण दास लखनऊ पधारे। उनके चिरंजीव राय आनंद कृष्ण ने *शारदा प्रकाशन* नाम से पुस्तक प्रकाशन आरंभ किया था। *ऋग्वेदीय पुरुषसूक्त* की *श्रुतिप्रभा टीका* तथा अन्य दो पुस्तकें प्रकाशित कर चुके थे। अमृतलाल के पास दो पांडुलिपियाँ तैयार थीं—विष्णु भट्ट गोडसे बरसईकर का *मेरा प्रवास* और *पाँचवाँ दस्ता*। राय साहब को इसकी सूचना वाचस्पति पाठक से मिल चुकी थी। अमृतलाल को पैसे की दरकार थी। उन्होंने दोनों पुस्तकों का सौदा कर लिया। *पाँचवाँ दस्ता* की गाड़ी जिस स्थान से अटक गई थी, वहीं से कथा को नया मोड़ देकर उन्होंने उसमें तीन-चार पेज और जोड़कर उसे एक लंबी कहानी अथवा लघु उपन्यास का रूप दे दिया। *महाकाल* की भाँति उनके इस उपन्यास की प्रेस कॉपी तैयार करने में मैंने उन्हें सहयोग दिया। उपन्यास 25 दिसंबर तक छप गया। उसकी पहली प्रति उन्हें 24.1.49 को प्राप्त हुई। यह तिथि उनके द्वारा मुझे भेंट की गई प्रति पर अंकित है। उसी के साथ उनके पास छपे फर्मों की जो कॉपी थी, वह भी उन्होंने मुझे प्रेस कॉपी बनाने की फीस के तौर पर भेंट

कर दी। उपन्यास उन्होंने दंगे, बापू की हत्या, लूट, महामारी, चोरबाजारी और अनाचार के इतिहास से रँगी हुई आजादी की पहली सालगिरह पर स्व. बिग्रेडियर उस्मान और कश्मीर, हैदराबाद की जनता को समर्पित किया। *मेरा प्रवास* उन्होंने अपने बीज मंत्रदाता गुरु श्री अप्पा साहेब डी.जी. विनोद एम.ए. को सादर सविनय समर्पित किया।

इन दोनों पुस्तकों के प्रकाशन के बाद अमृतलाल का अधिकांश समय *बूँद और समुद्र* के लेखन की तैयारी में बीता। उपन्यास का यह नाम उनके मन में 1946 में मद्रास प्रवास काल में अरविंद-दर्शन के बाद कौंधा था। महाकाल समाप्त करने के बाद ही उनके दिमाग में नया उपन्यास बीज बोने लगा था जिसमें वह कथ्य और लेखन शैली, दोनों में नए और अधिक सधे हुए प्रयोग करना चाहते थे। बुधवार, आषाढ़ कृष्ण पंचमी तदनुसार 19 जून 1946 को उसकी कथावस्तु की व्यापक रूपरेखा भी बनाई थी। उन्नीसवीं शताब्दी के अंतिम दशक से लेकर अब तक मध्यम वर्ग के विकास का एक क्रमबद्ध चित्र उनकी आँखों के सामने था। वे अपने नोट्स जिस रजिस्टर में लेते थे उसका नाम जू म्यूजियम रजिस्टर रख दिया था। दिसंबर 1947 में जब आगरा में थे, उन्हें भासित हुआ था कि महीने-पंद्रह दिन में उपन्यास का लेखन आरंभ हो जाएगा। परंतु यह समझ में नहीं आ रहा था कि इकट्ठा की हुई सामग्री का उपयोग किस रीति से करें, इसलिए *बूँद और समुद्र* के छोटे नक्शे के रूप में *पाँचवा दस्ता* उठा लिया।

लखनऊ आने पर वह *बूँद और समुद्र* के लेखन की तैयारी में लगे रहे। उसके लिए वह गली-मोहल्ले में घूम-घूमकर बूढ़े-बुढ़ियों और पुरनियों से सामाजिक रीति-रिवाजों, टोने-टोटकों और पुराने किस्सों को बटोरते रहे। प्रतिभा ने उन्हें औरतों द्वारा ढोलक पर गाए जानेवाले नए-पुराने गीतों का संग्रह करने में सहयोग दिया। परंतु नए उपन्यास का लेखन 1952 से पहले आरंभ नहीं हो पाया। बीच के चार-पाँच साल निकम्मे नहीं बीते। वह नगर में नई साहित्यिक, कलात्मक और सांस्कृतिक चेतना जगाने की धूनी रमाकर विविध साहित्यिक, कलात्मक तथा सांस्कृतिक आयोजनों नें व्यस्त रहे। कला और साहित्य का संपूर्ण क्षेत्र उनकी चिंता का क्षेत्र बन गया। वह कविता, शायरी, खयाल, लावनी, कजरी, रसिया, गजल, गीत, भजन, बिरहा, आल्हा, बिदेसिया, नौटंकी, किस्से-कहानियाँ तथा नाटक, उपन्यास लिखनेवालों, स्वाँग भरनेवालों, अभिनेता, गायक, वादक, नर्तक, चित्रकार, मूर्तिकार, सभी को अपनी फक्कड़ बिरादरी का हमसफर मानते थे।

उनके बंबई छोड़ने के कुछ समय बाद ही भगवती बाबू (भगवतीचरण वर्मा) भी फरवरी 1948 में *नवजीवन* के प्रधान संपादक बनकर लखनऊ आ गए थे। *नवजीवन* में तो केवल दस महीना रहे, किंतु तब से लखनऊ उनका घर बन गया। पहले 1, विश्वेश्वर नाथ रोड पर रहे, फिर महानगर में अपना मकान *चित्रलेखा* बनवा लिया। यशपाल जेल से छूटने के बाद कई साल हीवेट रोड पर रहे, वहीं

अपना *साथी* प्रेस खोला, *विप्लव* निकाला, अपनी पुस्तकों का स्वयं प्रकाशन आरंभ किया। इसके बाद वे भी महानागरिक और भगवती बाबू के पड़ोसी बन गए।

संपादकाचार्य अंबिकाप्रसाद वाजपेयी के तीसरे पुत्र उपेंद्र वाजपेयी *नवजीवन* में कार्य करते थे और वे बनारस से आकर उनके साथ नजरबाग में रहने लगे थे। हिंदी पत्रकारिता तथा हिंदी साहित्य के पिछले पचास वर्षों के इतिहास का निर्माण उनकी आँखों के सामने हुआ था। उनसे बातें करना मानो उस इतिहास में डुबकी लगाना था। वह 1952 से 1958 तक उत्तर प्रदेश विधान परिषद् के मनोनीत सदस्य रहे। उनके जन्मदिन पर नगर के सभी साहित्यकार, पत्रकार, बुद्धिजीवी और राजनेता उन्हें प्रणामांजलि अर्पित करने के लिए उनके निवास स्थान पर एकत्र होते थे। हम लोग भी जाते थे। बीच-बीच में भी जाते रहते थे।

उसी काल मे महादेवी वर्मा भी विधान परिषद् की मनोनीत सदस्या रहीं। भगवती बाबू के लखनऊवासी बन जाने पर उनका, अमृतलाल का और मेरा तिगड्डा बन गया था। हमारी अधिकतर शामें साथ-साथ बीतती थीं। हम दोनों उन्हें नेता कहते थे, हम उनकी जनता थे। वह जिधर चलने का नेतृत्व करते, हम लोग उधर ही चल पड़ते। जब महादेवीजी लखनऊ रहतीं तो हम लोग सप्ताह में दो-तीन बार उनसे मिलने कौंसिलर्स रेजिडेंस पहुँच जाते।

हम लोगों का दूसरा ठीहा श्रीनारायण चतुर्वेदी 'श्रीवर' का निवास स्थान था। उनके 'श्रीवर' उपनाम को हम लोगों ने हिंदुस्तानी रूप देकर उनका नाम 'अल्लाह मियाँ' रख दिया था। वह जब तक सरकारी नौकरी में रहे, ए.पी. सेन रोड पर रहते थे। फिर अवकाश ग्रहण कर लेने पर खर्शेदबाग में अपना मकान बनवा लिया। हम लोगों ने उसका नाम 'लिबर्टी लॉज' रख दिया था, क्योंकि वहाँ अभिव्यक्ति की पूर्ण स्वतंत्रता थी। उनके यहाँ साहित्यिकों का अच्छा जमघट होता था। सप्ताह में दो-एक बार हम लोगों की बैठकें उनके यहाँ जमती थीं।

हम लोगों की मंडली के एक और सदस्य रुद्रनारायण शुक्ल थे। *नवजीवन* के संपादक बनने के पहले भवगती बाबू ने बंबई से *विचार* का पुनः प्रकाशन मासिक पत्र के रूप में किया था। रुद्रनारायण उनके सहयोगी थे। मासिक *विचार* के केवल दो अंक निकले, उसके बाद भवगती बाबू के साथ वह भी लखनऊ आए। कुछ दिन *नवजीवन* में रहे, फिर *रक्षक* के संपादक बने। बाद में *मैकमिलन* और फिर *टाइम्स ऑफ इंडिया,* बंबई में रहे। जब *मैकमिलन* में थे अमृतलाल ने उन्हें 'मिलनजी' और फिर 'मैकू' पुकारना शुरू कर दिया। जब तक वह हजरतगंज में सी. मल्ल बिल्डिंग में रहते थे, हम लोग सायंकाल उनके निवास स्थान पहुँच जाते, फिर साथ गंजिंग करते।

रक्षक के संपादन काल में वह बलदेव प्रसाद मिश्र को अपना सहायक बनाकर ले आए। तब से वह भी लखनऊवासी बन गए और हम दोनों के गहरे मित्र हो गए। *रक्षक* बंद हो जाने पर *स्वतंत्र भारत* में रहे। वह अद्‌भुत प्रतिभाशाली व्यक्ति

थे। बनारस के एक प्रकांड संस्कृतज्ञ घराने में जन्म लेने के कारण संस्कृत साहित्य के विद्वान तो थे ही, हिंदी गद्य और पद्य की सभी विधाओं पर अधिकार रखते थे। उनकी हास्य रस की कहानियों के दो संग्रह *शवसाधन* और *उलूकतंत्र* प्रकाशित हो चुके थे। इनमें से कई कहानियाँ हिंदी के हास्य साहित्य की अमूल्य मणियाँ हैं। विजया तैयार करने के इतने नुसखे उन्हें मालूम थे कि इस विषय में अमृतलाल भी उनका लोहा मानते थे। वे प्रेतात्माओं से वार्तालाप करने की विद्या में भी पारंगत थे। उन्होंने हम लोगों के सामने कई बार अपनी इस विद्या का प्रदर्शन किया और 'प्लानचेट' पर मीडियम के माध्यम से पूछे गए प्रश्नों के उत्तर लिखवाकर दिखा दिए। उन्होंने इस रीति से शरत् बाबू की प्रेतात्मा का आह्वान करके उनसे पूरा उपन्यास लिखवा लिया था। वह भी हम लोगों की सायंकालीन गोष्ठी में प्रायः सम्मिलित रहते थे।

रुद्रनारायण के.सी. मल्ल बिल्डिंगवाले निवास स्थान पर ही हम लोगों की भवानी भाई (भवानी प्रसाद मिश्र) से प्रथम भेंट हुई और वह हम दोनों के अंतरंग मित्र बन गए। वह बड़े ही जिंदादिल, मस्तमौला, सरल, निष्कपट और सहृदय स्वभाव के थे। वह जब कभी लखनऊ आते तो हम लोगों की संध्या काव्यमय यानी भवानीमय बन जाती। उनकी कविताओं का ओज और सौंदर्य उनके मुख से सुनने पर जिस रीति से उद्घाटित होता था, वह अनुभव करने की वस्तु थी। गूँगे के गुड़ की भाँति उसका बखान करना कठिन है। ऐसा प्रतीत होता था जैसे उनकी कविताएँ किसी प्राकृतिक निर्झर की भाँति उनके हृदय से निःसृत होकर सीधे श्रोता के हृदय में प्रवेश करके रस का झरना प्रवाहित कर देती थीं। वे अद्भुत शब्द शिल्पी थे।

रुद्रनारायण जब *रक्षक* में थे तो हम लोगों ने 'शनि गोष्ठी' की स्थापना की, जिसकी गोष्ठी प्रायः शनिवार को मेफेयर बिल्डिंग के रेस्टोराँ में होती थी। *नेशनल हेरल्ड* संपादक एम. चलपति राव *शंकर्स वीकली* में हास्य रस का नियमित स्तंभ लिखते थे। उन्हें शनि गोष्ठी का अध्यक्ष बनाया गया। गोष्ठी के अन्य सदस्य थे—भगवतीचरण वर्मा, अमृतलाल नागर, *स्वतंत्र भारत* संपादक अशोकजी, खानचंद गौतम एम.एल.ए. (जो भगवती बाबू के बाद कुछ महीने नवजीवन संपादन रहे।), बलदेव प्रसाद मिश्र, रुद्रनारायण शुक्ल तथा मैं। 'शनि गोष्टी' की ओर से एक हास्य रस का साप्ताहिक *सनीचर* भी अव्यावसायिक स्तर पर निकाला गया। उसका प्रकाशन जनवरी 1949 में आरंभ हुआ और 7-8 अंक निकले। उस पर संपादक, प्रकाशक और मुद्रक के रूप में अमृतलाल नागर का नाम जाता था। उसके तीसरे अंक में, जो निराला जयंती पर निकला था, अमृतलाल का एक लेख मुखपृष्ठ पर छपा था—'निराला का अपमान बर्दाश्त नहीं होता'। उस समय निराला मानसिक रूप से अस्वस्थ थे और इलाहाबाद में दारागंज में कमलाशंकर सिंह के मकान में रहते थे। स्वतंत्रता प्राप्ति के बाद प्रदेश में गठित लोकप्रिय कांग्रेसी मंत्रिमंडल में

कई ऐसे मंत्री थे जो हिंदी सेवी होने का दम भरते थे। डॉ. संपूर्णानंद शिक्षा मंत्री थे, श्रीकृष्णादत्त पालीवाल अर्थमंत्री थे। उनसे अपेक्षा की जाती थी कि वे अपनी ओर से निराला की समुचित चिकित्सा तथा आर्थिक सहायता के लिए पहलकदमी करें। प्रदेश में जन-जागरण के लिए निराला ने जो कार्य किया था, वह प्रदेश के किसी बड़े-से-बड़े राजनीतिक नेता से कम महत्त्वपूर्ण नहीं था। परंतु प्रयाग के कुछ साहित्यकारों द्वारा निराला की आर्थिक सहायता की बात उठाए जाने पर जब एक मंत्री ने कह दिया—निराला कम्युनिस्ट हैं और दूसरे ने उत्तर दिया—निराला को पागलखाने भेज दो, तो अमृतलाल उबल पड़े। उन्होंने अपने लेख में साहित्यकारों से अपील की कि वे निराला का नाम लेकर सरकार से उनकी सहायता की माँग करके उनका अपमान करवाना बंद कर दें।

उन्होंने अपने लेख में आगे लिखा—निराला पागल हैं या नहीं, कम्युनिस्ट हैं या नहीं—इसकी विशेष व्याख्या करना मैं साहित्यिक की शान के खिलाफ समझता हूँ। बड़ी विनय, किंतु दृढ़ता के साथ मैं यह मानता हूँ कि हमारे माननीयों के व्यक्तित्व किसी से भी कम नहीं। निराला साहित्य के शिव हैं। निराला औढरदानी हैं। अपने बीस वर्षों के अंतरंग साथ में मैंने निराला को एक नहीं, अनेक बार जरूरतमंदों के लिए अपना सबकुछ लुटाते हुए देखा है। ऐसे महादानी को कोई क्या दे सकता है ? निराला आज भी साहित्य द्वारा अपने प्राणों की शक्ति से समाज को ऊपर उठा रहे हैं। ऐसी मानसिक अवस्था में जिसमें निराला आज हैं, तुलसीकृत रामायण का खड़ी बोली मे अनुवाद करने की कल्पना करना और उसे करके दिखा देना किसी ऐसे-वैसे पागल का काम नहीं। रही निराला के कम्युनिस्ट होने की किंवदंती, सो उसके लिए मुझे इतना ही कहना है कि यह शब्द आज के बड़े समाज में गाली के तौर पर इस्तेमाल किया जाता है। जो भी चालू ढर्रे से अलग जाकर बात कहे, सच बात कहे, उसका मुँह खट से कम्युनिस्ट या सोशलिस्ट कहकर बंद कर दो।

लेख का उपसंहार करते हुए उन्होंने लिखा—'निराला जिस हाल में हैं, मस्त हैं। ईमानदारी के साथ और यथाशक्ति अपना काम वह आज भी कर लेते हैं। उसे किसी का एहसान, किसी की भीख नहीं चाहिए। जीवन भर कवि-कुबेर निराला दरिद्रता के दानव से डटकर लड़े हैं। दंभी सभ्य समाज ने सैकड़ों बार अपमान का कालकूट निराला को दे दिया है। दरिद्रता, रोग, अपमान—जीवन भर इस साहित्य के शिव के आभूषण रहे हैं। मैं तो अब दिल से यह चाहूँगा कि जिस महामानव के चरणों में बैठकर मैंने—मेरे जैसे बहुतेरों ने साहित्य की साधना पाई है, वह जब मरे तो बगैर कफन के। वही उस परम तपस्वी ऋषि की परमोच्च सिद्धि होगी। निराला मरते-मरते भी अपना कफन सभ्य संसार की मुर्दा शर्म के लिए दान कर जाएगा।

सन् '50 के आसपास नगर में अनेक साहित्यिक संस्थाएँ सक्रिय थीं। हिंदी

और उर्दू के लेखकों को एक मंच पर लाने के लिए भगवतीचरण वर्मा और आनंद नारायण मुल्ला ने 'साहित्य समाज' की स्थापना की थी, जिसकी बैठकें प्रायः स्वरूप कुमारी बख्शी के निवास स्थान पर होती थीं। 'हिंदी लेखक संघ' की स्थापना कृष्णनारायण कक्कड़, नरेश मेहता, भारतभूषण अग्रवाल, रघुवीर सहाय आदि नवयुवक लेखकों ने की थी। इसकी बैठकें प्रायः यशपाल के *साथी प्रेस* में होती थी। *शतदल* की बैठकें प्रायः रूपनारायण पांडेय के निवास स्थान पर या रानीकटरे के ठाकुरद्वारे में होती थीं। जिनमें निशंक, भुशुंडि आदि स्थानीय कवि कविता पाठ करते थे। 'संस्कृत परिषद्' भी उस काल की एक सक्रिय संस्था थी जिसके प्राण जज साहब (गोपाल चंद्र सिंह), प्रो. अय्यर और डॉ. सत्यव्रत सिंह थे।

नगर में जब भी कोई साहित्यिक और सांस्कृतिक आयोजन होता तो उसको सफल बनाने के लिए अमृतलाल नागर चपरास बाँध लेते थे। अक्टूबर 1950 में हिंदी के मूक साधक रूपनारायण पांडेय की 66वीं वर्षगाँठ निशंकजी की पहल से *शतदल* की ओर से मनाई गई। इस अवसर पर मैंने *नवजीवन* में उनकी साहित्य सेवा पर प्रकाश डालनेवाले कई लेख छापे, अमृतलाल नागर द्वारा उनसे लिया गया लंबा इंटरव्यू छापा जिसमें उनकी पचास वर्ष की साहित्य साधना पर विस्तृत प्रकाश डाला गया। उनकी लिखी, अनुवादित तथा संपादित 81 पुस्तकों की सूची भी छापी।

इससे पहले जब भारतेंदु जन्म शताब्दी मनाई गई थी तब भी मैंने *नवजीवन* का विशेषांक निकाला था। उस समय अमृतलाल बंबई में थे। उन्होंने भारतेंदु पर अपना एक उम्दा लेख बंबई से भेजा था। विशेषांक में अंबिकाप्रसाद वाजपेयी, हजारीप्रसाद द्विवेदी, जैनेंद्र कुमार, चंद्रबली पांडेय और विनोदशंकर व्यास के लेख भी छपे थे।

1951 में महादेवी वर्मा की अपील पर जयशंकर प्रसाद की 62वीं जयंती धूमधाम से मनाई गई। उस अवसर पर भी मैंने *नवजीवन* का विशेषांक निकाला था, जिसमें रूपनारायण पांडेय, नंददुलारे वाजपेयी, बलदेव प्रसाद मिश्र तथा अमृतलाल नागर के लेख छपे थे। अमृतलाल ने *प्रसाद जैसा मैंने पाया* शीर्षक से एक संस्मरणात्मक लेख लिखा था। जिसमें बताया था—प्रसाद ने उन्हें चंद्रगुप्त प्रथम के काल पर एक ऐतिहासिक उपन्यास लिखने का प्लाट दिया था, उस उपन्यास की भूमिका भी लिखने को कहा था, किंतु उपन्यास लिख नहीं सके। युद्धकाल में जब कास्ट्यूम पिक्चरों की धूम थी, उन्होंने उसके आधार पर एक फिल्मी पटकथा लिखी थी और एक फिल्म निर्माता को बेच दी थी। किंतु युद्ध समाप्त होने पर कास्ट्यूम पिक्चरों का युग समाप्त हो गया और वह फिल्म नहीं बनी। उसी के साथ उनकी लिखी पटकथा भी दफन हो गई।

1955 में नगर की एक नवोदित साहित्यिक संस्था *साहित्यिकी* की ओर से देवकीनंदन खत्री जयंती का आयोजन किया गया, जिसमें भाग लेने के लिए दुर्गाप्रसाद खत्री बनारस से पधारे थे। उस अवसर पर भी मैंने *नवजीवन* में 'हिंदी उपन्यास

साहित्य को देवकीनंदन खत्री की देन' शीर्षक से अमृतलाल नागर का एक लेख छापा था। दुर्गाप्रसाद खत्री ने उसमें अपने पूज्य पिताजी के संस्मरण लिखे थे।

अमृतलाल ने 1948 से 1952 के बीच मुख्य रूप से स्फुट लेखन किया। पत्र-पत्रिकाओं के लिए कहानियाँ और लेख लिखे, रेडियो के लिए वार्ताएँ और एकांकी लिखे, नगर में नाट्यांदोलन का नेतृत्व किया, रेडियो के लिए अपने कई एकांकी नाटकों का स्वयं निर्देशन और प्रस्तुतीकरण किया। लखनऊ विश्वविद्यालय का जब रजतजयंती समारोह हुआ तो हिंदी विभाग के तत्त्वावधान में प्रस्तुत किए गए प्रसाद के नाटक *स्कंदगुप्त* का निर्देशन करके दिखा दिया कि प्रसाद के नाटक केवल पठनीय ही नहीं, अभिनेय भी हैं, उनका सफल मंचन भी किया जा सकता है।

साहित्य और नाटक के अतिरिक्त इतिहास और पुरातत्त्व से भी उनको भारी लगाव था। उनके पुरातत्त्व-प्रेम के कारण मुझे फरवरी 1951 में कुशागारपुर के ध्वंसावशेषों को देखने के लिए 10-12 कोस की पैदल यात्रा करनी पड़ी। एक दिन अखबारों में पढ़ा कि लखनऊ के पास अमौसी के भदोई ग्राम में कुषाणकालीन ध्वंसावशेष निकले हैं। उन्हें धुनकी समाई कि उस स्थान को चलकर देखा जाए। मैंने उन्हें समझाया कि अखबार की जो जीप अखबार लेकर प्रातःकाल उन्नाव और कानपुर जाती है, उसके लौटकर आने पर उससे चलने की व्यवस्था कर लूँगा। संयोग से जिस दिन चलने की बात तय हुई उस दिन जीप आई नहीं। बाद में पता चला, बिगड़ गई थी। अमृतलाल ने मुझे अल्टीमेटम दे दिया—मैं कल सुबह की ट्रेन से अमौसी जाऊँगा और वहाँ से भदोई। तुम्हें साथ चलना हो तो चलो, अन्यथा अकेले जाऊँगा। अमृतलाल जब हठ के टीले पर चढ़ जाते थे तो उतारना मुश्किल होता था। हारकर मित्र का साथ देने के लिए अमौसी स्टेशन से भदोई और उसके पड़ोस के ईंटगाँव की पैदल यात्रा करनी पड़ी। हम लोगों के साथ *नवजीवन* के फोटोग्राफर विश्वनाथ कुलश्रेष्ठ भी थे। लौटकर उन्होंने अपना सचित्र यात्रा वृतांत लिखा जो 4 मार्च, 1951 के *नवजीवन* में छपा।

बूँद और समुद्र का लेखन आरंभ करने से पहले उन्होंने अप्रैल, 1951 में अपने आगरा प्रवास में एक और लघु उपन्यास *अगति-गति* का लेखन आरंभ किया। *अगति-गति* शीर्षक संभवतः उनके मन में 1946 में कौंधा था। मेरे पास उनकी एक कॉपी है। जिस पर उनके हाथ से शीर्षक *अगति-गति* लिखा है और तारीख 11.2.47 पड़ी है। 47 का 7 ओवरराइट किया गया है। 6 को 7 बनाया गया है। कॉपी के इनर कवर पर उनके बंबई के मित्र राजा बढ़े के हाथ से लिखी काव्य पंक्तियाँ हैं—

गतिमान काल तूझा, अगतिक या सुखाची,
भरली करांजलि भी त्या वाहत्या जलाची
प्रतिबिंब ते क्षणाचे प्रतिभादिसेन भावी

—राजा बढ़े

सामने के पेज पर उन्होंने अपनी चित्रकारी की है। *अगति-गति* शीर्षक बड़े अक्षरों में अलंकृत शैली में लिखा है। ऊपर बादल बनाए हैं, नीचे जलधारा और उस पर तिरती नौका। यह चित्रकारी 25 मार्च, 1947 को रात में 11.30 बजे बैठकर की और तारीख भी डाल दी। उसके बाद अपने विचारों को प्रतिबिंबित करनेवाली अंग्रेज़ी की पंक्तियाँ उतारीं–

Life's fulfilment
consists in our
realizing its own mystery
and not in
resolving it
which is an inherent
Impossibility

इस कॉपी में वह बंबई प्रवास काल में अपने हृदयोद्गार गद्य-काव्यात्मक शैली में लिखा करते थे। गांधीजी ही शहादत के बाद 23.2.48 को लखनऊ में लगभग 350 शब्दों में अपने विचार मंथन को वाणी दी। 'ओ दुनिया भर की जनता' को संबोधित कर लिखा–'किसी को अधिकार नहीं है कि तुझ पर एटम बम फेंके। तेरे नाम पर युद्ध करे। किसी देश के किसी शख्स को जनता के नाम पर फौजें रखकर विज्ञान के सत्य का विकृत प्रयोग करने का अधिकार नहीं।' इसके बाद बंबई में 30.4.48 को लिखा–यह फिजूल का झगड़ा है जो अंतर और बाहर का भेद माना जाता है। जो अंतर है वही बाह्य भी। अंतर को बाह्य रूप में प्रकट होना ही है। यह उसकी क्रिया हैं। इसके बाद यह कॉपी उनके बस्ते में पड़ी रही और मुझे भेंट कर दी।

28 अप्रैल, 1951 को उन्होंने मुझे गोकुलपुरा आगरा से सूचना दी–'आगरे की सौगात के तौर पर अपना लघु उपन्यास *अगति-गति* (अस्थायी शीर्षक) तुम्हें सुनाऊँगा। रामविलास को मजा आ रहा है'' लखनऊ आने पर जब मैंने उनके मुख से उनका यह अधूरा उपन्यास सुना तो रामविलास की भाँति मुझे भी पसंद आया। उपन्यास उन्होंने आत्मकथात्मक शैली में आरंभ किया था। कथानायक शंकर (शंकरशरण) उनका सहधर्मी है, ए.डी.एम. है, साथ ही उपन्यास लेखक भी है। उन्हीं की भाँति चार संतानों का पिता है। उपन्यास में शंकर के अफसरी और पारिवारिक जीवन के चित्रों के माध्यम से देश-दशा का चित्रण करके प्रश्न उठाया गया था कि देश आखिर इस समय कहाँ जा रहा है। एक ओर उस पर नौकरशाही कल्चर का प्रभाव है। दूसरी ओर पूँजीवाद के कोढ़ स्वरूप फिल्मी संस्कृति का। बहुप्रशंसित, महाऐश्वर्यशाली भारतीय संस्कृति, मानवीय संस्कृति की बातें इस समय ढकोसला लगती हैं। स्वतंत्र होने पर भी देश सांस्कृतिक अगति से जड़ हो रहा

है। वह *पाँचवाँ दस्ता* की भाँति अपने इस लघु उपन्यास को आगे नहीं बढ़ा पाए और बाद में कहानी का रूप दे दिया।

बूँद और समुद्र का लेखन आरंभ करने से पूर्व उन्होंने जून 1952 में रामविलास शर्मा और राजेंद्र यादव के साथ दूसरी बार दक्षिण भारत की यात्रा की। यात्रा समाप्त कर बंबई से लिखा—'दक्षिण भारत की यात्रा कर 10 जुलाई की सुबह यहाँ सकुशल आ गया। 15 जून को आगरा से चलकर 10 जुलाई को यहाँ यात्रा पूरी हुई। इतने समय में हमने बेजवाड़ा, मद्रास, काँचीपुरम्, महाबलीपुरम्, चिदंबरम्, मदुरा, त्रिवेंद्रम्, कन्याकुमारी, कूर्टालम् (प्रपात), त्रिचनापल्ली, श्रीरंगम्-जंबूकेश्वरम्, तंजौर, हैदराबाद, औरंगाबाद, अजंता, देवगिरी, एलोरा, खुल्दाबाद की यात्रा की। धुर दक्षिण की यात्रा पूरी कर तंजौर से मद्रास आने पर रामविलास शर्मा अपनी पार्टी में रह गए। मैं नवयुवक कहानीकार श्री राजेंद्र यादव को लेकर हैदाराबाद से एलोरा तक बढ़ गया। श्री सदाशिवम् ने बड़ी सहायता दी। हर जगह गाइड, कार, निवास स्थल आदि की सुविधा मिली। इससे यात्रा बड़ी सुखद हो गई। त्रिची, त्रिवेंद्रम् और हैदराबाद में नागरिक सम्मान मिला। हाँ, रुपए की कमी से कहीं भी पीड़ित नहीं हुआ। जो ले गया था उसमें से दस रुपए बचाए। लगभग 3718 मील गए, लौटने के मील नहीं गिनाए।'

अमृतलाल ने 1948 से 1952 का समय बड़ी तंगदस्ती में गुजारा। गृहस्थी का खर्च चलाने के लिए दक्षिण भारत की यात्रा से लौटकर फिल्मी काम की तलाश में लगभग महीना-डेढ़ महीना बंबई में रहे। थोड़ा सा काम मिल गया। मुझे लिखा—'यह (फिल्मी काम) परिस्थिति पर काबू पाने के लिए अस्थायी योजना है। मैं पूरी तरह जानता हूँ कि अपनी शक्ति साहित्य में ही है।'

बूँद और समुद्र

अमृतलाल का उपन्यास *बूँद और समुद्र* जब 1950 के दशक में प्रकाशित हुआ तो उसने हिंदी जगत् में एक तहलका मचा दिया। हिंदी उपन्यास लेखकों में उनकी अलग पहचान बनी। इस उपन्यास से उनकी जो कथा यात्रा आरंभ हुई, उसने उन्हें एक शिखर के बाद दूसरे शिखर पर पहुँचाया। मेरे पास *बूँद और समुद्र* के प्रथम संस्करण की प्रति है। उसमें उन्होंने लिखा है—'नवंबर 1953 में यह उपन्यास लिखना आरंभ किया। उन्हीं दिनों आदरणीय भाई भगवतीचरण वर्मा अपने मासिक पत्र *उत्तरा* में एक उपन्यास धारावाहिक रूप से प्रकाशित करने का विचार कर रहे थे। भगवती बाबू ने स्वयं एक बहुत ही सुंदर उपन्यास (भूले बिसरे चित्र) लिखना आरंभ भी किया, परंतु अपने मस्तमौला स्वभाव से परिचित होने के कारण स्वयं धारावाहिक लेखन के उत्तरदायित्व से बँधने को तैयार न हुए। बड़े होने का लाभ उठाते हुए उन्होंने बड़े रोब से मुझे लिखने की आज्ञा दी। इसलिए *उत्तरा* जब तक प्रकाशित होती रही, इस उपन्यास का आरंभिक अंश उसमें बराबर छपता भी रहा।'

उन्होंने आकाशवाणी से प्रसारित एक वार्त्ता में अपनी रचना प्रक्रिया पर प्रकाश डालते हुए बताया था—*बूँद और समुद्र* का आरंभ करने से पहले सारी आवश्यक सामग्री होने के बावजूद मैं लगभग पौने तीन वर्ष तक लिखने का प्रयत्न कर-करके हार गया, मगर बात न बनी। मैंने दो-तीन बार नए-नए ढंगों से कथानक को सँजोया (एक बार सोचा वर्ष के त्योहारों के आधार पर उसे बारह अध्यायों में बाँट लें।) मगर जब भी मन पोढ़ा करके लिखने बैठा तो लगा कि शुरू करने लायक कोई बात नहीं उठ रही। मेरे परममित्र यह सुझाव देने लगे कि तुम इस उपन्यास की बात मन से भूलो और इसी मसाले से दो-तीन उपन्यास छोटे-छोटे लिख डालो। मेरे मन में उस समय तक छोटे या बड़े उपन्यास की समस्या नहीं थी, यह होते हुए भी अपने कथानक के लिए बटोरी गई सामग्री को एक से अधिक भागों में बाँटकर दो-तीन उपन्यास लिखने की बात दिल को चोट पहुँचाती थी। पहला परिच्छेद लिखने के दो प्रयत्न किए। एक बार तो पूरा लिख भी डाला, परंतु बाद में संतुष्ट न होने पर उसे फाड़कर फेंक दिया। मन खिन्न और अवसन्न रहने लगा। मुझे अच्छी तरह याद है, दिसंबर सन् 1952 के बाद महीने-डेढ़ महीने तक

मन की ऐसी स्थिति रही कि कलम उठाने तक को जी न चाहा। उपन्यास शब्द ही मेरे मन को चोट देता था। फिर कुछ फुटकर लेख, दो-एक रेडियो वार्त्ताएँ लिखकर अपना कलम कांप्लेक्स दूर किया। कुछ अर्से तक पढ़ने में मन रमाया। उपन्यास, कहानी ही नहीं, वरन इतिहास ग्रंथ अथवा यात्रा पुस्तकें ही अधिक पढ़ीं। अक्टूबर सन् 1953 में शाम के समय एक दिन एक कहानी लिखने का ध्यान अकेले में बैठे-बैठे मन को बाँधने लगा। *बूँद और समुद्र* की सुख्यात ताई उस समय छोटी कहानी की नायिका बनकर मेरे मन में उदय हुईं। ताई के साथ-साथ उनके आसपास का वातावरण भी ध्यान में आया। जादू-टोनेवाली ताई की चेली के रूप में भभूती सुनार की पति-परित्यक्ता बेटी नंदो और नंदो के बहाने भभूती सुनार की दोनों बहुएँ और ताई की किराएदार तारा अचानक ही मन के आकाश में झलक उठीं। अपने-अपने घरों के मुँडेरों पर खड़े होकर उनकी बातों का दृश्य सामने आ गया। सबसे पहले संवाद ही उमगे, उनकी बातों पर मन ऐसा रीझा कि तुरंत कागज-पत्र लेकर लिखने बैठ गया। और लिखाई फिर ऐसी जमी कि करीब-करीब सारी रात बीत गई। दूसरे दिन मेरे मन में यह स्पष्ट हो गया कि रात भर में जिस तरह यह कहानी आगे बढ़ी है वो अब लघुकथा के रूप में न लिखी जा सकेगी। खैर, मैंने सोचा एक छोटा उपन्यास ही सही। जब तक अपना मनचीता उपन्यास नहीं लिख पाता तब तक यही सही। लेकिन तीन-चार दिनों के भीतर ही मुझे यह विश्वास होने लगा कि जिसे लिखना चाहता था वह यही उपन्यास है। इसके बाद तो गाड़ी बड़ी तेजी से चल पड़ी।

आज एक युग के बाद जब अक्टूबर की उस शाम का ध्यान कर रहा हूँ तब यह समझ में नहीं आ रहा कि उस दिन आखिर क्या बात थी जो अचेतन रूप से मुझे इच्छित फल दे गई। हो सकता है कि काफी अर्से तक तरह-तरह से बात पकते-पकते उस स्थिति पर पहुँच गई थी जहाँ मेरी कल्पना मानो सबकुछ पचाकर अब अपने स्वतंत्र विकास के लिए शक्ति पा गई थी। शायद भाव और विचार समस्थिति पाकर रचना करने लायक हो जाते हैं।

अमृतलाल जब बंबई में थे तो नरेंद्र शर्मा के घर पर एक दिन हैदराबाद के पित्ती परिवार की एक बहन उनसे मिली थी। उन्होंने जब नागपुर से *मंगला* नाम से एक पत्रिका निकालने का विचार किया तो अमृतलाल को एक कहानी के लिए लिखा। एक सेठानी का पत्र पाकर उनके मानसपटल पर अपने नगर के एक नगरसेठ की सेठानी की कहानी उभर आई। निस्संतान होने से उनके पति ने दूसरा विवाह कर लिया था। वह एक प्रकार से पति-परित्यक्ता होकर दूसरी हवेली में रहती थीं। बड़ी कर्कशा थीं और अधिकांश समय टोने-टोटकों में बीतता था। उनकी कहानी के बहाने बचपन में गलियों में देखी-सुनी एक बुढ़िया दादी की कहानी मन में जुड़ गई। वह जगत् बुआ थीं। छोटे-बड़े सब उन्हें बुआ या दादी पुकारते थे। विधवा थीं। उनके घर से गोकुलद्वारा दो-ढाई फर्लांग दूर था।

वह टोकने से चिढ़ती थीं। लठिया लेकर टोकनेवाले को मारने दौड़ती थीं। इस टोका-टाकी से बचने के लिए मंगला के दर्शन के लिए घर से बहुत सुबह निकल पड़ती थीं। किन्तु दर्शन करने के बाद जब घर लौटती थीं तो कदम-कदम पर टोका-टाकी और लड़कों के पीछे लठिया लेकर दौड़ने के कारण दो-ढाई फर्लांग का रास्ता तय करने में दो-ढाई घंटे लग जाते थे। लड़के ही नहीं, बड़े भी उन्हें कदम-कदम पर टोकते थे, उनकी लठिया छीनने की कोशिश करते थे और वह गालियाँ देकर उनके पीछे दौड़ते-दौड़ते हाँफने लगती थीं। उन जगत् बुआ के साथ-साथ गलियों में देखी एक मैली-कुचैली धोती पहने, चादर ओढ़े, लंबी दुबली, घूँघट काढ़कर अपनी छोटी-छोटी चुँधी, मगर भयावनी आँखों से ताकनेवाली टोनही ताई का चित्र भी मानसपटल पर आ गया। तीनों चित्र आपस में मिलकर एक हो गए और उनके मन की स्क्रीन पर एक नया संश्लिष्ट बिंब उभर आया, जिसने उनके उपन्यास की अमर पात्र ताई का रूप धारण कर लिया।

इस प्रकार उन्होंने *मंगला* के लिए जिस कहानी का लेखन आरंभ किया उसने धीरे-धीरे *बूँद और समुद्र* का रूप धारण कर लिया और कहानी छूट गई। ताई के चरित्र की कल्पना के साथ-साथ 1952 में होनेवाले प्रथम आम चुनाव और उससे पहले ही 1951 से जो चुनावी माहौल बनने लगा था, उसने उपन्यास के कथानक की पृष्ठभूमि का कार्य किया। इस बहाने देश-काल के चित्रण ने उपन्यास में जान डाल दी।

मेरे पास *उत्तरा* की पूरी फाइल है। भगवती बाबू ने उसका प्रकाशन जून 1952 में आरंभ किया था। पहला अंक इलाहाबाद में *कायस्थ पाठशाला प्रेस* में छपा था। दूसरे अंक से पत्रिका *नेशनल हेरल्ड प्रेस* लखनऊ से छपने लगी। कुल नौ अंक निकले। जनवरी 1953 के आठवें अंक में *बूँद और समुद्र* के आरंभ के पाँच परिच्छेद छपे। उसके नीचे क्रमशः शब्द, शायद यह सूचना देने के लिए लगा दिया गया था कि उपन्यास उसमें धारावाहिक रूप से छपेगा। किंतु उसके बाद उसका अंतिम अंक फरवरी-मार्च 1953 के संयुक्तांक के रूप में छपा। उसमें उपन्यास की कोई किश्त नहीं छपी जो सूचित करता था कि उपन्यास उस समय तक आगे नहीं बढ़ा था।

मार्च में अमृतलाल जब आगरा गए तो उपन्यास की पांडुलिपि अपने साथ लेते गए। वहाँ रामविलास शर्मा को सुनाया। उनकी प्रतिक्रिया अपने 24.3.53 के पत्र में मुझे सूचित की—'उपन्यास रामविलास के शब्दों में यार अच्छा चल रहा है और यों ही चला तो क्लासिक होगा।' इस प्रकार अमृतलाल ने उपन्यास की भूमिका में उसका लेखन नवंबर 1953 में आरंभ करने की जो बात लिखी और रेडियो टॉक में अक्टूबर 1953 की एक शाम उपन्यास का जिस रीति से प्रस्फुटन हुआ उसका जो विशद वर्णन किया, उसमें और उपन्यास के आरंभ में पाँच परिच्छेद जनवरी 1953 को *उत्तरा* में छपने और मार्च में उसे रामविलास शर्मा को सुनाने के तथ्यों में मेल नहीं बैठता। ऐसा लगता है कि उनकी स्मृति कहीं पर झकोला खा गई।

उन्होंने उपन्यास का द्रुतगति से लेखन 1953 में आरंभ किया, इसकी धुँधली याद मुझे भी है। हो सकता है, इसी से 1953 का वर्ष उनकी स्मृति में जुड़ गया। उपन्यास के लिखे हुए परिच्छेद उन्होंने मेरे सामने भगवती बाबू को सुनाए थे। वह उसी समय उन पन्नों को *उत्तरा* में छापने के लिए अपने साथ ले गए थे। उन्होंने वे पाँचों परिच्छेद जनवरी के अंक में छाप दिए। अमृतलाल ने जब उपन्यास समाप्त हो जाने के बाद 'पाठकों से' शीर्षक देकर उसकी भूमिका लिखी तो *उत्तरा* की फाइल शायद उनके सामने न रही होगी। इसलिए स्मृति के आधार पर उसमें धारावाहिक रूप से छपने की बात भगवती बाबू से मेरे सामने हुई थी, किंतु उसके बाद जब तक उपन्यास आगे बढ़ा, *उत्तरा* बंद हो चुकी थी। इसी से एक अंक में छपकर रह गया। हो सकता है, उन्होंने अपनी रेडियो टॉक में अक्टूबर की शाम उपन्यास का प्रस्फुटन होने का जो विशद वर्णन किया, वह अक्टूबर 1952 की शाम रही हो। उनके कागजों में यदि *मंगला* वाली चिट्ठी सुरक्षित हो तो प्रकाश पड़ सकता है। अमृतलाल अपने उपन्यासों की पांडुलिपि पर उसके आरंभ करने की तिथि ही नहीं, घंटा-मिनट सहित समय भी नोट कर देते थे। जहाँ तक मेरी जानकारी है *बूँद और समुद्र* की मूल पांडुलिपि सुरक्षित नहीं रखी जा सकी।

जिन दिनों उन्होंने उपन्यास का लेखन आरंभ किया, उनके दिन बड़ी तंगदस्ती से गुजर रहे थे। बँधी आमदनी का कोई डौल न था। स्फुट लेखन से जो आय होती थी, आकाशी वृत्ति के समान थी। मैं प्रयास करता था कि *नवजीवन* के पारिश्रमिक से कम-से-कम उनका जेब खर्च निकलता रहे। गृहस्थी का खर्च मुख्य रूप से मद्रास प्रवास में फिल्मी कमाई से इकट्ठा की गई पूँजी खाकर चला रहे थे। जैसे-जैसे यह पूँजी छीजती जाती उनकी आर्थिक चिंता बढ़ती जाती थी। इसलिए उपन्यास आरंभ करने के बाद उसकी पांडुलिपि लेकर एडवांस प्राप्त करने के उद्देश्य से इलाहाबाद गए थे। वाचस्पति पाठक ने परामर्श दिया, इसका सौदा *किताब महल* से कर लो, आजकल वह अपना प्रकाशन फैला रहे हैं। वह सुमित्रानंदन पंत के साथ *किताब महल* के स्वामी श्रीनिवास अग्रवाल से मिले। उन्होंने उपन्यास छापना स्वीकार कर लिया और एग्रीमेंट पर हस्ताक्षर करवाकर कुछ एडवांस भी दे दिया। उस समय अमृतलाल को भी पता नहीं था कि रामविलास की भविष्यवाणी के अनुसार *बूँद और समुद्र* उनका क्लासिक उपन्यास सिद्ध होगा। और श्रीनिवास अग्रवाल को भी पता नहीं था कि इस उपन्यास को छापने का अनुबंध करके उन्होंने एक बहुत लाभदायी सौदा किया है। *बूँद और समुद्र* अमृतलाल का सबसे अधिक बिकनेवाला उपन्यास सिद्ध हुआ।

उन्होंने जब यह उपन्यास लिखना आरंभ किया तो उनका खयाल था कि *महाकाल* की भाँति लगभग 250 पृष्ठ का होगा। उनके लेखन की जो स्पीड थी उसके आधार पर प्रकाशक से कह दिया होगा कि उपन्यास दो-तीन महीने में पूरा करके दे देंगे। एक चतुर व्यापारी होने के कारण प्रकाशक श्रीनिवास अग्रवाल

उपन्यास पर एडवांस दे देने के बाद उसकी पांडुलिपि शीघ्र-से-शीघ्र भेज देने के लिए उनके पास तकादा भेजते थे। दो-एक बार जब मैं इलाहाबाद गया तो मुझसे भी कहलाया, परंतु उपन्यास पर अमृतलाल का कोई वश नहीं रह गया था। वह अपने आप उनकी उँगली पकड़कर उनसे लिखवाता चला जा रहा था। उन्हें स्वयं पता नहीं था कि उपन्यास को पूरा करने में ढाई वर्ष लग जाएँगे और 600 पृष्ठ का हो जाएगा। उन्होंने अपनी ओर से उपन्यास को नहीं फैलाया। प्रेमचंद की *रंगभूमि* के बारे में कहा जाता है कि दुलारेलाल भार्गव से उसका पारिश्रमिक प्रति पृष्ठ के आधार पर देने की बात तय हुई थी, इसलिए उन्होंने उसे फैला दिया। परंतु अमृतलाल का उपन्यास लेखन स्वांतःसुखाय होता था। किसी रचनाकार को अपनी रचना को कलात्मक पूर्णता प्रदान करके जो संतोष प्राप्ति होती है, उसे ही वह अपना सच्चा पारिश्रमिक मानते थे। उपन्यास आरंभ करते समय वह स्वयं नहीं जानते थे कि वह कितने पृष्ठ का होगा।

उनके लिए उपन्यास लेखन कार्य पूजा की भाँति पवित्र कार्य था। नित्यप्रति प्रातःकाल पूजा से उठने के बाद अपने व्यास-पीठ पर आसीन हो जाते। कहा करते थे—'लेखनी जंगल से पकड़ी गई नई-नई नागिन के समान होती है। उसे रोज पिटारा खोलकर अपनी बीन पर झुमाओ तभी वह तुम्हारे इशारे पर लहराती है।' उनका प्रातःकाल का समय लेखन में व्यस्त रहने और शाम का समय मस्त रहने का होता था। कभी कोई सुबह मिलने आ जाता तो पत्नी से कहला देते—घर में नहीं है। वह अपना प्रातःकाल का समय कमाई का समय मानते थे। शाम का समय दोस्तों के साथ गप्प-ठहाके लगाने या मीटिंगबाजी या नाटकबाजी में लगाते थे।

भगवती बाबू शाम के समय घर पर नहीं बैठ पाते थे। जब तक सुबह शाम कॉफी हाउस में बैठ न लें और शहर का हालचाल लेने के लिए आठ दस मील का चक्कर न लगा लें, उनका खाना हजम न होता था। प्रायः दूसरे-तीसरे दिन अमृतलाल के फोन की घंटी घनघना उठती थी। 'हलो गुरु, राम-राम। क्या हुई रहा है ?' भगवती बाबू अमृतलाल को गुरु पुकारते थे। उनका फोन इस बात का सिगनल होता था कि वह शाम को उनके यहाँ पधार रहे हैं। कभी-कभी जब अमृतलाल शाम को भी लेखन के मूड में होते तो मुझे पहले बता देते थे। मैं भगवती बाबू को फोन करके उनका दूसरा कार्यक्रम बनवा देता था।

बूँद और समुद्र के लेखन काल में दिसंबर 1953 में वह लखनऊ रेडियो स्टेशन पर ड्रामा प्रोड्यूसर हो गए। इससे आर्थिक चिंताओं से मुक्ति मिली और उपन्यास का लेखन द्रुतगति से चलने लगा। वह प्रातःकाल अपने लेखन कार्य में व्यस्त रहते और रेडियो स्टेशन दोपहर एक बजे तक जाते थे। ड्रामा प्रोड्यूसरी भी एक प्रकार से सर्जनात्मक कार्य था, इसलिए उनके सर्जनात्मक मूड में बाधक नहीं बनता था। इसी कारण रेडियो की नौकरी 2 साल 6 महीने और 23 दिन घसिट गई।

उपन्यास लेखन बीच-बीच में महीना-महीना भर रुका रहता था। यह विराम

कभी-कभी उनके सर्जनात्मक मन के लिए आवश्यक होता था। जिस प्रकार एक मूर्ति शिल्पी अथवा चित्रकार बीच-बीच में रुककर अपनी रचना का कभी इस कोण और कभी उस कोण से निरीक्षण करके देखता है कि उसका कार्य योजना के अनुसार ठीक चल रहा है या नहीं, उसी प्रकार वह अपने लिखे हुए चैप्टर बार-बार पढ़ते थे। लेखन के साथ उनका अध्ययन भी चलता रहता था। इससे मन में कसाव रहता था। कभी-कभी मन को खाली करने के लिए जासूसी उपन्यास पढ़ते थे। उनको बोलकर लिखाने की आदत पड़ गई थी। कभी-कभी जब उपन्यास की गाड़ी अटक जाती थी तो अपने हाथ से लिखते थे। मुझे डिक्टेशन देने में भी उपन्यास की अटकी गाड़ी आगे बढ़ाने में उन्हें वही सहायता मिलती थी जो अपने हाथ से लेखन में। मैंने केवल *बूँद और समुद्र* ही नहीं, उनके अनेक उपन्यासों की अटकी गाड़ी आगे बढ़ाने में उनकी सहायता की है। मेरी उपस्थिति से उनके ध्यान-योग में बाधा नहीं पड़ती थी। उनका डिक्टेशन लेते-लेते कहीं पर मेरा सर्जनात्मक मन बोल उठता—यहाँ पर कथा को यदि ऐसा मोड़ दिया जाए तो कैसा हो। मेरा ऑटो सजेशन कभी-कभी उनके सर्जनात्मक मन को ग्राह्य हो जाता और कभी उसके आधार पर कोई नया विचार कौंध उठता।

बूँद और समुद्र के लेखन काल में उन्होंने मथुरा, वृंदावन, बलदेव, गोकुल, गोवर्धन आदि स्थानों की यात्रा की और उसका उपयोग उपन्यास के कई अध्यायों में रंग भरने में किया। रेडियो की नौकरी के काल में 1954 में भाखरा-नाँगल का निर्माण कार्य देखने के लिए यात्रा की। इस यात्रा में देश के नवनिर्माण में देश की कर्मशक्ति को कर्मरत देखकर उनके सर्जनात्मक मन को बड़ी स्फूर्ति मिली। उनकी आँखों के सामने कान्हेरी, कार्लो, बाघ की गुफाएँ, दक्षिण में महाबलीपुरम की चट्टानें काटकर बनाए मंदिर, तंजौर का वृहदीश्वर, मदुरै का मीनाक्षी मंदिर, शुचींद्रम्, चिदंबरम्, रामेश्वरम्, श्रीरंगम् की भव्य कला, कोणार्क का चुंबक मंडित, सूर्य मंदिर, विंध्य प्रदेश के खंडरिया महादेव, खजुराहो, श्रवणबेलगोला की 60 फीट ऊँची चट्टान काटकर बनाई गई गोमतेश्वर की मूर्ति, भुवनेश्वर, जगन्नाथ, सोमनाथ, जूनागढ़, पालीताना और आबू के जैन मंदिर, देवगिरि का अनोखा पहाड़ी किला, बीजापुर का गोलगुंबद, जयपुर का हवा महल, फतेहपुर सीकरी और ताज, भाखड़ा के चक्करदार मार्ग से चढ़ते हुए पीछे छोड़े हुए पदचिह्नों की भाँति साकार हो गए। उन्हें लगा कि इस निर्माण कार्य में लगे शिव-शिल्पी और मजदूर भारत की आत्मा के सच्चे प्रतीक हैं। इनका श्रमगीत परंपरा से इस देश का बीज मंत्र रहा है। इस मंत्र की शक्ति से सदियाँ बनी, बन रही हैं, बनती रहेंगी।

बूँद और समुद्र उनके इलाहाबाद बैंकवाले मकान के जिस तख्त पर बैठकर लिखा गया, उसका चित्र मेरी आँखों के सामने है। इसी तख्त पर *नवाबी मसनद* लिखी गई, *चकल्लस* का संपादन हुआ। 1953-54 के दौरान नवयुवकों द्वारा निकाली गई एक साहित्यिक पत्रिका के तीन अंकों का संपादन किया, पत्रिका का *प्रसाद*

नाम उनके सुझाव पर रखा गया। मदन ने उसका कलात्मक आवरण पृष्ठ निःशुल्क बनाया और अमृतलाल ने नवयुवकों में कला और साहित्य में अभिरुचि उत्पन्न करने के लिए निःशुल्क संपादन किया। इस पत्रिका के प्रकाशन से कुछ पहले एक नवयुवक साहित्य प्रेमी सुभाष (बाद में मुद्राराक्षस नाम से प्रसिद्ध) उनके लिपिक का कार्य करने लगे थे। *बूँद और समुद्र* का बहुत-सा अंश उन्होंने अपने हाथ से लिखा, क्योंकि कड़की के कारण घरेलू बजट में लिपिक रखने की गुंजाइश न थी। उसके बहुत से पेज पत्नी, दोनों बेटों और छोटे भाई मदन को बोलकर लिखवाए। रेडियो की नौकरी लगने के बाद उसका उत्तर भाग सुभाष ने लिखा।

बूँद और समुद्र यद्यपि इलाहाबाद बैंकवाले मकान में अवतरित हुआ, तथापि पूरा हुआ उसके बगल के जैतलीवाले मकान में। 1954 के आसपास उन्हें इलाहाबाद बैंकवाला मकान, जिसके साथ उनके बचपन की अनेक स्मृतियाँ जुड़ी थीं और उनके साहित्यिक जीवन के अत्यंत महत्त्वपूर्ण अध्याय का विकास हुआ, छोड़ना पड़ा। उसका पुनर्निर्माण कराकर उसे मुन्नूलाल धर्मशाला में परिवर्तित कर दिया गया। धर्मशाला का जो ट्रस्ट बनाया गया उसमें उन्हें भी एक ट्रस्टी बनाया गया। यद्यपि इलाहावाद बैंक की कोठी का अब अस्तित्व नहीं है, तथापि मुन्नूलाल धर्मशाला में दूसरे खंड पर उनका लेखनकक्ष और तीसरे खंड पर शयनकक्ष अब भी वर्तमान हैं।

जैतलीवाले मकान में वह लगभग ढाई-तीन साल रहे। इसके बाद 1957 में मिर्जा मंडी में शाहजी की कोठी में रहने लगे, जिसमें *बूँद और समुद्र* के बाद के उनके सभी प्रसिद्ध उपन्यास लिखे गए। जैतलीवाले मकान से भी उनके साहित्यिक जीवन की कितनी स्मृतियाँ जुड़ी थीं। इसी मकान में रहते हुए उन्होंने रेडियो की नौकरी की बँधी-बँधाई आमदनी पर लात मारकर एक बार फिर से अपनी जीवन नौका अनिश्चित भविष्य के अंधकार में जीवन संघर्षों के थपेड़े खाने के लिए ढकेल दी। साहित्य साधना के लिए ही फिल्मी लेखन छोड़ा था और उसी के लिए रेडियो की नौकरी भी छोड़ दी। जैतलीवाले मकान के बीच के खंड में बरामदे में बिछे जिस तख्त पर बैठकर *बूँद और समुद्र* के बाद के अध्याय लिखे गए, उसका चित्र मेरे स्मृतिपटल पर अंकित है। इस मकान में नीचे के खंड में बैठका था, जिसके आगे बरामदा था। उसी के ऊपर बीच के खंड का बरामदा बना था। मकान के भीतर एक शिवाला था। इस शिवाले के चबूतरे पर बैठकर हम दोनों की कितनी शामें बीती हैं। जीने से चढ़ते ही बीच के खंड में जो बरामदा था उसी में उनकी लेखन-चौकी पड़ी थी। इसी पर बैठकर वह प्रतिदिन प्रातःकाल अपना लेखन कार्य करते थे।

अमृतलाल ने *बूँद और समुद्र* का लेखन जून 1955 में समाप्त किया। उनका छोटा पुत्र शरद् आगरा में इंटर में पढ़ रहा था। गर्मियों की छुट्टी में लखनऊ आया हुआ था। उसी को डिक्टेशन देकर नीचे के बैठके में उपन्यास के अंतिम पन्ने लिखवाए। उनके सभी उपन्यासों की भाँति मैंने *बूँद और समुद्र* भी उनके मुख से

आदि से अंत तक सुना है। लखनऊ में भगवती बाबू और आगरा में रामविलास ने उपन्यास के बहुत से अंश उनके मुख से प्रकाशित होने से पहले सुने थे। इलाहाबाद में 'परिमल' की दो बैठकों में तथा 'लखनऊ लेखक संघ' तथा 'शतदल' की बैठकों में उसके कतिपय अंश सुनाए थे। धर्मवीर भारती और राजेंद्र यादव ने *आलोचना* में प्रकाशित अपने लेखों में उसकी चर्चा की थी। इससे वह प्रकाशित होने से पहले हिंदी का एक चर्चित उपन्यास बन गया था।

अमृतलाल का कोई नया उपन्यास जिस दिन छपकर उनके पास आता था उस दिन वह बड़े मग्न रहते थे। मुझे फोन करके कहते तुम्हारी प्रति रखी है। वह उसकी पहली प्रति मुझे भेंट करके अपने हस्ताक्षर भी तिथि के साथ कर देते थे। इसलिए मेरे पास उनकी रचनाओं की जो भेंट प्रतियाँ सुरक्षित हैं, उनके आधार पर उनकी प्रकाशन तिथि निश्चित की जा सकती है। *बूँद और समुद्र* की पहली भेंट प्रति सुरक्षित नहीं रह सकी। पढ़ने के लिए किसी को दी होगी, उसने लौटाई नहीं। तब से मैंने उनके द्वारा भेंट की गई किसी पुस्तक को किसी दूसरे को पढ़ने के लिए न देने का नियम बना लिया। मैं वह प्रति उनको भी नहीं देता था। *बूँद और समुद्र* की जो दूसरी भेंट प्रति मेरे पास सुरक्षित है, उस पर 15.9.56 तारीख पड़ी है। इससे संकेत मिलता है कि उपन्यास 1956 के पूर्वार्द्ध में छपकर उन्हें मिला होगा।

रामविलास शर्मा ने उसकी समालोचना दिल्ली से निकलनेवाली *आलोचना* में लिखी थी। उस समय नंददुलारे वाजपेयी उसके संपादक थे। उन्होंने उनकी समालोचना की एक पंक्ति काट दी थी। रामविलास ने उसे प्रेमचंद के बाद हिंदी का सर्वश्रेष्ठ उपन्यास बताया था। उन्होंने सर्वश्रेष्ठ वाला अंश काटकर पूरी समालोचना ज्यों-की-त्यों छाप दी थी। भगवतीचरण वर्मा ने दिल्ली के *साप्ताहिक हिंदुस्तान* में उसकी समालोचना करते हुए लिखा था—'मैं उपन्यासकार को प्रमुखतः समर्थ कहानीकार के रूप में देखता हूँ—टॉल्सटॉय, ह्यूगो, डिकेंस आदि जितने महान् उपन्यासकार हुए हैं, वे सबके सब बहुत बड़े कहानीकार रहे हैं। श्री अमृतलाल नागर *बूँद और समुद्र* में एक समर्थ कहानीकार के रूप में हमारे सामने आते हैं।' धर्मवीर भारती ने आकाशवाणी, पुणे से प्रसारित अपनी वार्त्ता में उसे वर्ष 1956 की अत्यंत महत्त्वपूर्ण कृति बताया था और कहा था—'न केवल इस वर्ष की कृतियों में उसका महत्त्व है, वरन् हिंदी कथा साहित्य के क्षेत्र में उसका एक स्थायी महत्त्व रहेगा।' राजेंद्र यादव ने स्वीकार किया था कि अमृतलाल नागर निर्विवाद रूप से हम लोगों के बीच में 'जाइंट' हैं। *काशी नागरी प्रचारिणी सभा* ने इस उपन्यास पर उन्हें संवत् 2015 से 2018 तक का 'बटुक प्रसाद पुरस्कार' व ताम्रपत्र तथा 'सुधाकर पदक' प्रदान किया था। *नेशनल बुक ट्रस्ट* ने उसका अनुवाद समस्त भारतीय भाषाओं में कराया था। उसका रूसी भाषा में भी अनुवाद हुआ था, जो मैंने उलटा-पलटा है।

2

अमृतलाल के साहित्यिक जीवन में सन् '50 का दशक उनके सर्जनात्मक लेखन का एक महत्त्वपूर्ण दशक था। 1957 में प्रथम स्वतंत्रता संग्राम की शत-वार्षिकी मनाई गई। अमृतलाल जब भी आगरा जाते थे, उनकी इस विषय में रामविलास शर्मा से बातचीत होती थी। रामविलास शर्मा ने इस अवसर पर सन् '57 की राज्यक्रांति शीर्षक से एक उम्दा पुस्तक लिखी थी। अमृतलाल भी बेगम हजरत महल को केंद्र में रखकर गदर पर एक उपन्यास लिखना चाहते थे। उन्होंने मुझसे कहा, लाइब्रेरी में गदर से संबंधित जितनी महत्त्वपूर्ण पुस्तकें मिलें, मुझे पढ़वा दो। उपन्यास की योजना बनाते समय उन्हें लगा कि *बूँद और समुद्र* में जिस प्रकार शहरी मध्यम वर्ग का चित्र प्रस्तुत करने के लिए मैंने गली-मोहल्लों में घूमकर सामग्री बटोरी थी, उसी प्रकार अवध के गाँवों में घूमकर गदर से संबंधित किस्से बटोरूँ। उस समय भगवतीशरण सिंह सूचना संचालक थे। उनसे बातचीत होने पर वे हर जिले के सूचना अधिकारी को निर्देश देकर उनके लिए जीप का प्रबंध कर देने के लिए तैयार हो गए। उन्होंने 4 जून को पड़ोस के बाराबंकी जिले से अपनी अवध यात्रा आरंभ की। जो टैकनीक बूँद और समुद्र के लिए बड़े-बूढ़ों से इंटरव्यू लेकर उसकी स्मृतियाँ और किंवदंतियाँ बटोरने में अपनाई थी, वही इस वार भी अपनाई। 8 जून को फैजाबाद और दूसरे दिन सुलतानपुर जिले का दौरा किया। दूसरे दौर में गोंडा और बहराइच और तीसरे दौर में सीतापुर जिले का चक्कर लगाया। वह अपने साथ झोले में एक कॉपी रखते थे। इंटरव्यू लेते समय मुख्य वाक्य टीप लेते थे, और बाकी बातें अपनी स्मृति के खजाने में जमा करते जाते थे। उन्होंने 6 जिलों का दौरा करने के बाद कुछ दिन घर में बैठकर सारी सामग्री सहेजी। इसके बाद जुलाई में रायबरेली और उन्नाव जिले का दौरा किया। अपना रिपोर्ताज 21 जुलाई को अपने लिपिक, पढ़ीसजी के पुत्र लवकुश को लिखवाना शुरू किया और 16 सितंबर तक डिमाई साइज के 292 पृष्ठों की सारी पुस्तक लिखवा दी। हमारे समाज में स्वजनों के फूल चुनने की प्रथा है। अमृतलाल ने गदर के सौ वर्ष बाद सत्तावनी क्रांति के वीरों के फूल उनकी स्मृतियों और जनता में प्रचलित किंवदंतियों के रूप में चुने और स्वतंत्रता-संग्राम शताब्दी वर्ष में पितृपक्ष 7 शाके 1879 को अपनी श्रद्धांजलि के रूप में पुस्तक उत्तर प्रदेश सूचना विभाग के माध्यम से प्रकाशित करवा दी। पुस्तक का नाम *गदर के फूल* रखा। उसे सत्तावनी क्रांति के अठारह वर्षीय तरुण सेनानी अभिनव अभिमन्यु (चहलारी के ठाकुर), श्री बलभद्र सिंह और उनके साथ स्वदेश की इंच-इंच भूमि के लिए अंतिम बूँद एक रक्तदान करनेवाले नवाबगंज बाराबंकी के युद्धक्षेत्र के अभूतपूर्व रणबाँकुरे छह सौ हिंदू-मुसलमान पुरखों को समर्पित किया। रामविलास शर्मा ने उनकी इस पुस्तक को गदर के संबंध में उनका एक अद्भुत काम माना है।

इस पुस्तक के प्रकाशित होने से पहले उन्होंने 1949 में विष्णु भट्ट गोडसे बरसईकर के गदर संबंधी यात्रा वृत्तांत का जो अनुवाद प्रकाशित कराया था और अब आउट ऑफ प्रिंट था, उसका दूसरा संस्करण *आँखों देखा गदर* शीर्षक से छपवा दिया। गदर से संबंधित किंवदंतियाँ बटोर लेने के बाद भी उनका गदर संबंधी उपन्यास लिखा नहीं जा सका। इस बीच मैंने उन्हें अंग्रेजों द्वारा शाह अवध बनाए गए नसीरुद्दीन हैदर के समकालीन इतिहासकार सैयद कमालुद्दीन हैदरकृत *कैसरुत्तवारीख* का अंग्रेजी अनुवाद पढ़ने को दिया। इसे पढ़कर उनके दिमाग में अपने गदर सबंधी उपन्यास की भूमिका के रूप में नसीरुद्दीन हैदर के काल पर एक उपन्यास लिखकर 19वीं शताब्दी के पतनोन्मुख सामंती समाज का एक चित्र प्रस्तुत करने का विचार कौंधा। बादशाह बेगम और मलका जमानिया के चित्र उनकी आँखों के सामने थे। अब्दुल अहदकृत *तारीख बादशाह बेगम* मैंने उन्हें पढ़वा दी थी। मलका जमानिया के बचपन का वृत्तांत उन्होंने किशोरीलाल गोस्वामी की *लखनऊ की कब्र* में पढ़ा था। मैं उन्हें विलियम नाइटन की *प्राइवेट लाइफ ऑफ ऐन ईस्टर्न किंग* भी पढ़वा चुका था। लाइब्रेरी में अंग्रेज रेजिडेंट कर्नल स्लीमैन लिखित *ए जर्नी थ्रू द किंगडम ऑफ अवध* का केवल एक भाग था। यह मैंने उन्हें पढ़वा दिया था। इसका दूसरा भाग उन्हें गदर के फूल के किस्से बटोरते समय एक ताल्लुकेदार की लाइब्रेरी में मिल गया। उन्होंने दोनों भाग उन्हें भेंट कर दिए। उनका उपन्यास *शतरंज के मोहरे* तेजी से चल पड़ा और उसे उन्होंने आठ-नौ महीने में लिख डाला। उसे *भारतीय ज्ञानपीठ* को दे दिया और जून 1959 तक छपकर आ गया। इसकी प्रेस कॉपी उन्होंने हलके आसमानी रंग के कागजवाली एक कॉपी बुक कर अपने हाथ से तैयार की थी। उसकी पांडुलिपि के लगभग 70 पृष्ठ मेरे पास सुरक्षित हैं। संभवतः उपन्यास के चार फार्मों का अंतिम प्रूफ पास करने के लिए मुझे दिया होगा और पांडुलिपि मेरे पास रह गई। वृंदावनलाल वर्मा को उनका *शतरंज के मोहरे* उपन्यास बहुत पसंद आया था और उन्होंने मेरे सामने उनकी पीठ ठोंककर उन्हें शाबासी दी थी। अमृतलाल ने अपना यह उपन्यास महाकवि पंत को सादर-सविनय, सप्रेम समर्पित किया।

उन्होंने इसी दशक में *शतरंज के मोहरे* के बाद एक और उम्दा उपन्यास *सुहाग के नूपुर* लिखा। 1946 में मद्रास प्रवास में प्रसिद्ध तमिल उपन्यास लेखक कृष्णमूर्ति 'कल्कि' ने वार्त्तालाप के दौरान उनसे ईसा की प्रथम शताब्दी में महाकवि इलंगोवन के द्वारा रचित प्रसिद्ध तमिल महाकाव्य *सिलप्पदिकारम्* पढ़ जाने के लिए कहा था। उसका अंग्रेजी में अनुवाद हो चुका था। उसे पढ़ने पर उन्होंने सन् '52 में उसके कथानक के आधार पर लखनऊ रेडियो के लिए लगभग सवा घंटे का एक नाटक *सुहाग के नूपुर* लिखा जो बहुत सराहा गया। बंबई प्रवास में *धर्मयुग* संपादक सत्यकाम विद्यालंकार ने जब उनसे अपने पत्र के लिए एक धारावाहिक उपन्यास लिखने का अनुरोध किया तो उन्हें अपने उस नाटक की याद आई। उन्होंने

उसी कथानक के आधार पर और एक कलाकार की स्वतंत्रता का उपभोग करते हुए उसमें समय की माँग के अनुसार कुछ आवश्यक परिवर्तन-परिवर्द्धन करके लगभग 150 पन्नों का एक उपन्यास लिख दिया। उसमें उन्होंने सिनेरियो लेखन कला में अपनी दक्षता का प्रयोग करके पाठक को कागज पर बनी एक फिल्म का रस प्रदान कर दिया। उनका यह उपन्यास राष्ट्रकवि मैथिलीशरण गुप्त को इतना पसंद आया कि उनके *बूँद और समुद्र* के प्रकाशन के बाद जब उन्हें साहित्य अकादमी पुरस्कार से सम्मानित करने की बात चली तो उनके इसी उपन्यास की सिफारिश की। यह उपन्यास उन्होंने 1958-59 के दौरान लिखा और *राजपाल* प्रकाशन से प्रकाशित हुआ। इस पर उन्हें उत्तर प्रदेश शासन का वर्ष 1962-63 का 'प्रेमचंद पुरस्कार' मिला।

इसी दशक के अंत में उन्होंने अपनी एक और अनूठी पुस्तक *ये कोठेवालियाँ* का लेखन आरंभ किया। राष्ट्रपति निर्वाचित होने के बाद डॉ. राजेंद्र प्रसाद फरवरी 1950 में पहली बार लखनऊ पधारे थे। उस समय अपने भाषण में उन्होंने स्वाधीनता आंदोलन काल में महात्मा गांधी द्वारा चलाए गए पतित बहनों (वेश्याओं) के उद्धार के कार्यक्रम की चर्चा की थी और बताया था कि एक बार उनके मन में इस कार्य को आगे बढ़ाने के लिए ऐसी बहनों से भेंट करके उनकी करुण गाथा समाज के सामने उजागर करने का विचार उठा था। परंतु बहुत से दूसरे कामों में फँसे रहने के कारण वह इस काम को आगे नहीं बढ़ा पाए। काश, हिंदी का कोई लेखक आज भी इस काम को उठा लेता। उनके इस भाषण को पढ़कर रुद्रनारायण शुक्ल के मन में चुहलबाजी सूझी। इस चुहलबाजी में हम लोगों की सायंकालीन मंडली के नेता भगवती बाबू का भी मौन समर्थन प्राप्त था। रुद्रनारायण ने दूसरे दिन *नवजीवन* में छपवा दिया कि लखनऊ के साहित्यकार अमृतलाल नागर ने इस काम का बीड़ा उठा लिया है। इस चुहलबाजी में मेरा सहयोग केवल इतना था कि मैंने समाचार *नवजीवन* में छपने के लिए पास कर दिया। मैं अमृतलाल के संवेदनशील स्वभाव को जानते हुए उनके साथ कभी कोई 'प्रेक्टिल जोक' नहीं करता था। रुद्रनारायण ने यह *समाचार प्रेस ट्रस्ट ऑफ इंडिया* के स्थानीय संवाददाता को भी प्रसारित करने के लिए दे दिया। हम लोगों का खयाल था कि इस समाचार के छपने पर कुछ दिन अच्छी चकल्लस रहेगी और अमृतलाल इस कार्य को गंभीरता से नहीं लेंगे। परंतु उन्होंने हम लोगों की चाल पर हमें उलटी मात दे दी। खबर छपने पर चौक में, हजरतगंज में जो परिचित मिलता, अमृतलाल से यही पूछता कि आपकी यह किताब कब तक छपेगी। हम भी उसे जरूर पढ़ेंगे। पहले तो कुछ दिन वह झेंपकर इस प्रश्न का उत्तर टाल देने की कोशिश करते रहे, फिर इस थोपे गए 'कमिटमेंट' को अपना 'कमिटमेंट' बना लिया। रुद्रनारायण को पता नहीं था कि अमृतलाल ने बंबई प्रवास काल में वेश्या जीवन पर *लूलू की माँ* शीर्षक से एक उपन्यास लिखने का विचार किया था। मुझे पता था। मैंने जब देखा कि

वह इस विषय पर गंभीरता से विचार करने लगे हैं तो मैं भी गंभीर हो गया। मैं उन्हें लाइब्रेरी से वेश्याजीवन के इतिहास तथा वेश्यावृत्ति पर समाजशास्त्रीय ढंग से लिखी गईं पुस्तकें ला-लाकर पढ़वाने लगा। हम दोनों ने अपने आरंभिक साहित्यिक जीवन में वेश्या जीवन पर एक मार्मिक उपन्यास पढ़ा था—कुप्रिन का *यामा द पिट*। इस उपन्यास की चर्चा मुझसे जैनेंद्र कुमार ने की थी और जैनेंद्र कुमार से प्रेमचंद ने इस उपन्यास को पढ़ने की सिफारिश की थी। वह उसे पढ़कर रो पड़े थे। मैंने जब अमृतलाल से इस उपन्यास की चर्चा की तो उसे खरीद लाए और फिर हम दोनों ने उसे पढ़ा और उस पर मुग्ध हो गए। हमारे मन में विचार उठा—काश हिंदी में भी ऐसा कोई उपन्यास होता।

अमृतलाल ने वेश्या जीवन पर अपनी पुस्तक का नाम तय कर लिया—*ये कोठेवालियाँ*। यह नाम हम तीनों को पसंद आया। *सुहाग के नूपुर* लिखने के बाद उन्होंने इस पुस्तक को उठा लिया। आरंभ में तय नहीं कर पाए कि पुस्तक को किस शैली में लिखा जाए। वेश्या जीवन संबंधी अल्प अनुभव के आधार पर *यामा* जैसा कोई उपन्यास लिखना संभव नहीं था। कुछ अध्याय समाज शास्त्रीय शैली में लिखे, परंतु पसंद नहीं आए। फिर उन्होंने संस्मरणात्मक शैली में पुस्तक आरंभ की। उनके पास वेश्याजीवन से संबंधित दो संस्मरण थे। एक तो *लूलू की माँ* और दूसरे *बद्रे मुनीर*। 1940 में जब वह बंबई गए थे और *इंडिया आर्टिस्ट* में ताला पड़ जाने पर आर्थिक तंगी के दिनों में अपने फिल्मी मित्र महेश कौल के साथ एक ही कमरे में गुजर करने के लिए विवश हो गए थे और दूसरा कमरा मकान-मालिक से कहकर किराए पर उठा दिया था। तो उसमें एक गोआनी दंपती आकर रहने लगे थे। दोनों का एक चार-पाँच बरस का बच्चा था जिसे माँ लूलू पुकारती थी। गोआनी युवक लंबी बेकारी से त्रस्त होकर परिवार का पेट पालने के लिए अपनी पत्नी लूलू की माँ से वेश्यावृत्ति कराने लगा और उनके पड़ोस में ही चकलाखाना चलने लगा। इससे दोनों मित्रों ने उस बिल्डिंग में रहना छोड़ दिया। इसी अनुभव के आधार पर उन्होंने कभी एक उपन्यास लिखने का मन बनाया था जिसमें वह वेश्याजीवन का आदि दिखाना चाहते थे। किस प्रकार एक शरीफ घराने की युवती पापी पेट के लिए वेश्या बनने के लिए मजबूर हो जाती है ? यह कहानी उन्होंने अब संस्मरणात्मक शैली में लिख डाली।

बद्रे मुनीर की जीवन गाथा उन्होंने उसी के मुख से 1937 के आसपास सुनी थी। वह वेश्यापुत्री नहीं थी। गाँव की एक गरीब लड़की थी। गरीबी के कारण उसके बाप ने रुपया लेकर उसका निकाह एक ऐसे युवक से कर दिया जो वास्तव में रंडियों का दलाल था। उसने अनवरी नामक एक प्रौढ़ा वेश्या की साझेदारी में चौक में कोठा ले रखा था। उसने बद्रे मुनीर को लाकर उसी कोठे पर रखा और उसे नाच-गाने की तालीम दिलवाकर तवायफ के पेशे में उतारने का निश्चय किया। तवायफ का पेशा देह-व्यापार करके जीविकोपार्जन करनेवाली वेश्याओं की अपेक्षा

इज्जतदार समझा जाता है। बद्रे मुनीर के दुर्भाग्य से उसे चेचक निकली और वह कुरूप हो गई। अतएव दुअन्नी-चवन्नीवाली रंडियों के मोहल्ले में जाकर देह-व्यापार करके जीविकोपार्जन करना पड़ा। वह सिफलिस की बीमारी से भयंकर रूप से ग्रस्त हो गई और बचने की आशा न रही। अमृतलाल ने जब मौत के बाद उसका बीभत्स चेहरा देखा तो उनके मुँह से बेसाख्ता चीख निकल पड़ी। वेश्याजीवन के इस करुण अंत को देखकर उनका हृदय भीतर से हिल उठा। उन्होंने एक समय *शकीला की माँ* लिखने के बाद, दुअन्नी-चवन्नीवाली रंडियों के जीवन पर भी कहानियाँ लिखने का मन बनाया था, किंतु लिख नहीं पाए। उन्होंने वेश्याजीवन के आदि और अंत के जो करुण चित्र देखे थे, उसे संस्मरणात्मक शैली में बड़े मार्मिक ढंग से शब्दबद्ध कर दिया।

इसके बाद फिर समस्या उठी, पुस्तक को आगे किस प्रकार बढ़ाया जाए। तभी बानक ऐसे बने कि लखनऊ की बहुत-सी तवायफें इंटरव्यू देने के लिए स्वयं उनके घर आने लगीं। दिसंबर 1958 में वेश्यावृत्ति पर अंकुश लगाने के उद्देश्य से पुलिस ने चौक में वेश्याओं के कोठे पर छापे डाले जिससे उनमें दहशत फैल गई। कानूनन वेश्याओं को नाच-मुजरा करके जीविकोपार्जन की छूट थी। लखनऊ की कुछ नामी तवायफों ने जनवरी 1959 में चौक के अकबरी दरवाजे के पास एक सार्वजनिक महफिल की। अमृतलाल ने भी एक मित्र को साथ में लेकर एक तमाशबीन की हैसियत से उस महफिल का मुआयना किया। अगस्त में डेरेदार तवायफों के यूनियन की सिनजदा अध्यक्षा कुछ नामी वृद्धा गायिकाओं और नर्तकियों के दल के साथ एक डेपुटेशन लेकर उनके घर आईं। उनके मन में रूप के बाजार पर पुलिस के दूसरे छापे की अफवाहों से दहशत समाई थी। अमृतलाल चौक क्षेत्र के और नगर के एक अत्यंत प्रतिष्ठित नागरिक थे। अखबारों में उनका नाम छपता था। मुख्यमंत्री निवास और राजभवन में उनका आना-जाना था। ऊँचे-ऊँचे अधिकारी भी उनकी इज्जत करते थे। डेरेदार तवायफों द्वारा डेपुटेशन लेकर आने का मकसद यह था कि उन्हें अपना सरपरस्त बनाकर अपनी गुहार उच्च अधिकारियों तक पहुँचावें। अमृतलाल ने उन्हें अपनी सहानुभूति प्रदान की और उनकी विपत्ति गाथा जनता के दरबार के सामने लाने में अपने सहयोग का आश्वासन दिया।

इसके बाद प्रतिदिन उनके निवास स्थान पर दोपहर दो बजे से शाम पाँच-साढ़े पाँच बजे तक वेश्याओं के तीन-तीन, चार-चार के दल से इंटरव्यू लेने का कार्यक्रम चला। उन्होंने यह कार्यक्रम इस प्रकार बनाया था कि शाम को हम लोगों के पहुँचने से पहले उनका कार्य समाप्त हो जाता था। प्रतिभा उनके निजी सहायक का कार्य करती थीं। जिन प्रश्नों के उत्तर वह उनके मुँह से निकलवा न पाते थे, वे निकलवा लेती थीं। उन्होंने इंटरव्यू के लिए एक प्रश्नावली तैयार कर ली थी। उसके आधार पर उन्होंने वेश्या जीवन के संबंध में समाजशास्त्रीय अध्ययन की

दृष्टि से महत्त्वपूर्ण सामग्री उसी प्रकार बटोरी जिस प्रकार कुछ समय पहले अवध के गाँव-गाँव में घूमकर गदर संबंधी जानकारी बटोरी थी।

इसके बाद तो पुस्तक अपने-आप उनसे अपने को लिखवाती गई। उन्होंने पहले से योजना बनाकर किसी विधा विशेष का अनुसरण नहीं किया। जिस विधा में सामग्री को रोचक ढंग से प्रवाहपूर्ण शैली में प्रस्तुत कर सके, उसी में लिखते गए। उन दिनों पढ़ीसजी का पुत्र लवकुश दीक्षित उनका लिपिक था। उसने बताया कि उसके गाँव के पास एक पतुरियन पुरवा है, जहाँ ग्रामीण वेश्याओं के कई घर हैं। अमृतलाल ने अपनी पुस्तक में ग्रामीण वेश्याजीवन का चित्र प्रस्तुत करने के लिए लवकुश को अपनी प्रश्नावली के साथ पतुरियन पुरवा भेजा और वहाँ से वह जो विवरण लाया, अपनी पुस्तक में सम्मिलित कर लिया।

उत्तर प्रदेश का सबसे प्राचीन नगर बनारस अनेक शताब्दियों से नृत्य और गायन कला में प्रवीण, गुणी वेश्याओं का केंद्र रहा है। यहाँ नृत्य-संगीत कला के अनेक कुशल जानकार और पारखी रईस भी प्राचीन काल में रहते थे। अतएव बनारस की महफिलों और प्राचीन नामी वेश्याओं के संबंध में जानकारी बटोरने के लिए अमृतलाल स्वयं दिसंबर में वहाँ गए और बेढब बनारसी के साथ ठहरे। वह उन्हें सिद्धेश्वरी देवी से मिलाने स्वयं उनके घर ले गए। उन्होंने विद्याधरी देवी से मिलने के लिए सिद्धेश्वरी देवी के साथ उनके गाँव की यात्रा की। रास्ते में सिद्धेश्वरी देवी ने उनसे कहा कि आप बहुत बड़े सामाजिक उपकार का कार्य कर रहे हैं। प्रतिभा ने जिस रीति से हौसला दिखाकर एक युवती को वेश्या बनने से बचा लेने और एक वेश्यापुत्री को वेश्या जीवन के नरक से निकलने में सहायता प्रदान की, उसकी बड़ी प्रशंसा की। स्वाधीनता आंदोलन काल में जिस समय गांधी जी ने बनारस में वेश्याओं की सभा की थी और उनसे वेश्यावृत्ति त्याग देने की अपील की थी, उस सभा में विद्याधरी देवी भी उपस्थित थीं। उनकी अपील से प्रभावित होकर विद्याधरी देवी ने महफिलों में राष्ट्रीय भावनाओं के गीत गाने शुरू कर दिये थे।

अमृतलाल ने अपनी पुस्तक लगभग साल भर में लिख डाली। जैसे-जैसे लिखते गए, *नई कहानियाँ* में छपने के लिए देते रहे। पुस्तकाकार 1960 में छपी। वाचस्पति पाठक के परामर्श से उसे प्रकाशन के लिए *लोकभारती प्रकाशन* को दे दिया। पुस्तक के लेखन में उन्हें अपनी जीवनसंगिनी प्रतिभा से जो रचनात्मक सहयोग प्राप्त हुआ, उसे देखते हुए रामविलास शर्मा के सुझाव पर उन्हें समर्पित की। रामविलास शर्मा *गदर के फूल* के साथ-साथ *ये कोठेवालियाँ* उनकी एक महत्त्वपूर्ण पुस्तक मानते हैं। अमृतलाल नागर रचनावली की भूमिका में लिखा है—*गदर के फूल* और *ये कोठेवालियाँ* के इतिहास विवेचन के कुछ अंश निकाल दिए जाएँ तो कलात्मक यथार्थवादी लेखन में अमृतलाल प्रेमचंद और निराला दोनों से आगे बढ़ते हुए दिखाई देंगे।

अमृतलाल ने अपना साहित्यिक जीवन एक कहानी लेखक के रूप में आरंभ किया था और कहानियाँ लिखना कभी छोड़ा नहीं। किंतु सन् 50 के दशक तक पहुँचते उन्होंने वह जमाना देखा जब कहानी पुस्तकें बहुत कम बिकने लगीं और कोई प्रकाशक उन्हें छापने के लिए जल्दी तैयार नहीं होता था। 1957 में उनका कहानी संग्रह *एक दिल हजार दास्ताँ* लखनऊ के एक अज्ञातनामा प्रकाशक ने छापा। सोलह साल पहले 1941 में *तुलाराम शास्त्री* के छपने के बाद यह उनका चौथा कहानी संग्रह था। इसे उन्होंने उस काल की दो प्रमुख महिला कहानी लेखिकाओं उर्दू की रज़िया सज्जाद जहीर और हिंदी की चंद्रकिरण सोनरेक्सा को सप्रेम भेंट किया। इस संग्रह में सम्मिलित *एक दिल हजार दास्ताँ* उनकी एक अनूठी कहानी है और 1951 में ख्वाजा अहमद अब्बास द्वारा संपादित *सरगम* में छपी थी। *रोजमर्राह* 1954 में आयोजित लखनऊ रेडियो के हास्य सम्मेलन और *दफीने की खुदाई* इलाहाबाद रेडियो के गप्प सम्मेलन में पढ़ी गई थी। *पड़ोसन की चिट्ठियाँ* दिल्ली रेडियो से प्रसारित हुई थी। *मेरे आदि गुरु* 1955 के *धर्मयुग* के होली अंक के लिए लिखी गई थी। मैंने 1949-50 के दौरान *नवजीवन* के तीन विशेषांक गांधी जयंती, नेहरू जयंती तथा होली पर निकाले थे। *नाश और निर्माण* गांधी जयंती विशेषांक में तथा *किस्सा बी सियायत भठियारिन और एडीटर बुल्लेशाह का* होलिकांक में छपी थी। *मुल्लर की महतारी, दो आस्थाएँ, बंदिनी* और *मलका टूरिया का बेटा* उनके जू म्यूजियम रजिस्टर की सामग्री के आधार पर लिखी गई थीं। *मल्का टूरिया का बेटा* की सामग्री का उपयोग उन्होंने *बूँद और समुद्र* के बाद के अपने दूसरे प्रसिद्ध उपन्यास *अमृत और विष* में भी किया। *अगति-गति* का लेखन लघु उपन्यास के रूप मे आरंभ किया था जिसे बाद में कहानी का रूप दे दिया।

इस कहानी संग्रह से पहले *एटम बम* शीर्षक से उनका एक और कहानी-संग्रह अजमेर के एक प्रकाशन द्वारा प्रकाशित हुआ, इसकी कहानियों का चयन मैंने किया था। इसमें मैंने उनके बंबई प्रवास काल में लिखी कहानियाँ सम्मिलित कर दी थीं। *एटम बम* 1946 में *नया साहित्य* में छपी थी। *मरघट के कुत्ते* उनकी बीभत्स रस और करुण रस मिश्रित एक अद्‌भुत कहानी है और पहली बार नरोत्तम नागर द्वारा संग्रहीत कहानी संग्रह *वर्जित प्रदेश* में छपी थी। *14 अप्रैल* उन्हीं के द्वारा संपादित *अभ्युदय* में छपी थी। *जय-पराजय* पहली बार *हिंदू-मुसलमान* शीर्षक से मेरे द्वारा संपादित *लहर* में उपन्यासांश के रूप में छपी थी। बाद में उन्होंने इसे कहानी का रूप दे दिया और जून 1953 की *सविता* में छपी। *सूखी नदियाँ* 1951 में इलाहाबाद से इलाचंद्र जोशी के संपादन में निकलनेवाले *साप्ताहिक संगम* में छपी। *डॉक्टर फरनीचरपलट* भगवती बाबू द्वारा संपादित *उत्तरा* के अक्टूबर 1952 के अंक में छपी। *क्लार्क ऋषि का शाप* उसी वर्ष बंबई प्रवास काल में लिखी गई। यह एक फैंटेसी थी। इसमें उन्होंने कल्पना की थी कि सन् 5951 ई. में बृहस्पति लोक युनिवर्सिटी के एक पुरातत्त्ववेत्ता पृथ्वी पर आते हैं और ईसा की बाईसवीं शताब्दी

में पृथ्वी और मंगल लोकों के बीच होनेवाले महायुद्ध में वीरान हो गए बंबई द्वीप के कल्याण नगर के ध्वंसावशेषों का अन्वेषण करके पता लगाते हैं कि उस समय इस पृथ्वी पर दूसरों का रक्त शोषण करके जीनेवाले खटमल जाति के मनुष्य निवास करते थे। उन्होंने कहानी में कल्पना की थी कि मध्यमवर्ग के शोषित क्लर्क लोगों की जीवात्मा ने *क्लार्क ऋषि* के रूप में जन्म लिया और उन्हीं के शाप से पृथ्वी के शोषक खटमल जाति के मनुष्यों की सभ्यता नष्ट हो गई। इस संग्रह में मैंने अमृतलाल की 1937 से 1952 तक की कहानी यात्रा का चित्र प्रस्तुत करने के लिए उनकी 1937 की लिखी दो कहानियाँ—*जंतर-मंतर* और *बेबी की प्रेम कहानी* भी दे दी थी। इस पुस्तक को उन्होंने मथुरा के एक सम्मानित नागरिक लक्ष्मणप्रसाद नागर को समर्पित किया जो बाद में उनके समधी बने। उनके ज्येष्ठ पुत्र विमलकांत से उनकी पुत्री अचला का विवाह हुआ।

सन् '50 के दशक में अमृतलाल का सर्जनात्मक मन साहित्य-सर्जन के साथ-साथ नाट्यकर्म में भी दीवानगी की हद तक जुड़ा रहा। उन्हें नाटक के 'जीन्स' अपने पूज्य पिता राजाराम नागर से प्राप्त हुए। उन्होंने इस शताब्दी के आरंभिक दशकों में माधव शुक्ल से प्रेरणा प्राप्त कर उन्हीं के द्वारा लिखित तथा निर्देशित *महाभारत पूर्वार्द्ध* में अर्जुन, राधाकृष्ण दास लिखित *राणा प्रताप* में महाराणा प्रताप, *सत्य हरिश्चंद्र* में राजा हरिश्चंद्र, द्विजेंद्रलाल राम लिखित *मेवाड़पतन* में अमर सिंह तथा शिवनाथ शर्मा लिखित *वीर बनवीर* में बनवीर की प्रधान भूमिकाएँ अभिनीत कर नगर में शौकिया रंगमंच को गति दी।

बंबई से लौटने पर अमृतलाल ने अपने नगर में माधव शुक्ल द्वारा स्थापित परंपरा को आगे बढ़ाया। बंबई में उन्होंने मराठी रंगमंच का समुन्नत रूप देखा था, अनेक प्रमुख मराठी नाट्यकर्मियों तथा नाटककारों के संपर्क में आए थे। वह अपने प्रदेश में भी एक समुन्नत हिंदी रंगमंच का सपना देखते थे। उनके निर्देशन में 1953 में *भारतीय जन नाट्य संघ* (इप्टा) के तत्त्वावधान में प्रेमचंद की कहानी *ईदगाह* का रजिया सज्जाद जहीर द्वारा किया नाट्य रूपांतरण मंचित हुआ। नाटक का पर्दा उठने से ठीक पहले जिला मजिस्ट्रेट के द्वारा स्वतंत्रता पूर्व बने ड्रामा परफार्मेंस एक्ट के अंतर्गत नाट्य प्रदर्शन पर प्रतिबंध लगा दिया गया। उत्साही रंगकर्मियों ने इस प्रतिबंध की अवहेलना करके नाटक खेला। फलस्वरूप अमृतलाल नागर, रजिया सज्जाद जहीर आदि रंगकर्मियों पर मुकदमा चला। जस्टिस आनंदनारायण मुल्ला ने देश के नए संविधान के अंतर्गत ब्रिटिश काल में बने एक्ट को असंवैधानिक करार दिया।

रेडियो के ड्रामा प्रोड्यूसर बनने पर अमृतलाल ने रेडियो से जुड़े राधे बिहारी, लल्लन, मुख्तार आदि नवयुवा नाट्यकर्मियों का एक दल संगठित किया और उन्हें नई शैली के नाटक खेलने के लिए प्रोत्साहित किया। 1954 में बाढ़ सहायता कार्य के लिए एक घंटे का नाटक खेलने का कार्यक्रम बनने पर उनके लिए स्वयं एक

नाटक *परित्याग* लिखा और वह उन्हीं के निर्देशन में चारबाग के रेलवे इंस्टीट्यूट हॉल में मंचित हुआ।

इससे पहले जब नवयुग कन्या महाविद्यालय के भवन निर्माणार्थ चंदा एकत्र करने हेतु नाटक खेलने का आयोजन हुआ, तब भी उनके निर्देशन में विष्णु प्रभाकर द्वारा रूपांतरित नाटक *होरी* मंचित हुआ। इसका शीर्षक उन्होंने बदलकर *गोदान* रख दिया। इस नाटक में उन्होंने नगर में पहली बार रिवॉल्विंग सेट का प्रयोग किया।

1955 में इलाहाबाद में महादेवी वर्मा द्वारा हिंदी रंगमंच की पुनर्स्थापना का सपना लेकर खड़ी की गई नाट्य संस्था 'रंगवाणी' के उद्घाटन अवसर पर उन्हीं के निर्देशन में और उन्हीं के द्वारा लिखा गया भारतेंदु की जीवनी पर आधारित नाटक *युगावतार* मंचित हुआ। इसमें उन्होंने दृश्यांतर के लिए 'नेट कर्टेन' (जाली के परदे) का प्रयोग किया।

1956 में उनके निर्देशन में सर्वदानंद वर्मा द्वारा लिखित नाटक *चेतसिंह* का सफल मंचन हुआ। इस नाट्य प्रदर्शन को देखने के लिए दर्शकवृंद में मुख्यमंत्री डॉ. संपूर्णानंद भी उपस्थिति थे। नवंबर 1958 में उनके निर्देशन में भगवतीचरण वर्मा द्वारा लिखित नाटक *रुपया तुम्हें खा गया* बड़े प्रभावशाली ढंग से प्रस्तुत किया गया। इसमें उन्होंने पहली बार ट्रॉली सेट का प्रयोग किया।

अमृतलाल ने लखनऊ रेडियो के लिए दो दर्जन से अधिक छोटे-बड़े नाटक लिखे, जिसमें से अनेक का उन्होंने निर्देशन और प्रस्तुतीकरण किया। अधिकांश नाटक उस समय लिखे गए जब गिरिजाकुमार माथुर प्रोग्राम एक्जीक्यूटिव और भारतभूषण अग्रवाल प्रोग्राम असिस्टेंट थे। एक बार मेरी उपस्थिति में गिरिजाकुमार माथुर से उनकी इस बात पर जोरदार बहस छिड़ गई थी कि रेडियो नाटक चूँकि संवाद तथा ध्वनि प्रधान होते हैं, अतएव उसमें किसी गूँगे पात्र को प्रधान पात्र बनाकर नहीं प्रस्तुत किया जा सकता। अमृतलाल ने कहा—"मैं ऐसा करके दिखा सकता हूँ।" उन्होंने रेडियो नाटक 'गूँगी' लिखा। उसकी प्रधान पात्री एक मध्यमवर्गीय परिवार की गूँगी बहू थी जो ससुराल में हर व्यक्ति द्वारा प्रताड़ित की जाती है। उसके साथ नौकरानी से भी बुरा व्यवहार किया जाता है। पति और सास दोनों उस पर अत्याचार करते हैं, उसे पीटते हैं। वह केवल आह, ऊह, कराह आदि ध्वनियों से अपनी उपस्थिति का अहसास कराती है। उसका अत्यंत हृदयद्रावक चरित्र-चित्रण दूसरे पात्रों के वर्णन के द्वारा उभरता है और श्रोताओं को भावाभिभूत कर देता है। अमृतलाल द्वारा लिखित एवं निर्देशित यह अद्भुत रेडियो नाट्य प्रयोग था। उस काल में रेडियो नाटक लाइव ब्रॉडकास्ट होते थे। पूर्व रिकार्डिंग की व्यवस्था नहीं थी, अतएव इस नाटक का कोई ध्वनि-आलेख सुरक्षित नहीं रखा जा सका। अमृतलाल ने जब यह नाटक लिखा, बड़ी कड़की के दौर से गुजर रहे थे। जो पांडुलिपि तैयार करते थे, रेडियोवालों को दे देते थे, अपने पास कोई प्रतिलिपि

सुरक्षित नहीं रख पाते थे। रेडियो में भी उस नाटिका की कोई टाइप की हुई प्रतिलिपि सुरक्षित नहीं रखी जा सकी।

अमृतलाल ने रेडियो के निमंत्रण पर जिन नाटकों का लेखन, निर्देशन और प्रस्तुतीकरण किया, उनमें से कुछ बहुचर्चित और बहुप्रशंसित नाटकों में *गूँगी* के अतिरिक्त, *चक्करदार सीढ़ियाँ और अँधेरा, शैतान की दुनिया, सुहाग के नूपुर, बेगम समरू* आदि के नाम मेरी स्मृति में अंकित हैं। अपनी ड्रामा प्रोड्यूसरी के काल में उन्होंने लखनऊ रेडियो स्टेशन से प्रसारित नाटकों की अलग पहचान बनाई। उनकी दो बहुचर्चित नाट्य प्रस्तुतियाँ डॉ. संपूर्णानंद के अंतरिक्ष यात्रा संबंधी वैज्ञानिक उपन्यास *पृथ्वी से सप्तर्षि मंडल* का नाट्य रूपांतरण तथा दुर्गाप्रसाद खत्री के लोकप्रिय जासूसी उपन्यास *सफेद शैतान* का रेडियो रूपांतरण था।

अमृत और विष तथा एकदा नैमिषारण्ये

बूँद और समुद्र के प्रकाशन के बाद अमृतलाल की गणना हिंदी के प्रथम पंक्ति के उपन्यास लेखकों में होने लगी। इसके बावजूद उनकी रोज कुआँ खोदने और पानी पीनेवाली स्थिति बनी रही। जब कोई नई पुस्तक लिखते थे तो उसके लिए नया प्रकाशक ढूँढ़ते थे, इसलिए पुस्तकों की रॉयल्टी से कोई बँधी आमदनी नहीं हो पाती थी जिससे गृहस्थी के खर्च की तरफ से निश्चिंत हो सकें। जिस समय स्वतंत्र भारत में अपनी लेखनी के माध्यम से अपने देश और समाज की नवरचना में अपना योगदान करने का संकल्प किया था, उस समय उन्होंने अपने लिए एक चप्पल-चटकाऊ लेखक की हैसियत से अधिक की कामना नहीं की थी। साहित्यिक फकीरी और फाकेमस्ती का जीवन स्वेच्छा से ग्रहण किया था, बँगला-मोटर की कोई चाहना नहीं थी। सिर्फ अपनी पुस्तकों की रॉयल्टी से इतनी आय चाहते थे कि गृहस्थी चल सके, बच्चों को ऊँची शिक्षा देकर उनका भविष्य निर्माण कर सकें, इच्छावत् आवश्यक पुस्तकें खरीद सकें और देश-भ्रमण करके ज्ञानार्जन कर सकें। परंतु यह चाहना भी लगभग दो दशक तक सपना बनी रही। हर प्रकाशक नए उपन्यास की माँग करता था और नया उपन्यास लिखने में समय लगता था। ढाई-तीन साल का समय लग जाना तो मामूली बात थी, अधिक भी लग जाता था। किंतु इस बीच खाएँ क्या ? इसलिए स्फुट लेखन करना पड़ता था। प्रायः एक बड़ा उपन्यास समाप्त करने और दूसरा बड़ा उपन्यास उठाने से पहले बीच में एक-दो छोटे उपन्यास या अन्य पुस्तकें लिखते रहते थे। साप्ताहिक और मासिक पत्रों और रेडियो के लिए लिखते थे। वह अपनी हर रचना को पूर्व रचना से इक्कीस बनाने का प्रयत्न करते थे, नए शिल्प का प्रयोग करते थे, किसी थीम को रिपीट नहीं करते थे। बराबर यही प्रयत्न करते थे कि उनकी कलम से ऐसी कोई चीज न निकले जो पारखी की नजरों में खरी न उतरे।

बच्चे बड़े होते जा रहे थे और उसी के साथ उनका गार्हस्थिक उत्तरदायित्व भी बढ़ता जा रहा था। मई 1958 में उनकी पुत्री अचला का विवाह हुआ। उस समय वह बी.एस-सी. में पढ़ रही थी, विवाह के साल भर बाद बी.एस-सी. किया। परिवार में उनकी बुआ के विवाह के पचासेक साल बाद बेटी का विवाह हो रहा

था। उनके विवाह की भाँति अचला के विवाह में भी बारात पाँच दिन ठहरी। अमृतलाल जिस प्रकार नाटक का प्रस्तुतीकरण करते समय एक-एक कील-काँटे का ध्यान रखते थे अथवा उपन्यास लिखते समय उसका खाका मन में पहले से बना लेते थे, उसी प्रकार उन्होंने विवाह की तैयारी के लिए जनवासे का प्रबंध, खाने-पीने का मेनू, बारातियों को स्टेशन से जनवासा भोलानाथ की धर्मशाला तक लाने, उन्हें नगर-भ्रमण कराने तथा वापसी में स्टेशन तक पहुँचाने की यातायात व्यवस्था, भट्टीखाने की देखभाल आदि के संबंध में पारिवारिक बैठकों में निर्णय ही नहीं लिये, सारा काम बाँटकर अलग-अलग आदमियों का पार्ट अलग-अलग कॉपियों में टाँक दिया। खर्च का भी एक मोटा तखमीना लगाया। इसके बाद उन्होंने धन संग्रह के लिए प्रकाशकों को रॉयल्टी का पैसा चुका देने तथा रॉयल्टी खाते में कुछ एडवांस की रकम भेजने के लिए पत्र लिखे, स्वयं इलाहाबाद तथा बंबई की यात्राएँ कीं। एक कुशल तथा दूरदेश गृहिणी होने के नाते प्रतिभा विवाह के लिए बहुत-सी तैयारी विवाह से पहले आरंभ कर देती थीं, एक विवाह संपन्न होने के बाद दूसरे विवाह की तैयारी करने लगती थीं। विवाह संबंध भी वही स्थिर करती थीं, अमृतलाल सिर्फ मोहरे इलाही लगाते थे। बजट में जितना रुपया अमृतलाल नहीं जुटा पाए उन्होंने अपने साधनों, से गहने आदि बेचकर जुटाया।

अमृतलाल ने बंबई प्रवास में अपनी फिल्मी कमाई से एक ही बचत की थी। नरेंद्र शर्मा के साथ उनके द्वारा खार में मकान का प्लॉट खरीदे जाने पर उनके प्लॉट के बगल में एक प्लॉट रतन के नाम से खरीद लिया था। अमृतलाल और उनके दोनों भाइयों की जोड़ी राम-लक्ष्मण-भरत की जोड़ी के रूप में सरनाम थी। रतन ने जब अपने पितृतुल्य बड़े भाई को अपनी भतीजी के विवाह खर्च के लिए धन-संग्रह की चिंता से ग्रस्त देखा तो अमृतलाल को बिना बताए अपने नाम का वह प्लॉट बेच दिया और रुपया अपने साथ लेता आया। विवाह समारोह में भाग लेने के लिए जब तक वह लखनऊ आया तब तक अमृतलाल विवाह खर्च की चिंता से मुक्त हो गए थे। सारा प्रबंध उनके और प्रतिभा के संयुक्त उद्योग से हो गया था। उस समय बंबई में जमीन की कीमत दिन दूनी रात चौगुनी बढ़ती जा रही थी। उस प्लॉट की जमीन खरा सोना थी, इसलिए अमृतलाल को उसके बेच दिए जाने पर गहरा पछतावा हुआ।

अचला का विवाह उसी धूमधाम तथा शान-शौकत से हुआ जिस प्रकार 27 साल पहले अमृतलाल का विवाह हुआ था। समधी साहब तथा सभी बाराती खातिरदारी तथा विवाह प्रबंध से बड़े संतुष्ट थे। मदन ने विवाह मंडप की सज्जा जिस कलात्मक और सुंदर सुरुचिपूर्ण ढंग से की थी वह मुग्ध करनेवाली थी। उसने तथा उसके साथी आदि चित्रकार मित्रों ने अल्पना की जो सजावट की थी उससे आँगन की शोभा और सज्जा किसी कलात्मक चित्र प्रदर्शनी जैसी लगती थी। सारे आयोजन में कहीं भोंडेपन अथवा कुरुचिपूर्ण वैभव प्रदर्शन का स्पर्श मात्र न था।

सादगी और सुरुचि सारी सजावट का प्राण थी। मदन ने विवाह मंडप में रखे जानेवाले मंगलघटों पर भी सुंदर लोक-कलात्मक शैली की चित्रकारी कर दी थी। ये मंगलघट बाद में अमृतलाल के ड्राइंगरूम की शोभा बने। प्रसिद्ध मूर्ति शिल्पी श्रीधर महापात्र ने उन्हें अपने द्वारा बनाई गई नृत्यरत गणेशजी की अत्यंत सुंदर चित्ताकर्षक मूर्ति भेंट कर दी थी। उनके लिए अमृतलाल ने कला महाविद्यालय के शिल्पियों से एक सुंदर शीशे की कलात्मक मंदिरनुमा आलमारी बनवा ली थी। गणेशजी को उसी में आसीन कर दिया था। आलमारी के ऊपर बिजली के छोटे-छोटे बल्बों की बंदनवार जैसी सजावट कर दी थी। ये बल्ब चौबीसों घंटे जलते रहते थे। मंगलघटों को गणेशजी की शीशे की अलमारी के दोनों ओर सजा दिया गया था। उनके ड्राइंग रूम में प्रवेश करते ही सामने गणेशजी की भव्यमूर्ति के दर्शन होते थे। बाईं ओर दो-तीन तख्तों को मिलाकर अमृतलाल की बड़ी-सी मसनद बिछी थी। दाहिनी ओर सोफा सेट लगा था। अपने हिंदी प्रेम का परिचय देते हुए उन्होंने अपने ड्राइंगरूम की दीवाल घड़ी का डायल भी हिंदी में करवा लिया था। उनका सारा ड्राइंगरूम किताबों, साहित्यकारों के चित्रों और लखनऊ के ईस्वी पूर्व छठी-सातवीं शताब्दी तक के प्राचीन इतिहास का परिचय देनेवाले पुरातात्त्विक अवशेषों से गँजा था। उनका ड्राइंगरूम पुस्तकालय, अजायबघर तथा चित्रशाला का मिला-जुला रूप था। इसलिए मैंने उनके बैठके का नाम विचित्रालय रख दिया था और उन्हें विचित्राध्यक्ष की उपाधि प्रदान कर दी थी।

अमृतलाल ने शाहजी की कोठी विशेष रूप से अचला के विवाह के लिए किराए पर ली थी। इसके विशाल आँगन में आसानी से दो-तीन सौ आदमी बैठ सकते थे। मिर्जामंडी चौक की सकरी गली में लगभग सौ-डेढ़ सौ कदम चलकर एक ऊँचा-लंबा-चौड़ा चबूतरा और उस चबूतरे पर हवेली का भीमकाय फाटक। फाटक से घुसते ही एक लंबी-चौड़ी दहलीज और दहलीज से उतरते ही बहुत ही लंबा-चौड़ा आँगन। आँगन पार करके रोमन शैली के ऊँचे-ऊँचे खंभों पर टिका हुआ लंबा-चौड़ा बरामदा ओर बरामदे से लगा ऊँचे पटाव का और झिलमिलीदार दरवाजोंवाला लंबा-चौड़ा बैठकखाना, जिसे एक पार्टीशन वॉल के द्वारा दो हिस्सों में बाँट दिया गया था।

शाहजी की यह कोठी वास्तव में चार आँगन और पाईनबाग से युक्त नवाबी जमाने की बनी हवेली का एक भाग थी। यह हवेली उन्हीं शाह बिहारीलाल की थी जिन्होंने वृंदावन में बिहारीजी का प्रसिद्ध मंदिर बनवाया। ललित किशोरी और ललित माधुरी के उपनाम से कविता करनेवाले और आजीवन वृंदावन में वास करने का व्रत ले लेनेवाले शाह कुंदनलाल और शाह फुंदनलाल उन्हीं के पौत्र थे। इलाहाबाद बैंकवाली कोठी तथा उसके बाद जैतलीवाले मकान में रहते समय यदि इतिहास अमृतलाल का पड़ोसी था तो शाहजी की कोठी में वह इतिहास में निवास करते थे। गदर के समय विप्लवकारी इस कोठी में तीन दिन तक रहे थे। बेगम

हजरत महल ने लखनऊ से भागते समय एक रात इस कोठी में निवास किया था। गदर दबा दिए जाने पर इस कोठी पर यूनियन जैक फहराता था और अंग्रेजों के कत्लेआम से बचने के लिए लखनऊ के सैकड़ों नागरिकों ने इस कोठी में शरण ली थी।

यह कोठी वास्तव में पुरानी हवेली की बारहदरी थी। अमृतलाल ने मकान मालिक से सुना था कि इस बारहदरी के आँगन में आएदिन महफिलें होती थीं जो आठ-आठ दिन चलती थीं। इन महफिलों के लिए आँगन पर शामियाना तान दिया जाता था और उसे झाड़-फानूस, कद्दआदम आईनों, मीठी बोली बोलनेवाले रंग-बिरंगे पक्षियों के पिंजड़ों, कीमती कालीन और जालीदार परदों की महराबों से सजाया जाता था। आँगन के तीन ओर जो कमरे बने थे, वे वास्तव में घर की स्त्रियों के लिए परदे में बैठकर महफिल का आनंद लेने के वास्ते बनाए गए थे। इस बारहदरी के बगलवाले हिस्से में मकान मालिक रहते थे। उसका आँगन अपेक्षाकृत छोटा था। उसमें बीचोबीच फोव्वारा लगा छोटा सा तालाब था। कोठी के इसी हिस्से में सत्यजीत राय की *शतरंज के खिलाड़ी* और शशिकपूर की *जुनून* की शूटिंग हुई थी। उन दिनों अमृतलाल का बैठका शशि कपूर तथा दूसरे अभिनेताओं का विश्रामालय बन गया था।

अमृतलाल के बैठके के बगल का कमरा उनके ज्येष्ठ पुत्र बब्बनलाल (कुमुद) का था। अपने पिता की भाँति अमृतलाल भी अपने ज्येष्ठ पुत्र से अपेक्षा करते थे कि वह ऊँची शिक्षा प्राप्त करके पी-एच.डी. करें, आर्कियालॉजी में स्पेशलाइज करके आर्कियालॉजिस्ट बने। किंतु उसने भी अपने रक्त में अपने यशस्वी दादाजी और पिताजी से नाटक के 'जीन्स' प्राप्त किए थे। जिस समय उसकी बी.एस-सी. प्रैक्टिल परीक्षा होनेवाली थी, वह दो दिन पहले तक नाटक कराने में व्यस्त रहा था, किताबों पर नजर डालने की फुरसत नहीं मिली थी। उसमें नाट्य निर्देशन, नाट्य लेखन तथा उपन्यास लेखन की जन्मजात प्रतिभा है। उसने रेडियो तथा टी. वी. दोनों में ड्रामा प्रोड्यूसर के रूप में अपनी अलग जगह बनाई। वह मूर्तिकार भी है। जब एंथ्रोपोलॉजी में एम.ए. कर रहा था तो एक आदिवासी युवती का बस्ट बनाया था जो अमृतलाल के ड्राइंग रूम की शोभा थी। अमृतलाल को पता भी नहीं था कि वह रेडियो में कैजुअल आर्टिस्ट के रूप में कार्य करने लगा है। एक दिन एक टॉक रिकार्ड कराने रेडियो स्टेशन गए, तब पता चला। लौटकर समझाने की कोशिश की कि तुम रेडियो की नौकरी करके अपनी प्रतिभा का विकास नहीं कर सकोगे। किंतु बब्बनलाल अपने पूज्य पिताजी के पुत्र थे। जिस प्रकार अमृतलाल पर अपने पिता की शिक्षाओं का असर नहीं पड़ा, उसी प्रकार उस पर भी नहीं पड़ा। उसका विवाह अचला के विवाह के साल भर बाद हुआ। उसके विवाह में मैं भी बारात में बूँदी गया था। बब्बनलाल लंबे समय तक रेडियो स्टेशन से जुड़े रहे। दिल्ली रेडियो स्टेशन से विविध भारती कार्यक्रम के अंतर्गत रात में सवा नौ

बजे हास्यरस के नाटक का कार्यक्रम होता था। इन नाटकों का निर्देशन प्रायः बब्बनलाल करते थे। मैं इन्हें नियमित रूप से सुनता था। यह कार्यक्रम बहुत ही लोकप्रिय था। लखनऊ टी.वी. से जुड़ने पर बब्बनलाल ने हास्यरस के बहुत से नाटक प्रस्तुत किए। जिन्होंने नाटकों के क्षेत्र में लखनऊ टी.वी. की अलग पहचान बनाई।

अमृतलाल के छोटे पुत्र शरद् ने रसायन शास्त्र में एम.एस-सी. करने के बाद पी-एच.डी. भी की। किंतु नाटक के 'जीन्स' उसके रक्त में भी थे। शिक्षा समाप्त करने के बाद वह लखनऊ रहने लगा, और उत्तर प्रदेश संगीत नाटक अकादमी से जुड़ गया। अमृतलाल की सास भी उसके साथ आगरा छोड़कर लखनऊ आ गईं। शाहजी की कोठी में दहलीज के ऊपर जो कमरा था, वह शरद् का कमरा बन गया। इसके दरवाजे एक तरफ गली में और दूसरी तरफ आँगन में खुलते थे। लखनऊवासी बनने के बाद शरद् ने अमृतलाल के निजी सहायक का सारा कार्यभार सँभाल लिया। वह अत्यंत्र व्यवस्थाप्रिय तथा दफ्तरी कार्य में अत्यंत कुशल है। उसने अपनी पी-एच.डी. डिग्री का उपभोग अमृतलाल के उपन्यासों पर शोध कार्य करनेवाले छात्रों का मार्ग निर्देशन करके उनको पी-एच.डी. की डिग्री हासिल करा देने में किया। उसका विवाह बब्बनलाल के विवाह के छह साल बाद हुआ। दोनों के विवाह नानी की ओर से हुए।

मदन, अचला के विवाह से दो साल पहले आर्ट कॉलेज में लेक्चरर नियुक्त हो गया। जब अमृतलाल ने जैतलीवाला मकान छोड़ा तो वह उनकी अनुमति से आर्ट कॉलेज के अध्यापक निवास में रहने लगा। उसने चित्रकला में रुचि रखनेवाली भटनागर परिवार की एक सुशिक्षित सुसंस्कृत कन्या (कृष्णा) का चयन अपनी जीवनसंगिनी के रूप में किया। अमृतलाल और प्रतिभा दोनों ने इस अंतर्जातीय विवाह बंधन के लिए अपना आशीर्वाद प्रदान किया। अमृतलाल सपना देखते थे कि समाज अपनी जड़ता के खोल से बाहर निकलेगा और एक दिन समाज में जाति-पाँति और प्रांतीय भेद तोड़कर अंतर्जातीय विवाह सामान्य हो जाएँगे। मदन के विवाह से उनका यह सपना साकार हो गया। उनके लखनऊ में दो घर हो गए—एक चौक में तथा दूसरा गोमती पार। उनके मन में जब लहर आती तो अपना झोला लेकर आर्ट कॉलेज में मदन के घर चले जाते और दो-तीन दिन उसके घर रहते। मुझे पहले से सूचना दे देते थे और मैं शाम को कार्यालय से सीधे वहीं पहुँच जाता था।

जिन दिनों अमृतलाल जैतलीवाले मकान में रहते थे, हुसैनाबाद मार्ग पर सीवर लाइन डालने के लिए लक्ष्मण टीले के किनारे की जमीन की कई फुट गहरी खुदाई हुई थी। जब तक खुदाई चलती रही, वह प्रायः शाम को मुझे साथ लेकर हुसैनाबाद वाली सड़क पर घूमने के लिए निकल पड़ते थे। हम लोग गुइन गार्डन का चक्कर लगाकर पहले लक्ष्मण टीले से खुदाई का निरीक्षण करते हुए पक्के पुल पहुँचते

थे और फिर वापसी में हुसैनाबाद रोड से खुदाई का निकट से निरीक्षण करते हुए लौटते थे। अमृतलाल को उस खुदाई में ईसा की कई शताब्दियों पूर्व के पुरातात्त्विक अवशेष मिले थे। मजदूर खुदाई में नीचे की जमीन की मिट्टी खोदकर किनारे पर इकट्ठा कर देते थे। अमृतलाल अपनी छड़ी से उस मिट्टी के ढेर को कुरेदा करते थे। उन्हें उस ढेर से पेंटेड ग्रेवेयर, सिलेटी, लाल और काले रंग के तथा काली चमकदार पालिशवाले मिट्टी के बर्तनों के ठीकरे मिले थे। एक बार खाई में उतरकर अपनी छड़ी से खोदकर सोक पिट का टुकड़ा खोज निकाला था। लक्ष्मण टीले का गोमती की ओर से निरीक्षण करने के लिए हम लोग कभी-कभी पक्के पुल से उतरकर टीले का चक्कर लगाते हुए कुड़िया घाट आते थे। वह मुझे गुइन गार्डन के कुएँ की गुप्तकालीन ईंटें अपनी छड़ी से दिखाते थे और फिर कुड़िया घाट के निकटवर्ती खलार में ले जाकर वहाँ का जो एक पुराना सूखा कुआँ था उसकी गुप्तकालीन ईंटें दिखाते थे और दोनों का मिलान करने के लिए कहते थे। कंपनी बाग के खलार में लाजपतनगर का निर्माण होने के पूर्व एक पुराना कब्रिस्तान था। उसकी चहारदीवारी टूट-फूट गई थी और उसमें से जहाँ-तहाँ गुप्तकालीन ईंटें झाँकती दिखाई पड़ती थीं। उनका खयाल था कि इस कब्रिस्तान की चहारदीवारी के निर्माण में यहाँ आसपास बहुतायत से मिट्टी में दबी पड़ी गुप्तकालीन ईंटों का प्रयोग किया गया होगा।

उन्होंने शाहजी की कोठी में अपने ड्राइंगरूम में एक आलमारी में लखनऊ के प्राचीन इतिहास की सारी पुरातात्त्विक सामग्री सँजोकर रख दी थी। यह आलमारी उनकी मसनद के बगल में थी, इसलिए उसकी सामग्री चौबीसों घंटे उनकी नजरों के आगे रहती थी। उनसे जो लोग मिलने आते थे, उन्हें बड़े उत्साह से सारी सामग्री दिखाते थे। ईसा पूर्व की सातवीं-आठवीं शताब्दी से लेकर मौर्य, कुषाण, भारशिव, गुप्त, उत्तर गुप्त काल की ईंटों के साथ-साथ इल्मासखानी, बाबरी और आसफी ईंटे दिखाते थे और फिर विवरण देते थे कि कौन-सी ईंट कहाँ पर और किस प्रकार प्राप्त हुई। प्रयाग संग्रहालय के संस्थापक ब्रजमोहन व्यास जिस समय इलाहाबाद म्यूनिसिपल बोर्ड के एक्जीक्यूटिव अफसर थे, कोशांबी की खुदाई चल रही थी। रायकृष्ण दास उनके घनिष्ठ मित्र थे। दोनों अकसर कोशांबी का चक्कर लगाते थे। वहाँ उन्हें एक पेड़ के नीचे एक यक्षिणी मूर्ति दिखाई पड़ी जो बड़ी मनोहारिणी थी। व्यासजी कसरती जवान थे। जाड़े के दिन थे। वह कंबल ओढ़कर प्रातःकाल मुँह अँधेरे शौच के लिए निकले और कई मन वजनी यक्षिणी मूर्ति कंबल के भीतर अपनी काँख में दबाकर ले आए। अमृतलाल इस किस्से को सुनकर बताया करते थे कि उन्होंने लखनऊ के कई प्राचीन टीलों और आसपास के मंदिरों का चक्कर लगाकर कई सुंदर ऐतिहासिक मूर्तियाँ किस प्रकार, कहाँ से और किस कौशल से प्राप्त कीं। एक विष्णु मूर्ति उनके ड्राइंगरूम के प्रवेश द्वार के निकट दीवाल से लगाकर तिपाई पर रखी थी। डॉ. हँसमुख साँकलिया एक बार जब लखनऊ आए

तो उनका संग्रह देखने के लिए उनके घर पधारे। उन्होंने उनकी बहुत-सी सामग्री को पुरातात्त्विक दृष्टि से महत्त्वपूर्ण बताया था। डॉ. ब्रजबासी लाल, डॉ. वासुदेवशरण अग्रवाल तथा डॉ. कृष्णदत्त वाजपेयी ने भी उनके संग्रह का निरीक्षण किया था।

अमृतलाल ने अवध और अवध में भी विशेपरूप से प्राचीन लखनऊ के बारे में जितनी जानकारी बटोर ली थी उतनी बहुत कम इतिहास के विद्वानों तथा पुरातत्त्वविदों को थी। उन्होंने प्राचीन अनुश्रुतियों तथा किंवदंतियों के सूत्र, प्राचीन ऐतिहासिक वृत्तांतों तथा पुरातात्त्विक अवशेषों से जोड़कर लखनऊ नगर के तीन हजार वर्ष पूर्व तक के ऐतिहासिक वृत्त का एक मोटा खाका अपने मन में बना लिया था। वह इस बात को नहीं मानते थे कि लखनऊ नगर की स्थापना नवाब वजीर आसफुद्दौला के काल में हुई। इससे पहले यह कोई महत्त्व का स्थान नहीं था। उनका मत था कि ईसा पूर्व की कई शताब्दियों से लेकर लगभग दसवीं-ग्यारहवीं शताब्दी तक यह जगह एक समृद्धशाली व्यापारिक बस्ती अथवा निगम रही होगी। प्राचीन ग्रंथों में वर्णित है कि प्रत्येक निगम की अपनी टंकशाला होती थी, यहाँ भी रही होगी। दसवीं-ग्यारहवीं शताब्दी में यहाँ संभवतः कान्यकुब्ज ब्राह्मणों तथा निगम कायस्थों की समृद्ध बस्ती थी। चौक में निगम कायस्थ बहुतायत से हैं। रूपनारायण पांडेय और अंबिकाप्रसाद वाजपेयी से सुनी किंवदंतियों के आधार पर वह इस निष्कर्ष पर पहुँचे थे कि उत्तर मध्यकाल में उपमन्यु गोत्रीय वृद्धि शर्मा यहाँ के नामी विद्वान् थे। उनकी दो पत्नियों की संतानों के निवास के आधार पर ऊँचे और खाले के वाजपेयी प्रसिद्ध हुए। एक का निवास कंपनी बाग की ऊँची जमीन पर था, दूसरे का खाले की जमीन पर। शेरशाह सूरी ने यहाँ जो टकसाल बनवाई वह पहले से रही होगी, बस्ती उजड़ जाने से वह बंद हो गई होगी। बस्ती फिर से बसने पर उसने टकसाल भी फिर से चालू की।

उन्होंने सुना था, आज भी जो टीला लक्ष्मण टीले के नाम से विख्यात है वहाँ प्राचीन शेपनाग का मंदिर था। पुराना चौक हुसैनगंज के आसपास था और उसका पुराना नाम रामगंज था। उनका अनुमान था कि वर्तमान मेडिकल कॉलेज की भूमि पर कभी लखनकोट विद्यमान रहा होगा जिससे नगर का नाम लखनऊ, लखनूर, लखनौ आदि पड़ा। मसानी देवी का एक प्राचीन मंदिर सआदतगंज में है। चूँकि मसानी देवी का मंदिर उसी स्थान पर होता है जहाँ मसान होता है, अतएव उनका अनुमान था कि गोमती नदी कभी सआदतगंज के निकट से होकर बहती होगी और बड़ी कालीजी के पास जो पुराना नाला है, उसी मार्ग से शिवपुरी से पूर्व दिशा की ओर मोड़ लेती होगी। वह अलीगंज के पुराने महावीर मंदिर को नगर का सबसे पुराना हनुमान मंदिर मानते थे। उसके बाद सबसे पुराना हनुमान मंदिर छाछू कुएँ का था जिसके विग्रह के संबंध में किंवदंती प्रचलित है कि गोस्वामी तुलसीदास ने नैमिपारण्य जाते समय मार्ग में लखनऊ में रुककर उसकी प्रतिष्ठापना कराई थी। उन्होंने *नवजीवन* में एक लेख लिखकर सीवर लाइन की खुदाई में प्राप्त

पुरातात्त्विक अवशेषों के आधार पर प्राचीन लखनऊ के इतिहास पर प्रकाश डाला था। एक अन्य लेख में संदेह व्यक्त किया था कि बड़ी कालीजी का मंदिर शायद प्राचीन गुप्तकालीन विष्णु मंदिर था।

यदि शाहजी की कोठी की दीवालें बोल सकतीं तो उनसे उनके साहित्यिक जीवन के 33 बरसों का इतिहास, उनके साहित्यिक सफलता के सोपानों पर बराबर ऊपर चढ़ते जाने का इतिहास, उसकी हँसी और आँसुओं का इतिहास, उनके चरम सुख-भोग और चरम दुख-भोग के क्षणों का इतिहास सुना जा सकता है। जिस कमरे की छत के नीचे अपनी मसनद पर बैठकर उन्होंने *बूँद और समुद्र* के बाद के अपने सभी प्रसिद्ध उपन्यासों की रचना की, उसी पर उनके साथ मेरी कितनी शामें बीती हैं, कितने साहित्यकारों, विद्वानों और गुणीजनों के साथ गोष्ठी जमी है। उनकी मसनद के ठीक पीछे मदन के बनाए उनके दादाजी और बाबूजी के बड़े-बड़े पोर्ट्रेट टँगे थे। इस पर दृष्टिपात करने पर ऐसा लगता था जैसे उनकी छत्रच्छाया में बैठे अमृतलाल नागर पर वे निरंतर अपने आशीर्वादों की वर्षा कर रहे हों। उनकी मसनद के पास ही छत्रपति शिवाजी के गुरु समर्थ स्वामी रामदास के वे उद्‌बोधन वाक्य टँगे थे जिन्होंने उनको अपने हृदय से साहित्य की अग्नि निरंतर चेताते रहने और 'करने से होता है रे, पहले करना ही चाहिए' का बीज-मंत्र प्रदान किया। जिन साहित्यिक विभूतियों के साथ वे जिए, उनके चित्र आठों याम उनकी आँखों के सामने रहते थे। गदर के किस्से बटोरते समय वह प्रथम स्वतंत्रता संग्राम के अलबेले रणबाँकुरे 18 वर्षीय बलभद्र सिंह का चित्र ले आए थे। वह कमरे में घुसते ही दरवाजे के पक्खे की दीवाल पर टँगा था। अद्‌भुत वीरांगना झाँसी की रानी का चित्र भी था। मदन का बनाया बेगम हजरत महल का भी एक चित्र था, जो उनके एक नखचित्र के आधार पर बनाया गया था। कलाकारों की समूची बिरादरी से उनकी एकात्मकता को प्रदर्शित करनेवाला लखनऊ के कथक घराने के संस्थापक प्रख्यात बिंदादीन महाराज का चित्र भी था। उनके बंबई प्रवास काल की याद दिलानेवाले उनके वहाँ के ड्राइंगरूम में लिया गया एक ग्रुप फोटो था जिसमें वह शुभलक्ष्मी, उनके पतिदेव, उनकी पुत्रियाँ, टी.के.सी., सुमित्रानंदन पंत और नरेंद्र शर्मा के साथ बैठे थे। उनके बचपन के दिनों की याद दिलानेवाले, पारिवारिक ग्रुप फोटो भी थे। उनमें से एक फोटो में वह गोल कामदानी टोपी पहने दिखाई पड़ते थे। उस मसनद पर आसीन होकर उनके लिए अतीत और वर्तमान का भेदभाव मिट जाता था, दोनों मिलाकर एक ही काल प्रवाह के अंग बन जाते थे।

उनके *बूँद और समुद्र* के प्रकाशन के बाद ही भगवतीचरण वर्मा का वृहद्‌काय उपन्यास *भूले बिसरे चित्र* और यशपाल का *झूठा सच* प्रकाशित हुआ। इससे लखनऊ हिंदी के तीन शीर्षस्थ उपन्यास लेखकों की नगरी बन गई। भगवती बाबू लखनऊ रेडियो के हिंदी सलाहकार रहने के बाद लगभग ढाई-तीन साल सुगम संगीत विभाग के इंचार्ज बनकर दिल्ली रहे। फिर लखनऊ रेडियो स्टेशन में वापस लौट आए।

इसके बाद अमृतलाल द्वारा रेडियो छोड़ने के कुछ समय पश्चात् उन्होंने भी अपने लेखन की रॉयल्टी पर आश्रित होकर शुद्ध साहित्यिक जीवन बिताने का निश्चय करके रेडियो छोड़ दिया। उन्होंने लखनऊ के साहित्यिक जीवन काल में अपने अधिकांश प्रसिद्ध उपन्यासों की रचना की। अमृतलाल के उपन्यासों की भाँति मैं उनके लखनऊ प्रवास काल में लिखे गए सभी उपन्यासों का भी प्रथम श्रोता रहा। यशपाल और भगवती बाबू के महानागरिक बन जाने के बाद हम लोगों की बैठक महीने में एक-दो बार यशपाल के महानगर स्थित निवास स्थान पर जमती थी। यशपाल ने *झूठा सच* पूरा करने के बाद एक दूसरा वृहद्काय उपन्यास *मेरी तेरी उसकी बात* लिखा। उसके लेखन काल में वह खत्रियों के सामाजिक रीति-रिवाजों के बारे में जानकारी बटोरने के लिए हम लोगों के भूतपूर्व हेड-मास्टर तथा द्विवेदीकालीन सरस्वती के एक लेखक कालिदास कपूर के हरदोई मार्ग स्थित निवास स्थान पर प्रायः आया करते थे। जब वहाँ आते थे तो वापसी में उनकी बैठक अमृतलाल के यहाँ जमती थी।

हिंदी के हास्य रस के अग्रणी लेखक कृष्णदेव प्रसाद गौड़ 'बेढब बनारसी' जब एम.एल.सी. मनोनीत हुए तो उनके छह साल के लखनऊ प्रवास काल में हम लोगों का एक ठीहा उनका पुराना विधायक निवास का कमरा बन गया। विधान परिषद् का अधिवेशन होने पर सूचना विभाग में सहायक निदेशक पद पर कार्यरत काशीनाथ उपाध्याय 'भ्रमर' उर्फ 'बेधड़क बनारसी', जिन्हें हम लोग प्यार से भौंरा बनारसी पुकारते थे, हम लोगों को फोन कर देते—'मगदल आए हैं।' बेढबजी जब लखनऊ आते तो सौगात के तौर पर हम लोगों के लिए मदगल लाते। भगवती बाबू जब तक 1, विश्वेश्वरनाथ रोड पर रहे, हम लोग पहले उनके यहाँ जाते और वहाँ से हम लोगों का धावा विधायक निवास पर होता। जब भगवती बाबू 'चित्रलेखा' महानगरवासी बन गए तो वह सीधे विधायक निवास पहुँचते। वहाँ हम लोगों की बैठक जमती, हँसी, कहकहों और बेढबजी के लतीफों और भगवती बाबू की जवाबी से उनका कमरा गूँज उठता। कभी-कभी पाक कला में बेढ़बजी और भगवती बाबू की प्रतिद्वंद्विता होती। उनके कमरे में गोष्ठी जमाने के बाद हम लोग कभी गंजिंग के लिए निकल पड़ते और कभी श्रीवरालय पर धावा बोलते। हजरतगंज में बेढबजी 'बेन बो' में बैठते थे। वहाँ सर्वदानंद वर्मा पहले से प्रतीक्षारत रहते थे। कभी-कभी मुख्यमंत्री निवास पर भी गोष्ठी का कार्यक्रम बन जाता था। जिसमें हम सब भाग लेते थे। जब अमृतलाल के यहाँ गोष्ठी का कार्यक्रम बनता तो बेढबजी बेधड़क के साथ मेरे *नवजीवन* कार्यालय में आ जाते थे। भगवती बाबू भी वहाँ आ जाते थे, फिर हम लोग साथ-साथ चौक जाते थे।

उस काल में लखनऊ का साहित्यिक वातावरण बड़ा जानदार था। श्रीवरजी प्रतिवर्ष रामचंद्र शुक्ल की जयंती मनाते थे। उस अवसर पर लखनऊ के सभी साहित्यकार और साहित्यप्रेमी उनके यहाँ एकत्र होते थे। उनके जन्मदिन पर हम

लोग उनके यहाँ एकत्र होकर उनसे चायपान और जलपान वसूल करते थे। बाहर से जो साहित्यकार आते थे वे दो ढैयाँ अवश्य छूते थे श्रीवर के यहाँ और अमृतलाल के यहाँ। वे यशपाल, भगवतीचरण वर्मा, कुँवरनारायण आदि से भी मिलते थे। कुँवरनारायण महानगर में भगवती बाबू के एकदम पड़ोसी थे। उनके यहाँ भी हम लोग जब-तब पहुँच जाते थे। श्रीवरजी उर्फ भैया साहब के यहाँ नियमित रूप से आनेवालों में योगींद्रपति त्रिपाठी, निर्मलचंद्र चतुर्वेदी आदि थे। बलभद्रप्रसाद मिश्र भी सूचना विभाग के उप-निदेशक बनकर लखनऊ आ गए थे और सप्ताह में दूसरे-तीसरे दिन भैया साहब के लिबर्टी लॉज में पहुँच जाते थे। अशोकजी के दिल्ली चले जाने पर योगींद्रपति *स्वतंत्र भारत* के संपादक बन गए थे। निर्मलचंद्र चतुर्वेदी विधान परिषद् कांग्रेस दल के एक प्रभावशाली सदस्य होने के साथ-साथ भैया साहब के संबंधी और पुराने मित्र थे। सूचना विभाग में सुरेंद्र तिवारी भी सहायक निदेशक के पद पर थे। कवि थे। मकबरा के परिसर में बनी कॉलोनी में रहते थे। डॉ. देवराज के पड़ोसी थे। हम लोगों की बैठक कभी-कभी देवराज और सुरेंद्र तिवारी के यहाँ भी जमती थी। इलाचंद्र जोशी भी कुछ समय तक लखनऊ रेडियो स्टेशन पर रहे। भगवती बाबू के उद्योग से उन्हें पार्क रोड पर मकान मिल गया। जब तक वह लखनऊ रहे उनके यहाँ भी हमारा धावा होता था। रमई काका से साहित्यिक आयोजनों में प्रेमालाप हो जाता था। बेन बो में कमलापति मिश्र से भी नोक-झोंक होती थी। उस काल में सभी छोटे-बड़े साहित्यकारों और साहित्य प्रेमियों में जो भ्रातृत्व भाव और सौहार्द था, वह अब एक मीठी यादगार बन गई है।

अक्टूबर 1961 में निराला के देहांत के बाद जब वसंत पंचमी पर उनकी पहली जयंती पड़ी तो कुछ साहित्यकारों ने उनका जयंती समारोह राष्ट्रपति भवन में मनाने का आयोजन किया। अमृतलाल को यह आयोजन बड़ा अटपटा लगा। उनकी समझ में नहीं आया कि इससे निराला को लोकहृदय में जो सम्मान प्राप्त है उसमें क्या वृद्धि होगी ! बस, अमुकजी और तमुकजी के भाषण हो जाएँगे। अखबारों में उन भाषणकर्ताओं को प्रमुखता मिलेगी, निराला को नहीं। निराला जिंदगी भर सामान्य जनों के बीच उन्हीं जैसा जीवन बिताते रहे। फटेहाल रहनेवाले कितने नेता स्वाधीनता के बाद संपन्नता का जीवन बिताने लगे, किंतु निराला जन-जन के दुख-दारिद्रय का प्रतीक बने स्वाधीनता के बाद भी फटेहाली का जीवन बिताते रहे। उनके अंतकाल के समय कुछ साहित्यकारों ने उन्हें अस्पताल ले जाने की कोशिश की, किंतु उन्होंने दृढ़ता से इनकार कर दिया और कहा जो सुविधा साधारण किसान को प्राप्त नहीं, उसे मैं स्वीकार नहीं करूँगा। अतएव अमृतलाल ने नई दिल्ली न जाकर उनके गाँव गढ़ाकोला में निराला जयंती के आयोजन में सम्मिलित होने का निश्चय किया। वह बस से पुरवा गए। आयोजकों ने उन्हें वहाँ से गढ़ाकोला ले जाने के लिए लढ़िया का प्रबंध किया था, किंतु लढ़िया आई नहीं।

अमृतलाल ने 1937 में साइकिल की सवारी छोड़ दी थी। एक बार चौक से अमीनाबाद जाते हुए छोटी लाइन के रेल के छत्ते के पास तारकोल बिछी सड़क पर गिर पड़े थे। खैरियत हुई, फ्रैक्चर नहीं हुआ, सिर्फ जगह-जगह खरोंच लगी। किंतु निराला जयंती में भाग लेने के लिए पुरवा से गढ़ाकोला की यात्रा 1937 के बाद पहली बार साइकिल पर सवार होकर की।

निराला का गाँव गढ़ाकोला पहली बार देखा। स्वाधीनता प्राप्ति के 15 वर्ष बाद भी गाँव की वही दशा थी जो स्वाधीनता पूर्व निराला के जीवन काल में। मिट्टी के कच्चे घर, उनमें ग गा अधिकांश खंडहर, गलियाँ बीच में धँसी और गड्ढों से भरी हुई। घरों के आग मच्छरों की फौज से आच्छादित नाबदान। निराला का घर भी खस्ताहाल। पुरानी नक्काशीवाले द्वार पर एक कागज चिपका हुआ—महाप्राण निराला स्मारक भवन। निराला के एक भतीज बिहारीलाल उन्हें घर के भीतर ले गए। दहलीज में पुआल पड़ा था। बिहारीलाल ने बताया—काका हियैं बैठिके लिखत रहे। निराला के चित्र के साथ गाँव की परिक्रमा करते हुए और उसके बाद निरालाबाग में ायोजित श्रद्धांजलि सभा में उपस्थिति भीड़ को देखकर अमृतलाल को लगा कि गाव में ऊँची जाति के लोगों की अपेक्षा तथाकथित छोटी जाति और दबे-कुचले वर्ग के लोगों में निराला भक्तों की संख्या कहीं अधिक थी। इसका कारण यह था कि निराला अपने जीवनकाल में गाँव जाने पर तथाकथित ऊँची जाति के लोगों की जातिगत उच्चता की मिथ्या अहंता पर बराबर चोटें किया करते थे। वह तथाकथित छोटी जाति के दबे-कुचले वर्ग के लोगों के साथ बराबरी का बरताव करते थे, उम्र के अनुसार उनको आदर देते थे और उनके सुख-दुख में बराबर सम्मिलित होते थे।

उसी वर्ष अमृतलाल को सोवियत संघ की यात्रा का निमंत्रण मिला। इस यात्रा के लिए उन्हें ताशकंद तक की हवाई यात्रा का खर्च स्वयं उठाना था। प्रतिभा जिस रीति से काट-फाँस करके गृहस्थी का खर्च चलाती थीं। वही जानती थीं। अपने सैर-सपाटे के लिए उन पर खर्च का नया भार डालना उचित न लगा, इसलिए निमंत्रण को स्वीकार करने में मन हिचकिचाया। किंतु परिवार के सदस्यों ने और हम लोगों ने भी जोर दिया कि नई दुनिया को देखने का अवसर मिलेगा, इससे लाभ उठाना चाहिए। अतएव निमंत्रण स्वीकार कर लिया। यात्रा के लिए एक गरम शेरवानी और बंद गले का कोट बनवाया। गरम कोट तो जाड़े में पहनते रहे, किंतु शेरवानी शायद ही दो-तीन बार पहनी हो। सोवियत संघ की यात्रा में उन्हें सारे देश में कामकाज का जो माहौल देखने को मिला, उसे देखकर दुख हुआ कि हमारे देश में स्वाधीनता प्राप्ति के बाद भी यह माहौल नहीं बना। नेहरू काल में भी 'आराम-हराम है' के नारे के बावजूद नहीं दिखाई पड़ा। उन्हें एक टीस के साथ-साथ बार-बार इस बात की अनुभूति हुई कि किसी देश का हर औसत इंसान अपनी और अपने मुल्क की तरक्की के लिए क्या कुछ हासिल नहीं कर सकता या कर

लेता। हमसे भी गए बीते, घुटे-पिसे, तबाह इन्सानों ने पैंतालिस-छियालीस बरसों में अपने लिए एक नई दुनिया बना ली, वह हम क्यों नहीं बना सके। उन्हें सबसे अधिक कीएव के वनस्पति उद्यान के बूढ़े चाचा अलैक्जांद्र प्लेस्येनोव के कर्मठ व्यक्तित्व ने प्रभावित किया। बड़ी-बड़ी मूँछोंवाला, लंबे-तगड़े, खाकी कमीज पैंट और गमबूट पहने सिपाहीनुमा तना हुआ बूढ़ा, जिसमें उन्हें एक जीवंत कलाकार के दर्शन हुए। उसने उन्हें समूचे वनस्पति उद्यान की सैर कराई जहाँ सोवियत संघ की हर आबहवा में उगनेवाले घास, पेड़ों, फूलों और वनस्पतियों के पौधों को उपयुक्त तापमान वाली ऊँची-नीची पहाड़ियों पर लगाया गया था। चाचा प्लेस्येनोव ने एक कलाकार की भाँति एक-एक घास, एक-एक फूल, पेड़-झाड़ी बड़े प्रेम भाव से उन्हें दिखाई। कोई फलों का पेड़ देखते तो शबरी के बेरों की भाँति पहले आप तोड़कर चखते, फिर उन्हें खिलाते। उनका बखान करते हुए उनके झुर्रियों से भरे चेहरे पर कभी सूरज और कभी चाँद जैसे भाव चमक उठते। एक लंबी घास के पास बैठकर उसे बड़े प्यार से छूते हुए अमृतलाल से बोले—ये वनस्पति उद्यान मेरा बच्चा है। यहाँ की एक-एक वनस्पति एक-एक फूल मेरे नाती-पोते हैं।

उनके सोवियत संघ की यात्रा से लौटने के कुछ महीने बाद ही कम्युनिस्ट चीन ने भारत पर आक्रमण कर दिया। अपने असंख्य देशवासियों की भाँति अमृतलाल ने भी अनुभव किया कि जैसे किसी दोस्त ने उनकी पीठ में छुरा भोंक दिया हो। उन्होंने अपने मन से प्रश्न किया—नागर, तुम कम्युनिस्टों से सहानुभूति रखते हो। बहुत से कम्युनिस्ट तुम्हारे मित्र या परिचित हैं। अभी-अभी तुम कम्युनिस्ट रूस की यात्रा करके लौटे हो। मार्क्सवाद का तुम्हारे मानसपटल पर गहरा प्रभाव पड़ा है। तुम भी समाजवाद में विश्वास करते हो। समाज में व्याप्त असमानता का अंत करना चाहते हो, किंतु अहिंसक रीति से। इसीलिए तुम अपने को अहिंसक समाजवादी या मानवतावादी कहते हो। क्या तुम भारत पर चीन के आक्रमण का समर्थन करते हो ! उनके हृदय ने चीखकर उत्तर दिया—कदापि नहीं, कदापि नहीं ! हम अपने बचाव के लिए युद्ध करते हुए अमरीकी हथियारों की सहायता लेते हैं तो क्या बुरा है। अमरीका से हथियार की मदद लेना हमारी तटस्थता की नीति के विरुद्ध नहीं है। यदि हमारी शर्तों पर रूस भी हथियार दे तो हम स्वीकार करेंगे। उन्होंने अनुभव किया कि इस समय प्रत्येक नगर, गाँव तथा कस्बे में उत्साही नवयुवकों का संगठन कर उन्हें सामूहिक कवायद, सैनिक शिक्षा तथा सामाजिक सुधार कार्यों की शिक्षा देकर कार्य संलग्न करना चाहिए। समाज में अमीर-गरीब, ऊँच-नीच का भेदभाव मिटाकर सबमें बराबरी और स्वाभिमान का भाव जगाना चाहिए। हमारा नवयुवक क्रांति का भूखा है। उसकी इस भूख को यदि तत्काल नाटकीय रीति से मिटा दें तो देखो, कैसा उत्तम चमत्कारी फल निकलता है।

अमृतलाल को 19 वर्ष की अवस्था में पितृवियोग का दुख उठाना पड़ा था। 47 वर्ष की अवस्था में मातृवियोग का दुख उठाना पड़ा। वह अपनी माँ को बहुत प्यार

करते थे। 1963 में वह अस्वस्थ रहने लगी थीं। वैधव्य दुख सहते-सहते गुमसुम रहने लगीं, मानसिक संतुलन भी गड़बड़ा गया था। कुछ समय अमृतलाल के पास रहीं, फिर मदन के घर चली गईं। 23 मई की बात है। अमृतलाल शायद एक दिन पहले बंबई से लौटे थे। मैंने जब फोन किया तो मालूम हुआ कि वह माते को देखने मदन के यहाँ गए हैं। मैं भी दोपहर में दफ्तर से उठकर मदन के यहाँ चला गया। माते ऊपर के खंड में बरामदे में लेटी थीं। वहाँ, आसपास के पेड़ों से छनकर ठंडी हवा आती थी। हम लोग भी वहीं कुर्सियाँ डालकर बैठ गए। डॉक्टर आकर देख गया था और आश्वस्त कर गया था कि कोई घबराने की बात नहीं है। दवा दे गया था। दवा पीने के बाद उनकी आँख लग गई। हम लोग नीचे मदन के ड्राइंगरूम में आकर गपशप करने लगे। कृष्णा उनके पास बैठी रही। तीसरे पहर कृष्णा के नीचे आने पर अमृतलाल और मदन उठकर उसके साथ ऊपर चले गए। मैं 8-10 मिनट नीचे अकेला बैठा रहा इसके बाद जब कोई खबर नहीं मिली तो ऊपर गया और देखा, माते को जमीन पर उतार लिया गया था, उनकी उलटी साँस चल रही थी। उनका सिर अमृतलाल की गोद में था और मदन बगल में उनका हाथ अपने हाथ में दबाए बैठा था। गंगाजल घूँट-घूँट कर दिया जा रहा था। अमृतलाल ने उनके कान के पास मुँह ले जाकर लहककर पूछा—पान खाओगी। माते ने आँखें के इशारे से कहा हाँ। अमृतलाल ने अपने हाथ से पान लगाकर उनके मुँह में दिया, जिसे उन्होंने गाल में दबा लिया। उनके मुँह पर हलकी-सी संतोष की रेखा उभरी और दूसरे क्षण प्राण-पखेरू उड़ गए। मृत्यु के बाद उनके मुख से वेदना की सारी रेखाएँ मिट गई थीं और ऐसा मालूम पड़ता था जैसे सुखपूर्वक सो रही हों।

तीन वर्ष बाद अमृतलाल पर सबसे गहरा वज्राघात हुआ। रतन के गुर्दे में पथरी पड़ गई थी और इलाज चल रहा था। पहले प्रयत्न किया गया कि बिना आपरेशन के होम्योपैथिक दवा से मर्ज ठीक हो जाए। फिर जब लाभ नहीं हुआ तो ऑपरेशन का निर्णय लिया गया। मार्च, 1966 के आरंभ में इलाहाबाद में प्रयाग रंगमंच और हिंदुस्तानी एकेडमी के सहयोग से रंगमंच विषयक एक महत्त्वपूर्ण विचार गोष्ठी हुई थी। जिसमें शंभु मित्र, इब्राहीम अलकाजी, नेमिचंद्र जैन आदि ने भाग लिया था। कड़की की वजह से अमृतलाल का मन गोष्ठी में जाने का नहीं था, परंतु कुमुद और शरद् के कहने से चले गए। इलाहाबाद से लौटे तो रतन का कार्ड मिला कि उसने ऑपरेशन का निर्णय ले लिया है। अमृतलाल 4 तारीख को सुबह बंबई रवाना हो गए। रात में फोन आया कि रतन ही तबियत सीरियस है। 5 तारीख को अमृतलाल जब पहुँचे तो रतन का देहांत हो चुका था। अंतिम यात्रा के लिए उनके आगमन की प्रतीक्षा हो रही थी। मदन और प्रतिभा भी उसी दिन सुबह बंबई रवाना हो चुके थे। एक सप्ताह बाद मुझे कार्ड मिला—'बड़े शोक के साथ यह सूचना देनी पड़ रही है कि हमारे भाई, फिल्म जगत् के सुविख्यात कैमरामैन श्री रतनलाल नागर गत शुक्रवार 4 मार्च, '66 को बंबई के नानावटी अस्पताल में दिन के 2.15 बजे स्वर्गवासी हो गए। गुर्दे में पथरी पड़ जाने के कारण उनका

आपरेशन हो रहा था। डॉक्टरों के भरसक प्रयत्नों के बावजूद ऑपरेशन टेबल पर ही उनकी हृदयगति सहसा बंद हो गई। ईश्वरेच्छा के आगे मनुष्य की इच्छा निर्बल सिद्ध हुई–अमृतलाल नागर, मदनलाल नागर।'

निरालाजी की एक पंक्ति हैं, दुख ही जीवन कथा रही। 19 वर्ष की अवस्था से अमृतलाल की भी यही जीवनकथा रही। दादा, दादी, बाबूजी, माते को अपने कंधों पर मरघटे पहुँचाने के बाद रतन की असामयिक मृत्यु पर अमृतलाल को यही लगा जैसे रतन के साथ ही उन्होंने स्वयं अपने व्यक्तित्व के एक भाग को चिता पर जलते देखा हो।

तेरहवीं संपन्न होने के बाद मेरे संवेदनासूचक पत्र के उत्तर में लिखा–'उत्तर में क्या कहूँ। अभी निःशब्द हूँ। मेरा अब तक का जीवन प्रार्थनाओं की आस्था जमाने, दिवास्वप्नों में आशाओं के महल बाँधने और अधिकतर असफलताओं और निराशाओं के थपेड़े खाते ही बीता है। दिल इस समय पत्ते की तरह हिलता ही जाता है। चि. बच्चों में ही ध्यान है। चि. बब्बन के वैवाहिक जीवन की असफलता और उसके मनोदुख से घबराहट के मारे छटपटाता हूँ। (बड़ी बहू सूर्यबाला माँ बनने के बाद ही टी.बी. के पुराने रोग से पुनः ग्रस्त हो गई थी) राम सबको सुमति दे, सबकी रक्षा करे। मेरी लाज रखे। चि. मदन, उसके, रतन के और मेरे अपने बच्चों को सुखी और दीर्घायुष्मान करे, इससे अधिक और कुछ नहीं चाहता। कभी-कभी फोन द्वारा बच्चों के हालचाल लेते रहना और मुझे लिखते रहना। प्रतिभा को आठ-दस दिनों में भेज दूँगा। अपनी क्या कहूँ, मेरा तो फिलहाल सबकुछ अनिश्चित है। राम रखवाले हैं। भगवती बाबू से राम-राम कहना।'

उसी दिन एक दूसरा इनलैंड लैटर मिला। जितने पैसे लेकर बंबई गए थे, खर्च हो गए थे। वहाँ रहकर जेब खर्च की जरूरत तो पड़ती ही थी। घर में अर्थसंकट था, इसलिए बच्चों को न लिखकर मुझे 100 रुपए का प्रबंध करके तुरंत भेजने को लिखा था। मैंने तार से मनीऑर्डर कर दिया। उसकी प्राप्ति स्वीकृति देते हुए सूचित किया कि प्रतिभा 4 अप्रैल को पंजाब मेल से रवाना हो रही है, घर पर फोन कर देना। प्रतिभा के रवाना होने के बाद लगभग 6 सप्ताह बंबई रहे। रतन के बीमे की राशि जब साधना को प्राप्त हो गई और गृहस्थी चलाने की व्यवस्था हो गई, तभी लौटे। रुद्रनारायण *टाइम्स ऑफ इंडिया*, बंबई में कार्यरत थे। मन बदलने के लिए कभी-कभी नरेंद्र शर्मा और उनके यहाँ हो आते थे। साँसें नियमित गति से आ-जा रही थीं, पर नींद प्रायः नहीं आती थी। एक मन जो रतन के साथ चला गया था, फिर नहीं लौटा।

रतन का दोनों भाइयों के साथ एक ग्रुप फोटो तीन साल पहले कुमुद ने खींचा था। उसमें वह दाहिनी ओर खड़े अमृतलाल और बाईं ओर खड़े मदन दोनों के कंधों पर हाथ रखे बीच में खड़ा था। लखनऊ लौटने पर अमृतलाल ने उस फोटो को शीशे के फ्रेम में जड़वाकर अपनी मसनद के पीछे दादाजी और पिताजी

के पोट्रेट के बीच में अपने ठीक सिरहाने पर लगा दिया। उस चित्र के माध्यम से रतन अदृश्य हो जाने पर भी दोनों भाइयों के बीच अपनी उपस्थिति का अहसास अमृतलाल को चौबीसों घंटे कराता रहता था।

2

अमृतलाल ने *बूँद और समुद्र* के बाद सन् '60 के दशक में अपना दूसरा बड़ा उपन्यास *अमृत और विष* लिखा जिस पर उन्हें *साहित्य अकादमी* पुरस्कार मिला। इसका लेखन उन्होंने 1961 में आरंभ कर दिया था। छठे दशक तक देश में एक नई युवा पीढ़ी का उदय हो गया था। उसने आजादी की लड़ाई के दौरान उस काल की युवा पीढ़ी में देश के लिए त्याग और बलिदान तथा समाज को ऊपर से नीचे तक बदल देने का जो कर्मोत्साह जागा था, उसे नहीं देखा था। नौजवान पीढ़ी तो देख रही थी समाज में ऊपर से नीचे तक भयंकर लूट-खसोट, रिश्वतखोरी, कालाबाजारी, निर्बलों पर सबलों के अत्याचार, ऊँचे-ऊँचे आदर्शों के मुखौटों के पीछे पाखंड और कुटिल स्वार्थ लिप्सा से विकृत चेहरे, सत्ता की कुर्सियों के लिए दाँव-पेंच की घृणित राजनीति, वोटों के लिए देश को जाति, बिरादरी, धर्म, भाषा, पिछड़ी जातियाँ, दलित जातियाँ, अगड़ी जातियाँ, ब्राह्मन, कायस्थ, ठाकुर, बनिया, जाट, गूजर, हिंदू, मुसलमान आदि के आधार पर अलग-अलग खानों में बाँटकर सभी को मोहक, लुभावने नारों से भरमाने की कोशिशें, देश की एकता के नाम पर देश को खंड-खंड में बाँट देने की दिशाहीन संकीर्ण राजनीतिक चालें, कथनी और करनी में दिन-दिन, चौड़ी होती हुई खाई !

भगवती बाबू ने 1961-'62 के आसपास एक उपन्यास लिखा था—*सामर्थ्य और सीमा*। अमृतलाल को बहुत पसंद था। उनमें एक पात्र कहता है—आज का नारा है, लूटो मेरे भाई। संविधान में हिंदी को राष्ट्रभाषा का पद मिल जाने पर भी वह अंग्रेजी की चेरी बनी थी। हम लोगों ने अंग्रेजी के इस नारे का रूप कर दिया एल.एम.बी. (एल. से लूटो, एम. से मेरे और बी. से भाई)। शासन में, राजनीति में, समाज में सर्वत्र एल.एम.बी. का बोलबाला था। शहरी मध्यम वर्ग की शिक्षित और बेकार युवा पीढ़ी कुंठा और आक्रोश से ग्रस्त थी। वह दरिद्रता से नफरत करती थी, अपने लिए उन्नतिशील जीवन चाहती थी। न मिलने पर और पग-पग पर अपमानित और लांछित होने पर दिशाभ्रष्ट हो जाती थी। उसका विकृत विद्रोह राजनीतिज्ञों द्वारा भड़काए गए छात्र आंदोलनों और तोड़-फोड़ के हिंसाग्रस्त आंदोलनों में फूट पड़ता था। युवाओं में बात-बात में कट्टे निकल आते थे, अनाचार बढ़ रहा था, सामाजिक मूल्यों का विघटन हो रहा था, तस्करी और ड्रग्स का धंधा सफेदपोशों का धंधा बनता जा रहा था।

अमृतलाल अपने मोहल्ले में नौजवान पीढ़ी की तसवीरें रात-दिन देखते थे।

उन्होंने अपने नए उपन्यास में इसी नौजवान पीढ़ी के चित्र मोहल्ले के जीवन के स्तर पर प्रस्तुत करने का निश्चय किया। जेठ के दिन थे। अमृतलाल अकसर रात में 9-9.30 बजे तक खाना खाने के बाद लुंगी पहने बानवाली गली के निकट खलीफा की दुकान पर पान खाने निकल जाते थे। शादियों का मौसम था। सड़क पर एक बारात निकल रही थी। किसी नवधनिक के लड़के की बारात थी। दूल्हे को एक कागज के हंस के आकार में सजाई गई मोटर में बिठाया गया था। फुटपाथ पर दो नवयुवक साइकिलें लिये खड़े थे और बारात पर टीका-टिप्पणी करते हुए पैसेवालों की झूठी शान और अपनी परेशानियों का रोना रहे थे। उनकी बातचीत सुनकर अमृतलाल को तीन साल पहले अपनी बेटी अचला के विवाह पर जनवासे आदि का प्रबंध करने में जो परेशानियाँ झेलनी पड़ी थीं, उसके चित्र उभर आए। सहसा उनके मानसपटल पर अपने नए उपन्यास के दो नौजवान पात्र रमेश और लच्छू के मनोबिंब फूट पड़े।

उन्होंने *अमृत और विष* का आरंभ पहले भंगड़ पाधा की बड़ी बेटी के ब्याह-बारात के दृश्यों से किया था। उसके बाद के चैप्टर बेकारी से ग्रस्त और कोतवाल के पुत्र होने की झूठी अहंता लिये हुए कुँवर रद्धूसिंह, उनके घर में मोर्चाबंदी करके उनके डी.एस.पी. चचेरे भाई द्वारा एक कुख्यात अंतर्प्रांतीय डाकू दल के सदस्यों को गिरफ्तार करना, मोहल्ले के मंदिर में फिल्मी कीर्तन के दृश्य उसी रौ में लिखे गए। अक्टूबर 1960 में गोमती में भयंकर बाढ़ आई थी। शहर के कई भागों में पानी भर गया था। हम लोग सिटी स्टेशन से डालीगंज स्टेशन की ओर जानेवाली रेलवे लाइन के किनारे-किनारे चलकर रेलवे पुल से बाढ़ के दृश्य देखा करते थे। लोहेवाले पुल को जानेवाली सड़क पर पानी भरा था। पानी के कटाव से पुल के दोनों ओर की सड़क कट जाने से बहुत से लोग पुल पर फँस गए थे। हम लोगों ने रेलवे पुल से कुछ नौजवानों द्वारा अपनी जान हथेली में लेकर लोहे के पुल पर फँसे हुए लोगों को निकाल लाने के उत्साहप्रद दृश्य देखे थे। हजरतगंज में कॉफी हाउस में बैठकर भगवती बाबू और अन्य मित्र गोमती पार के क्षेत्रों में बाढ़ की विभीषिका का विशद वर्णन करते थे। मदन के आर्ट्स कॉलेज के अहाते में भी पानी भर गया था। पानी अध्यापक निवास की सड़क तक पहुँच जाने पर मदन और कृष्णा ने मिलकर रातोरात गृहस्थी का सारा सामान ऊपर की मंजिल पर हटा दिया था। दीवालों पर टँगी मदन की पेंटिंग्स भी ऊपर के कमरे में पहुँचा दी गई थीं। फिर भी उसके बनाए बहुत-से रेखाचित्र और बहुत-सी पेंटिंग नष्ट हो गईं। अमृतलाल के मनोबिंबों में गोमती की बाढ़ के बहुत-से दृश्य तैर गए और उन्होंने बाढ़ की विभीषिका और रमेश तथा उसके नौजवान मित्रों द्वारा पानी से घिरे मोहल्लों में नाव से घर-घर जाकर लोगों की सहायता करने के चित्र उसी रौ में शब्दबद्ध कर डाले। इसके बाद उपन्यास की गाड़ी अटक गई।

उपन्यास का लेखन प्रायः डेढ़-दो साल रुका। साहित्य सर्जन की प्रेरणा और

बढ़ती महँगाई के जमाने में गृहस्थी के खर्च की दौड़ ! इन दोनों सिरों पर अमृतलाल को नट की तरह बराबर संतुलन बनाए रखना पड़ता था। स्फुट लेखन से कुछ न कुछ आय होती रहे, इसलिए उन्होंने लिखे गए उपन्यास के जो परिच्छेद थोड़े हेर-फेर के साथ स्वतंत्र कहानियों के रूप में पत्र-पत्रिकाओं में भेजे जा सकते थे, भेज दिए। 1963 के अंत में उपन्यास उनके मन में नए रूप में प्रस्फुटित हुआ। उस समय वह आयु के 47 वर्ष पार करके पचासे की ओर बढ़ रहे थे। उन दिनों साहित्यिकों और नेताओं की स्वर्णजयंती तथा षष्ठिपूर्ति समारोहों की धूम थी। 1960 में बीसवीं शताब्दी के 60 बरस बीत चुके थे। उनके मन में उठा, क्यों न मैं अपने उपन्यास में बींसवी शताब्दी की षष्ठिपूर्ति मनाऊँ। इस बहाने इस शताब्दी के पिछले 60 वर्षों में समाज में जो परिवर्तन आए हैं, शहरी मध्यम वर्ग के उदय के साथ समाज में जिस नई चेतना का विकास हुआ है, स्वतंत्रता पूर्व के काल तथा स्वतंत्रता प्राप्ति के बाद के काल की मानसिकता में जो परिवर्तन आया है, उस सबका चित्रण करने का भी अवसर मिल सकेगा।

इस विचार के साथ उनके मन में अपने नए उपन्यास में एक नए शिल्प का प्रयोग करने का भी विचार उठा—उपन्यास के अंदर उपन्यास। एक कहानी के अंदर कई कहानियाँ—इस शिल्प का प्रयोग हमारे देश में पंचतंत्र और कथा सरित्सागर के जमाने से होता रहा है। वह अपने नए उपन्यास में इस शिल्प का चमत्कार उसके आधुनिक और अधिक निखरे कलात्मक रूप में दिखाएँगे। वह दिखाएँगे कि एक उपन्यास की रचना प्रक्रिया में रचनाकार और उसके रचना-संसार में क्या अंतर्संबंध होता है। रचनाकार के विविध भावात्मक और वैचारिक आग्रह, उसके जीवन के नाना अनुभव, नाना स्थितियाँ किस प्रकार रूप परिवर्तन करके उसके रचना-संसार में स्थान पाती हैं। वह किस प्रकार यथार्थ में देखे-सुने चरित्रों के आधार पर उपन्यास के कल्पित पात्र-पत्रियों का सृजन करता है। कभी एक नमूने के देखे-सुने चरित्रों की चारित्रिक विशेषताओं को एक में मिलाकर एक सर्वथा नया जीता-जागता मांसल पात्र खड़ा कर देता है और कभी एक ही मनोबिंब के आधार पर औपन्यासिक कथा की आवश्यकता के अनुसार अलग-अलग पात्र-पत्रियों की रचना कर डालता है।

इन विचारों के उठते ही उनके मन में उपन्यास में अपने एक जोड़ीदार पात्र अरविंद शंकर का अवतरण करने का विचार उदित हुआ। उन्हें अपने से 16 बरस बड़ा बना दिया। उनका जन्म बीसवीं शताब्दी के साथ-साथ होता है। वह भी उपन्यास लेखक हैं, स्वतंत्रता संग्राम सेनानी रहे हैं, समाज चिंतक हैं। 1960 में उनके षष्ठिपूर्ति समारोह के आयोजन से उपन्यास का नया आरंभ किया। उपन्यास का लेखन रुक जाने का मुख्य कारण यह था कि उसकी बिखरी कथाओं को किस प्रकार सूत्रबद्ध करें, यह समझ में नहीं आ रहा था। अब उसका उपाय मिल गया। अरविंद शंकर का अवतरण करने से उपन्यास चल पड़ा। एक ओर अरविंद शंकर

का आत्मकथ्य और दूसरी ओर उनके द्वारा लिखा जा रहा उपन्यास, दोनों को अंतर्ग्रथित कर देने से उपन्यास एक सूत्रबद्ध कथा के रूप में आगे बढ़ने लगा। पहले के लिखे गए सभी परिच्छेद अब उपन्यास के नए रूप में एक कथा क्रम में जुड़ गए। अगस्त 1964 में उपन्यास का द्रुतगति से लेखन आरंभ हुआ और लगभग 14-15 महीने में अक्टूबर 1965 तक पूरा हो गया। उनकी बड़ी बेटी अचला के पति विमलकांत नैनी (इलाहाबाद) में कार्य करते थे। बेटी-दामाद के आग्रह पर अमृतलाल कुछ दिन उनके साथ रहे और उपन्यास के अंत के पाँच अध्याय उनके निवास स्थान नैनी में लिखे। उनकी आदत थी कि अपने लिखे अध्याय बार-बार पढ़ते थे और एक तटस्थ पाठक तथा समालोचक की दृष्टि से अपने उपन्यास का मूल्यांकन करते थे। उपन्यास की कथा बीसवीं शताब्दी के आरंभ से शुरू करने के उद्देश्य से दो पन्ने का कथा प्रवेश और उसके बाद अरविंद शंकर की तीन पीढ़ियों का पूर्व वृत्तांत बाद में लखनऊ में जोड़ा। इससे उपन्यास के कथ्य को एक पर्सपेक्टिव (परिप्रेक्ष्य) प्राप्त हो गया।

बूँद और समुद्र की भाँति उनका *अमृत और विष* भी समसामयिक समाज की एक चित्रशाला थी। यदि *बूँद और समुद्र* की पृष्ठभूमि 1952 का पहला आम चुनाव था तो इसकी पृष्ठभूमि में 1962 का आम चुनाव था। उन्होंने '62 के चुनाव परिणाम पर बड़ी बेबाक टिप्पणी की थी—'दंद-फंद, जाति-बिरादरी, धर्म और धन, सभी का प्रयोग सभी पार्टियों और व्यक्तिगत रूप से खड़े होने वाले उम्मीदवारों ने बिना किसी शर्म लिहाज के किया, पर इनमें सफल कांग्रेस ही रही। नेहरू अब भी चुंबक है। नेहरू अब भी दम-खमवाला है। तूफानी दौरे किए। ज्यों-ज्यों चुनाव आंदोलन जोर पकड़ता गया त्यों-त्यों जनता अपना असंतोष दबाकर, गुंडों में चुनाव करने की मजबूरी से, शांत गुंडी कांग्रेस के पक्ष में होने लगी। पैसे और सरकारी सत्ता का प्रभाव भी काम कर रहा था। सबसे बड़ी बात यह कि कांग्रेस का नसीब सिकंदर था।...डेमोक्रेसी के हामी धूम-धड़ल्ले से दिन-रात डेमोक्रेसी के सिद्धांतों पर खुलेआम बलात्कार कर रहे थे, साथ ही चिल्ला-चिल्लाकर कहते भी जाते थे कि हम डेमोक्रेसी के प्रेमी हैं। पूरी आपाधापी, करोड़ों के खर्च और गुंडागिरी तथा अनैतिकता की लहलहाती फसल उगाकर चुनाव का तमाशा पूरा हो गया।'

बूँद और समुद्र में यदि नेहरू के प्रधानमंत्रित्व के पूर्वार्द्ध काल का चित्रण था तो इसमें उत्तरार्द्ध काल का। चीनी आक्रमण ने जिस रीति से जवाहरलाल को रातोरात बूढ़ा बना दिया, उसका भी चित्रण था। गोमती की बाढ़ ही नहीं, अष्टग्रही का हुल्लड़ चारों वेद, रामायण, महाभारत, भागवत्, साहित्य संगीत आदि अनेक शास्त्रों के श्लोक सुनानेवाली नौ-दस बरस की चमत्कारी लड़की कल्पना शर्मा के लखनऊ आगमन पर जो हलचल मची थी, उसका भी चित्रण था। आलोचकों ने *बूँद और समुद्र* पर टिप्पणी की थी कि उसमें मुसलिम समाज का चित्रण नहीं था। अमृत और विष में हाजी नबी बख्श, खोखा मियाँ और अनवर नवाब के रूप में

मुसलिम पात्रों का भी अवतरण किया गया था। गैहाँ बानों के माध्यम से मुसलिम समाज में स्त्रियों की बेबस स्थिति का चित्र बड़ी खूबी से उभारा गया था। समाज में बढ़ती यौन उच्छृंखलता तथा मुक्त कामाचार के चित्र भी थे। आजकल अंग्रेजी अखबारों में 'गे लाइफ' का चित्रण करनेवाली अंग्रेजी पुस्तकों की समालोचना मोटे-मोटे शीर्षक लगाकर छपती है। *अमृत और विष* में एक 'नर वेश्या' पात्र का अवतरण किया गया था। 'कॉल गर्ल' के नवोदित पेशे का भी चित्रण था। लाल साहब वहीदन, हिंडोलेवाली और मास्टर बबुआ के रूप में पतनशील सामंती समाज की दुर्गंध के चित्र थे।

सन् '50 के दशक में मैंने प्रेमचंद पूर्व के उपन्यासों पर लिखने का मन बनाया था। उसके लिए *काशी नागरी प्रचारिणी सभा* के पुस्तकालय में बैठकर आरंभिक काल के हिंदी उपन्यासों तथा भारतेंदु पूर्व और भारतेंदु काल के हिंदी पत्रों से विस्तृत नोट्स एक रजिस्टर में लिये थे। *अमृत और विष* के लेखन काल में अमृतलाल ने मेरा यह रजिस्टर अपने पास रख लिया था। अपने. कई स्फुट लेखों में इसकी सामग्री का सदुपयोग किया था। *अमृत और विष* में अरविंद शंकर के आत्मकथ्यवाले कुछ परिच्छेदों में भी इसकी सामग्री का उपयोग किया था। उपन्यास के लेखन काल में उन्हें अपने गार्हस्थिक जीवन में जिन चिंताओं और मनोपीड़ाओं से गुजरना पड़ा--बड़ी बहू सूर्यबाला की टी.बी. की पुरानी बीमारी, पौत्र संजू (पारिजात) के जन्म के बाद फिर से उभर आना, दो-दो बार आपरेशन होना, बड़े बेटे का विवाह के बाद भी वैवाहिक सुख से वंचित रहना, छोटे बेटे शरद् की पथरी का ऑपरेशन, लेखन कार्य की अनियमित और अनिश्चित आमदनी से गृहस्थी की गाड़ी घसीटने की समस्याएँ और उसके कारण मन में अवसाद और थकान अनुभव करना, अर्नेस्ट हेमिंग्वे के उपन्यास *ओल्डमैन एंड द सी* के नायक बूढ़े मछेरे से प्रेरणा लेकर अपने मन में बार-बार जोश पैदा करना और उसे अपनी ड्यूटी बजाने के लिए सन्नद्ध करना--उन सबकी छाया उपन्यास के अत्यंत सशक्त और जीवंत कैरेक्टर अरविंद शंकर के आत्मकथ्य में देखी जा सकती है। फिर भी *बूँद और समुद्र* के विषय में जिस प्रकार कहा जा सकता है कि महिपाल सुकुल कहीं पर अमृतलाल नागर हैं भी और नहीं भी हैं, वही बात अरविंद शंकर के विषय में भी कही जा सकती है।

रेडियो में भाषा का झगड़ा खड़ा कर देने पर राष्ट्रनायक जवाहरलाल नेहरू के प्रति जिस प्रकार का सात्विक आक्रोश अरविंद शंकर के मन में उमड़ा था, वैसा ही अमृतलाल के मन में भी उमड़ा था। उन्होंने 29 जुलाई '1963 के *स्वतंत्र भारत* में लिखा था कि हम 'हिंदी का उर्दूकरण क्यों नहीं चाहते। अरविंद शंकर का आत्मकथ्य "हिंदी मेरी गुरु गंभीरा आनंदमयी माँ है। इसने मुझे सामाजिक क्रांति, देशभक्ति, आत्मोन्नति की इच्छा और नैतिक आध्यात्मिक मूल्यमान घुट्टी में दिए थे।" उनके हृदय की वाणी थी। अरविंद शंकर का कथन "संस्कृत, फारसी, उर्दू,

अंग्रेजी, साथिन भारतीय भाषाओं में प्रायः सभी की तुन्न-फुन्न झिड़कियाँ सुनने-कहने के लिए ही बेचारी भाषा के करोड़ों बेटों का जन्म होता रहा है और होता रहेगा। यह नौकरों के बोलने की भाषा है, मिल के मजदूरों, दूध-सब्जीवालों की पिछड़ी हुई भाषा है। उर्दू, बंगाली, मराठी, गुजराती, तमिल, तेलुगु के मुकाबले में भी एकदम पिछड़ी हुई है। हिंदीवाले नेक-टाई को कंठ-लँगोट बोलते हैं पुअर पीपुल। आएदिन आँख भींचकर हिंदी के पीछे ये मैकाले के दोगले बच्चे पड़े ही रहते हैं। इन्हें चुनौती दिए बिना अब गुजारा नहीं, दंभी, प्रतिक्रियावादी। हिंदू-मुसलमानों की प्रतिक्रियावादिता तो साफ सामने आ जाती है, मगर इन मैकाले के बच्चों के प्रगतिशील, समाजवादी और साम्यवादी मुखौटे इनकी असली सूरतों को छिपा लेते हैं"–उनके भी हृदयोद्‌गार थे। अरविंद शंकर के इस कथन में–"हिंदी लेखक और पत्रकार ने, कहना चाहिए, भारत की सारी भाषाओं के लेखकों और पत्रकारों ने ज़िन विपरीत परिस्थितियों से जूझकर अपने प्राण होम कर देश की नैतिक, सामाजिक, बौद्धिक और कला चेतनाओं को जगाया था, वे किसी से कम तपस्वी और निष्ठावान नहीं थे"–उनकी ही प्रतिध्वनि थी।

उन्होंने अपने *स्वतंत्र भारत* वाले लेख में बताया था–"मुझमें जड़ सांप्रदायिक दृष्टिकोण का नितांत अभाव है। पर जिस सामाजिक वातावरण में मनुष्य जन्म लेता है, होश सँभालता है, उसके असर से एकदम बेदाग होना बहुत कठिन है। मैं हिंदू घर में पैदा हुआ, मुझे हिंदी पढ़ाई गई उसके बाद हिंदी का लेखक बन गया। अध्ययन, अनुभव, चिंतन, मनन के आधार पर मेरा 'हिंदू' उदारता के महासागर में विलीन हो गया, पर हिंदी तो आठों याम मेरे साथ रहती है। बेजा वार होने पर वह हिंदी तुरंत उस भारतीय संस्कृति के रूप में सामने आ जाती है, जिसका 'धरम-करम' वाले हिंदुत्व से लेशमात्र लगाव न होते हुए भी इस देश के हिंदू-हृदय से प्रमुख रूप से अटूट नाता है।

अमृत और विष के लेखनकाल में उन्होंने हिंदी-उर्दू समस्या पर एक और लेख लिखा था। उसमें स्पष्ट कर दिया था–"मेरा ज्ञान मुझे आत्मवत सर्वभूतेषु समाजवादी बनाता है और मेरी भक्ति भगवान् वेदव्यास की इस उक्ति में लीन होती है कि 'मनुष्य से श्रेष्ठ और कोई नहीं है।' परलोक की चिंता मुझे एक क्षण के लिए अब तक नहीं व्यापी। मैं केवल अपना इहलोक सुधारने में ही अधिक सचेष्ट रहता हूँ, जिसका इहलोक बनता है उसका परलोक भी सँवर जाता है। मेरे द्वारा किसी का अपकार या किसी के प्रति अन्याय न हो और दूसरा भी मेरे प्रति अन्याय न करने पाए–इसी लोक को संतुलन के साथ यथाशक्ति साधते हुए मेरी चेतना विवेकयुक्त होकर बराबर विकसित होती रहे, बस यही चाहता हूँ।

"मुझे हिंदू, मुसलमान, ईसाई, पारसी आदि किसी मजहब से द्वेष नहीं। मैं अनुभव से भी यह जानता हूँ कि सच्चा हिंदू या सच्चा मुसलमान कोई भी सद्धार्मिक किसी दूसरे का बुरा हरगिज नहीं सोच सकता। मुझे पॉलिटिकल हिंदू-मुसलमानों

से नफरत है, इसीलिए हिंदी-उर्दू के मसले को जब फिरकेवाराना सवाल बनाकर उठाया जाता है तो सात्विक क्रोध से भर उठता हूँ। हिंदी-उर्दू को दो अलग जबानें बतलानेवाले भोली जनता को बरगलाकर अपना उल्लू सीधा करते हैं। हिंदी-उर्दू, हिंदी-अंग्रेजी का झगड़ा हमारी राजनीतिक पार्टियों की आपसी पैंतरेबाजी या सौदेबाजी को बरकरार रखने के लिए ही बराबर चेताए रखा जाता है। न्याय का झूठा नाटक करके सच्चे न्याय को दबाया जाता है। कहा जाता है कि हिंदू-मुसलमान दो अलग-अलग जन हैं, उनकी संस्कृतियाँ और मातृभाषाएँ अलग-अलग हैं। चंद शहरी अभिजात्य वर्ग के पुराने पतनशील सामंतों ने अपनी भाषा से 'कढ़ब बोल' यानी संस्कृत के प्रचलित शब्द निकालकर उसकी जगह अरबी-फारसी जड़ दी, उसे लिपि भी अलग दे दी और फिर वह सारे मुसलमानों की मादरी जबान बनकर एकदम अलग हो गई। अब एक झूठ पर नित नए झूठों के गिलाफ चढ़ाए जाते हैं और कुछ नहीं तो 'नेशनल इंटीग्रेशन' के नाम पर अपने मध्यावधि चुनाव में वोटों की सौदेबाजी के लिए मादरी जबान और दूसरी जबान का दर्जा दिलाने के लिए हवा बाँधी जा रही है। मुझे लगता है कि इससे सांप्रदायिकता अधिक भड़केगी इससे देश के एक नए विभाजन का सूत्रपात भी होगा।''

अमृतलाल ने अपनी हिंदीनिष्ठा के कारण सुचेता कृपलानी के मुख्य मंत्रित्वकाल में उत्तर प्रदेश में राजभाषा हिंदी के साथ अंग्रेजी को जोड़ने की बात उठने पर सात्विक आक्रोश से भरकर अनशन की घोषणा कर दी। मैंने उन्हें बहुत समझाया कि ये चुनावी चालें हैं। आप इस टंटे में मत पड़िए। पर वे माने नहीं। उलटे मुझसे इस बात पर बहुत नाराज हुए कि मैंने *नवजीवन* में उनके अनशन की खबर छापी नहीं। मुझे डर था कि इस खबर को छाप देने से कहीं वह इसे अपना कमिटमेंट न मान बैठें। बाद में उन्होंने एक साक्षात्कार में कहा लखनऊ में हिंदी का झंडा लेकर चलनेवाले कई लोग थे। हमें अनुभव हुआ कि हम व्यावहारिक नहीं हैं। यहाँ 'चढ़ जा बेटा सूली पर, भली करेंगे राम' कहनेवाले तो बहुत हैं, पर खुद आगे नहीं आएँगे। पहली बार मुझको झटका लगा। अपने अकेलेपन का अनुभव हुआ। संयोग से चुनाव का माहौल खत्म होने के साथ राजभाषा हिंदी से अंग्रेजी को भी जोड़ने की बात खत्म हो गई और अनशन की नौबत नहीं आई।

अमृतलाल ने अपना उपन्यास *अमृत और विष* वाचस्पति पाठक की सलाह से इलाहाबाद के *लोकभारती प्रकाशन* को दे दिया। उसे अपने लखनऊ के दो अग्रज कथाकारों भगवतीचरण वर्मा और यशपाल को सादर-सविनय सप्रेम समर्पित किया। उपन्यास उनकी 50वीं वर्षगाँठ पर प्रकाशित हुआ। मेरे पास जो भेंट प्रति है उस पर तारीख स्वर्णजयंती के अगले दिन की 18.8.66 पड़ी है। उनकी स्वर्ण जयंती पर मसूरी से प्रकाशित *सीमांत प्रहरी* और कानपुर से प्रकाशित *नीर-क्षीर* ने *अमृतलाल नागर अंक* निकाले। प्रयाग में अभिनंदन समारोह हुआ। उपन्यास पर केवल 1967

का *साहित्य अकादमी पुरस्कार* ही नहीं 1970 का 'सोवियत लैंड नेहरू' पुरस्कार भी मिला। किंतु उपन्यास पर सबसे बड़ा सर्टिफिकेट उन्हें सुमित्रानंदन पंत से मिला। उन्होंने 5 सितंबर तक उपन्यास पढ़ डाला। एक दिन शाम को जब मैं अमृतलाल के यहाँ पहुँचा तो उन्होंने 18/बी-7 कस्तूरबा गांधी मार्ग, इलाहाबाद से लिखा गया सुमित्रानंदन पंत का 11 सितंबर का पत्र बिना कुछ कहे मेरी ओर बढ़ा दिया। पंत ने लिखा था—'बंधु बिना अतिशयोक्ति के हिंदी साहित्य में आपका यह उपन्यास क्या शिल्प, क्या कथा—सभी दृष्टियों से बेजोड़ है। बूँदों के समुद्र को मथकर आपने जो युगीन जीवन से *अमृत और विष* निकाला है, उसके लिए मेरी हार्दिक बधाई और शुभ आशीर्वाद लें। वैसे इसमें कथा तत्त्व गौण, चरित्र चित्रण भी गौण है और न *बूँद और समुद्र* की ताई-सा कोई जीवंत पात्र है—आत्माराम, सर शोभा राम (संभवतः मोतीलालजी, जवाहरलालजी के कुछ अंशों तक रेखाचित्र) केवल आदर्शों के 'वाटर कलर' चित्र से लगते हैं। पर सब मिलाकर इसकी विशेषता यह है कि युग चेतना के आरोह का स्वस्थ आदर्श तथा यथार्थ के स्तर पर अत्यंत सफल उपयोगी तथा वास्तविक चित्रण इस उपन्यास में मिलता है। भाषा के तो आप सम्राट् हैं—आपके पास बैठकर कई जन्मों तक भाषा तथा शैली की साधना करनी पड़ेगी। ऐसी स्वाभाविक, सजीव, मर्मस्पर्शी भाषा कोई नहीं लिख सकता। हिंदी को आपने बहुत-सा शब्द भंडार, मुहावरों का कोश तथा शब्द ध्वनियों का जीवन-मधु से भरा विराट छत्ता ही दे डाला है। अगर ऐसी भाषा मुझे आ जाए तो मैं भी गोला चढ़ाने को तैयार हूँ। आपकी बिरादरी, पुत्ती गुरु आदि इसमें बड़े पक्षपात के साथ आए हैं। खैर, पक्षपात स्वाभाविक है। जिस स्तर के लखनऊ के जीवन में आपने उपन्यास की पृष्ठभूमि निर्मित की है तथा उसमें नए युग के प्रवेश का जैसा सफल तथा यथार्थवादी चित्रण आपने किया है उससे उपन्यास की मर्मस्पर्शिता के साथ सामाजिक उपयोगिता बहुत बढ़ गई है। रचना प्रक्रियावाले परिच्छेद भी सोने में सुगंध का काम करते हैं। आपकी प्रतिभा को भूरि-भूरि नमस्कार करता हूँ।' (पंत ने प्रतिभा शब्द का प्रयोग विनोदपूर्वक श्लेष में किया था।)

3

अमृत और विष समाप्त करने के बाद अमृतलाल ने 150 पन्नों का एक चरित्र प्रधान लघु उपन्यास *सात घूँघटवाला मुखड़ा* लिखा। कन्हैयालाल माणिकलाल मुंशी जब उत्तर प्रदेश के राज्यपाल थे तो उन्होंने *विद्याभवन पत्रिका* में अपने कुलपति के पत्र नामक स्तंभ में *बेगम समरू* का रोचक वृत्तांत लिखा था। राजभवन के पुस्तकालय में उपलब्ध सामग्री के आधार पर उन्होंने शाह आलम और अहमद शाह अब्दाली की समकालीन उस यतीम कश्मीरी बाला की कहानी लिखी थी जो सरधना के विलायती नवाब की बेगम बनने के बाद खुद वहाँ की जागीरदार बन गई थी।

जिसके आगे मराठे, रुहेले, मुगलिया बादशाह, अंग्रेजी कंपनी बहादुर 18वीं-19वीं शताब्दी के हिंदुस्तान की सब ताकतें अदब से सिर झुकाती थीं। जिसने उस काल के इतिहास पर किसी मर्द से कहीं ज्यादा असर डाला था और एक दिन तख्ते हिंदोस्तान की मलका बनने का सपना देखती थी। मैंने जब मुंशी का लेख अमृतलाल को पढ़वाया तो उन्होंने *बेगम समरू* शीर्षक से एक उम्दा रेडियो नाटक लिख डाला जो बहुत पसंद किया गया।

उन्होंने *अमृत और विष* के बाद एक और बड़ा उपन्यास *एकदा नैमिषारण्ये* उठा लिया था, लेकिन उसे लिखने में कितना समय लगेगा, वह स्वयं नहीं जानते थे। इसलिए इस बीच रोटी-पानी की चिंता से अपने को मुक्त रखने के लिए उन्होंने अपने रेडियो नाटक *बेगम समरू* के आधार पर एक लघु उपन्यास घसीट देने का निश्चय किया। जहाँ तक मुझे याद पड़ता है, उन्होंने यह उपन्यास दो-तीन महीने में लिख डाला था। नवंबर 1968 तक प्रकाशित भी हो गया। इसमें उन्होंने औपन्यासिक कला में अपनी दक्षता का परिचय देते हुए बेगम समरू के जटिल मनोव्यक्तित्व के पर्दे-दर-पर्दे उधेड़कर उसके भीतर छिपे कोमल नारी मन का जिस मार्मिकता से उद्घाटन किया था, उससे पाठक एक बार उपन्यास को हाथ में उठा लेने पर फिर उसे अंत तक पढ़े बिना छोड़ नहीं पाता था। इसका शीर्षक उन्होंने *सात घूँघटवाला मुखड़ा* रखा। रतन के देहांत के बाद उनके द्वारा लिखा यह पहला उपन्यास था। इसे उन्होंने रतन की मधुर पावन स्मृति को अर्पित किया।

यह उपन्यास उनका संबंध *राजपाल प्रकाशन* से जोड़ने में सहायक हुआ जो बाद में उनके मुख्य प्रकाशक बन गए। इस संस्था से उनका पहला संबंध 1961 में जुड़ा था जब उन्होंने *आज के लोकप्रिय कवि* पुस्तकमाला के लिए भगवतीचरण वर्मा की जो कविताएँ उन्हें प्रिय लगती थीं, उनका संकलन किया था। लगभग 100 पन्नों का यह संकलन उन्होंने लगभग एक सप्ताह में तैयार कर दिया था। एक दिन शाम को भगवती बाबू ने सूचना दी—गुरु राजपालवाले हमारी कविताओं का संकलन चाहते हैं। मैंने संकलन करने के लिए तुम्हारा नाम दे दिया है। दूसरे या तीसरे दिन जब हम तीनों शाम को बैठे तो बातों-बातों में भगवती बाबू की 30 लोकप्रिय कविताओं का चयन कर डाला गया। मैं उन कविताओं के शीर्षक लिखता गया। इसके बाद अमृतलाल ने भगवती बाबू से पूछताछ कर उनका 16 पृष्ठों का साहित्यिक जीवन परिचय संस्मरणात्मक शैली में दो-तीन बैठकों में लिख डाला। पुस्तक अगस्त 1961 में प्रकाशित हुई।

जनवरी 1967 में लखनऊ के एक प्रकाशक ने उनकी हास्य रस की सात कहानियों का संकलन *कालदंड की चोरी* प्रकाशित किया। इसे उन्होंने हास्य रस के चिर-सनातन चिर-नूतन लेखक बेढब बनारसी तथा युवा पीढ़ी के हास्य व्यंग्यकार हरिशंकर परसाई को समर्पित किया। इस समर्पण के द्वारा अमृतलाल ने जिस समय सार्वजनिक रूप से हिंदी में हास्य साहित्य के विकास में बेढबजी के योगदान के

प्रति अपना आदर भाव प्रकट किया, उस समय हम लोगों ने कल्पना नहीं की थी कि साल भर बाद ही देवोत्थान एकादशी के दिन मास्टर साहब (बेढबजी को हम लोग इसी संबोधन से पुकारते थे) हम लोगों के हृदयों में अपने मधुर व्यक्तित्व की अनेकानेक मधुर स्मृतियाँ छोड़कर देवलोक को प्रयाण कर जाएँगे। इस संकलन की तीन कहानियाँ *नजीर मियाँ, हाजी कुल्फीवाला* तथा *पीपल की परी* कादंबिनी के नवंबर 1960 तथा जनवरी व फरवरी 1961 के अंकों में छपी थीं। इन कहानियों में उन्होंने किस्सागो लोगों की किस्साबयानी की शैली का सुंदर साहित्यिक नमूना पेश किया था। हम लोगों के एक मित्र डॉक्टर फर्नीचर पलट को केंद्र बनाकर लिखी गई उनकी कहानी *डॉक्टरी साइनबोर्ड* फरवरी 1961 की *सारिका* में छपी थी। *बेचारी बनफशा बेगम* 1960 में तथा *डोल* और *भारतपुत्र नौरंगीलाल* 1962 में लिखी गई थी। अमृतलाल कभी-कभी मनोविनोद के लिए जासूसी कहानी पर भी हाथ आजमा लेते थे। *कालदंड की चोरी* इसी प्रकार की एक कहानी थी। जो 1963 में लिखी गई थी। उन्होंने 1968 में एक जासूसी उपन्यास भी उठाया था। उसके लगभग 150 पृष्ठ लिख डाले थे। बंबई जाने पर नरेंद्र शर्मा ने उन्हें बताया कि वक्री शनि आपसे यह नाच-नचा रहा है। अब वह मार्गी हो रहा है और आपको सही रास्ता दिखाएगा। बंबई से लौटने पर उन्होंने अपना मन जासूसी उपन्यास से हटाकर *एकदा नैमिषारण्ये* में केंद्रित किया।

4

बूँद और समुद्र की भाँति *एकदा नैमिषारण्ये* नाम भी उनके मन में 1946 में मद्रास प्रवास में कौंधा था। कपालीश्वर के मंदिर में एक तमिल कथावाचक के मुँह से 'एकदा नैमिषारण्यतिल' सुनकर उनकी आँखों के सामने अपने लखनऊ नगर के निकट गोमती तट पर बसे नैमिष तीर्थ का चित्र आ गया था। कथावाचक की बोली-बानी अलग होने पर भी उसके लटके-झटके वही थे जो उत्तर प्रदेश के कथावाचकों के थे। मन में प्रश्न उठा—अयोध्या, काशी, प्रयाग, मथुरा जैसे सरनाम तीर्थों को छोड़कर सूत-शौनकादि ने सारे पुराण नैमिषारण्य में क्यों बाँचे ? वहाँ चौरासी हजार संतों का सम्मेलन किसने आयोजित किया ? इसके बाद लखनऊ आने पर अपने चौक मोहल्ले में एक व्यक्ति को चौराहे पर नल के नीचे नहाते समय गंगा, सिंधु, सरस्वती, यमुना, गोदावरी, गंडकी आदि सप्त नदियों तथा अयोध्या, मथुरा, माया, काशी, कांची, अवंतिका आदि सप्त पुरियों के नामवाला श्लोक पढ़ते सुना तो उनके मन में इन श्लोकों का नया राष्ट्रीय एकताबोधक अर्थ-बोध जागा।

1951-52 के आसपास अमीरुद्दौला लायब्रेरी की शेल्फों में चुनी पुस्तकें टटोलते हुए मुझे काशी प्रसाद जायसवाल की *अंधकारयुगीन भारत* दिखाई पड़ी।

अमृतलाल के साथ मेरी मित्रता विकसित होने का मुख्य आधार बना—हम दोनों का समान वय में पुस्तक-कीट बन जाना। हम लोगों को जो भी पुस्तक अच्छी लगती उसे दूसरे को भी पढ़ने के लिए प्रेरित करते। जायसवाल की पुस्तक में जब उन्होंने पढ़ा कि कुषाणों को देश से निकाल देने के बाद तीसरी शताब्दी ईस्वी में भारशिवों और वाकाटकों के शासनकाल में सांस्कृतिक पुनरुत्थान का आंदोलन चला था तो उनके मन में खट से जुड़ गया नैमिष में चौरासी हजार संतों का सम्मेलन उसी काल में हुआ होगा। चिंतामणि विनायक वैद्य की *महाभारत मीमांसा* उनके पास थी। वैद्य ने *जय-ग्रंथ* व्यास रचित, *भारत संहिता* वैशंपायन रचित और *महाभारत संहिता* सौति रचित माना था। किंतु उन्हें *नागरी प्रचारिणी पत्रिका* में प्रकाशित सुकंठणकर के विचार युक्तिसंगत लगे कि सूत केवल कथा बाँचते थे, अतएव सौतिवाले मत का खंडन किया था। वासुदेवशरण अग्रवाल की *पाणिनिकालीन भारत* में पढ़ा कि *अष्टाध्यायीं* की रचना के समय भारत और महाभारत दोनों संहिताएँ वर्तमान थीं। महाभारत के विविध संस्करण ईस्वी तीसरी-चौथी शताब्दी तक होते रहे। उसके गणेशजी के द्वारा लिखे जाने की किंवदंती प्रचलित होने का अर्थ यह समझ में आया कि उसका ईस्वी तीसरी-चौथी शताब्दी में जो संस्करण हुआ होगा उसे गिरा गुरु गणपति नाग ने लिखा होगा। महाभारत के अनुसार प्राचीन काल में कुलपति वह कहलाता था जो दस हजार विद्यार्थियों का भरण-पोषण कर सकता था। इस आधार पर अनुमान लगाया कि भारशिवों-वाकाटकों के काल में नीमसार में महर्षि शुनक की वंश परंपरा में कोई महर्षि शौनक कुलपति रहे होंगे जिसकी अध्यक्षता में चौरासी हजार संतों का सम्मेलन तथा महाभारत का द्वितीय द्वादशवर्षीय महासत्र आयोजित हुआ होगा। उसी सत्र में सूत परिवार के किसी सौति ने महाभारत तथा अन्य पुराण बाँचे होंगे। वहीं से 'एक बार नैमिषारण्य में' ठप्पा लगकर सारी पौराणिक कथाएँ उत्तर से दक्षिण तक सारे देश में फैली होंगी।

उनका दृढ़ विश्वास था कि नैमिष आंदोलन वास्तव में सारे देश की भावनात्मक एकता का आंदोलन था। विष्णु पुराण की भारतगीता, ''गायन्ति देवाः किल गीतकानि धन्यास्तुये भारत भूमि भागे'' इसी ओर संकेत करती है। नैमिष युनिवर्सिटी के कथाकारों ने सारे देवताओं को विष्णु का अवतार बनाकर बहुजातीय भारत के बहुत इष्टदेवों को सबके लिए पूज्य और प्रणम्य बना दिया। बुद्ध और प्रथम जैन तीर्थंकर ऋषभदेव को भी विष्णु का अवतार बनाकर भारतीय संस्कृति की ब्राह्मण और श्रमण धाराओं को एक कर दिया। उस काल के सभी मतवादों को जो आपस में लड़ा करते थे, सह-अस्तित्व के सूत्र में बाँध दिया। मुसलमानों और अंग्रेजों के आने से बहुत पहले हमारे सारे बहुभाषा-भाषी, बहुधर्मी, बहुजातीय देश में आसेतुहिमाचल सांस्कृतिक एकता स्थापित हो चुकी थी।

एकदा नैमिषारण्ये लिखने से पहले उन्होंने भारतीय इतिहास के साथ-साथ प्राचीन सभ्यताओं तथा मिस्र, असीरिया, बेबिलोनिया, क्रीट, यूनान, चीन आदि के

प्राचीन पौराणिक आख्यानों का गहन अध्ययन-मनन किया। मैं शबरी के बेर की तरह चख-चखकर लायब्रेरी की उत्तमोतम पुस्तकें उन्हें पढ़वाता रहा। बिल ड्यूरेंट की *स्टोरी ऑफ सिविलाइजेशन ऑफ एंशियंट इंडिया,* राहुल सांकृत्यायन का *मध्य एशिया का इतिहास* आदि पुस्तकों ने उन्हें उपन्यास की थीम तैयार करने में सहायता प्रदान की। वैड्डेल की *मेकर्स ऑफ सिविलाइजेशन* पर इतने लट्टू हुए कि फौरन ऑर्डर देकर उसकी एक प्रति अपनी निजी लायब्रेरी के लिए मँगवा ली। सुमन शर्मा की *प्राचीन भारतीय आर्य राजवंश* रामविलास ने उन्हें भेंट कर दी थी। डोनाल्ड मैकेंजी संपादित *मिथ्स एंड लीजेंड्स* वाली ग्रंथमाला का एक भारतवाला खंड छोड़कर सभी खंड उनके पास थे। प्राचीन समाजों का ऐतिहासिक विकास क्रम समझने के लिए एंगेल्स की *ओरजिन ऑफ द फैमिली, प्राइवेट प्रापर्टी एंड स्टेट* एक आधारभूत पुस्तक है। इसे तो उन्होंने पाठ्य-पुस्तक की तरह जगह-जगह निशान लगाकर घोख डाला था।

अपने अध्ययन मनन से वह इस निष्कर्ष पर पहुँचे कि प्राचीन भारतीय संस्कृति और सभ्यता का प्राचीन सभ्य संसार से जीवंत संपर्क था। उन्हें मैसोपोटामिया के पुरोहित राजा गुडेया था गुदिया और अपने यहाँ के राजा गाधि, चक्रवर्ती सम्राट् सगर और इराक के सर्गोन महान्, किशि नरेश उक्रसी या अक्षक के बेटे बकुश या बेकस, निमि और रंटन तथा अपने यहाँ के इक्ष्वाकुनंदन विकुक्षि, निमि और दंडक में अद्भुत साम्य दिखाई पड़ा। कोशांबी की पुस्तक में पढ़ा, यम और मिम से संबंधित सात हजार वर्ष पुराना स्थान उज्बेकिस्तान की खुदाई में निकला है। सोवियत संघ के भ्रमण में आजरबैजान देख आए थे जिसका पुराना नाम अत्रिपत्तन था। वहाँ हिंदुओं का बड़ा ज्वालामई का मंदिर था जिसका दर्शन करने के लिए उर्ध्वबाहु करके तपस्या करनेवाले एक घुमक्कड़ साधु प्राण पुरी 18वीं शताब्दी के अंत में गए थे और मास्को तक की यात्रा की थी। उनका वृत्तांत एशियाटिक रिसर्चेज में छपा था, जिसका अता-पता डॉ. मोतीचंद्र से मिलने पर मैंने लायब्रेरी में वह अंक खोज निकाला था और अमृतलाल को पढ़ा दिया था। उन्होंने प्राण पुरी पर एक लेख *धर्मयुग* में लिखा था।

अमृतलाल का अनुभव था कि प्राचीन काल में उत्तर भारत से लेकर कजाकिस्तान तक का भूभाग आर्यानाम वैजो अथवा आर्यावर्त था। पुराणों के अनुसार सुमेरू के उत्तर में उत्तर कुरु और देवदरु थे और दक्षिण में भरतखंड। सुमेरू को यदि सोने के पहाड़ अल्ताई का पुराना नाम मान लिया जाए तो आर्यावर्त का पुराना जुगराफिया सटीक बैठ जाता है।

अमृतलाल को अपना उपन्यास *एकदा नैमिषारण्ये* लिखने की मुख्य प्रेरणा जवाहरलाल नेहरू के काल में उनके द्वारा चलाए गए भावनात्मक एकता के आंदोलन से मिली। उन्होंने उपन्यास में दिखाया कि प्राचीन भारतीय संस्कृति संकुचित नहीं थी। पड़ोस के देशों से उसका जीवंत नाता था। हमें यदि देश में

सच्ची भावनात्मक एकता स्थापित करना है तो हमें भारतीय संस्कृति में (जो कालांतर में हिंदू संस्कृति कहलाने लगी।) निहित राष्ट्रीय तत्त्वों को पहचानना होगा और उन्हीं के आधार पर सभी बिखरी हुई निष्ठाओं को एक राष्ट्रीय सूत्र में पिरोकर राष्ट्रीय भावनात्मक एकता की नई शक्ति का रूप देना होगा। इसी रीति से सांप्रदायिकता की शक्तियों से लड़ा जा सकता है और दक्षिण, उत्तर, पश्चिम तथा पूर्व में हिमालय से लेकर समुद्र तक फैले देश में सच्ची भावनात्मक एकता की स्थापना की जा सकती है। हमारा प्राचीन भारत, जिसे हिंदू भारत कहा जाता है, एक ऐसी हवेली के खंडहर के समान है, जिसमें सदियों का अनमोल रत्नभंडार भी मलबे में दबा पड़ा है। इसलिए नए भारत के नए भवन का निर्माण करने के लिए हमें उस मलबे में दबी अनंत रत्नराशि निकालकर उसका उपयोग नए समाज के निर्माण में करना चाहिए।

उन्होंने उपन्यास का लेखन नवंबर 1967 में आगरा प्रवास में आरंभ किया। जहाँ तक मुझे याद पड़ता है, वह आगरा से उसका पहला नारदवाला अध्याय लिखकर लाए थे। उपन्यास मंथर गति से चला। तीन वर्ष से कुछ अधिक समय लग गया। कारण, लिखने के साथ काफी पढ़ना भी पड़ता था। उपन्यास के कथानक की रूपरेखा भी पहले से तैयार नहीं थी। लिखते जाते थे और कथानक की कड़ियाँ जुड़ती जाती थीं। अंतिम अध्याय नैमिष में बैठकर लिखे। सीतापुर के डॉ. नवल बिहारी मिश्र ने वहाँ उनके सुखेन रहने की व्यवस्था कर दी थी। उपन्यास 31 जनवरी, 1971 को पूरा हुआ और 1972 में बांग्ला देश की मुक्ति दिवस पर प्रकाशित हुआ। मेरे पास जो भेंट प्रति है उस पर हपने हाथ से 8.1.72 तारीख डालकर लिख दिया—'शेख मुजीब के पाकिस्तानी शिंकजे से मुक्त होने पर।' इस उन्होंने अपने अभिन्न हृदय मित्र डॉ. रामविलास शर्मा को उनकी 60वीं वर्षगाँठ पर सप्रेम भेंट किया।

अमृतलाल के लिखे उपन्यास मे केवल यही एक उपन्यास था जिसका वह पुनर्लेखन करना चाहते थे। उनका मत था कि उपन्यास की कथा शरबत की तरह होनी चाहिए। पाठक के कंठ से घट-घट उतरती चली जाए। पढ़ने में उसे कोई प्रयास न करना पड़े। उपन्यास छपकर आने पर जब पढ़ा तो उन्हें लगा कि इसमें वह कथा को शरबत नहीं बना पाए हैं। उसे फिर से लिखने की इच्छा उनके मन में रह गई। मैं इसे उनका थीसिसनुमा उपन्यास कहता था। मेरठ के एक प्रकाशक ने उनसे उसका विद्यार्थी संस्करण तैयार करने का प्रस्ताव किया। कहा—मैं कोर्स में लगवा लूँगा। लगभग एक सप्ताह के परिश्रम से लगभग पौने छह सौ पृष्ठों के उपन्यास को तीन सौ पृष्ठों में संक्षिप्त कर दिया। इससे उसकी कथा में प्रवाह आ गया। उपन्यास का नाम *एकदा नैमिषारण्ये* से बदलकर *चक्रतीर्थ* कर दिया। यह संस्करण उनके सामने नहीं छप सका। *लोकभारती* ने ही इसका भी प्रकाशन किया।

एकदा नैमिषारण्ये के लेखन काल में उन्होंने वेड्डेल की पुस्तक में अमृतकलश लिए गरुड का एक चित्र देखा। मदन से उसका रेखाचित्र बनवाकर उसके नीचे 'मृत्योर्माऽमृतं गमय' लिखवा दिया। बाद में यही उनके लैटरहैड का मोनोग्राम बन गया। उपन्यास के लेखनकाल में उनकी दो पौत्रियों (शरद् की बेटियाँ) का जन्म हुआ। उनका नाम क्रमशः ऋचा और दीक्षा रखा। उनके बाद छोटे पौत्र (शरद् के बेटे) का जन्म हुआ तो उसका नाम प्रचेता रखा। उपन्यास में दिखाया था कि महाभारतकार महर्षि शौनक के बाद उनके पौत्र तथा व्यास सोमाहुति के पुत्र प्रचेता व्यास गद्दी पर बिठाए जाते हैं।

मानस का हंस और नाच्यौ बहुत गोपाल

कहते. हैं, बाल्यावस्था फिर युवावस्था और उसके बाद वृद्धावस्था भोगते हुए मनुष्य के एक ही जन्म में तीन जन्म हो जाते हैं। मेरा और अमृतलाल का साथ हम दोनों के तीनों जन्मों में रहा। वह लगभग 50 वर्ष की अवस्था तक युवावस्था भोगते रहे। कान के पास के दो-चार बाल अवश्य सफेद होने लगे थे, लेकिन दिल जवान था। जैसे-जैसे साठ की ओर बढ़ने लगे फिर साठ पार किया, स्वास्थ्य संपदा पर ग्रहण लगने लगा। पहले ब्लड प्रेशर का मर्ज हुआ, फिर डायबटीज या दोनों लगभग साथ-साथ कुछ आगे-पीछे शुरू हुए, कहना कठिन है। मैं उन्हें बराबर सलाह देता था, डॉक्टरों को दिखाकर मेडिकल चेकअप करा लीजिए, लेकिन मेरी बात अनसुनी कर देते थे। एक बड़े लेखक बन जाने के बाद डॉक्टर के मतब पर जाकर लाइन लगाकर तो बैठ नहीं सकते थे। डॉक्टर को घर पर बुलाकर दिखाने का मतलब था चार-पाँच सौ का खर्च। वैसे अभ्यागतों के स्वागत सत्कार तथा अन्य कई बातों में शाह खर्च थे, किंतु अपनी दवा-दारू के बारे में किफायतशारी बरतते थे। देशी इलाज में अधिक विश्वास था लड़कों के मजबूर कर देने पर ही डॉक्टर को दिखाते थे।

हम दोनों के एक सुपरिचित डॉक्टर कोहली थे। मेडिकल कॉलेज में पैथोलॉजी विभाग के रीडर और फिर विभागाध्यक्ष रहे। प्राइवेट प्रैक्टिस भी करते थे। मेरे फैमिली डॉक्टर थे। एक बार अमृतलाल के स्वास्थ्य की परीक्षा करने के बाद मुझसे कहने लगे—तुम्हारे दोस्त को अब अपने स्वास्थ्य के बारे में अधिक सावधानी बरतनी चाहिए। सबसे पहले अपनी डायबटीज को खान-पान में संयम बरतकर कंट्रोल करना चाहिए। परंतु डायट पर कंट्रोल करना, विशेष रूप से मीठे पर कंट्रोल उनके लिए कठिन था।

वह बचपन से मिष्टान्न प्रेमी थे। गुजराती में नमक को भी मीठू कहते हैं। अगर मेजबान उनके चाय के प्याले में चार चम्मच चीनी भी डाल दें तो मना नहीं करते थे। दूध में बूरा इतना पसंद करते थे कि मुँह बँध जाए। शाम को भोजन में जब तक मीठा न हो, तृप्ति नहीं होती थी। कड़की के दिनों में गुड़ या बूरे से काम चला लेते थे। हम लोग शाम को जब भगवती बाबू के साथ बैठते तो

अकसर हिसाब लगाया जाता कि किस शहर की कौन-सी मिठाई सरनाम है। वानवाली गली के राम आसरे की मिठाइयों के सबसे बड़े पैट्रन थे। उसके उत्तराधिकारियों ने जब हजरतगंज में लीला सिनेमा के पास दुकान खोली तो बड़ी प्रसन्नता के साथ उसका उद्घाटन किया। उस दिन उसने हम दोनों को नई-नई उम्दा मिठाइयाँ बड़े प्रेम से खिलाईं।

मिठाई के बाद उनका सबसे अधिक प्रेम पान से था। जब सोवियत संघ की यात्रा पर गए थे तो पान की ढोली साथ ले गए थे। लगातार पान खाते रहने और जवानी के दिनों में पान की गिलौरी गाल में दबाकर रात में सोने की आदत पड़ जाने से अट्ठावन की आयु तक पहुँचते-पहुँचते दाढ़ों का दर्द परेशान करने लगा। कभी-कभी बहुत जोर से टीसें उठतीं, सूजन गले तक फैल जाती, बोलने और खाने में कष्ट होता। कैंसर के डर से कई बार जाँच कराई गई, लेकिन कुछ निकला नहीं। जब पान कम कर देते, डॉक्टरी दवा खाते, इंजेक्शन लगवाते तो आराम हो जाता। उन दिनों जो साहित्यिक मित्र मिलने आता, हँसकर कहते—मैंने गले में बुलबुल पाल ली है। बुलबुल धीरे-धीरे पालतू बन गई। जैसे ही थोड़ा आराम होता, पान फिर पूर्ववत् चालू हो जाता। कहते थे—मैं मरने को तैयार हूँ, पर पान खाना नहीं छोड़ सकता। पान को अपना जीवन रस मानते थे। कहते थे—अगर जीवन में रस नहीं रहा तो जीने से क्या लाभ। मिठाई भी उनका जीवन रस था।

कई बातों में कुछ सीमा तक अतिवादी थे। जब छेने के बंगाली रसगुल्लों की चर्चा छिड़ती तो दो-चार रसगुल्लों की कल्पना से मन न भरता, हँडिया भर रसगुल्लों की बात करते। जाड़े में लखनऊ का मक्खन निमिष बहुत भाता था। सर्द आह खींचकर कहते—हमारे बचपन में जैसा उम्दा मक्खन बनता था, अब नहीं दिखाई पड़ता। मक्खन के छटाँक-आध पाव के प्याले से मन न भरता, कम-से-कम पाव-डेढ़ पाव का प्याला होना चाहिए। रबड़ी की बात चलती तो भी पाव-आध-पाव की बात न करते, सेर-आध सेर की बात करते। विजया की शुरुआत मटर के दाने के बराबर गोली से हुई। साथ में दूध, बादाम, मुनक्का, इलाइची, कालीमिर्च, जाड़े में केसर, गर्मी में केवड़ा या गुलाबजल से सुवासित ठंडाई। गोली फिर मटर के दाने से बढ़कर बेर बराबर हुई, फिर गोला बन गई। बंबई और फिर लखनऊ में कड़की के जमाने में सूखी लेने लगे। 'उग्र' की देखा-देखी पानी से छोटे-छोटे गोले गटकने लगे। पहले शाम को लेते, फिर यदा-कदा कागावासी भी चलने लगी—शाम की खुमारी उतारने के लिए। जब चिंताग्रस्त होते तो गोले का आकार बढ़ जाता। जब बीमारियों ने शरीर में घर बना लिया तो कहते—जवानी में मैंने शरीर पर अत्याचार भी तो कम नहीं किए। अब भोगना तो पड़ेगा ही।

षष्ठिपूर्ति के बाद कई सप्ताह शय्याग्रस्त रहे। पहले ब्लड प्रेशर ने सताया, फिर क्षीण ज्वर ने। टैंपरेचर कभी निन्यानवे, कभी साढ़े निन्यानवे और कभी सौ निकलता। दोनों पैर घुटने के नीचे कटते थे। एक दिन मुझसे कहने लगे—बड़े-बूढ़ों से सुना है

कि मरने से छह महीने पहले पैर कटने लगते हैं। अब मैं छह महीने का मेहमान हूँ। उन दिनों *मानस का हंस* पूरा करके *नाच्यौ बहुत गोपाल* उठा लिया था। मैंने कहा आप मुझसे शर्त लगा लीजिए। अभी आप बहुत बरस जिएँगे। *मानस का हंस* की भाँति आपका *नाच्यौ बहुत गोपाल* भी क्लास और मास की अपील का होगा। अभी आप साहित्य में और यश अर्जित करेंगे। लड़कों के जोर देने पर सभी प्रकार की डॉक्टरी जाँच हुई, कुछ निकला नहीं। डॉक्टरों ने राय दी—आप बहुत थके हुए हैं। आप कुछ दिन पूर्ण शारीरिक और मानसिक विश्राम करिए। निन्यानवे का चक्कर छूटा। कुछ दिन आराम करने पर फिर नार्मल जिंदगी शुरू कर दी।

पचासा पार करने के बाद कभी-कभी घर भर के टेबल फैन सिराहने लगाकर लेट जाते थे। मैं समझता था कि भाँग की गर्मी चढ़ गई है, मगर वह हाई ब्लड प्रेशर की शुरुआत थी। धीरे-धीरे जब डायबटीज ने उनके शरीर में जड़ जमा ली तो उसने श्रवण-शक्ति को प्रभावित करना शुरू कर दिया। सबसे पहले प्रतिभा ने नोट किया कि वह बहरे बाबा बनते जा रहे हैं। आरंभ में कहा करते थे, यह उनके ध्यान-योग का परिणाम है। आत्मतल्लीन हो जाने पर बाहर की आवाजें उनके कानों में नहीं पहुँचतीं। परंतु धीरे-धीरे इतने उच्चश्रवा हो गए कि हियरिंग-एड की आवश्यकता पड़ने लगी। जब किसी मीटिंग में जाते तो कर्णाभूषण उनकी सज्जा का अंग बन गया। शाम को जब उनके यहाँ मेरा पहुँचने का टाइम होता तो हियरिंग एड पहले से मँगवाकर अपनी चौकी पर रख लेते थे। बैटरी का खर्च बचाने के लिए जब जरूरत होती तभी हियरिंग एड लगाते थे।

डॉ. कैलाशनाथ काटजू जब मध्य प्रदेश के राज्यपाल बने तो हियरिंग एड लगाए बिना कुछ सुन नहीं पाते थे और चश्मा उतार देने पर कुछ देख नहीं पाते थे। अकसर अखाड़ेबाज राजनीतिक नेता जब उनको बोर करने के लिए राजभवन पहुँचे जाते थे तो हियरिंग एड तथा चश्मा उतारकर आरामकुर्सी पर लेट जाते थे और इस तरह आगंतुक की बात पर सिर हिलाते थे कि उसे लगता था कि उन्होंने बड़े ध्यान से उनकी सारी बातें सुन ली हैं। अमृतलाल की जैसे-जैसे उम्र बढ़ी वैसे-वैसे उनकी साहित्यिक प्रतिष्ठा भी बढ़ती गई। उनको भरपूर लोकप्रतिष्ठा मिली। 'उत्तर प्रदेश हिंदी समिति' का अध्यक्ष, 'उत्तर प्रदेश संगीत-नाटक अकादमी' का ज्येष्ठ उपाध्यक्ष तथा कार्यकारी अध्यक्ष बनाया गया। हिंदी रंगमंच की विशिष्ट सेवा हेतु पुरस्कृत किया गया। आकाशवाणी की स्वर्णजयंती के अवसर पर उन्हें भी विशेषरूप से सम्मानित किया गया। सोवियत संघ की यात्रा के बाद जब द्वितीय विश्व हिंदी सम्मेलन में भाग लेने मॉरिशस गए तो वहाँ के हिंदी लेखकों ने उनकी बड़ी आवभगत की। भारत सरकार ने 'पद्मभूषण' से अलंकृत किया। अलंकरण समारोह में पत्नी को भी साथ ले गए। वहाँ प्रतिभा को पहली बार अनुभूति हुई कि उनके पतिदेव बहुत ही 'म्होटा माणस' (बड़े आदमी) हो गए हैं। राजकीय पुरस्कारों हेतु पुस्तकों के चयन के लिए उनको भी निर्णायक बनाया जाने लगा।

उनके यहाँ मुलाकातियों की भीड़ आने लगी। कभी-कभी तो बोर हो उठते। एकांत में अंतरंग मित्र मंडली के साथ बैठकर कुछ वक्त बिताने की इच्छा होती। मैं कभी-कभी मजाक में उनसे कहता—आप भी डॉ. कैलाशनाथ काटजू की तरह हियरिंग एड उतारकर मुलाकातियों से मिला करिए। हम दोनों के पुराने मित्र राजू (राजकिशोर श्रीवास्तव) को कभी-कभी शिकायत होती कि अमृतलाल के यहाँ जब जाओ, वह पतिंगो (प्रशंसकों) से घिरे रहते हैं। इसलिए उनके यहाँ जाने की इच्छा नहीं होती। मैं राजू को समझाता—वह अपने यश का दंड भुगत रहे हैं।

पचासा पार करने के बाद अमृतलाल के ऊपर एक ही गार्हस्थिक दायित्व बचा था—छोटी बेटी आरती का विवाह। उसने लखनऊ विश्वविद्यालय से संस्कृत में एम.ए. किया था। रूप में अपनी माँ पर गई थी। उनके भावी जमाता अनिल उसे देखने की इच्छा से उनसे मिलने के बहाने 1967 में उनके घर पर आए थे। उस समय जोधपुर में वायुसेना में पायलट की ट्रेंनिग ले रहे थे। उन्होंने सुन रखा था कि नागरजी की छोटी बेटी सायरा बानो जैसी लगती है। आरती उस समय 17-18 वर्ष की थी, उसकी शिक्षा पूरी नहीं हुई थी, इसलिए अमृतलाल का विवाह करने का कोई विचार नहीं था। अनिल को आरती बहुत पसंद आई, किंतु कन्या पक्ष की ओर से जब विवाह की कोई बात नहीं चलाई गई तो वह चुपचाप वापस लौट गए। पाँच साल बाद वायुसेना के अफसर बन जाने पर जब उनकी पोस्टिंग लखनऊ के ममौरा स्टेशन पर हुई तो अमृतलाल प्रतिभा को साथ लेकर सगाई का प्रस्ताव लेकर उनके पास गए। सगाई पक्की हो गई और 17 फरवरी, 1973 को विवाह की लग्न निकली। आरती के विवाह के बाद आयु के 57वें वर्ष में अमृतलाल अपने सभी गार्हस्थिक दायित्वों से मुक्त हो गए।

2

1970 का दशक जहाँ अमृतलाल के लिए शारीरिक व्याधियों के शुरुआत का दशक रहा वहीं साहित्यिक कृतित्व की दृष्टि से उनके साहित्यिक जीवन का अत्यंत महत्त्वपूर्ण दशक रहा। *बूँद और समुद्र* तथा *अमृत और विष* के बाद उनके दो नए क्लासिक *मानस का हंस* तथा *नाच्यौ बहुत गोपाल* इसी दशक में लिखे गए। *मानस का हंस* के अवतरण के लिए मानस चतुरशती बहाना बनी। उसकी रचना प्रक्रिया 1950 के आसपास आरंभ हो गई थी, जब संपादकाचार्य अंबिकाप्रसाद वाजपेयी की प्रेरणा से लखनऊ में बड़े पैमाने पर तुलसी जयंती का सफल आयोजन गंगाप्रसाद मैमोरियल हॉल में किया था। रामचंद्र शुक्ल द्वारा बखाना तुलसीदास का लोकधर्मी रूप मन को बाँधता था। उनकी पंक्तियाँ—'तीन गाँठ कौपीन में बिन भाजी बिन लौन। तुलसी मन संतोष जो इंद्र बापुरौ कौन' चप्पल-चटकाऊ लेखक जीवन आरंभ करने पर अकसर दोहराया करते थे। आगरा जाते तो रामविलास

शर्मा से तुलसीदास के व्यक्तित्व के जनवादी पक्ष पर खूब बहसें होतीं। बंबई में नरेंद्र शर्मा के साथ संगीत निर्देशक अनिल विश्वास के यहाँ जुड़नेवाली रविवासरीय मानस-गोष्ठी में बराबर जाते थे और दो-ढाई घंटे तुलसीदास हो जाते थे। एक बार उनके फिल्मी मित्र महेश कौल ने यह कहकर उन्हें चमत्कृत कर दिया कि तुलसीदास श्रेष्ठ सिनेरियो लेखक थे। महेश कौल ने सिनेरियो शास्त्र का गहन अध्ययन किया था। इस दृष्टि से जब मानस को पढ़ा तो उन्हें अपने मित्र की बात सोलह आने पाव रत्ती सही लगी। हम लोगों के मित्र अशोकजी ने एक बार बातों-बातों में बनारस की रामलीला की एक विशेषता बताई। वहाँ अलग-अलग मोहल्लों में अलग-अलग लीलाएँ होती थीं। कहीं लंकादहन, कहीं राजगद्दी, कहीं नककटैया। सारे नगर के अलग-अलग पेशों और मोहल्लों के चौधरी सारी लीला कराने का भार अपने ऊपर ले लेते थे। इस सूचना के साथ जब इस लोक प्रचलित किंवदंती को जोड़ा कि रामलीला की परंपरा गोस्वामी तुलसीदास ने डाली तो बाबा के व्यक्तित्व का एक नया आयाम सामने आया—लोक रंगमंच के कुशल संगठनकर्ता का। अपने उस साहित्यिक पूर्वज का यह प्रयोग अनोखा लगा। जन-जागरण के लिए टूटी हुई दबी-कुचली जनता में रामकथा के बहाने नई आस्था जगाने के लिए, उसे ऊपर उठाने के अभियान में राजा से लेकर रंक तक, समाज के सभी वर्गों, सभी जातियों के लोगों को जोड़ने के लिए उन्होंने सारे नगर को एक विशाल रंगमंच बना दिया।

1971 में वह अपने भतीजों (स्व. अनुज रतन के पुत्र) अतुल और आलोक के यज्ञोपवीत के लिए बंबई गए। वहाँ महेश कौल से टक्कर हुई जो उस समय अपनी एक नई पिक्चर *अग्निरेखा* बना रहे थे। बातों-बातों में उनसे कहा—'तुम मानस चतुरशती पर गोस्वामी तुलसीदास के जीवन वृत्त पर पिक्चर क्यों नहीं बना डालते ?' उन्होंने उलटकर जवाब दिया—'तुम मुझे दो महीने के अंदर फिल्म की स्क्रिप्ट लिखकर दे दो !' उसी समय से दिमाग में कीड़ा रेंगने लगा और बंबई से लौटकर तुलसीदास के जीवन-वृत्त पर उपन्यास लिखने के लिए तुलसी साहित्य का अध्ययन आरंभ कर दिया। तुलसी के मनोव्यक्तित्व का चित्र बनाने के लिए *विनयपत्रिका, कवितावली, गीतावली* तथा *हनुमान बाहुक* में उपयोगी सामग्री मिली। मेरे पास अकबर पर राहुल सांकृत्यायन की एक उम्दा पुस्तक थी। उससे तुलसी के जीवन काल की ऐतिहासिक पृष्ठभूमि सजाने में मदद मिली। इस कार्य में डॉ. मोतीचंद्र के *काशी का इतिहास* का भी सहारा लिया। उन्होंने मुझसे तुलसीदास के जीवनवृत्त का एक मोटा खाका तैयार करने को कहा। मैंने उन्हें बताया कि तुलसीदास का कोई प्रामाणिक ऐतिहासिक जीवनवृत्त उपलब्ध नहीं है। जीवनी के नाम पर कुछ जनश्रुतियाँ, किंवदंतियाँ तथा उनके काव्य साहित्य में उनके जीवन का अंतःसाक्ष्य मानी जानेवाली कुछ पंक्तियाँ मिलती हैं। वे सब मैंने उन्हें लिखकर दे दीं। इस दृष्टि से डॉ. माताप्रसाद गुप्त तथा उदयभानुसिंह की पुस्तकें उन्हें उपयोगी लगीं और उन्होंने अपने निजी पुस्तकालय के लिए खरीद लीं।

तुलसी के आराध्यदेव राम से अपने मन को एकाकार कर देने के लिए उन्होंने अपने उपन्यास का श्रीगणेश अयोध्या में बैठकर करने का निश्चय किया। उन दिनों उत्तर प्रदेश राजस्व परिषद् के अध्यक्ष एक मानस-भक्त आई.सी.एस. अधिकारी जनार्दन दत्त शुक्ल थे। हम लोगों से मैत्रीभाव रखते थे। उन्होंने उनके अयोध्या के तुलसी स्मारक भवन में सुखेन रहने की व्यवस्था कर दी। वहीं 4 जून, 1971 को *मानस का हंस* का अवतरण हुआ। 6 जून को मुझे लिखा—'हाथ से लिखे साढ़े दस पृष्ठ का पहला परिच्छेद शाम 7.34 पर पूरा हुआ। उठान अच्छी है।'

उनके अयोध्या से लौटने पर जब मैंने पहला परिच्छेद सुना तो मुग्ध हो गया। उपन्यास का आरंभ सचमुच बड़े आकर्षक नाटकीय ढंग से हुआ था। पहले पृष्ठ से 90 वर्षीय बाबा तुलसीदास पाठक के मनःचक्षुओं के सामने अत्यंत सजीव रूप से उपस्थित हो जाते हैं। उसे ऐसा लगता है, जैसे वह अपने मन की स्क्रीन पर तुलसीदास पर बनी कोई उम्दा फिल्म देख रहा हो। मुझे ऐसा भासित हुआ जैसे तुलसीदास के मनोव्यक्तित्व की परिकल्पना करते हुए उनके मनोबिंबों में स्वयंमेव उनके प्रभुजी बाबा रामजी आकर उपस्थित हो गए हों। उन्हीं की भाँति व्यायाम से कसा हुआ बाबा तुलसीदास का ताँबे की भाँति दमकता शरीर और 90 वर्ष की अवस्था में भी तन कर चलते हुए।

उपन्यास के लेखन काल में बाबा तुलसीदास से एकात्मकता अनुभव करने के लिए अमृतलाल भी गृह-त्याग कर आश्रमवासी बन गए थे। गोमती तट पर लाजपतराय नगर में एकांत में एक कोठरी किराए पर ले ली थी। यह कोठरी एक मकान का भाग होकर भी उससे सर्वथा स्वतंत्र थी। प्रवेश द्वार भी अलग था। कोठरी के सामने तथा बगल में गृह उद्यान के लिए थोड़ी-सी खुली जमीन थी, जहाँ पर हम लोग शाम को बैठते थे। पीछे की तरफ एक छोटा-सा किचन भी था, जहाँ हम लोग कभी-कभी चाय बना लेते थे। इसी स्थान को अमृतलाल अपना आश्रम कहते थे। वहाँ कोई विशेष फर्नीचर नहीं था। सरकंडे के दो-एक मोढ़े, लोहे की दो कुर्सियाँ, एक छोटी-सी मेज और एक आदमी के सोने लायक छोटा-सा तख्त। टेलीफोन आदि के माध्यम से बाहरी दुनिया से कटे हुए आश्रम में एकांतवास तथा गुप्तवास करते हुए अमृतलाल के *मानस का हंस* का अवतरण हुआ। शाम को सिर्फ मैं पहुँच जाता था, सप्ताह में एकाध बार मेरे साथ भगवती बाबू भी पहुँच जाते थे। और किसी को उनके इस स्थान की सूचना नहीं दी गई थी। दोपहर का खाना टिफिन में घर से आ जाता था। शाम को मैं उनके लिए घोसी के यहाँ से सामने का कढ़ा दूध ला देता था।

उपन्यास के अवतरण काल में वह चौबीसों घंटे तुलसीमय रहते थे। तुलसी के चित्रांकन के लिए उनके सामने मॉडल के रूप में बाबा रामजी ही नहीं रहे, अनेक स्थलों पर उन्होंने तुलसी के रचनाकार से अपने रचनाकार को एकाकार कर दिया था। जिस प्रकार वह नियमबद्ध रीति से नित्य प्रातःकाल से मध्याह्नकाल तक

लेखन कार्य करते थे, उसी प्रकार बाबा को भी प्रातःकाल से मध्याह्नकाल तक मानस की रचना करते हुए दिखाया। अनेक स्थलों पर मुझे ऐसा लगा जैसे रत्नावली के गृहस्थ जीवन तथा विरह जीवन का चित्रांकन करते समय उनके मनोबिंबों पर उनकी जीवनसंगिनी प्रतिभा की छाया पड़ रही हो। संस्कृत साहित्य के आचार्यों ने माना है कि कवि को अपने कथानायक के उदात्त चरित्र का उद्घाटन करने के लिए अपनी सर्जनात्मक कल्पना का प्रयोग करने की स्वतंत्रता होती है। उन्होंने उपन्यास के अनेकानेक कथा प्रसंगों की उद्भावना में इस स्वतंत्रता का भरपूर उपयोग करते हुए अपनी उर्वर रम्य औपन्यासिक कल्पना का चमत्कार दिखाया।

मोहिनी प्रसंग इस प्रकार के अनेकानेक कथा प्रसंगों में से एक है। इस प्रसंग की अवतारणा से पूर्व उन्होंने काफी विचार मंथन किया था। फ्रॉयड आदि पाश्चात्य मनोविश्लेषण शास्त्रियों ने माना है काम मनुष्य की आधारभूत जीवनी शक्ति है। उसी का उन्नयन होकर साहित्य, संगीत, कला, पार्थिव एवं अपार्थिव प्रेम, भक्ति, वैराग्य आदि नाना रूपों में प्रस्फुटन होता है। एक सीमा तक वह भी इस मत को मानते थे। हमारे पुराणों में कामशक्ति की प्रबलता बखाननेवाले अनेकानेक आख्यान भरे पड़े हैं। गांधीजी ने ब्रह्मचर्य व्रत पालन संबंधी स्वानुभवों का वर्णन करते हुए बड़ी स्पष्टवादिता के साथ बताया था कि दीर्घकालीन अखंड ब्रह्मचर्य साधना के बाद भी कभी-कभी उनके मन में काम भावना उदित हो उठती थी। टॉलस्टॉय ने लिखा है कि वह अस्सी वर्ष की आयु में भी काम भावना अनुभव करते थे।

तुलसी साहित्य के अध्ययन-मनन से अमृतलाल को लगा कि तुलसी ने काम से जूझ-जूझकर राम बनाया है। उनके अंतर्मन में काम और राम के द्वंद्व का औपन्यासिक चित्रण करने हेतु उन्हें मोहिनी नाम से एक काल्पनिक प्रतीकात्मक पात्र की अवतारणा करने की आवश्यकता अनुभव हुई। तुलसी के जीवन में मोहिनी का प्रवेश उस समय दिखाया जब वह बैरागी नहीं हुए थे। छात्र जीवन से निकले थे। शास्त्री हो गए थे। गुरुजी तथा गुरु पत्नी की छत्रच्छाया में रहकर पाठशाला के नए विद्यार्थियों को पढ़ाते थे। अवस्था तेईस-चौबीस की थी। उस अवस्था में काम चेतना का जागना स्वाभाविक था। देखने की बात यह है कि मोहिनी के प्रति आकर्षण भाव अनुभव करते हुए भी तुलसी अपना विवेक नहीं खोते। जब उनके सामने मोहिनी और राम के प्रति अपने मन के आकर्षण भाव में से एक का चुनाव करने का क्षण आता है तो वह मोहिनी से साफ-साफ कह देते हैं—तुम मेरे लिए इस समय भले ही अति आकर्षण भरी हो, किंतु तुम्हारे लिए अपने जीवन का श्रेष्ठतम आकर्षण भाव छोड़ना मेरे वास्ते असंभव है।

उपन्यास में तुलसी के जीवन में दो रमणियों—मोहिनी और रत्नावली का प्रवेश उनके मनोव्यक्तित्व के विकास के दो सोपानों के रूप मे चित्रित किया गया है। मोहिनी उन्हें इस बात का बोध कराती है कि उसके प्रति उनका आकर्षण भाव

प्रेम नहीं है, तृष्णा है। प्रेम वह राम से करते हैं। रत्नावली उन्हें आत्मदर्शन के मार्ग पर एक कदम और आगे बढ़ाती है, इसीलिए वह उसे अपना ज्ञान-गुरु मानने लगते हैं। उसके ताने से ही वह प्रेम के निष्काम रूप का दर्शन करने के लिए गृहस्थाश्रम त्यागकर वैरागी बन जाते हैं।

मानस का हंस को किसी जीवनीपरक उपन्यास के बने-बनाए खाने में रखकर नहीं, वरन एक औपन्यासिक कलाकृति के रूप में पढ़कर ही उसका पूरा रसास्वादन किया जा सकता है। यह उनकी लेखनी का जादू माना जाएगा कि उपन्यास में वर्णित सारी घटनाएँ पाठक को सच्ची मालूम पड़ने लगती हैं। शिल्प की दृष्टि से उन्होंने इस उपन्यास में फ्लैश बैक टेकनीक का बड़ा मँजा हुआ रूप प्रस्तुत किया है। इस उपन्यास को लिखने में उनका मुख्य उद्देश्य आज के युग के पाठकों के लिए तुलसी को नए सिरे से प्राप्त करना था। वास्तव में वह अतीत के झरोखे से वर्तमान को ही झाँक रहे थे। उन्होंने तुलसीदास का चित्रांकन एक अंध श्रद्धा-भक्ति की किंवदंतियों से भरे नायक के रूप में नहीं किया है, वरन् उनकी उस मूलभूत मानवीय दृष्टि को तलाशने का प्रयत्न किया है, जो आज भी हमारे राष्ट्रीय तथा मानवीय चरित्र के उन्नयन में सहायक हो सकती है। उन्होंने तुलसी को एक ऐसे अंतर्प्रज्ञा संपन्न भक्त, साधक एवं सशक्त रचनाकार के रूप में प्रस्तुत किया है जो अपने मन की सूक्ष्म गतिविधियों को पहचानने का प्रयत्न करता है; अपनी दुर्बलताओं से जूझता है; अपनी आस्था को संगठित करता है; अपने को ऊपर उठाने के साथ अपने पूरे समाज को उठाने का प्रयत्न करता है। सभी आर्तजनों के कल्याण की कामना से स्वांतःसुखाय की अपनी भावना को इतना विराट रूप दे देता है कि उसमें 'परहित सदृश कोऊ धर्म नाहीं' की भावना भी समाहित हो जाती है।

आरंभ में उपन्यास लेखन की गति धीमी रही, फिर द्रुतगति से चला। उन्हें ऐसा लगने लगा जैसे बाबा स्वयं उनकी उँगली पकड़कर उनसे उपन्यास लिखाते जा रहे हैं। डबल डिमाई साइज के लगभग साढ़े चार सौ पृष्ठ का उपन्यास 19 महीने और 19 दिन में बोलकर लिखवा दिया। अंतिम परिच्छेद रामनवमी के दिन 23 मार्च, 1972 को पूरा हुआ।

बूँद और समुद्र के बाद उनका *मानस का हंस* सबसे अधिक पढ़ा गया। लोकनायक जयप्रकाश नारायण को उनका यह उपन्यास इतना पसंद आया कि दो-तीन बार पढ़ा। यही नहीं, उसकी एक प्रति इंदिरा गांधी को उनके जन्मदिन पर भेंट करके उनसे भी उसे पढ़ने की सिफारिश की। इस उपन्यास पर अमृतलाल को मध्य प्रदेश शासन साहित्य परिषद् का वर्ष 1972 का 'अखिल भारतीय वीरसिंह देव' पुरस्कार, उत्तर प्रदेश शासन का वर्ष 1973-74 का 'राज्य साहित्यिक' पुरस्कार तथा 1978 में 'श्रीरामकृष्ण हरजीमल डालमिया' पुरस्कार मिला।

मानस का हंस के लेखनकाल में ही अमृतलाल के मस्तिष्क में उनके अगले उपन्यास *नाच्यौ बहुत गोपाल* का बीज वपन हो गया था। उनके आश्रम में पुराने ढंग का शौचालय था जिसे कमाने के लिए एक बुढ़िया जमादारिन आती थी। उस समय वह दो-चार बालटी पानी ऊपर से अपने हाथ से डाल देते थे। एक बार उनकी जमादारिन कई दिन तक नहीं आई, फिर उसकी एवजी में एक दूसरी आने लगी। उससे पता चला कि उनकी जमादारिन भारी आफत में फँस गई है। तफतीश के लिए पुलिस रोज उसके घर आती है, उसे डरा-धमकाकर पूछताछ करती है और कुछ-न-कुछ ऐंठ ले जाती है। अनाज के एक बूढ़े धनी ब्राह्मन व्यापारी के दुहाजू या तिहाजू नई नवेली उमर की छमक छल्लो बाह्मनी जमादारिन के जवान लड़के को भगा ले गई। वह अपने साथ काफी जेवर और रुपए-पैसे लेकर भागी थी। दो दिन बाद एक होटल में अपने प्रेमी के साथ पकड़ी गई। इस खबर को सुनकर अमृतलाल को लगा कि सैक्स की भूख न ब्राह्मण देखती है, न मेहतर। उस समय तो आदमी केवल औरत और मर्द होता है।

मानस का हंस पूरा करने के बाद वह किसी नए विषय की तलाश में थे। उनकी आदत थी कि वह अपने उपन्यासों में वैरायटी देने का प्रयास करते थे। एक थीम दोहराते नहीं थे। उनके मन में विचार कौंधा, क्यों न इस घटना को आधार बनाकर अपने नए उपन्यास की कथा का ताना-बाना समाज के सबसे हीनकर्मा, अछूतों में भी अछूत माने जानेवाले सबसे दलित मेहतरवर्ग के इर्द-गिर्द बुनकर समाज की करुणा इस वर्ग के प्रति जगाऊँ। अपनी नौजवानी के दिनों में वह भी गांधीजी के हरिजनोद्धार आंदोलन से जुड़े थे। उनके पिता की बौद्धिक सहानुभूति भी इस आंदोलन से थी। आंदोलन के जोश भरे दिनों में अमीनुद्दौला पार्क में सत्यनारायण की सार्वजनिक कथा हुई। उसमें प्रसाद का दोना दुअन्नी में मेहतरों से बँटवाया गया। उसे अमृतलाल ने खरीदा ही नहीं, सबके सामने खाया भी। बिरादरी के एक पंच ने जब उनके पिता से शिकायत की तो उन्होंने साफ कह दिया कि मैं अपने लड़के को ऐसे सुधार कार्यों से रोकूँगा नहीं। अमृतलाल की इच्छा हुई कि राष्ट्रपिता गांधीजी ने हरिजनोद्धार का जो कार्य आरंभ किया, उसे मैं साहित्य के माध्यम से आगे बढ़ाऊँ।

उन्होंने मुझसे कहा लाइब्रेरी में अछूतों की समस्या का समाजशास्त्रीय तथा नृतत्त्वशास्त्रीय दृष्टि से विवेचन करनेवाली जितनी पठनीय पुस्तकें हों, मुझे पढ़वा दो। इस बहाने मैंने भी इस समस्या से संबंधित काफी साहित्य पढ़ा। नई पुस्तकों के नोट्स मेरी डायरी में सुरक्षित हैं। यह सभी पुस्तकें मैंने उन्हें पढ़वा दीं। उनकी निजी लाइब्रेरी में दक्षिण भारत की *कास्ट्स एंड ट्राइब्स ऑफ साउथ इंडिया* के सभी खंड थे। मैंने उन्हें पश्चिमोत्तर प्रांत तथा अवध की जातियों तथा जन जातियों

का विवरण देनेवाली डब्ल्यू. क्रुक्स की पुस्तक पढ़वा दी। डॉ. अंबेडकर की पुस्तक तथा बंबई विश्वविद्यालय के समाजशास्त्र विभाग के रीडर जी.एस. घुरये की पुस्तक *कास्ट एंड रेस इन इंडिया* उन्हें विचारोत्तेजक लगी। डॉ. इरावती कर्वे ने समाजशास्त्रीय दृष्टि से हिंदू समाज का पांडित्यपूर्ण अध्ययन किया था। उनकी एक पुस्तक अमृतलाल ने मुझे पढ़वाई थी। मैंने उन्हें उनकी *हिंदू सोसाइटी : एन इंटरप्रेटेशन* का हिंदी अनुवाद पढ़वा दिया। मेरठ कॉलेज के संस्कृत विभागाध्यक्ष डॉ. निरुपण विद्यालंकार की पुस्तक *भारतीय धर्मशास्त्र में शूद्रों की स्थिति* उन्हें पसंद आई।

उन दिनों शाम को प्रायः इसी विषय पर लाउड थिंकिंग करते थे। हमारी भाषा में मनुष्यों का मल-मूत्र उठाने, सड़कों पर नालियाँ साफ करने, झाड़ू लगाने का कार्य करनेवाले हीनकर्मा लोगों को मेहतर अथवा भंगी कहा जाता है और उन्हें अस्पृश्य माना जाता है। मेहतर शब्द महत्तर से बना है जो श्रेष्ठतर का पर्यायवाची है। हमारे देश का जब विभाजन नहीं हुआ था, चित्राल (जो अब पाकिस्तान में है) के राजा मेहतर कहलाते थे। रामविलास शर्मा ने सूचित किया भंगि अथवा भंगी शब्द मूलतः सौंदर्यसूचक था। द्रविड़ भाषा परिवार की मलयालम में इसका यह अर्थ सुरक्षित है। बाल रामायण में भी इस शब्द का प्रयोग इसी अर्थ में मिलता है। मेहतर अथवा महत्तर की भाँति भंगि अथवा भंगी शब्द हीनकर्मा पेशे के लोगों के साथ कैसे जुड़ गया ? वाजसनेई संहिता में चांडाल एवं पोल्कस शब्द आए है। पोल्कस इस ढंग से रहते थे कि उनसे घृणा उत्पन्न होती थी। चांडाल संभवतः श्मशान के खुले मैदान में रहते थे, किंतु यह स्पष्ट नहीं है कि वे अस्पृश्य माने जाते थे।

हमारे यहाँ नगरों में सँडास का चलन बहुत पुराना है। इनको कमाने की आवश्यकता नहीं पड़ती, साल-छह महीने में इनमें नमक डाल दिया जाता था। किलों में ऐसे शौचालय बनते थे जो पानी डालकर स्वच्छ कर दिए जाते थे। गाँवों में मल की सफाई का कार्य सुअर करते थे, जहाँ लोग सुबह 'मैदान' जाते थे। इस कार्य के लिए प्रचलित अन्य शब्द झाड़ा, पोखरा, वहरी अलंग इसी आधार पर बने हैं। हमारे मन में कुतूहल हुआ, सार्वजनिक शौचालय के लिए बमपुलिस शब्द कैसे चला ? रामविलास शर्मा ने सूचित किया कि अंग्रेजी शासनकाल में जब कुंभ मेला लगा तो बैंबू पोल्स (बांस के डंडों) पर टट्टियाँ मढ़वाकर सार्वजनिक शौचालय बने, इसी से बमपुलिस शब्द चला। शायद टट्टियों की आड़ देकर शौचालय पहले भी बनते होंगे। इसीलिए उनके लिए टट्टी शब्द प्रचलित हुआ।

डॉ. अंबेडकर की पुस्तक से अमृतलाल को सूचना मिली कि हमारे समाज में अछूतों की समस्या ईस्वी सन् 400 के बाद आरंभ हुई। धर्मसूत्रों में प्रतिलोम संबंधों से उत्पन्न संतानें अपवित्र ठहराई गईं, अस्पृश्य नहीं। डॉ. अंबेडकर के मतानुसार बड़े-बड़े कबीलों के छोटे-छोटे टुकड़े अकसर कटकर बिखर जाते थे। इन्हीं

बिखरे लोगों को पहले अछूत ठहराया गया होगा। इससे अमृतलाल की यह अवधारणा उत्पन्न हुई कि अछूत कोई जाति नहीं है और यदि है भी तो केवल गुलामों की जाति। नारदीय संहिता में पंद्रह प्रकार के दास कर्मों में एक मल-मूत्र उठानेवाले दासों का भी उल्लेख मिलता है। हिंदी में कहावत है, मार-मारकर भंगी बनाना। उन्हें लगा इस कहावत में ऐतिहासिक तथ्य छिपा है। विजेताओं ने विजितों को दास बनाकर सामंती जोर में उनसे जबरदस्ती मल-मूत्र उठवाना आरंभ कर दिया होगा। जब यह गर्हित-घृणित कार्य उनसे पीढ़ी-दर-पीढ़ी कराया गया होगा तभी यह कहावत प्रचलित हुई होगी। स्टेनले राइस की *हिंदू कस्टम्स एंड देयर ओरिजिंस* में पढ़ा कि अछूत मानी जानेवाली जातियों में प्रायः वे जातियाँ हैं जो विजेताओं से हारीं और अपमानित हुईं और जिनसे विजेताओं ने मनमाने कार्य करवाए। उन्हें मेहतरों के 24 गोत सुनने को मिले। जिनमें से कई पुराने राजकुलों, क्षत्रिय तथा राजपूतों के गोतों से मिलते-जुलते थे। 1925 में गाजीपुर के देवदत्त शर्मा चतुर्वेदी ने *पतित प्रभाकर अर्थात मेहतर जाति का इतिहास* नाम से एक पुस्तक लिखी थी। इसे हरिजन सेवक संघ, दिल्ली के पंडित चिंतामणि वाल्मीकि (राउत मेहतर) के पितामह वंशीराम राउत (मेहतर) ने 1931 में अपने खर्च से छपवाया था। इसको पढ़ने से भी उनकी अवधारणा को बल मिला।

सूरदास का एक पद—'अब हौं नाच्यौ बहुत गोपाल, काम, क्रोध को पहिर चोलना कंठ विषय की माल' पढ़कर उनके मन में अपने नए उपन्यास का नाम 'नाच्यौ बहुत गोपाल' रखने का विचार कौंधा। उपन्यास के वास्ते मसाला बटोरने के लिए उन्होंने *बूँद और समुद्र* वाला अपना आजमाया हुआ नुस्खा, इंटरव्यू का सिलसिला चालू कर दिया। इस कार्य में उनके पौत्र संजीवन (पारिजात नागर) उनके निजी सहायक बने। मेहतर तथा भंगी समुदाय के कुछ नवयुवक कार्यकर्ताओं को शंका होती थी कि इस नेतानुमा शुभ्र खादीधारी व्यक्ति को हमारी समस्याओं में इतनी दिलचस्पी क्यों है ? वे उनके सामने खुलकर बातचीत करने में हिचकिचाते थे। ऐसे अवसरों पर उनकी शंकाओं का समाधान करने में प्रतिभा का सहयोग उनके लिए बहुत सहायक सिद्ध होता था। पति-पत्नी दोनों प्रभुजी के संपर्क में आने के बाद अपने मन से वर्ण, धर्म और जाति का भेदभाव निकाल चुके थे। इंटरव्यू के दौरान अमृतलाल को बार-बार इस बात का एहसास होता था कि समय कितना बदल चुका है। 1891-'92 में पूना में महादेव गोविंद रानाडे तथा अन्य समाज सुधारकों को एक इसाई पादरी के यहाँ चाय पी लेने पर प्रायश्चित्त करना पड़ा था। चार दशक बाद हरिजनोद्धार आंदोलन के समय सत्यनारायण की कथा में मेहतर के हाथ का प्रसाद खा लेने पर उनकी बिरादरी के एक पंच ने आपत्ति की थी। अब वे मेहतरों को अपने यहाँ बुलाते थे, उन्हें अपने ड्राइंगरूम में बिठाकर उनका आतिथ्य-सत्कार करते थे, मेहतरों के घरों में जाकर उनके हाथ की चाय पीते थे और किसी के कान पर जूँ भी नहीं रेंगती थी।

उनके उपन्यास का आरंभ 1975 के अंत में हुआ। उसका लेखन मुख्यतया इंदिरा गांधी के प्रधानमंत्रित्व काल में लगी इमरजेंसी के दौरान हुआ। उपन्यास में यत्र-तत्र इमरजेंसी काल में उनके मानस की प्रतिक्रिया व्यक्त हुई है। वह अपने प्रत्येक बड़े उपन्यास के लेखन काल में उसके पात्रों के साथ जी-में-जी डालकर जीते थे। 'नाच्यौ बहुत गोपाल' के लेखनकाल में वह मन से मेहतर बन गए थे। उपन्यास गुरु नानक जयंती, कार्तिक पूर्णिमा, दिनांक 25 नवंबर, 1977 को पूरा हुआ। टंकित प्रति संशोधन के लिए मुझे सौंप दी। अप्रैल 1978 तक छपकर आ गया। इसके अनेकानेक कथा प्रसंगों की उद्भावना में उन्हें 1927-28 के *चाँद* की फाइल तथा उसी काल की *माधुरी* तथा *त्यागभूमि* की फाइलों से सहायता मिली। इसमें उन्होंने एक नए शिल्प का प्रयोग किया जो इंटरव्यू, संस्मरण, टुकड़े-टुकड़े आत्मकथा तथा फ्लैशबैक टेकनीक का मिला-जुला रूप है।

आचार्य महावीरप्रसाद द्विवेदी ने सितंबर, 1914 की *सरस्वती* में भोजपुरी में लिखी पटना के हीरा डोम की एक कविता छापी थी–*अछूत की शिकायत*। यह एक अछूत के द्वारा लिखी और अछूतों की व्यथा-कथा उजागर करनेवाली हिंदी की पहली कविता थी। हीरा डोम ने लिखा था–

हमनी के राति-दिन दुखवा भोगत बानी,
हमनी के सहेबे से मिनती सुनाइबि।
हमनी के दुख भगवनओ न देखताजे,
हमनी के कवले कलेसवा उठाइबि।

इसके बाद 1926-27 में बलिया के एडवोकेट रामसिंहासन सहाय 'मधुर' ने दो कविताएँ डोम और डोमिन लिखी थीं। हरिजनोद्धार आंदोलन में जब गांधीजी बक्सर गए थे तो कुछ धर्मांध रूढ़िवादियों ने उन पर ढेले फेंके थे। उसी की प्रतिक्रिया में ये कविताएँ लिखी गई थीं। मेरा खयाल है, इन कविताओं के बाद अमृतलाल का *नाच्यौ बहुत गोपाल* हिंदी का पहला उपन्यास था जिसमें मेहतरों की समस्या को उठाया गया था।

निर्गुनिया केवल अमृतलाल के कथा साहित्य की नहीं, हिंदी कथा साहित्य की एक महत्त्वपूर्ण चारित्रिक सृष्टि है। ऐसा प्रतीत होता है कि उसके सृजनकाल में मन से मेहतर बन जाने के कारण उसने अपने जीवन में जो कुछ भोगा उसका इतना जीवंत वर्णन करने में वह समर्थ हो सके थे। एक उच्चतम वर्ण के व्यक्ति को जब मार-मारकर भंगी बनाया जाता है तो उसे किस प्रकार के मनोसंघर्ष का सामना करना पड़ता है, उसका उपन्यास में बड़ा हृदयस्पर्शी एवं हृदयद्रावक वर्णन है। सतही तौर पर निर्गुनिया की कहानी समाज के सबसे दलित और शोषित मेहतर वर्ग की कहानी है, किंतु प्रकारांतर में वह भारतीय नारी की दासता और दमन की कहानी भी है। एक जगह उन्होंने निर्गुनिया के मुँह से कहलाया है–"औरत

से बढ़कर और कोई भी ज्यादा गुलाम नहीं है। मैंने ब्राह्मण भी देखा, मेहतर भी देखा। मरद सब जगह एक है। सासें सब जगह एक हैं, सब जगह औरत की एक जैसी ही मिट्टी पलीद होती है।'' एक अन्य स्थान पर उससे कहलाया है–''दुनिया में दो पुराने-से-पुराने गुलाम हैं–एक भंगी और दूसरी औरत। जब तक ये गुलाम हैं, आपकी आजादी रुपए में पूरे सौ के सौ नए पैसे भर झूठी है।''

निर्गुनिया पूर्ण रूप से एक काल्पनिक नारी पात्र होते हुए भी अमृतलाल ने अपनी औपन्यासिक लेखन क्षमता के आधार पर उसे इतने मांसल रूप में हमारे सामने उपस्थित किया है कि वह जो कुछ महसूस करती है, वही पाठक भी महसूस करने लगता है। जब वह बाह्मनी से मेहतरानी बनने पर विवश होती है तो हमारे हृदय पर एक आघात लगता है। इस पात्र की सृष्टि में शायद यही उनका उद्देश्य था। निर्गुनिया उनके उपन्यासों का सबसे जटिल और अनोखा कैरेक्टर है। उसका आधा व्यक्तित्व यदि निर्मल नीरा नदी के समान है तो आधा उस नाले के समान है जिसमें मैलो ही नीर भरो। उसके अंतर में वेश्या और सती का अंतर्द्वंद्व बराबर चलता रहता है। अमृतलाल ने अपने फिल्मी जीवन काल में जोधपुर में एक संत को देखा था जिन्हें उनके भक्त लोग दिनभर भाँग का भोग अर्पित करते थे। वह अपने भक्तों को लतियाते थे, गंदी-गंदी गालियाँ देते थे। भक्त इसे उनका प्रसाद मानते थे। शायद निर्गुनिया की सृष्टि करते समय उनके मानसपटल पर उस संत का भी बिंब रहा हो। जोधपुर के संत यदि भंगड़ थे तो निर्गुनिया धत्ती पियक्कड़ है। शराब के नशे में अपनी बहिर्चेतना को सुलाकर अपनी अंतर्प्रज्ञा जगा लेती है और अपने ढंग से ध्यान-धारणा और समाधि सिद्ध करती है।

हजारीप्रसाद द्विवेदी ने *नाच्यौ बहुत गोपाल* पढ़कर अप्रैल के तीसरे सप्ताह में अमृतलाल को लिखा था–'*नाच्यौ बहुत गोपाल* पढ़ गया। बहुत अच्छा लगा। मेहतर समाज को आपने बड़े सहानुभूति के साथ जीवंत रूप में चित्रित किया है। इसके एक-एक चरित्र अपने गुण-दोषों के साथ प्राणवंत हो उठे हैं। निरगुनिया और मोहना तो विपरीत परिस्थितियों में चमकनेवाले रत्न ही हैं। लेकिन सुबरातन, गुल्लन, सीताराम और नब्बू जैसे पात्र भी पाठक के चित्त पर गहरी छाप छोड़ते हैं।...घिनौने कीचड़ में निरगुनिया देवी का जो प्रफुल्ल शतदल आपने खिलाया है वह बहुत ही मोहक और आकर्षक बना है। इस उपन्यास में आपके भीतर का प्रसुप्त कवि काफी क्रियाशील लगता है।...पुस्तक का अंत बड़ा ही प्रभावशाली सिद्ध हुआ है। आपकी शक्तिशाली लेखनी की प्रशंसा किन शब्दों में करूँ। सही अर्थों में जीवन की सच्चाई से जोड़नेवाले साहित्यकार अब थोड़े ही हैं। आप निश्चय ही उनमें मूर्धन्य हैं। पुनः-पुनः बधाई।'

4

1970 के दशक में *मानस का हंस* तथा *नाच्यौ बहुत गोपाल* के अतिरिक्त अमृतलाल ने एक और महत्त्वपूर्ण कथा प्रयोग सूर पंचशती पर *खंजन नयन* लिखकर किया। इस उपन्यास को लिखने के लिए उनकी मनोभूमि उस प्रकार तैयार नहीं थी जिस प्रकार *मानस का हंस* की रचना के लिए। तुलसीदास से वह बचपन से जुड़े थे। अपने दादाजी को प्रतिदिन रामचरितमानस सुनाते थे। सूरदास से उस प्रकार का जुड़ाव नहीं था। उनके पद पाठ्यपुस्तकों में पढ़े थे। पूरा *सूरसागर* उस रीति से नहीं पढ़ा था जिस रीति से रामचरित मानस। जब सूरपंचशती मनाने का निश्चय हुआ तो *मानस का हंस* की प्रसिद्धि के कारण मथुरा की एक साहित्यिक गोष्ठी में वयोवृद्ध साहित्य सेवी प्रभुदयाल मीतल ने उनसे अनुरोध किया—तुलसीदास की भाँति आप सूरदास पर भी एक उपन्यास लिख डालिए। लखनवी तकल्लुफ के कारण नकार तो नहीं सके, किंतु उपन्यास लिखने का कोई खास इरादा भी नहीं हुआ। लखनऊ में उत्तर प्रदेश 'हिंदी संस्थान' में आयोजित सूर संगोष्ठी में फिर उनसे इसी प्रकार का अनुरोध किया गया। लखनऊ दूरदर्शन के केंद्र निदेशक श्री लेले से मैत्री भाव था। उनके प्रेमिल आग्रह पर लखनऊ दूरदर्शन पर प्रस्तुति के लिए सूरदास पर एक फोटो नाटक *चढ़त न दूजो रंग* लिख दिया। यह लखनऊ, दिल्ली और अन्य हिंदी केंद्रों से टेलीकास्ट हुआ और बहुत से दर्शकों के प्रशंसा भरे पत्र मिले।

इसके बाद ही एक दिन सपने में अपनी अंधी दादी को देखा। ऐन उनके यज्ञोपवीत के दिन उनका अंधा हो जाना उनके तथा समूचे परिवार के लिए बहुत बड़ी त्रासदी थी। सपने में उन्हें देखने के बाद ही उनके मनोबिंब में अंधकवि सूरदास का चित्र उभर आया। पंतजी के देहावसान के बाद उनका जन्मदिन धूमधाम से उनके ग्राम कौसानी में मनाया गया। वह भी उत्सव में सम्मिलित हुए। कौसानी से अल्मोड़ा लौटते हुए रास्ते में गरम पानी में एक अंधे भिखारी को देखा जिसकी पिचकी हुई एल्युमीनियम की थाली में चाहे दस का सिक्का डालो और चाहे चवन्नी या अठन्नी, वह आवाज से बता देता था। उन्होंने उसकी थाली में चुपके से एक रुपए का नोट रख दिया। उसने फौरन बता दिया। उसे देखकर जोधपुर में देखे एक अंधे गाइड की याद आ गई। वह जन्मांध था। उसके पिता भी पर्यटकों के गाइड का कार्य करते थे। वह तीन-चार वर्ष की अवस्था से उसे गोद में लेकर पर्यटकों को जोधपुर के महल दिखाने ले जाते थे। उन्होंने महलों की दीवालों पर उसका हाथ फिरवाकर उसे उँगलियों के स्पर्श से एक-एक कलात्मक बारीकी, नक्काशी, चित्रकारी आदि की विशेषताएँ बखानना सिखा दिया था। किले के अंदर की एक दीवाल पर नौका विहार का दृश्य अंकित था। उसने जब अमृतलाल का हाथ उस भित्ति चित्र पर रखवाकर समझाया कि सूर्यास्त के समय किस प्रकार झील का आधा जल साँवला और आधा चाँदी जैसा चमक रहा है तो वह चमत्कृत हो गए।

संयोग से इसके बाद ही एक दिन 'राजपाल एंड संस' के निदेशक ईश्वरचंद्र खंडेलवाल उनसे मिलने उनके घर पर आए। मैं भी उस समय उनके पास ही तख्त पर बैठा था। उन्होंने जब अनुरोध किया कि सूरदास पर एक उपन्यास लिख दीजिए, इस समय सूर पंचशती पर खूब बिकेगा तो वह ना नहीं कर सके। उपन्यास लिखने की दृष्टि से सूर साहित्य का अध्ययन आरंभ कर दिया। सूरदास की जीवनियों से संकलित करके उनके जीवन की मुख्य-मुख्य घटनाएँ मैंने उन्हें उसी समय लिखकर दे दी थीं, जब वह *चढ़त न दूजो रंग* लिख रहे थे। सीताराम चतुर्वेदी द्वारा संपादित *सूर सागर* का एक खंड उनके पुस्तकालय में था। उसके बाकी चार खंड भी मँगवा लिये। समस्त पुष्टिमार्गीय वार्ता साहित्य भी खरीद लिया। सूर की जीवन कथा के लिए द्वारिका प्रसाद पारीख तथा प्रभुदयाल मीतल लिखित *सूर निर्णय* को आधार बनाया। ऐतिहासिक पृष्ठभूमि के लिए सैयद अतहर अब्बास रिजवी अनुवादित *आदि तुर्ककालीन भारत और तुगलक कालीन भारत, बाबरनामा* डॉ. मोतीचंद्रकृत *काशी का इतिहास* तथा डॉ. कृष्णदत्त वाजपेयी के *ब्रज का सांस्कृतिक इतिहास* का सहारा लिया।

जब मैंने उन्हें हेलेन केलर की जीवनी पढ़वाई तो उछल पड़े। हेलेन केलर जवाहरलाल नेहरू के प्रधानमंत्रित्व काल में दिल्ली आई थीं और अपनी प्रज्ञाचक्षुता से उन्हें चमत्कृत कर दिया था। वह जन्म से बहरी थीं, 19 महीने की अवस्था में अंधी हो गई थीं, फिर भी टटोल-टटोलकर अपनी स्पर्शेंद्रिय को अपनी आँख बनाकर फूलों के अलग-अलग रंग बखान देती थीं। उनकी जीवनी पढ़कर उनके मन में गरम पानी के अंधे भिखारी और जोधपुर के अंधे गाइड की याद ताजा हो गई। उनके मानसपटल पर सूरदास के मनोचित्र उभरने लगे।

उपन्यास का लेखन आरंभ करने से पहले सूरदास के परिवेश को आत्मसात् करने के लिए ब्रज प्रदेश की यात्रा की। मथुरा में विश्रामघाट की वह कोठरी देखी जहाँ किंवदंतियों के अनुसार सूरदार ठहरे थे। रूनुकता और गौघाट की यात्रा में ज्येष्ठ दौहित्र संदीपन (अचला के पुत्र) गाइड बने। अचला ने हिंदी में एम.ए. और फिर पी-एच.डी. किया था। वह मथुरा के आकाशवाणी केंद्र में कार्य कर रही थी। उसी के घर पर 30 नवंबर, 1979 को उपन्यास का श्रीगणेश हुआ। दो-तीन दिन बाद उन्हें श्रीकृष्ण जन्मस्थान अंतर्राष्ट्रीय अतिथिगृह में कमरा मिल गया। वहीं के कमरा नं. 56 और फिर बाद में कमरा नं. 8 में उपन्यास का दो-तिहाई से अधिक भाग लिखा गया। अपने अन्य उपन्यास की भाँति उन्होंने इसको बोलकर नहीं लिखवाया, बल्कि 95 प्रतिशत भाग अपने हाथ से लिखा। मथुरा के प्रवास काल में अचला उनकी अभिभाविका बनी। डायबिटीज तथा ब्लडप्रेशर के कारण उनके लिए डॉक्टरी अनुशासन में चलना आवश्यक हो गया था। प्रतिभा ने उनकी देखभाल का दायित्व अचला को सौंप दिया था। वह यथाशक्ति उनके मिष्टान्न प्रेम पर नियंत्रण रखती थी। दवा समय से खा लें, इसका ध्यान रखती थी, परंतु मथुरा

में रहकर वह वहाँ की रबड़ी या मलाई की पूड़ी का रसास्वादन न करें, यह कैसे संभव था। जिस दिन मिष्टान्न लेते, डायबटीज पर नियंत्रण रखनेवाली एक गोली अधिक खा लेते थे।

उनके मथुरा प्रवास काल में, इलाहाबाद में *लीडर प्रेस* में हम दोनों के घनिष्ठ मित्र वाचस्पति पाठक का देहांत हो गया। सोमवती अमावस्या के दिन दोपहर में खाना खाने के बाद लेटे। अचानक सीने में दर्द उठा और हृदयगति रुक जाने से सदा के लिए सो गए। एक दिन पहले बनारस से लौटे थे। तीन वर्ष पूर्व अपनी अंतिम तीन इच्छाएँ लिखकर रख दी थीं। एक, मेरी मृत्यु पर घर में रोना-धोना न हो। दो, मरणोपरांत संस्कार में कोई ढोंग न हो। बस, अपंगों को दान और गरीब़ मरीजों को फल आदि बाँट दिए जाएँ। तीन, मेरी आँख सीतापुर के आँख अस्पताल में दे दी जाए, ताकि किसी दृष्टिविहीन को दृष्टि प्राप्त हो जाए।

भारत में समाचार पढ़ने पर मैंने अमृतलाल को सूचना दी। उन्होंने 14 सितंबर को लिखा—'पाठकजी के जाने का समाचार चि. शरद् के पत्र से पहले ही मिल चुका था। दुख हुआ। आजकल पत्र-पत्रिकाओं से दूर हूँ। कल तक 25 फुलस्केप पृष्ठ पूरे किए। हाथ बड़ा सुस्त है, लेकिन मैं समझता हूँ, इस समय यह अत्यावश्यक है। मथुरा में अंधे सूरज का उगना देख लूँ। फिर चाहे वह सीधे यहीं से गौघाट के आकाश चढ़ें या (अर्धकथा के रचयिता) मिस्टर बनारसी दास जैन की लठिया के सहारे बनारस यात्रा से लौटकर गौघाट में अपनी दोपहर देखें, चरित्र पकड़ में आ जाएगा।

नए साल पर लखनऊ आए। उपन्यास का जितना अंश लिखकर लाए थे, सुनाया। *मानस का हंस* की भाँति इस उपन्यास की उठान भी सुंदर थी। पहले पृष्ठ से पाठक के मन की स्क्रीन पर सूरदास चलते-फिरते बोलते-बतियाते दृष्टिगोचर होने लगते हैं। उन्हें 18-19 वर्ष की अवस्था में पकड़ा था, जब सीही से मथुरा आए थे। फिर अयोध्या होते हुए बनारस तक की यात्रा की थी और लौटकर गौघाट में निवास करने लगे थे। वहीं रहते समय वल्लभाचार्य ने उन्हें पुष्टिमार्ग में दीक्षित किया और उनके जीवन का मध्याह्नकाल आरंभ हुआ। उन्होंने अपनी उर्वर औपन्यासिक कल्पना के आधार पर लगभग तीन-चौथाई उपन्यास में सूर के उदयकाल का विशद जीवंत चित्रांकन किया था। उनके उत्तर जीवन का वर्णन अत्यंत संक्षेप में किया था। 18-19 वर्ष की अवस्था अमृतलाल के साहित्यिक जीवन का उदयकाल थी। ऐसा लगता है, उनके अंतर्मन ने कहीं पर अपने रचनाकार को सूरदास से एकाकार कर दिया था।

मथुरा में उपन्यास की गाड़ी चौथे अध्याय के उस स्थल पर अटक गई थी जहाँ कंतो का प्रवेश होता है। *मानस का हंस* के मोहिनी प्रसंग की भाँति सूरदास के जीवन में कंतो प्रसंग के अवतरण की औपन्यासिक आवश्यकता अनुभव हुई। कंतो का निष्काम प्रेम सूरदास को अपने राधा रूपी श्याम मन से पहचान कराने

की सीढ़ी बनता है। उनके जीवन की एक ही ललक थी—अपनी अंधी आँखें राधा रानी के खंजन नयन बना आठों याम श्रीकृष्ण लीला का प्रत्यक्ष दर्शन करना और राधा के समान अपनी अस्मिता श्रीकृष्ण में लीन कर देना। उनका सूरज-मन कांता मन से एकाकार हो जाने पर ही वृंदावन बिहारी श्याम-श्यामा की युगल मूर्ति का प्रत्यक्ष दर्शन करने लगता है।

कंतो प्रसंग से संबंधित अध्याय बहुत कुछ अंधे सूरदास की भाँति टटोल-टटोलकर बहुत धीमी गति से आगे बढ़े। कई स्थलों पर मैं उनका लिपिक बना। इन अध्यायों को लिखने से पहले गोपीनाथ कविराज लिखित *श्रीकृष्ण प्रसंग* घोख डाला। एक दिन जब मैं शाम को पहुँचा तो उत्फुल्ल मन से बोले—अब सीता मैया की भाँति राधेरानी भी मेरे मनोबिंबों में आने लगी हैं। लखनऊ में रहकर चौथा और फिर पाँचवाँ अध्याय पूरा किया। छठा अध्याय आरंभ करने पर उन्हें लगा कि अब उपन्यास की गाड़ी नहीं अटकेगी। मार्च के तीसरे सप्ताह में मथुरा वापस लौट गए। श्रीकृष्ण जन्मस्थान के अतिथिगृह के जिस भाग में कमरा नं. 56 मिला था, वह कोलाहलमय रहता था। कमरे के सामने से दिन-रात यात्रियों का आना-जाना होता था। इस बार अतिथिगृह के एकांत कोने में कमरा नं. 8 लिया। मुझे 27 तारीख को लिखा—'कमरा काम लायक है। शांत है। लगता है, कल सवेरे बाबा आएगा। छठा अध्याय पूरा कराने के लिए लठिया टेकते आएँगे।'

छठा अध्याय पूरा करके आगरा गए और उपन्यास रामविलास शर्मा को सुनाया। लौटकर 5 अप्रैल के पत्र में मदन के सहपाठी और घनिष्ठ चित्रकार सुरेश्वर सेन के आकस्मिक एवं असामयिक निधन की सूचना दी। प्रतिदिन की भाँति प्रातःकाल मॉर्निंग वॉक के लिए निकला था, रास्ते में हार्टफेल हो गया। शिवानी जी भी उधर घूमने जाती थीं। उन्होंने देखा, अपने नौकर से यह हृदयविदारक सूचना उसके घर भिजवाई। इस अत्यंत दुखदायी घटना पर उन्होंने एक ही टिप्पणी की थी—यह काया कितनी नश्वर है। अपने उपन्यास की प्रगति के बारे में लिखा था—क्रमशः लिख रहा हूँ। बाबा आते हैं। अब पहली बार सूरज मन ने राधा रूपी श्याम मन को भी पहचाना है।...प्लान पूरा है। लेकिन इस बार प्लॉट के नाम पर बालू मिली शक्कर है। चींटी की तरह बालू हटाकर शक्कर की मधुरता का आस्वादन कर रहा हूँ।

अप्रैल के अंत तक नौ अध्याय पूरे हो गए। 30 तारीख को लिखा—'मैंने आज चि. सिद्धार्थ (कनिष्ठ दौहित्र, अचला के दूसरे बेटे) के साथ 155 पृष्ठ भेजे हैं। अब हम बाबा और कंतो के साथ अयोध्या, बनारस और प्रयाग जा रहे हैं। लखनऊ के आदि अलीगंजेश्वर के दर्शन भी करेंगे। आपको इसमें कोई एतराज है ?...मैन्यूस्क्रिप्ट टाइप होने जा रही है। पढ़ लेना। कुछ शब्द यदि छूट गए हों तो शुद्ध कर देना। यहाँ एवरी थिंग वेरी गुड्ड।'

परंतु बाबा को आदि अलीगंजेश्वर के दर्शन नहीं करा पाए। कथा ने नया

मोड़ ले लिया। रास्ते में पठानों का एक गाँव पड़ा जिसमें पठानों के साथ-साथ तुर्क, हिंदुस्तानी, पठान-तुर्क, हबशी-हिंदुस्तानी, पठान-हिंदुस्तानी सभी तरह की खिचड़ी संतानें रहती थीं। एक तेली के कोल्हू का एक बैल मर गया था। गाँव के मौलवी के आदेश से उस बैल की जगह अंधे सूरदास को जोतने के लिए एक पठान युवक उन्हें पकड़ लेता है। कंतो रणचंडी बनकर आततायी पर लाठी से प्रहार करती है और सूरज को बचाने में अपने प्राण न्यौछावर कर देती है। सूरज को कोल्हू के बैल में जोता जाता है और कंतो का शव कहीं गाँव के बाहर पड़ा अपनी फटी उबली आँखों से घूर-घूरकर उस विजेता संस्कृति को देखता रहता है। जो विजितों पर यों ही बलात्कार किया करती है।

अमृतलाल सूरदास के बनारस प्रवास संबंधी अध्याय अर्थात तीन-चौथाई उपन्यास लिख लेने के बाद जून के आरंभ में लखनऊ वापस लौट आए। बाद के चार-पाँच अध्याय लखनऊ में लिखे। अंतिम अध्याय में सूरदास के महाप्रयाण का अंतिम दृश्य शरद् पूर्णिमा के दिन 23 अक्टूबर 1980 को परसौली की सूर कुटी में बैठकर पूरा किया। इस उपन्यास पर उन्हें 'भारतीय भाषा परिषद्' कलकत्ता का वर्ष 1984 का नथमल भुवालका पुरस्कार मिला।

उपन्यास पढ़कर रामविलास शर्मा ने अपनी संक्षिप्त टिप्पणी एक पोस्टकार्ड पर इस प्रकार लिखी—'तुम्हारे सूर स्वामी की भक्ति धर्म के ठेकेदारों से कतराती नहीं, उनसे टकराती है, और इस्लामी कट्टरता के विरोधी सूफियों को साथ लेकर चलती है, इतिहास की यह परख सही है। पर भक्ति आंदोलन ने साहित्य में रीतिवादी धर्म में नाथपंथी चमत्कार समाप्त किए, तुम्हारी कथा में चमत्कारों का जाल बिछा हुआ है। *सूरसागर* का रचयिता रूप-रस-गंध-स्पर्श, शब्द के संसार को प्यार करनेवाला, ब्रज की लोक संस्कृति का श्रेष्ठ प्रतिनिधि कवि है। तुम्हारे सूर स्वामी अतिशय अंतर्मुखी हैं, उनके अंतर्द्वंद्व के चित्रण में आवृत्ति और प्रसाद अधिक, गहराई कम है। 15वें अध्याय तक कथा सधी हुई गति से चलती है, उसके बाद छलाँग लगाती और पाठक हाँफने लगता है। सूर स्वामी अपने में पूर्ण हैं और पार्श्वभूमि में कंतो और नागराज से लेकर गुंडों और पंडों तक सभी लघु पात्र सजीव हैं, उसके साथ तुम्हारी मथुरा, काशी, अजुध्या सजीव है।'

अमृतलाल ने अपना उपन्यास बंगला के अपने अग्रज कथा-शिल्पी विमल मित्र को समर्पित किया। उन्होंने भावविभोर होकर लिखा—''आपके समर्पण से हिंदी और बंगला भाषाओं का पारस्परिक सम्बन्ध और सुदृढ़ होगा, ऐसा मेरा विश्वास है।''

स्वतंत्र भारत में देश तथा समाज की नवरचना में अपना योगदान करने के उत्साह में जब साहित्य साधना का जीवन व्रत लिया तब एक ही कामना थी कि एक दिन उनकी पुस्तकों की रॉयल्टी से इतनी आमदनी होने लगे कि घर-गिरस्ती चलाने की चिंताओं से अपने को मुक्त रख सकें, अपना पूर्ण समय साहित्य साधना

में लगा सकें। इसके लिए उन्हें लगभग 25 वर्ष तक कठोर जीवन संघर्ष करना पड़ा। कहीं सातवें दशक के मध्य में *मानस का हंस* प्रकाशित हो जाने के बाद यह स्थिति बनी कि पुस्तकों की रॉयल्टी से लगभग उतनी ही आमदनी होने लगी जितनी भगवती बाबू को होती थी। उनके जीवन की विडंबना कही जाएगी कि यह स्थिति तब बनी जब बुढ़ापे की छाया उनके शरीर पर पड़ने लगी थी, जब आरती के विवाह के बाद वह अपने सभी गार्हस्थिक दायित्व पूरे कर चुके थे, पति-पत्नी की आर्थिक आवश्यकताएँ सीमित थीं, दोनों लड़के कमाते थे, दोनों बहुएँ भी अर्थोपार्जन में अपने पतियों का सहयोग देती थीं।

उस समय तक साहित्य में उनकी यह स्थिति बन गई थी कि पुस्तकें अब उनके नाम से बिकती थीं। पुस्तकें छपाने के लिए उन्हें प्रकाशक की तलाश नहीं करनी पड़ती थी, प्रकाशक स्वयं उनके पास दौड़ते थे। उनके प्रकाशक राजपाल ने प्रार्थना की कि आप अपनी सब पुस्तकें दूसरों को न देकर हमें दिया करिए। 1970 के दशक में उनका बहुत सा साहित्य जो अप्रकाशित पड़ा था, छपा। दो दशक पहले लिखे रेडियो नाटकों के संग्रह—*चन्दन वन, चक्करदार सीढ़ियाँ और अँधेरा* तथा *उतार-चढ़ाव* दिल्ली के नेशनल पब्लिशिंग हाउस ने छापे। लखनऊ आकाशवाणी के रजतजयंती समारोह पर मंचित नाटक *नुक्कड़ पर* मेरठ के कल्पना प्रकाशन ने छापा। स्वनामधन्य समकालीन साहित्यकारों के संस्मरण *जिनके साथ जिया* हास्य-व्यंग्य लेखों का संग्रह *कृपया दाएँ चलिए* तथा 1937 से 1962-63 के बीच लिखी हर रंग की 11 प्रतिनिधि कहानियों का संग्रह *मेरी प्रिय कहानियाँ* राजपाल ने छापा। चैतन्य महाप्रभु की जीवनी *लोक भारती प्रकाशन* के अनुरोध पर लिखी।

करवट और पीढ़ियाँ

मैं कल्पना भी नहीं करता था कि आठवाँ दशक अमृतलाल के साहित्य साधना का अंतिम दशक होगा। वह अपना 74वाँ वर्ष पूरा करने से पहले ही यशपाल और भगवतीचरण वर्मा के पथ के पथिक बन जाएँगे और जिस लखनऊ नगरी को हिंदी उपन्यास साहित्य की त्रिवेणी—अमृतलाल नागर, भगवतीचरण वर्मा और यशपाल की नगरी होने से वही गौरव प्राप्त हुआ जो प्रेमचंद और प्रसाद के काल में बनारस को प्राप्त था, उसे सूना बना जाएँगे।

'77 तक पहुँचते-पहुँचते उनका शरीर अवश्य बुढ़ाने लगा था, किंतु मस्तिष्क जवान था, वह बूढ़ा नहीं हुआ था। अनुभव करते थे कि मन अभी रीता नहीं हुआ है। अभी सबकुछ नहीं उलीच डाला है। अभी बहुत कुछ लिखना चाहते थे। उनके अंदर का सृजनशील साहित्यकार दिनोदिन अधिक परिपक्व होता जा रहा था, दृष्टि अधिक पैनी होती जा रही थी। उनके अंदर एक शिशु अमृतलाल नागर था। वही साहित्यकार अमृतलाल नागर था—शिशु की भाँति भोला, सरल, निष्कपट, सतत् जिज्ञासु, खिलंदड़ा और प्रेम से सबके गले लग जाने वाला। बुढ़ापे में भी वह शिशु मुझे उनके अंदर से बराबर झाँकता दिखाई पड़ता था।

मैंने अमृतलाल को नौ-दस वर्ष की अवस्था से देखा है—सुख के दिनों में भी और दुख के दिनों में भी। उन्नीस वर्ष की अवस्था से उन्हें जीवन में एक के बाद दूसरे मर्माघात सहने पड़े। कठिन जीवन संघर्ष की कड़ी आँच में तपना पड़ा। एक-दो या दस-बीस बरस नहीं, पूरे चार दशक तक, लगभग साठ वर्ष की अवस्था तक, पिता, दादा, नाना के रूप में भरे-पूरे कुनबे के मुखिया बन जाने तक, अपनी खूबसूरती में सविता और सायरा बानो को मात करनेवाली उनकी जीवनसंगिनी प्रतिभा नागर के उनके पंडित बुद्धन लाल, उनकी ओल्डी बन जाने तक, उनके पुत्रों-पुत्रियों, पुत्रवधुओं, पोते-पोतियों, दोहते-दोहतियों की बा के साथ-साथ उनकी भी बा बन जाने तक। कभी-कभी जब कमरे में मेरे सिवाय और कोई नहीं होता तो बतरस की लालच में बड़े चहककर पुकारते—'बा, तुम कहाँ हो, जरा यहाँ आकर बैठो !'

जीवन-संघर्ष की कड़ी-से-कड़ी तपिश में भी उनकी सहज मस्ती बराबर बनी

रही, कभी कुम्हलाई नहीं। वह मूलतः आनंदवादी प्रकृति के थे। बहिर्मुखी प्रकृति के थे, उस अंतर्मुखी घुन्नी प्रकृति के नहीं जो मनुष्य को निराशा के क्षणों में आत्महत्या की ओर ले जाती है। जीवन के उत्सवों में अपने व्यक्तिगत दुखों को बड़ी जल्दी भुला देते थे। वह जीवन में विश्वास करते थे, मृत्यु को भी जीवन का एक पड़ाव मानते थे। वह एक अच्छे पिता, अच्छे भाई, अच्छे पति ही नहीं, अच्छे दोस्त भी थे। सन् '50 के आसपास मुझे भी जीवन की कठिन परिस्थितियों से गुजरना पड़ा था, जिसने मेरे जीवन की प्राथमिकताएँ बदल दीं। उस समय मुझे सबसे अधिक सहानुभूति अमृतलाल से मिली थी। मैं महसूस करता था कि एक व्यक्ति है जो बंबई में बैठा होने पर भी मेरी चिंताओं को अपने अंदर अनुभव करता है। मुझे लिखा था—'घबराना मत। धैर्य से ही काम बनेगा। प्रभु बड़ी शक्ति है। उसका भरोसा रखो। और अपना आजमाया नुस्खा दिया था—अंतिम बात, हर परिस्थिति में मस्त रहना। ईश्वर पर भरोसा रखना—महोच्च आस्था हर परिस्थिति में मनुष्य को ऊपर उठाकर राहत देती है। उसकी क्रियाशीलता को जीवित रखती है। इसी किरण की गर्मी पाकर मैं मृत होकर भी जीवित हूँ। प्रिय, तुम भी उसी के भरोसे पर आगे बढ़ो।' आस्था, मस्ती उनके व्यक्तित्व के अभिन्न अंग थे, जिसके सहारे वह जिस प्रकार चींटी मुँह में चावल का दाना दबाकर उठती-गिरती बराबर आगे बढ़ती जाती है, उसी प्रकार वह भी बढ़ते रहे। उनकी प्रत्येक पुस्तक उनके ऊपर उठने की एक सीढ़ी थी—उनके क्रमिक विकास का एक आईना थी।

चौबीस बरस की अवस्था में उन्होंने जेब में केवल 31 रुपए 10 आने रखकर बंबई की यात्रा के रूप में जब अँधेरे में छलाँग लगाई थी। तब उनके चारों ओर अंधकार-ही-अंधकार था। वहाँ एक गुजराती सद्गृहस्थ दशरथलाल भाई के निजी पुस्तकालय में बैठकर महाकवि नर्मद का काव्य संकलन मूल गुजराती में पढ़ा था। उनकी कुछ पंक्तियों में उन्हें अपने ही हृदय की प्रतिध्वनि सुनाई पड़ी थी और अपनी कॉपी में नोट कर ली थीं :

> तेने ते शूँ रडूँ, तेने तू शूँ बकूँ, तेने ते शूँ लवू रोज जेवूँ,
> दुःख छे, दुःख छे, दुःख संसार मां, सुख तो दिवसना स्वप्न जेवूँ।

> कहाँ तक वही का वही रोऊँ, वही का वही बकूँ, वही का वही रोज बड़बड़ाऊँ,
> दुख है, दुख है, संसार में दुख है, सुख तो दिन के स्वप्न जैसा होता है।

इन पंक्तियों का उपयोग *अमृत और विष* में किया था। वह दुख-सुख को जीवन का अभिन्न भाग मानते थे, इसलिए दुख अपने हृदय में रख लेते थे और सुख दोस्तों में बाँटते थे, उनके साथ कहकहा लगाते थे, अट्टहास से कमरे की दीवारें गुँजा देते थे। लोग, उनके सदाबहार हँसमुख चेहरे से ही परिचित थे, रुदन छिपा रहता था। अपनी 65 बरस की दोस्ती में मैंने उन्हें जितना प्रसन्नमुख 31 जनवरी

1981 को देखा, उतना बहुत कम अवसरों पर देखा। मेरा विवाह उनके डेढ़ साल बाद हुआ। मैं अपने विवाह की तारीख भूल गया था, किंतु उन्हें 31 जनवरी 1931 याद थी और यह हिसाब भी दो साल पहले से लगा लिया था कि उनके विवाह की 50वीं वर्षगाँठ कब पड़ेगी। धर्मवीर भारती मेरे अमृतलाल से पहले के इलाहाबाद काल के मित्र थे। जब लखनऊ आते थे तो हम तीनों की चकल्लसी शामें बीतती थीं। एक बार आए तो नीमसार (अमृतलाल के उपन्यास *एकदा नैमिषारण्ये* में बखाने नैमिषारण्य) की यात्रा का प्रोग्राम बना। अमृतलाल यात्रा पार्टी के 'गाइड' बने। रास्ते में किसी बात के प्रसंग में लहककर बोले—दो साल बाद मेरे विवाह के 50 साल पूरे हो जाएँगे। भारती को यह बात याद रही। प्रतिभा से देवर-भाभी का रिश्ता कायम कर चुके थे। अगली बार आए तो बोले—पुरानी प्रथा के अनुसार 50वीं वर्षगाँठ पर आप दोनों को फिर से विवाह करना पड़ेगा और इस बार मैं सहबाला बनूँगा। प्रतिभा तो यह कहकर चली गई कि मैं अपना तमाशा नहीं बनाऊँगी, परंतु अमृतलाल ने ठहाका मारकर भारती की हथेली पर अपनी हथेली मारी और कहा—'मंजूर !' हम लोगों ने जब सुना तो इस विषय को लेकर कई दिन तक चकल्लसी शामें बीतीं। एक बार रुद्रनारायण शुक्ल भी उपस्थित थे। वह बोले—'प्रतिभा बैन, इस बार आप 31 जनवरी को पंडितजी से दुबारा लगन करने से इनकार कर दीजिएगा।' मैंने रुद्रनारायण के प्रस्ताव का समर्थन करते हुए कहा—'पंडितजी से दुबारा लगन करने के लिए तभी तैयार होइएगा जब वह पोते-पोतियों, दोहते-दोहतियों और पुत्रवधुओं के सामने सप्तवचनों के अतिरिक्त कुछ नए वचन देने को तैयार हो जाएँ। हम लोग भी गवाह रहेंगे।' अमृतलाल ने हँसकर कहा—'इसने तो शिवजी को सवा लाख चावल चढ़ाकर मुझे प्राप्त किया है। अब दुबारा लगन नहीं करेगी तो इसका गला दबा दूँगा।'

धर्मवीर भारती ने विवाह की 50वीं वर्षगाँठ धूमधाम से मनाने के लिए अचला को भी पटा लिया। वह बंबई रेडियो स्टेशन पर काम करने लगी थी और पूरी बंबइया बन गई थी। भारती ने उससे अमृतलाल और प्रतिभा के 50 वर्ष के वैवाहिक जीवन पर एक संस्मरणात्मक लेख लिखवाया और *धर्मयुग* के दीपावली अंक में छाप दिया। उसमें 31 जनवरी, 1931 को दोनों के विवाह का बड़ा ही अनूठा वर्णन था, साथ ही अमृतलाल के संघर्षपूर्ण साहित्यिक जीवन तथा उसमें प्रतिभा के रचनात्मक योगदान की मार्मिक झाँकी थी। भारती ने लेख को शीर्षक दिया—'इत्र में डूब रही एक लड़ी सेहरे की' तथा उपशीर्षक दिया—'महालक्ष्मी दीपावली पर्व पर प्रतिभा के अंतःपुर में'। इस लेख के छपने पर तथा बेटे-बेटियों, पोते-पोतियों, दोहते-दोहतियों और सबसे अधिक अचला और मदन के आग्रह पर प्रतिभा को भी 50वीं वर्षगाँठ समारोहपूर्वक मनाने के आयोजन में सम्मिलित होना पड़ा। किसको-किसको निमंत्रण पत्र भेजा जाएगा, भट्ठी खाने और भोजनादि की व्यवस्था, खान-पान का मेनू, खर्च का तखमीना—इन सब बातों पर विचार-विमर्श के लिए

पारिवारिक बैठकें उसी प्रकार शुरू हो गईं जिस प्रकार लड़के-लड़कियों के विवाह के अवसर पर होती थीं। 1973 में आरती के विवाह पर बड़े पौत्र पारिजात (संजू, कुमुद का पुत्र) का यज्ञोपवीत संस्कार संपन्न कर लिया गया था। इस अवसर पर 31 जनवरी को प्रातःकाल छोटे पौत्र प्रचेता (प्रच्चू, शरद् का पुत्र) का उपनयन संस्कार संपन्न कर लेने का कार्यक्रम बनाया गया।

संध्याकाल के प्रीतिभोज का निमंत्रण पत्र पोते-पोतियों तथा दोहते-दोहतियों के नाम भेजा गया। उत्तरापेक्षी में भतीजे-भतीजियों, लड़के-लड़कियों और दोनों दामादों का नाम दिया गया। इत्र में डूबी उस संध्या की भीनी महक की याद दिलानेवाला वह निमंत्रण पत्र मेरे कागजों में सुरक्षित है—

'आदरणीय,

शनिवार, 31 जनवरी 1981 को हमारे दादाजी/नानाजी और हमारी बा (श्री अमृतलाल नागर और श्रीमती प्रतिभा नागर) अपने वैवाहिक जीवन के पचास वर्ष पूरे कर रहे हैं। इस अवसर पर शाम 6.30 बजे आप हमारे निवास पर प्रीतिभोज के लिए पधारें। हमें खुशी होगी।

विनीत—अभिषेक, अर्पिता, प्रचेता, दीक्षा, ऋचा, सिद्धार्थ, पारिजात, संदीपन।

उत्तरापेक्षी—अक्षय, अपर्णा, आलोक, अतुल, आरती, अचला, शरद्, कुमुद, अनिल, विमल। स्थान : कोठी साहजी, चौक, लखनऊ।

आयोजन से 6 दिन पहले 26 जनवरी के समाचार पत्रों में अमृतलाल के 'पद्‌मभूषण' से अलंकृत होने का समाचार छपा, जिससे सभी इष्ट-मित्रों की खुशी दोबाला हो गई। दो दिन पहले उनको जिलाधीश ने फोन पर सूचना दी थी, किंतु उन्होंने उनके फोन को इतना महत्त्वपूर्ण नहीं समझा कि शाम को मुझसे उसकी चर्चा करते। 17-18 साल पहले *बूँद और समुद्र* के प्रकाशन के बाद तथा *अमृत और विष* के छपने से पहले उन्हें जिलाधीश का फोन मिला था कि उनका नाम पद्‌मश्री के लिए प्रस्तावित है। उन्होंने खुशी से उसके लिए अपनी स्वीकृति प्रदान कर दी थी और मुझे भी खुशखबरी दे दी थी। किंतु 26 जनवरी के समाचार पत्रों में हम लोगों ने उनका नाम नदारद पाया जिससे उन्होंने निश्चय कर लिया था कि अब जब कभी उनसे दुबारा इस प्रकार का कोई प्रस्ताव किया जाएगा तो उसे ठुकरा देंगे।

उस दिन जब जिलाधीश का फोन आया तो उन्हें बता दिया था कि 17-18 साल पहले उनके साथ किस प्रकार का खिलवाड़ हो चुका है और पूछा था कि क्या फिर यह उसी प्रकार का कोई खिलवाड़ है ? यह भी बता दिया था कि अब उन्हें किसी सरकारी अलंकरण की चाह नहीं है। प्रातः स्मरणीय बाबू हरिश्चंद्र की साहित्य सेवा, मातृभाषा सेवा और देश सेवा को ध्यान में रखकर लोगों ने स्वेच्छा से उनके नाम के साथ आदरार्थ 'भारतेंदु' जोड़ना आरंभ कर दिया था और वह उसे सरकारी पदवियों से ऊँची पदवी मानते हैं। इसी प्रकार बाबू शिवपूजन सहाय

की हिंदी सेवा को ध्यान में रखकर लोगों ने उनके नाम के साथ हिंदी-भूषण जोड़ना आरंभ कर दिया। वह हिंदी-भूषण को पद्मभूषण से बड़ा अलंकरण मानते हैं।

31 जनवरी के समारोह में धर्मवीर भारती सहबाला बनने के लिए आ नहीं सके, लेकिन उन्होंने अचला के हाथ दो दिन पहले सुहाग पिटारी में आलता, सिंदूर, बिंदी, बिछिया, मुंदरी, आरसी तथा कलात्मक ऊनी काठियावाड़ी शाल सौगात के रूप में भेजा। उस दिन शाम को मेरे पहुँचते ही अमृतलाल ने अचला से सौगात की सारी चीजें मुझे लाकर दिखाने को कहा। अचला ने सुहाग-पिटारी की एक-एक चीज निकालकर दिखाई। अमृतलाल और अचला के अनुरोध पर प्रतिभा ने शाल ओढ़कर दिखाया। उन पर बहुत फबता था। 31 तारीख के प्रीतिभोज में वही शाल ओढ़े रहीं।

भगवती बाबू 75 पार करने के बाद तेजी से बुढ़ाने लगे थे। 1979 के आरंभ में मेडिकल चेकअप के लिए लखनऊ कॉलेज में भरती हुए। पता चला कि उन्हें भयंकर प्लूरिसी हो गई थी। बाएँ फेफड़े से दो लीटर पानी निकला। हम लोग उन्हें देखने मेडिकल कॉलेज गए तो लौटते समय हमारे हृदयों में रह-रहकर यही प्रश्न घुमड़ रहा था कि क्या हमारा प्रिय नेता हम लोगों का साथ छोड़कर हमें अकेला कर जाएगा। उनके सारे कपड़े उनके शरीर पर झूलने लगे थे। एक साल पहले मोरारजी देसाई के प्रधानमंत्रित्व काल तथा चौधरी चरण सिंह के गृहमंत्रित्व काल में राज्यसभा के सदस्य मनोनीत हो गए थे। दिल्ली में शानदार बँगला रहने को मिला था। 31 तारीख के प्रीतिभोज में धीरेंद्र (कनिष्ठ पुत्र) को साथ लेकर अपनी कार से थोड़ी देर के लिए आए थे। अमृतलाल और प्रतिभा ने जब साथ-साथ चरणस्पर्श किया तो उस समय वह जिस रीति से भाव-विगलित हो गए थे, उसकी छवि मेरे हृदयपटल पर अंकित है।

उनसे हम लोगों की अंतिम भेंट 31 अगस्त, 1981 को उनके 79वें जन्मदिन पर हुई। प्रतिवर्ष की भाँति हम लोग प्रातःकाल ही उनके निवास स्थान 'चित्रलेखा' पहुँच गए थे। उन्हें अपने मकान के बरामदे में लॉन के सामने बैठना बहुत प्रिय था। उनके बहुत से प्रसिद्ध उपन्यास उसी बरामदे में बैठकर लिखे गए। उस समय भी उसी बरामदे में अपने कागज पत्र फैलाए बैठे थे। नंदिताजी गठिया के कारण चल फिर नहीं पाती थीं, पहिएदार कुर्सी पर चलती थीं। उनकी मेज के पास ही अपनी कुर्सी पर बैठी थीं, हम लोगों के पहुँचते ही लड़के और बहुएँ भी आ गईं। अमृतलाल ने उन्हें फूलों का हार पहनाकर जब जन्मदिन की बधाई दी तो हार उतारा नहीं। उसे पहने दूल्हे की तरह सजे बतियाते रहे। ऑल इंडिया मेडिकल इंस्टीट्यूट दिल्ली में बायोप्सी कराने पर गले में कैंसर निकला था। सेंक के इलाज से फायदा हुआ था। उसी इलाज को जारी रखने के लिए रात की गाड़ी से दिल्ली जानेवाले थे। उस समय क्या पता था—

हम दीवानों की क्या हस्ती,
हैं आज यहाँ कल वहाँ चले।
मस्ती का आलम साथ चला,
हम धूल उड़ाते जहाँ चले।

अथवा 'तुम हँसकर मेरा प्यार न मुझसे माँगो, मेरी भूलों से मत उलझो, जनम-जनम का मैं अज्ञानी, दोस्त एक भी नहीं जहाँ पर, सौ-सौ दुश्मन जान के, उस दुनिया में बड़ा कठिन है, चलना सीना तान के' आदि पंक्तियों के गायक, चिर युवा व्यक्तित्व के धनी, हम लोगों के बड़े भाई और यार, चौबीसों घंटे के साथी, हम लोगों का साथ छोड़कर चले जाएँगे और अब 37 दिन बाद उनसे भेंट उनकी अंतिम महायात्रा में होगी।

यशपाल उनसे लगभग पाँच साल पहले चले गए थे। मॉरिशस में होनेवाले द्वितीय विश्व हिंदी सम्मेलन में भाग लेने के बाद जब भगवती बाबू और अमृतलाल नागर वापस लौटे थे तो गंभीर रूप से बीमार थे और लखनऊ मेडिकल कॉलेज के इंटेंसिव केयर यूनिट में भरती थे। एक दिन तो उनके हृदय की धड़कन कुछ सैकंड के लिए रुक गई थी, डॉक्टरों ने फिर से चालू कर दी थी। हम तीनों साथ-साथ उन्हें देखने गए थे। हम लोगों को देखकर उनका बतरस गठियाने लगा। उस अवस्था में उनका अधिक बात करना अनुचित था। मैंने अमृतलाल का हाथ दबाया। हम लोग फिर आने का वायदा करके चले आए। अस्पताल में हम लोग कई बार उन्हें देखने गए, कई बार तबियत उन्नीस-बीस हुई। फिर अस्पताल से छुट्टी पाकर घर चले आए। घर पर भी उनको देखने कई बार गए। लेकिन उनका नियत समय आ चुका था। लखनऊ की प्रसिद्ध साहित्यिक त्रिमूर्ति भग्न हो गई। जंगल में दो ही शेर रह गए। और अब भगवती बाबू के जाने के बाद अमृतलाल अनुभव करते थे कि वह अकेले टुटरू-टूँ रह गए हैं।

खंजन नयन पूरा करने के बाद उन्होंने कुछ दिन विश्राम किया। एक दिन शाम को जब मैं बैठा था तो *राजपाल प्रकाशन* के ईश्वरचंद्र मिलने आए। बातों-बातों में उन्होंने कहा कि अधिक मूल्य के भारी-भरकम उपन्यासों की अपेक्षा कम मूल्य के छोटे उपन्यास जल्दी बिक जाते हैं। न हो, आप कुछ छोटे उपन्यास भी लिख डालिए। अमृतलाल ने कहा—छोटे उपन्यास तो मैं साल में 6 लिखकर दे सकता हूँ। तभी दो छोटे उपन्यास लिखे। सौ से कुछ अधिक पृष्ठों का *बिखरे तिनके* तो लगभग डेढ़-दो महीने में पूरा कर दिया। उसके बाद लगभग 150 पृष्ठों का *अग्निगर्भा* उठाया, उसमें कुछ अधिक समय लगा। इसका नाम पहले *मैं मरूँगी नहीं* रखा था। मैंने बताया कि बहुत दिन हुए यशपाल जैन का एक कहानी-संग्रह इसी नाम से छपा था। मेरे पास था, मैंने उन्हें दिखा दिया। उनका डायरी शैली में लिखा पहला अधूरा उपन्यास जब *चकल्लस* में छपा तो नरोत्तम ने उसका नाम *ज्वालामुखी*

रख दिया था। उसी के आधार पर उनके मन में उपन्यास का नाम *अग्निगर्भा* कौंधा। *बिखरे तिनके* अप्रैल 1982 में पूरा हुआ और नवंबर तक छपकर आ गया। *अग्निगर्भा* 1983 में जन्माष्टमी पर छपकर आया।

रामविलास शर्मा जब क.मा. मुंशी विद्यापीठ के निदेशक थे तो अमृतलाल आगरा में घोषणा कर आए थे कि मेरा अगला उपन्यास रायबरेली के किसान आंदोलन पर होगा। आगरा से लौटते ही मुझे आदेश दिया था कि जवाहरलाल नेहरू की *मेरा कहानी* की अपनी प्रति ले आकर मेरे तख्त पर रख दो। उन्होंने उसके रायबरेली के किसान आंदोलन वाले अध्याय फिर से पढ़ डाले। बैरिस्टरी पास करके इंग्लैंड से लौटने पर जवाहरलाल नेहरू कुछ दिनों तक इलाहाबाद में कामता प्रसाद कक्कड़ रोड पर वकील (राजर्षि) पुरुषोत्तमदास टंडन का जो मतब था, उसमें बैठा करते थे। मतब मेरे मकान के पड़ोस में था। उसमें एक आरामकुर्सी पड़ी थी। उसी पर आकर लेट जाते थे। मैंने उन दिनों के जो किस्से सुने थे, उन्हें सुनाए। मैंने *नवजीवन* में रायबरेली के किसान आंदोलन पर स्वाधीनता संग्राम सेनानी अंजनीकुमार की एक संस्मरणात्मक लेखमाला छापी थी। वह भी उन्हें पढ़वा दी। उनके पास *रायबरेली का स्वतंत्रता संग्राम* शीर्षक से मदनमोहन मिश्र की एक पुस्तक थी, वह भी उलट-पुलट डाली। उन्होंने रायबरेली के किसान आंदोलन पर लिखने के लिए रायबरेली जिले के गाँवों का दौरा करके सामग्री बटोरने का *गदर के फूल* का नुसखा दुवारा आजमाने का मन बनाया, किंतु इसके लिए उनके स्वास्थ्य ने इजाजत नहीं दी। प्रतिभा को 1982 में, जब सब लोग रतन के ज्येष्ठ पुत्र अतुल के विवाह में भाग लेने आगरा गए थे, पहला हृदयाघात लगा था। उसकी वजह से भी रायबरेली यात्रा का प्रोग्राम गड़बड़ा गया और रायबरेली के किसान आंदोलन पर उपन्यास लिखने की योजना मन में ही रह गई। उन्होंने कबीर और अमीर खुसरो पर भी उपन्यास लिखने का मन दौड़ाया। जायसी पर उपन्यास लिखने की तो बाकायदा तैयारी भी शुरू कर दी। मैंने उन्हें सैयद इकबाल अहमद जौनपुरी का लिखा *शर्की राज्य जौनपुर का इतिहास* लाइब्रेरी से लाकर पढ़वाया। उनके कहने पर लाइब्रेरी में बैठकर सूफी आंदोलन पर बहुत से नोट्स उनके लिए तैयार किए। उन्होंने जायसी का *कन्हावत, पद्मावत* आदि पूरा काव्य साहित्य मँगवा लिया। उनकी आदत थी कि उपन्यास के कैरेक्टर जब तक उनके मनोबिंब में नहीं उतरते थे, उनकी कलम नहीं उठती थी। इस प्रकार यह उपन्यास भी मन में घुमड़कर रह गया।

इसी दौरान बंबई से शशि कपूर का टेलीफोन आया। वह बहुत दिनों से एक ही परिवार की कई पीढ़ियों को लेकर *परंपरा* नाम से फिल्म बनाने का विचार कर रहे थे। अमृतलाल से कहानी लिख देने का अनुरोध किया। अमृतलाल ने जब कहानी पर अपना दिमाग दौड़ाना शुरू किया तो उनके मन में *करवट* का कथानक उतरने लगा। समूचे भारतीय नवजागरण काल को एक परिवार की 6-7 पीढ़ियों की कथा के माध्यम से रूपायित करने की इच्छा जागी।

वह उन्नीसवीं शताब्दी के उत्तरार्द्ध में मध्यमवर्गीय बाबू समाज के विकास से संबंधित मसाला बहुत दिनों से इकट्ठा कर रहे थे। द्वितीय महायुद्ध काल में *हंस* में *बाबू पुराण* शीर्षक से एक लेख लिखा था जिसमें अपना यह मत प्रकट किया था कि आर्यों और नागों के बाद हमारे देश के इतिहास में यदि सामूहिक रूप से किसी ने सबसे अधिक प्रभावित किया तो इस बाबू वर्ग ने। बाबुओं ने ही भारतीय सभ्यता को नया अर्थ दिया और उसका अनर्थ भी किया। इस बाबू वर्ग ने पुरंदर के समान अनेक रूढ़ियों में आग लगाई। हिंदुस्तान की प्राचीन मर्यादाओं के बाँध तोड़कर सैलाब-पर-सैलाब लाया। इस बाबू सभ्यता का जन्म उन्नीसवीं सदी के पहले दूसरे दशक में हो गया था, परंतु उसकी जवानी गदर के बाद ही परवान पर चढ़ी। पिछली एक शताब्दी का भारतीय इतिहास बाबुओं की प्रगति, अगति और विकास का इतिहास है। इस वर्ग के साथ हमारे देश में अंग्रेजी पठन क्रांति, जातीय पंचायतों के स्थान पर नई सभा-सोसायटियों का गठन, जातीय, सुधारवादी आंदोलन, विलायत गमन क्रांति, बाल विवाह के विरुद्ध और विधवा विवाह के पक्ष में लेक्चरबाजी, पंडे-पुरोहितों-महंतों की पोपपंथी लीलाओं की खिल्ली उड़ाना, अखबारपठन क्रांति, मिट्टी का तेल और नल क्रांति, आदि अनेकानेक क्रांतियाँ हुईं। नए राष्ट्रीयता बोध और सामाजिक मूल्यों का किस प्रकार उदय हुआ--इसी सबका अपने लेख में विस्तार से वर्णन किया था।

वह अनुभव करते थे कि समकालीन समाज के सामने उपस्थित विविध समस्याओं का निदान निकालने के लिए गदर के बाद अंग्रेजी पढ़े-लिखे मध्यवर्ग की बदली हुई मानसिकता और उसके क्रमिक विकास को देखना और समझना आवश्यक है। अपने उपन्यास का कथानक मोटे तौर से चार खंडों में बाँटना चाहते थे--पहला, 1854 से 1900 तक यानी कांग्रेस के जन्म तक। उसके बाद दूसरा 1900 से 1922 तक, तीसरा 1922 से 1942 तक और चौथा 1947 से 1985 तक। 1985 में हमारे देश में जिस आतंकवाद का जन्म हुआ वह 1905 के आसपास हमारे देश में उदय होनेवाले क्रांतिकारी आतंकवाद से सर्वथा भिन्न था। क्रांतिकारी बम और पिस्तौल के जरिए देश में नई चेतना जगाना चाहते थे, देश को अंग्रेजों के चंगुल से मुक्त कराना चाहते थे, नए समाज का निर्माण करना चाहते थे; जिसमें शोषण का अंत हो, सबको बराबरी का दर्जा मिले, कोई ऊँच-नीच, छोटा-बड़ा, छूत-अछूत न हो, मजहब की दीवारें न हों; सब मजहबों के लोग मिल-जुलकर भाई-भाई की तरह रहें और अपने को सिर्फ भारतीय समझें।

महात्मा गांधी के प्रवेश से भारतीय राजनीति तथा भारतीय समाज में नए युग का प्रवेश हुआ। सत्याग्रह के रूप में समाज को शोषण और उत्पीड़न से लड़ने का शस्त्र मिला। उनके अहिंसा मार्ग ने देश के स्वाधीनता आंदोलन को जन-आंदोलन का रूप दे दिया। करोड़ो दबे-कुचले डरे हुए देशवासियों में नई आत्मा का प्रवेश हुआ। उसके बाद अगस्त क्रांति हुई और देश की स्वाधीनता आई, परंतु

स्वाधीनता के बाद देश के नेताओं ने देश की जनता से किए गए वायदे भुला दिए। देश में बेरोजगारी से पीड़ित आक्रोश से भरी नई युवा पीढ़ी का निर्माण हुआ। नेताओं की पुरानी पीढ़ी नई पीढ़ी की कर्म शक्ति का उपयोग राष्ट्र तथा समाज निर्माणकारी कार्यों में करने में विफल रही। संकीर्ण राजनीति ने राष्ट्रीय एकता और अखंडता का थोथा नारा लगाते हुए धर्म, जाति, भाषा, प्रांतीयता, अगड़ा वर्ग, पिछड़ा वर्ग, दलित वर्ग के आधार पर राष्ट्र को खंडित करने का कार्य अधिक किया। इसी का परिणाम हुआ, नए राष्ट्र विघटनकारी आतंकवाद का उदय। अमृतलाल इसी कहानी को अपने उपन्यास में समेटना चाहते थे और क्रांतिकारी आतंकवाद से लेकर विघटनकारी आंदोलन के उदय तक की बदलती सामाजिक, आर्थिक, राजनीतिक परिस्थितियों के परिप्रेक्ष्य में बदलते समाज का एक क्रमबद्ध चित्र एक परिवार की छह पीढ़ियों की कहानी के माध्यम से प्रस्तुत करना चाहते थे।

इसी महत्त्वाकांक्षी योजना को लेकर उन्होंने *करवट* की रचना प्रक्रिया 1983 के आसपास आरंभ की। मोटे तौर से उपन्यास तीन खंडों में लिखने का मन बनाया। पहले खंड में 1854 से 1902 तक की कहानी। दूसरे खंड में 1905 के स्वदेशी आंदोलन तथा क्रांतिकारी आतंकवाद के उदय से लेकर 1942 की अगस्त क्रांति तक की कहानी। तीसरे खंड में 1947 से 1985 तक की कहानी। उनका विचार प्रत्येक खंड को एक स्वतंत्र उपन्यास का रूप देने का था, जिससे यदि कोई पाठक केवल एक ही खंड पढ़े तो उसे यह भासित न हो वह कोई अधूरी रचना पढ़ रहा है। अपनी सभी रचनाओं की भाँति इस उपन्यास का भी लेखन आरंभ करने पर आवश्यक जानकारियों को लाइब्रेरी से एकत्र करके उन्हें सुलभ करने का दायित्व मेरे ऊपर छोड़ दिया।

करवट का संपूर्ण लेखन प्रतिभा की बीमारी के दौरान हुआ। अमृतलाल ने 1975 के बाद आर्थिक चिंताओं से मुक्त सुखी गृहस्थ जीवन बिताया। सारा कुटुंब एक छत के नीचे एकत्र हो गया था। शरद् 1962 से लखनऊवासी बन गया था। बब्बनलाल (कुमुद) भी दिल्ली से स्थानांतरित होकर लखनऊ आ गए। 1972 में अमृतलाल की सास का देहांत हो गया। प्रतिभा ने धीरे-धीरे आगरा की सारी संपत्ति बेच दी और इंदिरानगर के निकट नारायण नगर में कुमुद और शरद् के लिए जमीन खरीद दी। माँ के कहने से कुमुद ने धीरे-धीरे अपना मकान भी उनके सामने ही बनवा डाला। माँ के नाम पर उसका नाम 'प्रतिभा' रखा। आरती विवाह के बाद माँ की फ्रेंड बन गई थी। उसके पति अनिल भी अपनी सास को अपनी फ्रेंड मानते थे। साल में एक बार छुट्टियों में बच्चों के साथ आते थे तो सारा घर खुशियों से भर जाता था। अमृतलाल तख्त पर फैली अपनी किताबें समेट देते थे। उस तख्त पर जिस पर बैठकर उन्होंने कितना लिखा, कभी लूडो होता, कभी साँप-सीढ़ी और कभी अंटी (चक्कन)। कभी-कभी अमृतलाल भी अंटी में सम्मिलित हो जाते। उनकी पतली-पलती उँगलियाँ कौड़ियाँ फेंकने और मनचाहा दाँव लाने में वही महारत

रखती थीं जो लेखन में। शाम को आँगन को पानी से खूब तरकर सारे कमरे की खाटें वहीं बिछ जातीं। घर भर के टेबल फैन सबकी खाटों के आगे लग जाते। अमृतलाल कहानियाँ गढ़ते जाते और बच्चों को सुनाते। रोज नई-नई कहानियों की फरमाइश होती। अमृतलाल को मैं उस समय सबसे प्रसन्न देखता था जब वह बच्चों के साथ बच्चे बनकर खेलते होते। मुझे देखते ही कहते—आओ, तुम भी शामिल हो जाओ।

परंतु सुख के दिनों की धूप सावन-भादों की धूप की भाँति थोड़े दिन रही। प्रतिभा हार्टअटैक के बाद चंगी हो गई थीं, घर भर में डोलने लगी थीं। अमृतलाल की दफा 144 की निषेधाज्ञा के बावजूद कभी-कभी उनकी नजर बचाकर चौके में घुस जाती थीं। हाथ-पर-हाथ धरकर बैठे रहना उनकी आदत नहीं थी। अमृतलाल देखते ही उन्हें घुड़ककर चौके से भगा देते थे। कभी-कभी रिक्शे पर बैठकर बैंक और बाजार का काम करने निकल जाती थीं। अमृतलाल उनसे उस समय खूब मिन्नतें करवाते थे जब कहीं से चेक आता था और उन्हें उस पर दस्तखत करवाना होता था। एक दिन रिक्शा उलट जाने से गिर गईं। और अंदरूनी चोट आई। कई महीने शय्याग्रस्त रहीं। उसके बाद मैंने उन्हें फिर घर में डोलते नहीं देखा। जब शाम को जाता, उन्हें प्रायः अपने कमरे में खाट पर लेटे देखता। खाट पर लेटे-लेटे पतिदेव की सारी सुख-सुविधाओं का ध्यान रखतीं, उनका पान का बिलहरा कभी खाली नहीं होने देतीं। 1984 का साल अमृतलाल के लिए बहुत बुरा बीता। 18 साल पहले रतन के देहावसान के बाद सबसे बड़ा मर्माघात 27 अक्टूबर को मदन के देहावसान से लगा। अभी साल भर पहले उसने अपनी षष्ठिपूर्ति मनाई थी। आर्ट्स कॉलेज से रिटायर करने पर जमकर काम करने और बहुत से अधूरे चित्रों को पूरा करने का कार्यक्रम बनाया था। प्रतिभा का उस पर पुत्रवत् प्रेम था। उसकी बेटी अपर्णा के लिए एक योग्य वर ढूँढ़कर तीन साल पहले उसे बेटी के विवाह की चिंता से मुक्त कर दिया था। उसके चले जाने से भीतर से टूट गईं। उनका स्वास्थ्य तेजी से गिरने लगा। अमृतलाल से अकसर कहती थीं—"सबको राजी खुशी छोड़कर तुम्हारे सामने चली जाऊँ, बस यही चाहती हूँ।" अमृतलाल कल्पना भी नहीं कर पाते थे कि प्रतिभा के बिना उनका जीवन कैसा होगा। भगवान् से यही मनाते थे—हम दो बस एक-दो महीने के अंतर से जाएँ।

करवट आठों का मेला के दिन गुरुवार 14 मार्च, 1985 को दिन में 12 बजकर 6 मिनट पर पूरा हुआ। यह समय उन्होंने उपन्यास की पांडुलिपि पर नोट कर दिया। प्रतिभा जैसे उसी के लिए रुकी थीं। उन्होंने उनके अन्य उपन्यासों की भाँति इस उपन्यास की पांडुलिपि का पार्सल बनाया और उसे प्रकाशक के पास रवाना कर दिया। जिस प्रकार मैंने अमृतलाल को सबसे अधिक खुश 31 जनवरी 1981 को वैवाहिक जीवन की 50वीं वर्षगाँठ पर देखा था उसी प्रकार प्रतिभा को सबसे अधिक खुश अप्रैल-मई में अपने दौहित्र बबलू (अचला का बड़ा बेटा संदीपन)

के नवपरिणिता वधू रश्मि तथा नवजात पुत्र सुयश के साथ आगमन पर देखा। प्रपौत्र सुयश को गोद में लेने पर जैसे उनकी सारी बीमारी हवा हो गई। दिन भर उसी की सेवा में लगी रहती थीं। बबलू की बहू रश्मि छम-छम करती हुई सारे घर में हँसी-खुशी बिखेरती हुई इस कमरे से उस कमरे में डोलती फिरती थी। उसे देखकर बड़ी मग्न हो जाती थी। 15 मई को सुयश के साथ उन दोनों के मथुरा वापस लौट जाने पर जैसे उनकी सारी हँसी-खुशी उनके साथ चली गई। उन्होंने फिर बिस्तर पकड़ लिया।

26 मई की रात में अचानक तबियत बिगड़ जाने पर डॉक्टर की सलाह से मेडिकल कॉलेज के इंटेंसिव केयर यूनिट में भर्ती करा दिया गया। दिन में सूचना मिलने पर मैं तीसरे पहर घर से सीधे मेडिकल कॉलेज पहुँचा। सारा घर वहीं एकत्र था। अमृतलाल इंटेंसिव केयर यूनिट के बाहर बरामदे में एक बेंच पर बैठे थे। मैं उनके पास जाकर बैठ गया और उनका हाथ अपने हाथ में ले लिया। दोनों लड़के, बहुएँ, पोते-पोतियाँ बारी-बारी से उन्हें देख आते थे। पलँग के पास घर के केवल एक आदमी को बैठने की इजाजत थी। सूर्यबाला कमरे से बाहर निकली तो उसे बरामदे के किनारे ले जाकर हालचाल पूछा। जबान में काँटे पड़ गए थे, साँस लेने में कठिनाई हो रही थी, बड़ी छटपटाहट थी। अभी जीना चाहती थीं, मरना नहीं। मेरा मन डूबने लगा, फिर भी अमृतलाल को ढाँढ़स बँधाने के लिए इधर-उधर की बातें करने लगा। उनका चेहरा निर्विकार था। मन की भीतरी तह में कहीं डर समा गया था। अपनी आशावादिता से उस डर के भूत को भगाने की कोशिश कर रहे थे। मन को समझाने के लिए बार-बार कहते थे—''प्रभु सब मंगल करेगा। आज सोमवार है, कल मंगलवार है। मैं सुबह उठते ही नहा-धोकर छाछू कुएँ जाऊँगा। देखना, वहाँ के महावीरजी का सिंदूर लाकर अपनी प्रतिभा के माथे पर लगाऊँगा। और वह अच्छी होने लगेगी।'' डॉक्टर ने कहा था कि चौबीस घंटे निकल जाएँ तो क्राइसिस का पीरियड टल जाएगा।

पूर्णिमा और उसके बाद सूर्यबाला खबर लाई थी कि अब साँस की तकलीफ कुछ कम है, हालत सुधरती लगती है। थोड़ी झपकी आ गई है। बब्बनलाल और शरद् दोनों की राय पड़ी कि बाबूजी को अधिक स्ट्रेन नहीं करना चाहिए। उन्हें घर जाकर कुछ देर विश्राम करना चाहिए। हम लोग तो यहाँ हैं ही। घंटे-घंटे भर में खबर देते रहेंगे। अमृतलाल का शरीर भी निढाल हो गया था। मेरे समझाने पर वह घर चलने को राजी हो गए। हम लोग साहजी की सूनी कोठी में आकर आँगन में ही कुर्सियाँ डालकर बैठ गए। हम दोनों के बीच शब्द चुक गए थे। बीच-बीच में मौन की अस्वाभाविकता तोड़ने के लिए कुछ बोलते थे तो बातचीत हिर-फिर कर अस्पताल में पड़ी उस तीन-चौथाई अमृतलाल नागर पर केंद्रित हो जाती थी। प्रतिभा का बखान करते हुए थक नहीं रहे थे। बड़ी बहादुर औरत है। मेरे साथ उसने भी कठिन तपस्या की। उसके सहयोग के बिना मैं शायद लेखक

बन न पाता। मेरी बड़ी सेवा की। मेरे सुख को ही अपना सुख माना। मुझसे अधिक कर्मठ है। हर वक्त अपने को किसी-न-किसी काम में लगाए रखती है। आरती तीन साल की हुई। उसको अक्षरारंभ कराने पर मोहल्ले के गरीब घरों के नन्हे-नन्हे बच्चों को भी पढ़ाने के लिए स्कूल चलाने लगी। गरीब बेसहारा औरतों को पथभ्रष्ट होने से बचाने और अपने पैरों पर खड़ा होने लायक बना देने के लिए महिला उद्योग केंद्र चलाया। मैंने मना किया कि सरकारी सहायता के चक्कर में मत पड़ो। जहाँ सरकारी सहायता आनी शुरू होगी दंद-फंद शुरू हो जाएँगे। वही हुआ। महिला उद्योग केंद्र बंद हुआ तो मोहल्ले के गरीब घरों की कन्याओं के विवाह के लिए दहेज जुटाने में लग गई। कन्यादान के लिए सबसे पहले अपने 101 रुपए निकालकर रख देती। फिर औरों से चंदा माँगती। यहियागंज में बर्तनवालों की पंचायत गरीब कन्याओं के कन्यादान लिए मुफ्त बर्तन देती है। वहाँ से बर्तन ले आती। हर साल आठ-दस गरीब घरों की कन्याओं का कन्यादान करवाती। चौक के गरीब घरों में बा का डंका बजता है। मुझसे अधिक लोकप्रिय है। हरेक के दुख-दर्द में सहायता करती है।

दूसरे दिन सुबह होते ही मुझे अस्पताल से सूचना मिली कि बा नहीं रहीं। होश अंत तक रहा। मैं घर पहुँचा तो उनका पार्थिव शरीर अस्पताल से नहीं आया था। अमृतलाल बड़े संयत भाव से उनके कमरे का सामान हटवाकर उनके स्वागत के लिए सूर्यबाला की सहायता कर रहे थे। उनके देहावसान की ख़बर सारे मोहल्ले में आनन-फानन फैल गई थी। आँगन में भीड़ इकट्ठा होनी जा रही थी। सबसे अधिक संख्या गरीब घरों की औरतों की थी। गली-मोहल्लों में बस एक ही खबर सबकी जबान पर थी—'बा चली गईं।'

जिस कमरे में प्रतिभा को न जाने कितने बरसों से पानदान लिये आसनी पर बैठे अमृतलाल के बिलहरे के लिए पान लगाते देखा करता था, वहीं पर जमीन पर अब उनका निर्जीव शरीर पड़ा था। चेहरे पर शांति विराजमान थी, पीड़ा का कोई भाव शेष नहीं था। माथे पर बड़ी सी टिकुली दमक रही थी, माँग में सिंदूर चमक रहा था। बगल में झलझलाती आँखें लिए दोनों बहुएँ बैठी थीं। पोतियाँ उनसे चिपकी थीं। दोनों पोते उनकी गोद में सिसक रहे थे। बब्बन और शरद् कमरे में आते, फिर अपनी रुलाई रोकने के लिए बाहर निकल जाते। अमृतलाल बड़े शांत थे। दोनों लड़कों को प्रबोधन कर रहे थे। उन्होंने अपने आँसुओं को जैसे पी लिया था। बीच-बीच में कमरे में आते तो मेरे कंधे से लगकर कहते—"प्रतिभा मुझसे विलग नहीं हुई है। वह मेरे अंदर समा गई है।" मैंने उन्हें सारे अंतिम कर्म उसी प्रकार यंत्रवत् करते देखा जिस प्रकार पचास साल पहले पिता का देहांत होने पर देखा था। पिता के दाह कर्म से लौटने के बाद घुटे सिर, मोटी बनियाइन, और स्वेटर पहने नीचे के बैठके में एक अलग तख्त पर कंबल बिछाकर योगी की भाँति स्थिर बैठे रहते थे। हम सब मित्र लोग उनके मन बहलाव के लिए दिन भर एक

बड़े तख्त पर उनके पास बैठे रहते थे।

अंतिम यात्रा दोपहर 12-12.30 बजे आरंभ हुई। उनका अत्यंत भाव प्रवण चेहरा एकदम भावविहीन। आँखों की पुतलियों में कोई भी भाव नहीं, कहीं दूर देखती हुई। चिता में अग्नि देने के बाद मेरे पास आकर निःशब्द खड़े हो गए। मैंने उनके कंधों को धीरे-धीरे से थपथपाया। जब चिता खूब धू-धूकर जलने लगी तो मेरे कंधे से लगकर फफक-फफककर रो पड़े।

2

प्रतिभा का चौवन साल का साथ छूट जाने से अमृतलाल तन-मन से टूट गए। शरीर तेजी से बुढ़ाने लगा। डायबटीज ने पहले ही कानों को प्रभावित करके उच्चश्रवा बना दिया था। एक कान से तो बिलकुल नहीं सुनाई पड़ता था, दूसरे कान में हियरिंग एड लगाते थे। अब डायबटीज ने आँखों को भी प्रभावित करना शुरू कर दिया। आँख की रोशनी दिनोदिन कम होने लगी। साफ नहीं दिखाई पड़ता था। किसी के नजदीक आने पर धुँधला आकार दिखाई पड़ता था। बरसों की पढ़ने की आदत छोड़ना सहज नहीं था, मैग्नीफाइंग ग्लास की मदद से पढ़ते थे। मन दिन भर उड़ा-उड़ा रहता था। अगर किसी चीज से जुड़ता था तो प्रतिभा की यादों से। यह स्थिति उनका नाता न तो यथार्थ से जोड़ती थी और न चिंतन से। इससे बड़ी थकावट अनुभव करते थे।

प्रतिभा के न रहने से खाने-पीने का रस जाता रहा। जो सामने आ जाता खा लेते। मुझसे रोज झींकते थे, मैं बिलकुल अकेला पड़ गया हूँ। प्रतिभा थी तो कुछ कहना नहीं पड़ता था। वह अपनी टेलीपैथी से मेरे मन की बात जान लेती थी। अब छोटी-छोटी चीज के लिए कहना पड़ता है, हालाँकि बहुएँ उनके आगे पीछे दौड़ा करती थीं, पोतियाँ बड़ी मुस्तैदी से उनका हुक्म बजा लाती थीं। प्रतिभा के चले जाने पर उन्होंने उनका लाइव साइज का एक फोटो मढ़वाकर अपने सिरहाने टाँग लिया। जब किसी सभा में आते तो जो फूल-हार मिलते फोटो को पहना देते थे। उनका एक छोटा फोटो अपने व्यास पीठ के बगल की चौकी पर रख लिया जिससे वह चौबीसों घंटे उनकी नजरों के सामने रहती थीं।

प्रतिभा के चले जाने पर उन्होंने घर-गृहस्थी की उनकी चिंताएँ अपने ऊपर ओढ़ लीं। बड़े लड़के कुमुद ने नारायण नगर में अपना घर बनवा लिया था, पर माँ को छोड़कर वहाँ रहना स्वीकार नहीं किया। माँ के न रहने पर उन्होंने ठेल-ठेलकर उसे अपने घर में रहने को भेजा। आश्वासन दिया कि मैं भी तेरे घर में आकर रह जाया करूँगा। छोटे लड़के शरद् को भी ठेलने लगे कि तू भी अपना घर बनवा डाल। उसे नारायण नगर पसंद नहीं था। प्राइवेट कॉलोनी होने से वहाँ नागरिक सुविधाओं का विकास नहीं हुआ था। पिता के ठेलने पर उसने अपनी नारायण नगर की जमीन बेच दी और विकास

नगर में खरीद ली। चहारदीवारी भी बनवा डाली, पर मकान बनवाने को हिम्मत नहीं पड़ी। उसकी गृहस्थी अभी कच्ची थी। तीनों बच्चों की शिक्षा अभी पूरी नहीं हुई थी। फिर भी पिता के बहुत कहने पर उसने भी मकान बनवाना शुरू कर दिया, हालाँकि उनके जीवनकाल में पूरा नहीं बन पाया।

प्रतिभा के जीवन काल में आरती और अनिल जब श्रीनगर और उसके बाद पठानकोट में थे तो उनका बड़ा आग्रह था कि बा और बाबूजी कुछ दिन आकर हमारे पास रहें। एक बार तो धमकी भी दी कि अगर आप लोग नहीं आएँगे तो अगली गर्मियों की छुट्टियों में हम भी नहीं आएँगे। दामाद की बात रखने के लिए अमृतलाल ने प्रतिभा की बीमारी की वजह से दीक्षा को साथ लेकर जाने का मन बनाया, परंतु प्रतिभा ने उनको जाने नहीं दिया। वह उनको एक मिनट के लिए अपनी आँखों के ओट होने देना नहीं चाहती थीं। अनिल, आरती जब श्रीनगर में थे तो अमृतलाल के लिए फेरन लाए थे। जाड़ों में अपने गरम कुरते के ऊपर उसे भी पहन लेते थे। प्रतिभा के चले जाने पर अमृतलाल लड़की दानाद के आग्रह पर पठानकोट गए और वहाँ मलेरिया से पीड़ित हो गए। अनिल की बदली गुवाहाटी होने पर वहाँ भी गए और कामाख्या देवी के दर्शन किए।

जुलाई 1986 में अचला के पति विमलकांत का देहांत हो गया। प्रतिभा के जीवन काल में ही वह नैनी (इलाहाबाद) में गंभीर रूप से बीमार हो गए थे। उन्हें वहाँ से लखनऊ लाकर मैडिकल कॉलेज में दाखिल कराया गया था। मैं उन्हें देखने कई बार अस्पताल गया। उनके कुटुंबियों ने बड़ी लगन से उनकी सेवा की। संदीपन ने जिस रीति से चौबीसों घंटे पिता की सेवा की, उसी का परिणाम था कि पक्षाघात से लुंज-पुंज उनके शरीर में कुछ-कुछ चैतन्य आने लगा। उनके न रहने पर अमृतलाल की पहली प्रतिक्रिया यही हुई कि प्रतिभा उनसे पहले चली गई यह अच्छा हुआ। यदि प्रतिभा के सामने जाते तो वह यह दुख कभी सहन न कर पाती।

उसी वर्ष दिसंबर में अमृतलाल परदादा बने। संजीवन (कुमुद का बेटा) की सगाई शोभना से प्रतिभा के सामने हो गई थी, किंतु विवाह उनके जाने के बाद हुआ। विवाह के बाद साल भर के अंदर ही प्रपौत्री इषा का जन्म हुआ। कुमुद दादा और सूर्यबाला दादी बनी। उस समय भी प्रतिभा को बहुत याद किया। कहने लगे, उसके सामने घर में कुँआ-कुँआ होती तो कितनी खुश होती। इषा को गोद में लेकर फूली न समाती। जो सौभाग्य मेरे पिता और दादा को नहीं मिला, वह मुझे मिला। मेरे तो अब पर लग गए हैं।

अमृतलाल जिन दिनों बंबई में रहते थे, हिंदी ग्रंथ रत्नाकर ने शरत् ग्रंथावली हिंदी में निकाली थी। उन्होंने उसका एक सेट खरीदकर प्रतिभा को उनके जन्मदिन पर भेंट किया था और अपने लिए रवींद्र रचनावली मूल बंगला में खरीदी थी। तभी प्रतिभा के मन में इच्छा हुई थी कि एक दिन अमृतलाल की भी ऐसी ही ग्रंथावली निकले। 1980 तक उनकी इतनी पुस्तकें हो गई थीं कि ग्रंथावली निकल

सकती थी। प्रकाशक छापने को तैयार थे। प्रतिभा ने शरद् से कहा—तूने अपनी बाबूजी की सभी किताबें सहेजकर रखी हैं। उनकी फुटकर रचनाएँ भी जमाकर रखी हैं। तू जुटकर मेहनत कर डाल और शरत् ग्रंथावली तथा रवींद्र रचनावली की भाँति अपने बाबूजी की ग्रंथावली तैयार कर डाल। शरद ने सारी फुटकर रचनाएँ टंकित करवाकर और अलग-अलग शीर्षकों की फाइलें बनाकर वर्गीकृत कर डाली थीं। किंतु ग्रंथावली प्रतिभा के जीवन काल में तैयार नहीं हो सकी। एक बार प्रकाशक के प्रतिनिधि लखनऊ आए तो सारी संकलित सामग्री देखी। वह अपने साथ चार पांडुलिपियाँ आत्मपरक लेखों का संग्रह *टुकड़े-टुकड़े दास्तान,* समस्त कहानियों का एक संग्रह *एक दिल हजार अफसाने* साहित्य और संस्कृति सम्बन्धी लेखों का संग्रह *साहित्य और संस्कृति* तथा हास्य विनोद व्यंग्यपरक लेखों का संग्रह *चकल्लस* ग्रंथावली से अलग पुस्तकाकार प्रकाशित करने के लिए ले गए। चारों पुस्तकें प्रतिभा के जाने के बाद नवंबर-दिसंबर 1986 में छपकर आईं।

करवट 29 जुलाई को ही छपकर आ गई। अमृतलाल के विवाह की पचासवीं वर्षगाँठ मनाए जाने पर किसी दिन बातों-बातों के प्रसंग में हम लोगों ने हिसाब लगाया था, हम दोनों की दोस्ती 8 जुलाई 1985 को साठ साल पुरानी हो जाएगी। यह हिसाब इस आधार पर लगाया गया था कि पहले स्कूलों का नया सत्र प्रायः 8 जुलाई से आरंभ होता था। अतएव हमने अनुमान लगाया था कि मैंने स्कूल में पाँचवें दर्जे में 8 जुलाई 1926 को दाखिला लिया होगा और उसी तारीख से हम दोनों की दोस्ती का सूत्रपात हुआ होगा। अमृतलाल ने *करवट* के लेखन काल में ही अपना मन बना लिया था कि इस पुस्तक को मुझे समर्पित करेंगे। उपन्यास पूरा होने पर उन्होंने अपने हाथ से समर्पण पृष्ठ लिखकर जोड़ा—"स्कूल से अधिक पुस्तकालयों के सहपाठी, मेरे आरंभिक काल के लेखन काल से आज तक के अभिन्न साथी ज्ञानचंद जैन को अपनी मैत्री के साठ वर्ष पूरे होने पर—सप्रेम, अमृत।" तारीख 8.7.1985 डाल दी। प्रतिभा ने पांडुलिपि प्रकाशक के पास रवाना कर दी, उस समय कल्पना नहीं कर सका था कि उपन्यास छपकर आने और उसे मुझे विधिवत् समर्पण किए जाने के समय वह उपस्थित नहीं रहेंगे। उस समय कल्पना भी नहीं कर सका था कि अमृतलाल के जीवन काल में छपनेवाला उनका यह अंतिम उपन्यास होगा। यह एक विचित्र संयोग की बात है कि *वाटिका* से अपना साहित्यिक जीवन आरंभ करने के बाद अमृतलाल का जो पहला कहानी संग्रह *अवशेष* प्रकाशित हुआ वह भी उन्होंने मुझे समर्पित किया था।

करवट उन्होंने जिस विधि-विधान से मुझे समर्पित की, वह मेरे लिए एक अनोखा अनुभव था। उन्होंने मेरे आने से पहले दीक्षा से चाँदी की तश्तरी निकलवाकर पुस्तक पर अपने हस्ताक्षर करके उसे लाल टूल में सूत के रंगीन कालावे से बाँधकर अपने पास की लेखन चौकी पर रख दिया था। तश्तरी में रोली और चावल की पुड़ियाँ भी रखवा दी थीं। रामआसरे के यहाँ से चाँदी का वर्क लगी मलाई की गिलौरियाँ मँगवा

ली थीं। मेरे कमरे में प्रवेश करते ही दीक्षा ने मलाई की गिलौरियों की तश्तरी लाकर उनके पास रख दी। उन्होंने विधिवत् पहले मेरे माथे पर रोली का टीका लगाया, फिर पुस्तक भेंट करके मलाई की गिलौरी मेरे मुँह में रख दी। इसके बाद उन्होंने एक और अनहोना कार्य किया मेरे चरण स्पर्श कर लिये।

अमृतलाल ने बचपन से शिक्षा पाई थी कि किसी बड़े को देखते ही लपककर उसके चरण स्पर्श करते थे। रूपनारायण पांडेय और निराला के यहाँ जाने पर सबसे पहले उनके चरण स्पर्श करते थे। मैं विनय प्रदर्शन के लिए नमस्कार कर लेना यथेष्ट समझता था। हम दोनों में अकसर यह नोक-झोंक चला करती थी कि मैं जब कभी उनकी किसी कहानी या उनके उपन्यास के किसी चरित्र या प्रसंग की प्रशंसा करता तो फौरन चरण स्पर्श के लिए अपना पैर आगे फैला देते थे और कहते थे—'चरण छुओ।' उस दिन उन्होंने मेरा चरण स्पर्श करके मुझे इतना भावाभिभूत कर दिया कि प्रत्युत्तर में मैंने भी उनके चरण स्पर्श किए और इसके बाद हम दोनों प्रेम विह्वल हो एक दूसरे के गले लग गए। उस दिन कल्पना नहीं की थी कि यह हम दोनों का अंतिम आलिंगनबद्ध मिलन होगा।

अमृतलाल की आदत थी कि मुझे जब कोई पुस्तक भेंट करते थे तो उस पर कोई मार्मिक वाक्य लिख देते थे। *एक दिल हजार अफसाने* भेंट करने पर उस पर लिख दिया था—"कहानियाँ हमने तुमने करीब-करीब साथ ही लिखना आरंभ की थीं। कटारी टोले के उन दिनों की याद में।" हास्य-व्यंग्य के लेखों के संग्रह का नाम पहले *रंग तरंग* रखा था। *चकल्लस* नाम *चकल्लस* की फाइलों में बंद हास्य-विनोद और व्यंग्य की कुछ चुनी हुई रचनाओं के संग्रह के लिए सुरक्षित रख छोड़ा था, परंतु प्रकाशक के अनुरोध पर उसी संग्रह का नाम बदलकर *चकल्लस* कर दिया और उसकी प्रति पर लिख दिया—"हजारों चकल्लसी शामों की याद में—प्रिय ज्ञानचंद को उनके सद्यः हैदराबाद रिटंर्ड होने की खुशी में।" मेरा बड़ा लड़का शिखर शिक्षा समाप्त करने के बाद हैदराबाद के नेशनल जियोफिजिकल रिचर्स इंस्टीट्यूट में कार्यरत था। उसने वहाँ अपना मकान भी बनवा लिया था। साल-दो साल में मैं उसके पास एक महीने रह आता था। उस साल जब मैं हैदराबाद गया था तो शाम को मुझे बहुत 'मिस' करते थे और बड़ी बेसब्री से मेरे वापस लौटने की प्रतीक्षा कर रहे थे। मैं उसी दिन लौटा था और हैदराबाद रिटंर्ड जुमले में उसी का संकेत था। हम दोनों ही उस दिन बड़े खुश थे। सूरदास पर लिखा उनका टी.वी नाटक *चढ़त न दूजो रंग* जब छपकर आया तो उसकी प्रति पर लिख दिया था—"बचपन के संगी जिन पर और किसी संगिनी अथवा संगी का रंग सवाया नहीं चढ़ पाया, उन्हीं प्रियतम ज्ञानचंद को।" प्रतिभा के चले जाने पर उनकी पहली पुस्तक उनके आत्मपरक लेखों का संग्रह *टुकड़े-टुकड़े दास्तान* छपा। उसके समर्पण पृष्ठ पर अपने हाथ से लिखा—"प्रतिभा को, जिसने हर निराशा से बचाए रखकर मुझे लेखक बनाए रखा, जो बहुत दूर होकर भी मेरे बहुत पास है।—अमृतलाल 31.5.86।"

उनके सत्तरवें जन्मदिन पर *सारिका* ने अपना अगस्त 1985 के दूसरे पखवारे का अंक अमृतलाल नागर विशेषांक के रूप में निकाला। साहित्यिक त्रैमासिक पत्रिका *दस्तावेज* ने भी अपना जनवरी 1986 का अंक उनके ऊपर केंद्रित निकाला। *सारिका* संपादक अवधनारायण मुद्गल ने अपने विशेषांक का विमोचन समारोह उत्तर प्रदेश हिंदी संस्थान के प्रेमचंद सभागार में आयोजित किया, जिसमें शिवानी, श्रीलाल शुक्ल, कुँवरनारायण आदि नगर के सभी प्रतिष्ठित साहित्यकारों ने भाग लिया। विशेषांक की पहली प्रति मुझे भेंट करके उसका विमोचन किया गया। इस अवसर पर अमृतलाल ने एक बड़ा ही मार्मिक भाषण दिया, कहा, "काहे का सम्मान ! काहे का जन्मदिन ? इन्हीं हाथों से अपने भाई और अपनी पत्नी को आग दी है। मैंने जो भी साहित्य सेवा की, देश और समाज के प्रति अपनी ड्यूटी बजाने की नीयत से। एक सृजनात्मक मस्तिष्क एक राडार की तरह होता है जो निरंतर संदेश ग्रहण करता है और भेजता है। संगीत रियाज से आता है। इसी प्रकार लेखन भी रियाज से आता है। एक बार प्रेमचंद की तबियत खराब थी, फिर भी रात में बहुत देर तक लालटेन की रोशनी में डेस्क पर बैठकर लिखते रहे। जब शिवरानी देवी ने लालटेन बुझा दी तो बोले—मुझे काम करने दो, वर्ना मैं अपने उस मालिक को क्या जवाब दूँगा जिसने यह काम मुझे सौंपा है ? मैं भी लेखन कार्य पूजा मानकर करता हूँ। सृजनात्मक साहित्य की सफलता इसी बात में है कि उसे पढ़कर पाठक के अंतर्मन में सोते हुए भाव और विचार जागें और उसकी क्रियात्मकता को स्फूर्ति मिले। जो साहित्य रस को उपजाए, उमगाए और चेतना का ऊर्ध्वतर विकास करे उसी को मैं सर्जनात्मक साहित्य कहता हूँ। मैं तो सिर्फ इतना ही कह सकता हूँ कि मुझे अपने कर्म से संतोष रहा है और काम करने की इच्छा हजारों थपेड़े सहने के बावजूद ठंडी नहीं हुई। लागी नहीं छूटे चाहे जिया जाए।"

अमृतलाल अपने मन की गहराइयों में जानते थे कि मौत एक हकीकत है, मगर कर्ममय जीवन का एक-एक क्षण भी हकीकत है। अतएव मनुष्य को अंतिम क्षण तक जीना चाहिए और कर्मरत रहना चाहिए। उन्होंने धीरे-धीरे अपने मन को समेटा और उसे फिर से कर्मरत बनाया। बंबई के एक फिल्म निर्माता के अनुरोध पर *तथागत सम्यक् संबुद्ध* शीर्षक से बुद्ध का लगभग 92 पृष्ठों का जीवनवृत्त 18 अगस्त, 1985 को पूरा किया।

इषा के जन्म के बाद उनमें नई ऊर्जा पैदा हुई और उन्होंने *करवट* के दूसरे भाग की रचना-प्रक्रिया प्रारंभ कर दी। उनकी आँखों की रोशनी बड़ी तेजी से घटती जा रही थी। जब दिल्ली गए तो वहाँ के ऑल इंडिया मेडिकल इंस्टीट्यूट में दिखलाया। जब कलकत्ता गए तो वहाँ भी दिखलाया। दोनों जगह यही जवाब मिला, इसका कोई इलाज नहीं है। दिल्ली के डॉक्टर ने चश्मे का जो नंबर दिया, उससे काम नहीं चला। लखनऊ के डॉक्टर सुबोध अग्रवाल ने दूरवीक्षण यंत्र जैसा चश्मा

दिया। उससे अक्षर तो बड़े-बड़े दिखाई पड़ते थे, परंतु पढ़ना कष्टसाध्य था। बरसों की पढ़ाई छूट जाने से बड़ा कष्ट होता था। *करवट* का दूसरा भाग लिखने की तैयारी में आवश्यक संदर्भ पुस्तकों के आवश्यक अंश कभी ऋचा से, कभी दीक्षा से, बब्बन के यहाँ रहने पर पारिजात से और कभी मुझसे पढ़वाते थे। उनके पास सम्मति के लिए जो पुस्तकें आती थीं, उन पर आशीर्वचन लिखवाकर भेज देते थे। जो महत्त्वपूर्ण पुस्तकें होतीं उन्हें सम्मति के लिए मुझे पढ़ने को देते थे। संध्याकाल को कभी-कभी महत्त्वपूर्ण साहित्यिक पत्रों के उत्तर मुझे लिखवाने बैठ जाते थे।

करवट समाप्त करने के बाद उसके दो खंड और लिखना चाहते थे—पहला अगस्त 1905 के स्वदेशी आंदोलन तथा क्रांतिकारी आतंकवाद से लेकर 1942 की अगस्त क्रांति तक। दूसरा 1947 में स्वतंत्रता प्राप्ति से 1985 में विघटनकारी आतंकवाद के उदय तक। परंतु आँखों की रोशनी छिन जाने से दोनों खंडों की कथा एक ही खंड में समेटने का निश्चय किया और उसके लिए फ्लैशबैक की सुपरिचित टेकनीक अपनाई। उपन्यास का कोई नामकरण नहीं किया था और उसे 'करवट-दो' के नाम से पुकारते थे। चार दशकों से उनकी उपन्यास बोलकर लिखवाने की आदत थी। लिखवाए गए परिच्छेद एकांत में बैठकर बार-बार पढ़ते थे, जिससे लेखन के साथ-साथ उसका तटस्थ दृष्टि से सम्यक् मूल्यांकन भी होता चलता था। जो परिच्छेद अथवा अंश संतोषजनक नहीं लगते थे, उन्हें फिर से लिखवाते थे या अपने हाथ से लिखते थे। कभी-कभी परिच्छेद-के-परिच्छेद अथवा पन्ने काट देते थे। इस प्रकार उपन्यास का लेखन दो-दो, तीन-तीन बार होता था। *करवट-दो* (जिसका नाम बाद में *पीढ़ियाँ* रखा गया।) उनका पहला उपन्यास था जिसे लिखवाने के बाद उन्होंने स्वयं नहीं पढ़ा। जो लिखवाते गए उसी से संतोष करना पड़ा।

'पद्मभूषण' होने के बाद वह साहित्यिक वी.वी.आई.पी. बन गए थे। हर कोई उन्हें अध्यक्षता करने या उद्घाटन करने या मुख्य अतिथि बनने के लिए घेरता था, परंतु मदन के न रहने पर उन्होंने सभा-सोसायटियों में जाना बहुत कम कर दिया। साहित्यिक पुरस्कार समितियों में सम्मिलित होना भी बंद कर दिया, क्योंकि इन समितियों में बहुधा निर्णय गुणवत्ता के आधार पर नहीं लिया जाता था, राजनीति चलती थी। उम्र के साथ उनकी साहित्यिक प्रतिष्ठा एक शिखर से दूसरे शिखर पर चढ़ती गई। आकाशवाणी ने उन्हें प्रोड्यूसर एमिरिटस नियुक्त किया। बंबई के फिल्म राइटर्स एसोसिएशन ने भी उन्हें सम्मानित किया और अपनी संस्था की मानद सदस्यता प्रदान की। भारतीय लेखकों की संस्था 'ऑथर्स गिल्ड ऑफ इंडिया' ने जिस सभा में उन्हें सम्मानित किया उसकी अध्यक्षता मुल्कराज आनंद ने की। साहित्य अकादमी ने हिंदी के महत्त्वपूर्ण उपन्यास लेखक, कहानीकार, नाटककार तथा निबंधकार होने के नाते उन्हें अपना सर्वोच्च सम्मान, अकादमी की महत्तर

सदस्यता प्रदान की। बिहार सरकार के भाषा विभाग ने जब एक लाख रुपए के डॉ. राजेंद्र प्रसाद शिखर सम्मान की स्थापना की तो इस सम्मान से सर्वप्रथम उनका अभिवंदन किया। इसके बाद 'उत्तर प्रदेश हिंदी संस्थान' ने भी 1985 का अपना सर्वोच्च सम्मान 'भारत भारती पुरस्कार' उन्हें प्रदान करने की घोषणा की। उत्तर प्रदेश 'उर्दू-हिंदी अवार्ड कमेटी' ने भी उन्हें पुरस्कृत किया। लखनऊ महोत्सव समिति ने उन्हें 'अवध-गौरव' घोषित किया और दस हजार रुपए की राशि अर्पित की। उन्होंने उसी समय वह राशि अवधी के गौरव प्रसिद्ध कवि स्व. रमई काका की सुपुत्री के विवाह हेतु दान कर दी।

करवट-दो (पीढ़ियाँ) चींटी की चाल से लगभग तीन साल में लिखा गया। ऋचा ने उनके पर्सनल असिस्टेंट तथा रिसर्च असिस्टेंट का कार्य सँभाला। वह उनकी अभिभाविका भी थी। मिठाई खाने से रोकना तथा वक्त पर सारी दवाएँ पिलाना उसकी जिम्मेदारी थी। जब बाहर जाते थे तो उन्हें एस्कोर्ट करती थी। दो बार उन्हें दिल्ली ले गई। अचला के अनुरोध पर उसके साथ एक महीना बिताने जब 1987 में बंबई गए तो ऋचा उनके साथ गई। वहाँ 15-20 रोज बाद ही मेरी हुड़क उठने लगी। अचला से बोले—अब कहीं मन नहीं लगता। लखनऊ में रहता हूँ तो दिन भर शाम होने की बाट देखता हूँ। कब शाम हो और तेरे ज्ञानचंद चाचा आएँ। इषा की हुड़क उठने पर जब नारायण नगर जाते थे तो जितने दिन के लिए कहकर जाते थे, उससे पहले लौट आते थे। शाम को मेरी याद आने लगती थी।

अमृतलाल का 1989 का वर्ष अच्छा नहीं बीता। दीक्षा गंभीर रूप से बीमार पड़ी। मेडिकल कॉलेज में रही, संजय गांधी इंस्टीट्यूट में रही, रोग का निदान नहीं हो पाया तो बंबई गई। दीक्षा से पहले शरद् बीमार रहे। ऋचा जब पुणे विश्वविद्यालय में पढ़ने लगी तो उसका कार्यभार दीक्षा ने सँभाला। अमृतलाल ने उसका नाम मदर टेरेसा रख दिया। ऋचा से मिलने अक्टूबर 1988 में दशहरे की छुट्टियों में जब पूर्णिमा और दीक्षा पुणे गई तो अमृतलाल ने उसके लिए भेंटस्वरूप घर की आवाजों से भरा आडियो कैसेट भेजा। उन्हें इस बात से भारी आत्मसंतुष्टि थी कि उनकी संतानें उनका नाम रोशन कर रही हैं। कुमुद ने नाट्य निर्देशन और प्रस्तुतीकरण में, अचला ने फिल्म क्षेत्र में तथा शरद् ने उत्तर प्रदेश में संगीत तथा नाटक की उन्नति में रचनात्मक योगदान करके झंडे गाड़े। आरती को भी शौकिया नाटक में अभिरुचि थी। उनसे अगली पीढ़ी पारिजात, संदीपन, सिद्धार्थ, ऋचा, दीक्षा, प्रचेता, अर्पिता, अभिषेक की पीढ़ी ने भी कलात्मक अभिरुचि के पारिवारिक जीन्स प्राप्त किए। ऋचा को पुणे विश्वविद्यालय से भूगोल में एम.ए. करने के बाद अमरीका की यूनिवर्सिटी ऑफ मिनिसोटा में प्रवेश मिला और अपने पिता की भाँति उसने भी डाक्ट्रेट प्राप्त की।

करवट-दो (पीढ़ियाँ) के अंतिम अध्याय का अंतिम दृश्य अगस्त 1989 में ऋचा के मिनियापोलिस रवाना होने के बाद दशहरे से ठीक पहले नवरात्रि पर पूरा

किया। उन्होंने अपने लिपिक कमलाशंकर का नाम लोटस लार्ड रख दिया था, नवरात्रि पर वे छुट्टी पर थे। अंतिम अंश अष्टमी को दीक्षा को लिखवाया। जिस प्रकार *बूँद और समुद्र* लिखवाते समय ताई के देहावसान पर, *खंजन-नयन* लिखते समय कंतो के आत्मबलिदान पर फूट-फूटकर रो पड़े थे, उसी प्रकार सुमंत के महाप्रस्थान का दृश्य लिखवाते समय फफक-फफककर रो पड़े थे। रुँधे गले से अंतिम पंक्तियाँ लिखवाईं। उपन्यास समाप्त होने पर उन्होंने पांडुलिपि संपादन तथा संशोधन के लिए मुझे सौंप दी। पूरे उपन्यास का कथासूत्र सिर्फ स्मृति के आधार पर लिखवाने पर भी सिर्फ एक-दो जगह गड़बड़ाया था। मैंने संकेत किया तो बोले—तुम जिस तरह उचित समझो, ठीक कर दो। टंकित प्रतिलिपि के संशोधन का दायित्व भी मेरे ऊपर डाल दिया। पांडुलिपि स्वर्गवास से लगभग दो मास पूर्व पौत्र चिं. पारिजात के हाथों प्रकाशक को भिजवा दी।

जनवरी 1990 में मेरा बड़ा बेटा शिखर एक प्रकार से मौत के मुँह से जाकर लौट आया। जाको राखो साइयाँ वाली कहावत चरितार्थ हुई। वह दूसरी बार अंटार्कटिका अभियान में गया था। इस बार उसे अंटार्कटिका में भारत के दक्षिण गंगोत्री तथा मैत्री नामक दो वैज्ञानिक अनुसंधान केंद्रों से लगभग दो हजार किलोमीटर की दूरी पर दक्षिण अमरीका के निकटवर्ती वेड्डेल सागर क्षेत्र में भेजा गया था। इस क्षेत्र में भारत का कोई अनुसंधान केंद्र नहीं था, अतएव जहाज पर रहकर हेलीकॉप्टर से मुख्य भूमि पर जाकर अनुसंधान कार्य करना था। 2 जनवरी को वहाँ पहुँचा और 2, 3, 4 को मुख्य भूमि पर जाकर कार्य किया। 5 जनवरी को मौसम की खराबी के कारण जहाज पर रहा। 6 को उसके पेट में जोरों का दर्द उठा। 8 को उसकी तबियत तेजी से बिगड़ने लगी और उसके बचने की उम्मीद तेजी से खत्म होने लगी। पेट में डुओडीनल अल्सर बर्स्ट कर गया था। उसके जहाज पर ऑपरेशन करने के लिए जगह नहीं थी। लगभग दो सौ किलोमीटर की दूरी पर एक जर्मन पोत पर ऑपरेशन की सुविधा थी। भारतीय नौसेना के एक पायलट कमांडर प्रदीप दीक्षित ने अपनी जान जोखिम में डालकर उसे जर्मन पोत पर पहुँचाया। उसी दिन उसका ऑपरेशन हो गया। दूसरे दिन उसने उसी रीति से उसे जीवन रक्षक दवाएँ पहुँचाईं, जिसके लिए उसे 'शौर्य चक्र' मिला। शिखर की नाक में एक नली ऑक्सीजन देने के लिए और पेट में तीन नलियाँ लगी थीं। उसी अवस्था में उसे ऑपरेशन के बाद की देखभाल के लिए दक्षिणी ध्रुव पर स्थित अमरीकी सैनिक हवाई अड्डे और वहाँ से न्यूजीलैंड के मैकमार्डो हवाई अड्डे और फिर क्राइस्ट चर्च अस्पताल पहुँचाया गया।

मैंने जब सारा रोमांचक वृत्तांत अमृतलाल को सुनाया तो उनकी आँखें नम हो गईं। कुछ दिन बाद जब मैंने उन्हें खबर दी कि शिखर हैदराबाद वापस आ गया है। उससे फोन पर बात हो गई है। मेरी पत्नी मेरे छोटे बेटे मुन्ना (सुधीर) को लेकर हैदराबाद चली गई हैं तो बोले—"तुम्हारी पत्नी ने समझदारी का काम

किया। बेटे पर माँ की ममता अधिक होती है, इसलिए उसका हक भी अधिक होता है। यह ठीक किया कि मुन्ना को साथ ले गईं। वहाँ तुम्हारी क्या उपयोगिता होती। वह तो डॉक्टर के पास दौड़धूप भी कर सकेगा। फिर यहाँ घर में बच्चों के पास एक आदमी का रहना जरूरी था। उन लोगों के लौटने पर तुम भी जाकर एक महीना बेटे के पास रह आना।''

कहते हैं, मौत का दिन मुअय्यन होता है। मौत दबे पाँव आती है, उसके पैरों की आहट सुनाई नहीं पड़ती। मैं अमृतलाल को रोज देखता था, उनके पास घंटों बैठता था, परंतु जब मौत ने कैंसर के रूप में उनके शरीर में प्रवेश किया तो उसके पैरों की आहट भी सुनाई नहीं पड़ी, उनके घरवालों को भी सुनाई नहीं पड़ी। जब दाढ़ में दर्द रहता था तो कैंसर की आशंका से अनेक बार जाँच कराई गई, कुछ नहीं निकला। और जब कैंसर की शुरुआत अंडकोष की सूजन से हुई तो उसकी ओर किसी का ध्यान भी नहीं गया। स्वयं उनका भी इस बात की ओर ध्यान नहीं गया।

पीढ़ियाँ समाप्त होने के कुछ दिन बाद ही एक दिन जब मैं गया तो उन्हें बहुत दिनों के बाद लँगोट बाँधे देखा। बोले—अंडकोष में एक तरफ सूजन है। बैठने और चलने में कष्ट होता है। फोता बढ़ने की कोई दवा मालूम हो तो बताओ। मैंने कहा—फोता बढ़ना बुढ़ापे की आम बीमारी है। उसका इलाज ऑपरेशन है। तुम डॉक्टर को दिखा लो। ऑपरेशन की बात से उन्होंने चुप्पी साध ली। किसी ने पत्ते पर कोई दवा रखकर बाँधने का इलाज बताया, वह करने लगे। मैंने लड़कों से कहा—डॉक्टरों को दिखाना ठीक होगा। वे बोले—आप तो उनको जानते हैं। भला हमारी बात सुनते हैं। आप ही समझाइए। अमृतलाल को समझाना कठिन काम था, उनकी 'हंटरवाली' उनसे लड़-झगड़कर अंत में अपनी बात मनवा लेती थी, वह तो चली गई। कैंसर ने संभवतः अंडकोष से बढ़कर आँतों में फैलना शुरू किया। भूख बंद हो गई। दो-तीन महीने में शरीर एक-चौथाई रह गया। उठने पर पैर काँपते थे, रात में नींद नहीं आती थी। एक थैली में माला सिरहाने रखते थे। जब नींद खुल जाती थी तो माला जपना शुरू कर देते थे।

शरीर जर्जर हो जाने पर भी सृजनशील मस्तिष्क पहले की भाँति सक्रिय था। *पीढ़ियाँ* समाप्त करने के बाद आँखों की लाचारी की वजह से दूसरा उपन्यास उठाने का साहस नहीं था। कहते थे—''यही मेरा अंतिम उपन्यास है। लेकिन अभी बहुत कुछ लिखने की इच्छा थी। कहते थे—जिस दिन तुम अनुभव करो, मेरे लेखन की ताजगी समाप्त हो गई है, मुझसे कह देना। मैं लिखना बंद कर दूँगा।'' डोनाल्ड मैंकेंजी की पुस्तक *देश-देश के पौराणिक आख्यान* के ढंग पर भारत, मिस्र, मैसोपोटामिया, चीन आदि देशों के पौराणिक आख्यानों पर लिखने की योजना बहुत दिनों से मन में थी। कहते थे—''सारी सामग्री मेरे दिमाग में भरी पड़ी है। उसे लिखने के लिए अधिक पढ़ना नहीं पड़ेगा। तुम्हारे हैदराबाद जाने पर मैं नारायण नगर चला जाऊँगा। वहाँ पारिजात को डिक्टेशन देना शुरू कर दूँगा। पुस्तक

लिखवाने में अधिक समय नहीं लगेगा।

मेरी इच्छा थी कि *टुकड़े-टुकड़े दास्तान* के ढंग पर कुछ और आत्मपरक संस्मरण लिख डालें। जिस प्रकार अपने बाबूजी के संस्मरण लिखे, माते, रतन और मदन के भी लिख डालें। रतन और मदन अमृतलाल के व्यक्तित्व के भाग थे। उनका चित्र सामने रखे बिना अमृतलाल का व्यक्तित्व चित्र पूर्ण नहीं बनता। रतन में हास्य रस की उद्‌भावना की क्षमता अमृतलाल से उन्नीस नहीं, बीस ही थी। अमृतलाल ने *बूँद और समुद्र* में लखनऊ के गली-मोहल्लों का जो चित्र खींचा है वह मदन के बनारस तथा लखनऊ संबंधी कई चित्रों में साकार देखा जा सकता है। अमृतलाल गोर्की के ढंग पर अपने लखनऊ, आगरा, बंबई, कोल्हापुर तथा मद्रास के जीवन में जिस सामान्य जनों के संपर्क में आए, छोटे-छोटे शब्दचित्र अंकित करना चाहते थे। अपने उपन्यासों के विविध कैरेक्टरों की अवतारणा में, जीवन में देखे-सुने जिन जीवित पात्रों से प्रेरणा मिली, उनके शब्दचित्र भी प्रस्तुत करना चाहते थे। मेरी इच्छा थी कि वे अपनी कुछ कहानियों का पुनर्लेखन करके उन्हें लघु उपन्यासों का रूप दे दें, उनकी परिकल्पना उन्होंने वास्तव में लघु उपन्यास अथवा लंबी कहानियों के रूप में ही की थी।

हम दोनों की अंतिम भेंट 9 फरवरी को हुई। 10 को उन्होंने नारायण नगर जाने का कार्यक्रम बनाया था। मेरा हैदराबाद का रिजर्वेशन 15 तारीख की सुबह 8.40 की गाड़ी से हो गया था। इसलिए हम दोनों ने यह समझते हुए एक-दूसरे से विदा ली कि अब हमारी भेंट मेरे हैदराबाद से वापस लौटने पर होगी। मैंने उन्हें आश्वासन दिया कि हैदराबाद से आने पर मैं सप्ताह में तीन-चार दिन नारायण नगर आकर रह जाया करूँगा। आपकी देश-देश की पौराणिक आख्यानों पर पुस्तक लिखने की जो योजना है, उसे पूरा कराने में सहायता करूँगा।

हम दोनों ने स्वप्न में भी परिकल्पना नहीं की थी कि हमारी भेंट अब नहीं होगी। उनके चेहरे पर ऐसा कोई लक्षण नहीं था, जिससे भासित हो कि उनके जीवन दीप का तेल चुक गया है। दिसंबर में 'भारत-भारती की पुरस्कार' राशि उन्हें घर पर प्रदान करने के लिए राज्य के तत्कालीन शिक्षा मंत्री सच्चिदानंद वाजपेयी उत्तर प्रदेश हिंदी संस्थान के कार्यकारी अध्यक्ष परिपूर्णानंद वर्मा के साथ पधारे थे। इस अवसर पर उनके आँगन में एक छोटा सा साहित्यिक समारोह हुआ था। उसमें वह उसी प्रभावशाली ढंग से बोले थे जिस रीति से बराबर बोला करते थे। उन्होंने इस बात पर अपनी अप्रसन्नता प्रकट की थी कि 'भारत-भारती' पुरस्कार प्रदान किया जाना दो साल तक सिर्फ इसलिए टलता रहा कि आयोजकगण उसे प्रधानमंत्री के हाथों दिलवाना चाहते थे और प्रधानमंत्री का कार्यक्रम ऐन वक्त पर रद्द हो गया। उन्होंने कहा कि इससे 'भारत-भारती' जैसे साहित्यिक पुरस्कार का गौरव कम होता है और पुरस्कृत साहित्यकार की भी अवमानना होती है। क्या यह पुरस्कार भारत-भारती पुरस्कार से पुरस्कृत पूर्व साहित्यकार के हाथों नहीं दिलवाया जा सकता था !

2 फरवरी को उन्होंने विष्णु प्रभाकर के एक पत्र का उत्तर मुझसे लिखवाया था। वृंदावनलाल वर्मा जन्म शताब्दी समारोह में जब दिल्ली गए थे तो *पांचजन्य* के एक रिपोर्टर ने उनका साक्षात्कार लिया था। साक्षात्कार के समय वह राजनीतिज्ञों की भाँति अपने शब्द नाप-तोलकर नहीं बोलते थे, अपना दिल खोलकर रख देते थे। साक्षात्कारकर्ता को छूट रहती थी कि वह उनके शब्दों को अपने पूर्वाग्रहों के अनुसार जैसा चाहे जामा पहना दे। मैं उन्हें इस बात की ओर से बराबर सावधान किया करता था। इसके कारण बहुधा उनके बारे में भ्रामक प्रचार किया जाता था। उन्होंने *पांचजन्य* के रिपोर्टर से रामजन्म भूमि विवाद के सम्बन्ध में जो कुछ कहा और उसने जिस रूप में छापा उसके फलस्वरूप साहित्यिकों के एक खेमे में उनके विरुद्ध अनर्गल प्रचार किया जा रहा था। विष्णु प्रभाकर को विश्वास नहीं हो रहा था कि नागरजी ने वैसा कुछ कहा होगा जैसा *पांचजन्य* में छपा है। अतएव उन्होंने स्पष्कीरण के लिए पत्र लिखा। अमृतलाल ने पत्र मुझे पढ़वाया मैंने कहा–जिस किसी ने भी आपका साहित्य पढ़ा है, उसके मन में उस प्रकार का कोई भ्रम उत्पन्न नहीं हो सकता जैसा भ्रम दिल्ली के कुछ साहित्यकारों के द्वारा आपके विरुद्ध फैलाया जा रहा है। उन्होंने उसी समय पत्र का उत्तर मुझे लिखवाया–

चौक, लखनऊ-226003

परम प्रिय विष्णु भाई,

आपका पोस्टकार्ड अभी मिला, जिसे आ. छोटी पौत्री से पढ़वाकर मैंने सुना। इस समय भाई ज्ञानचंद के हाथों यह उत्तर लिखवा रहा हूँ। मेरी आँखें अब बेहद खराब हो गई हैं। चलते-फिरते आकर देख लेता हूँ, परंतु आकृति तभी पहचान में आती है, जब आवाज सुनता हूँ। पढ़ नहीं पाता और न लिख पाता हूँ। अस्तु।

आपके पत्र से एक ऐसी बात मालूम हुई कि जिससे दिल्ली में चल रही हलचल का रहस्योद्‌घाटन हो गया। जब श्रद्धेय वृंदावनलालजी से संबंधित विचार गोष्ठी में सम्मिलित होने के लिए गया था, तब *पांचजन्य* के एक रिपोर्टर मेरे पास आए थे। क्या प्रश्न पूछे और मैंने क्या उत्तर दिए, यह हड़बड़ी की उस भेंट में मुझे याद नहीं रहा। परंतु एक बात जानता हूँ और जिसे मैंने बार-बार कहा है वही बातें अब मैं आपसे निवेदन किए देता हूँ।

(1) मैं अपने वंशगत संस्कारों से हिंदू हूँ। श्रीराम को भी ईश्वर का एक रूप मानकर उसमें मेरी आस्था गहरी है, पर मेरा हिंदुत्व किसी मसजिद को तोड़कर रामजी का मंदिर बनाने की प्रतिक्रियावादी रूढ़िवादिता को अपना धर्म मानने से इनकार करता है। पहले भी इनकार करता रहा हूँ, आज भी इनकार करता हूँ और जब तक जिऊँगा इनकार करता रहूँगा।

(2) मैं मूलतः अपने हिंदू संस्कारों के कारण तथा अनेक बाहरी धार्मिक प्रभावों के कारण मनुष्य को ही ईश्वर मानकर साक्षात पूजता हूँ। 'नाहीमानुषात्

श्रेष्ठतरम् ही किंचित' का खुला पुजारी हूँ। कभी किसी से छिपाया नहीं। अब तक जो लिखा है, वह भी उसी उद्देश्य से लिखा।

आपने यह पत्र मुझे लिखकर बड़ा उपकार किया है। लगता है, मेरे चरित्र हनन का कोई भ्रम भरा कुचक्र दिल्ली के एक वर्ग में चल पड़ा है, मुझे उसकी चिंता नहीं, भाई। इसकी चिंता करूँ तो अपनी दीवानगी खो बैठूँ। आजन्म सिद्ध की हुई परम निधि को इन्हीं सब बातों के लिए खोने के लिए तैयार नहीं हूँ। आप खूब अच्छी तरह जानते हैं कि मेरा मन, मेरा आचरण, मेरा व्यवहार कैसा रहा है।

सदा आपका—अमृतलाल नागर

उनके पत्रोत्तर का डिक्टेशन लेते समय मुझे ऐसा कुछ नहीं लगा था कि उनकी चिंतन प्रक्रिया में किसी प्रकार का क्षरण होता जा रहा है। उनकी साहित्यिक दीवानगी पूर्ववत् बरकरार थी। 6 फरवरी को रामेश्वर शुक्ल 'अंचल' के आने पर हम तीनों की कहकहों से भरी अंतिम शाम बीती। उस समय आपस की नोक-झोंक में वह जिस रीति से हास्य-विनोद की फुलझड़ियाँ छोड़ते रहे, उससे ऐसा कुछ भासित नहीं हुआ कि उनके साथ गुजरी इस प्रकार की हजारों चकल्लसी शामों में यह अंतिम शाम होगी।

वह बब्बनलाल (कुमुद) के घर 10 को अपने दामाद चि. अनिल की कार से चले गए। मैं उधर 16 को हैदराबाद पहुँचा और इधर 16 को ही मौत ने उनके दरवाजे पर पहली दस्तक दी। शौच के लिए बाथरूम में गए और भीतर से सिटकनी लगाते-लगाते गिर पड़े। सूर्यबाला घर में अकेली थी। धमाके की आवाज सुनते ही दौड़ पड़ी। दरवाजे पर धक्का दिया, खुला नहीं। फौरन संजीवन (पारिजात) को उसके दफ्तर फोन किया। शायद अमृतलाल को इतना होश था कि उन्होंने स्वयं दरवाजे के हैंडिल के सहारे उठकर भीतर से सिटकनी खोल देने की कोशिश में उसे थोड़ा घुमा दिया। संजू ने आकर दरवाजे पर धक्का दिया तो सिटकनी गिर गई।

तबियत बिगड़ने पर रविवार को 18 तारीख को मेडिकल कॉलेज के इंटेंसिव केयर यूनिट में भर्ती हुए। गहन जाँच से पता चला कि जानलेवा कैंसर फेफड़े तक फैलकर थर्ड स्टेज में पहुँच गया है। डायबटीज के मरीज पहले से थे। डॉ. एस. एन. पांड्या के नेतृत्व में डॉक्टरों की टीम ने उन्हें बचाने का जी-जान से प्रयास किया। गुरुवार 22 तारीख तक होश में रहे। किसी के आने की आहट पाते ही पूछते कौन है ? उसे बिठाने के लिए कहते। कोई पूछता तो उत्तर देते—ठीक हूँ। डॉक्टर लोग पूछने आते तो अपने ठेठ लखनवी होने का परिचय देते—मेरी वजह से आप लोगों को बहुत तकलीफ हो रही है। किसी ने कहा—आप जल्दी ठीक हो जाएँगे। बोले—अच्छा हो गया तो दो-एक उपन्यास और लिख दूँगा। रविवार

से ही बड़ी बेटी अचला को याद कर रहे थे। उसके आने की सूचना मिल गई थी, इसलिए बार-बार पूछते थे। वह रविवार को ही आ गई। सब बच्चों को पास में देखकर बड़ा संतोष था। 18 फ़रवरी को शरद् और पूर्णिमा की शादी की 25वीं वर्षगाँठ थी। अपने मन में उसी रीति से हिसाब फैला रखा था। जिस रीति से अपनी शादी की 50वीं वर्षगाँठ का हिसाब फैला रखा था। शरद् से बोले—इस साल शरद् पूर्णिमा 18 की होगी। शरद् को आश्चर्य हुआ कि शरद् पूर्णिमा 18 फ़रवरी में कैसे पड़ सकती है। समझाया—अरे तुम्हारी और पूर्णिमा की शादी की 25वीं वर्षगाँठ 18 फरवरी को है न। तो शरद् पूर्णिमा 18 की हुई कि नहीं ! मंगलवार तक दीक्षा से आरण्यक और ब्राह्मण ग्रंथों की चर्चा करते रहे। अखबार और पत्रादि पढ़वाकर सुनते रहे। अंतिम पत्र रामविलास का पढ़वाकर सुना। *साप्ताहिक हिन्दुस्तान* में छपा अपना अंतिम लेख पढ़वाकर सुना।

होश मृत्यु से लगभग 12 घंटे पहले तक बना रहा। शिवरात्रि का दिन उनका हरित क्रांति का दिन होता था। उस दिन घर में छोटे-बड़े सब लोगों को एक-एक घूँट भोले की प्रसादी देते थे। प्रतिभा को विजया बहुत चढ़ती थी, वह मना करती जातीं और जबरदस्ती गिलसिया भर विजया मिश्रित ठंडाई पिला देते थे। गुरुवार से ही शिवरात्रि की याद कर रहे थे। डॉ. पांड्या देखने आए तो उनसे बोले—कल शुक्रवार को शिवरात्रि है। हरित क्रांति होगी। अमृतलाल के चेहरे पर चमक दौड़ गई। डॉ. पांड्या के जाने के बाद दीक्षा से बोले—डॉक्टर ने कह दिया है। हो सके तो आज ही मुझे दे दो। कुल्ला करके बड़ी बेसब्री से घर से विजया घुटकर आने की प्रतीक्षा करने लगे। आने पर दीक्षा ने उँगली से उनकी खुरदरी जबान पर विजया का लेप कर दिया। बराबर कहा करते थे—भैया, मेरी तो आखिरी वक्त तक यही इच्छा रहेगी कि मरूँ तो मेरे भीतर भाँग की गोली करवट बदलती रहे। पान का भी बेहद शौक था। माते जब जाने लगीं तो अपने हाथ से लगाकर पान का बीड़ा खिला दिया था। बब्बनलाल ने पान का छोटा-सा बीड़ा होंठों में दबा दिया। मुख पर चरम संतोष की रेखा खिंच गई।

शिवरात्रि के दिन सुबह से अचेत रहे और तीसरे पहर 4.52 पर शिवलोक की यात्रा की। मैं पहली मार्च को हैदराबाद से वापस आया। मेरे छोटे पुत्र ने हैदराबाद फोन पर अपने बड़े भाई को सूचना दी थी। दोनों भाइयों की राय पड़ी कि यह खबर मुझे न दी जाए, हो सकता है, गहरा मानसिक आघात पहुँचे। मैंने आने पर अखबार की फाइल के पन्ने यह जानने के लिए पलटे कि देखूँ, श्रीनारायण चतुर्वेदी 'श्रीवर' के क्या समाचार है। उन्होंने 28 सितंबर, 1989 को अपनी 96वीं वर्षगाँठ मनाई थी। अमृतलाल के साथ-साथ मैं भी उनके जन्मदिन की बधाई देने गया था। उत्तर प्रदेश में उर्दू को द्वितीय राजभाषा बना देने का अधिनियम 6 अक्टूबर के गज़ट में छपा। इससे उन्हें गहरा मानसिक आघात पहुँचा, 13 तारीख को उन पर पक्षाघात का आक्रमण हुआ। तब से वह शरशय्याग्रस्त थे। अखबार

की फाइल पलटते ही मेरी दृष्टि 24 फरवरी के *नवभारत टाइम्स* की बैनर लाइन पर पड़ी—उड़ गया मानस का हंस। *स्वतंत्र भारत, दैनिक जागरण, नवजीवन, आज, टाइम्स ऑफ इंडिया, पायनियर* सबमें वही समाचार। मैंने अपने छोटे बेटे से कहा—तुम मुझे कम-से-कम खबर तो कर देते। वह चुप रहा। मैंने शेरवानी पहनी। वह अपना स्कूटर निकाल लाया। उसके साथ चौक पहुँचा। आँगन में पैर रखते ही दीक्षा रोते हुए मुझे लिपट गई। कुमुद, शरद्, दोनों बहुएँ, पोते और दोहते कमरे से बाहर निकल आए। मैं खुद टूट गया था, किसको क्या प्रबोधन देता। कमरे में प्रवेश करने पर उस तख्त पर बैठने का साहस नहीं हुआ, जिस पर उनके साथ न जाने कितनी शामें बीती। जिस गाव-तकिए के सहारे उनको बैठे देखता था, उसके सहारे अब फूल-हारों से लदा उनका चित्र रखा था। मैं कुछ फासले पर सोफे पर बैठ गया, उस चित्र की ओर आँख उठाकर देखने की हिम्मत नहीं पड़ी। उनके अंतिम दिनों की टुकड़े-टुकड़े दास्तान कुमुद, शरद्, दीक्षा, सूर्यबाला, पारिजात आदि प्रियजनों के मुँह से सुनी।

अमृतलाल की बहुत बड़ी साध थी कि मेरे कंधों पर जाएँ, वह साध पूरी नहीं कर सका। उन्होंने मेरे लौटने का इंतजार नहीं किया। 17 अगस्त को उनका 75वाँ जन्मदिन था। इस अवसर पर धूमधाम से अमृत महोत्सव मनाने का आयोजन किया जा रहा था। उन्हें विश्वास था कि इस महोत्सव को अपनी आँखों से देखेंगे। अपनी ग्रंथावली का प्रकाशन अपने जीवन काल में देखेंगे। शरद उसमें उनकी समस्त असंकलित अप्रकाशित एवं अधूरी रचनाओं को भी शामिल करना चाहता था। किंतु उन्होंने राय दी कि सिर्फ चुनी हुई सामग्री ही उसमें जानी चाहिए। फिर कहा अपने ज्ञानचंद चाचा से पूछ लो। शरद् ने जब मुझसे पूछा तो मैंने भी यही राय दी। उन्होंने किसी चीज का इंतजार नहीं किया।

अपने आरंभिक साहित्यिक जीवन के संघर्षकाल में बराबर ऐसी मौत की कामना करते थे जो उनके परिवार तथा मित्रों और बांधवों के अतिरिक्त और भी लाखों मनुष्य को शोकग्रस्त कर दे। मुझे लिखे कई पत्रों में अपनी इस कामना का उल्लेख किया था। वह कामना पूरी हुई। देश के तमाम पत्रों ने उनके शोक में अपने कॉलम काले किए। राज्यपाल महोदय उनके महाप्रस्थान से पूर्व उन्हें देखने आए। दूसरे दिन तत्कालीन मुख्यमंत्री श्री मुलायम सिंह यादव तथा पूर्व मुख्यमंत्री श्री नारायणदत्त तिवारी उनके निवास स्थान पर उनके अंतिम दर्शन के लिए आए। उनके शोक में सारा चौक बाजार बंद रहा। उनकी अंतिम यात्रा में सम्मिलित होने के लिए सारा नगर—नगर के सभी साहित्यकार और बुद्धिजीवी उमड़ पड़े। छज्जों से उनकी अर्थी पर पुष्पवर्षा हुई, राजकीय सम्मान के साथ अंत्येष्टि हुई।

परिवार पालन के लिए जब फिल्मी लेखन करने पर बाध्य हुए, तब सपना देखते थे कि एक दिन मेरी कम-से-कम इतनी पुस्तकें हो जाएँ कि अलमारी का एक खाना भर सके। वह सपना भी पूरा हुआ। उनकी लिखी और उन पर लिखी

पुस्तकों से एक खाना क्या, पूरी अलमारी भर सकती थी। पिता की इच्छा थी कि वह ऊँची शिक्षा प्राप्त करें, डाक्ट्रेट करें और नामवरी हासिल करें। उनकी इच्छा इस रूप में पूरी हुई कि उन पर शोध-प्रबंध लिखकर न जाने कितनों ने डाक्ट्रेट प्राप्त की। वह अखिल भारतीय ख्याति के ही नहीं, अंतर्राष्ट्रीय ख्याति के साहित्यकार बने, अपने जीवन काल में ही प्रेमचंद के बाद हिंदी के सबसे बड़े कथाकार होने का मान-सम्मान प्राप्त किया। उनके अभिन्न मित्र डॉ. रामविलास शर्मा ने उन्हें कथा-पंडित की जो उपाधि प्रदान की, उसे अपने लिए सबसे बड़ी उपाधि मानते थे। रामविलास उन्हें चौक युनिवर्सिटी का वाइसचांसलर कहते थे। इसे वह अपनी परम उपलब्धि मानते थे। हिंदी उपन्यास लेखकों में उन्होंने चौक, लखनऊ को जिस तरह रूपायित किया, और किसी लेखक ने नहीं किया।

अमृतलाल के 'हैं' से 'नहीं' बन जाने के पाँच साल बाद भी मैं यह अनुभव नहीं कर पाता कि वह नहीं है। मैं उन्हें बराबर 'हैं' और स्मृतियों में अपने बिलकुल पास अनुभव करता हूँ। उनकी कोई पुस्तक उठा लेता हूँ तो वह मेरे लिए उसी प्रकार 'हैं' बन जाते हैं, जिस प्रकार पहले थे।

❑❑❑